Program Planning and Evaluation for Social Welfare

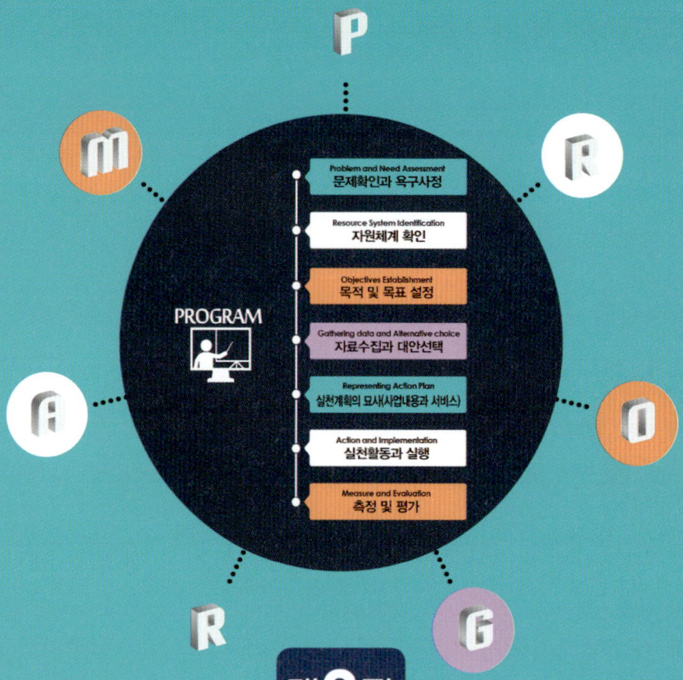

제3판

사회복지 프로그램 개발과 평가

WORKBOOK

박경일 윤기혁 박승기 권진아 임혜수 김새봄 공저

양성원

제3판 머리말(3판 개정에 즈음하여)

사회복지직을 전문직이라고들 말한다. 일반적으로 전문직으로서 가져야 할 3대 속성으로서 가치(value), 이론(knowledge), 기술(skill)을 강조한다. 사회복지학은 종합학문으로서 다양한 사회 과학의 제반 이론들을 받아들이고 있고 사회복지사들은 그 어떤 다른 전문직들과 마찬가지로 사회적 책임에 대한 소명의식과 인간에 대한 이해와 헌신을 요구하고 있고 대학에서도 사회복지의 윤리와 철학으로서 가르치고 있다.

그런데 사회복지직에서 기술을 이야기할 때는 다소 망설여진다. 과연 사회복지직만의 정체성을 나타낼 수 있는 어떠한 전문적 기술이 있을까 하고 말이다. 그리하여 집필자 대표인 나는 사회복지사의 정체성을 나타낼 수 있는 다양한 전문적 기술들 가운데 하나로서 사회복지사가 도움을 필요로 하는 사람들을 위하여 프로그램을 개발하고 과학적으로 평가하는 기술, 즉 사회복지 프로그램 개발과 평가가 전문성을 지닌 실천기술이라고 생각하고 있다.

그리하여 「사회복지사업법 시행령」 제6조에 의하면 ① 법 제13조 제1항 본문에 따라 사회복지법인 또는 사회복지시설을 설치 · 운영하는 자는 해당 법인 또는 시설에서 다음 각 호에 해당하는 업무에 종사하는 자를 사회복지사로 채용하여야 한다. 다만, 법 제2조 제1호 각 목의 법률에서 따로 정하고 있는 경우에는 그에 의한다.〈개정 1999.10.30., 2008.10.28., 2011.5.12.〉

1. 사회복지 프로그램의 개발 및 운영 업무
2. 시설거주자의 생활지도 업무
3. 사회복지를 필요로 하는 사람에 대한 상담 업무

여기서 우리는 사회복지사가 해야 할 일이 크게 세 가지임을 알 수 있고 그 역할 가운데 첫째가 사회복지 프로그램을 개발하고 운영하는 일임을 알 수 있다. 따라서 사회복지사는 개인 및 사회문제를 해결하거나 개인이나 사회의 욕구를 충족시켜 줄 수 있는 창의적이고 실천 가능한 사회복지 프로그램을 개발하고 운영하며 평가할 수 있는 역량을 겸비해 나가야 할 것이다.

이러한 도전과 과제에 대응하기 위해서는 사회복지 프로그램에 대한 이론뿐만 아니라 구체적으로 실행 가능한 실천기술들을 습득할 수 있는 교육과정과 훈련이 요구된다. 그리하여 집필자들은 기존에 출간된 이론적인 사회복지 프로그램의 지식과 가치와 기술의 습득에 부가하여 학생들이 직접적으로 업무에 활용 가능한 기술의 습득에 초점을 두었다. 즉, 집필자들은 학생들이 수업시간에 사회복지 프로그램의 이론과 가치와 기술을 이해하고 난 후, 개개인이 직접적으로 프로그램을 설계하고 작성하여 사회복지실천현장과 업무에 활용할 수 있는 교재를 집필하고자 의도하였다.

따라서 본서의 집필자들은 사회복지 프로그램을 사회복지 프로그램의 이론적 이해와 프로그램 개발 과정, 프로그램 평가, 사회복지 프로그램의 실제라는 4가지 분야에서 접근하여 총 14장으로 구성하였다. 즉, 사회복지 프로그램의 이론적 이해에서는 기존 저서들에 기술되어 있는 사회복지 프로그램의 개념과 구성요소, 사회복지 프로그램의 유형, 사회복지 프로그램 개발의 개념과 모형의 3장으로 구성하였다. 그리고 프로그램 개발 과정은 집필자 대표인 박경일 교수가 개발한(1998) 이 책의 표지에 있는 PROGRAM의 머리글자를 활용한 7단계(세부적으로는 23단계)로 구분하여(전체 4장부터 11장으로) 구성하였다. 그리고 프로그램 평가는 사회복지 프로그램의 측정과 평가 개념과 의의, 사회복지 프로그램 평가의 기준과 도구를 11장과 12장으로 구성하였다. 사회복지 프로그램의 실제는 최근 사회복지기관에서 많이 사용되고 있는 로직모델의 소개(13장)와 14장에서 사회복지 프로그램 실제로서 사회복지공동모금회 프로포절 신청 및 선정기준, 사회복지공동모금회의 프로포절 작성 사례, 기업 사회공헌 지원사업 양식을 소개하여 현장 감각과 실무 적용 능력을 습득할 수 있도록 노력하였다.

한편 2019년 개정판에서는 다음 세 가지에 주안점을 두고 개선하고자 노력하였다. 먼저 2018년도부터 새롭게 변경된 사회복지공동모금회의 사업계획서 양식을 참조하여 실제 작성 방법을 소개하였다. 그리하여 학생 및 현장 사회복지사들로 하여금 사회복지공동모금회의 사업계획서 작성방법에 대한 새로운 정보를 이해하고 2018년 이전의 사업계획서 작성방법과 비교해 볼 수 있도록 정리하였다. 또한 본 개정판에서는 프로그램 개발과 평가의 현장감을 더욱 높이기 위하여 각 장의 키워드에 보다 적합한 최신 사례로 변경하였다. 끝으로 프로그램 개발과 평가와 관련해서 최근 1급 국가고시 시험문제를 수록함으로써 학생과 사회복지사 1급 시험을 준비하는 분들에게 다소나마 그 동향과 중요성을 파악하는 데 도움을 주고자 하였다.

2023년 제3판 개정에서 저자들이 주안점을 두고 개정한 내용은, 코로나19의 영향으로 사회복지실천 현장에서 비대면 프로그램이 증대하고, 4차산업혁명 시대의 주요 특징인 빅데이터, AI(인공지능), 로봇, IOT 등을 활용한 우수 프로그램을 찾아서 소개한 부분이다. 그리하여 저자들은 최근의 사회복지기관들이 시행하고 있는 우수 프로그램에서 각 장의 주제와 일치하는 챗GPT 및 빅데이터의 활용과 디지털 복지, 생태복지, 재난 안전관리, 스마트 복지, 증거기반 프로그램, 로직모델 등의 사례를 소개하였다. 나아가 저자들은 각 장의 주제에 맞는 우수 프로그램 사례들을 업데이트하고 프로그램 개발과 평가 기법들을 업그레이드하고자 노력하였다. 그리하여 독자들이 최근의 사회복지 환경변화에 적응하는 데 도움이 되고, 프로그램 대상자들에게 도움이 될 수 있는 창의적인 프로그램의 개발과 우수한 프로포절 작성에 자그마한 보탬이 되고자 노력하였다.

본서의 출간이 사회복지를 공부하는 학생, 사회복지 전담공무원 및 사회복지정책 기획가, 휴먼서비스 분야(복지, 보육, 상담, 보건, 의료, 케어 등)에 종사하는 실천가들에게 사업계획서 작성과 프로포절 제안에 가치가 있기를 바라며, 또한 한국 사회복지실천의 발전에 조금이나마 도움이 되기를 바라는 마음이 간절하다. 더욱이 집필자 대표는 스승으로서 본서를 제자들과 함께 공동 출간하게 되어 보람과 뿌듯함을 느끼며 자랑스럽게 생각한다.

본서는 2016년 초판을 기반으로 하여 그동안 강의하면서 부족한 부분을 2019년, 2023년 개정판에서 보완하고자 노력하였으나 아직도 집필자들의 능력 부족으로 많은 부분에 걸쳐 부족함과 한계가 있다고 사료된다. 앞으로 휴먼서비스 분야의 종사자, 연구자 및 실천가는 물론 독자들의 많은 비판과 현장에 보다 적합한 실천사례들의 피드백이 있기를 바라며 앞으로 계속 수정 · 보완해 나가고자 한다. 특히 본서가 Workbook인 만큼 사회복지 프로그램을 개발하고 평가하는 데 있어서 과학적인 기법이나 기술을 직접적으로 활용하고 작성할 수 있는 역량을 강화해 나가는 데 도움이 될 수 있도록 저자들은 지속적으로 노력할 것을 약속드린다. 그리하여 향후 저자들은 휴먼서비스 기관의 실제 사례나 사회복지공동모금회 및 여타 복지재단의 우수 프로포절 제안 양식 등에 대하여 집중적으로 소개하고 보완해 나갈 계획이다.

끝으로 사회복지 각 분야별 서적을 집중적으로 출판하여 한국사회복지 발전에 큰 기여를 하고 있으면서도 한국사회복지 발전을 위하여 본서의 출간을 기꺼이 맡아 주신 양성원의 강철원 사장님과 직원 여러분에게도 깊은 감사를 드린다.

2023. 8.

온방골 普潤齋에서

집필자 대표 박경일(인)

차 례

Chapter 04 사회복지 프로그램 개발 과정

Chapter 05 문제 확인과 욕구사정

Chapter 06 자원체계 확인

Chapter 07 목적 및 목표 설정

Chapter 12 사회복지 프로그램 평가의 기준과 도구

Chapter 13 로직모델

Chapter 14 사회복지 프로그램 실제

뜨거운 관심의 세 가지 조건

하나, 존중의 마음이 있어야 한다.

둘, 상대의 입장을 먼저 고려해야 한다.

셋, 지속적이어야 한다.

– 하우석. 2006. 〈뜨거운 관심〉. 다산북스.

Chapter 01

사회복지 프로그램의 개념과 구성요소

키워드

프로그램, 사회복지 프로그램, 정책, 행정, 개발, 기획, 설계, 서비스, 주체, 목적, 자원, 계획된 활동, 집합적 활동, AI, 생태복지, 재난안전

01 사회복지 프로그램의 개념과 구성요소[1)]

01 사회복지 프로그램의 정의

1) 프로그램의 정의

프로그램(program)의 사전적 의미는 어떤 일의 진행 계획이나 차례·순서, 목록을 말하는 것으로, 일반적으로 진행이나 절차의 구성, 문제해결을 위한 자료처리 방법과 순서를 나타내는 것이다. 우수명(2004)은 구체적으로 앞으로 진행될 일에 대한 예정 또는 계획을 체계적으로 정리한 목록이며, 여기에 진행 순서를 의미하는 내용과 실천이 포함되어 있다고 설명하였다. 랩과 포어트너(Rapp & Poertner, 1992: 29)는 프로그램을 "하나의 목적을 이루기 위한 행동들의 집합체"로 보았고, 요크(York, 1982) 역시 프로그램을 "목적을 달성하기 위한 일련의 상호 의존적인 활동들"로 정의하고 있다(신복기 외, 2019: 375 재인용). 또한 넷팅, 케트너와 맥머트리(Netting, Kettner & McMurtry, 2004)는 프로그램을 목적과 목표의 조합을 달성하기 위해 설계된 과업의 예정된 집합이라고 정의하고 있으며, 폴락과 빈터(Pawlak & Vinter, 2004)는 조직화된 사업을 구성하여 연결된 서비스의 종합이라고 정의하고 있다(Netting et al., 2008). 따라서 프로그램의 개념은 특정 목적을 달성하기 위해 수행되는 계획된 활동이라고 할 수 있다. 박경일 등(2008: 431)은 프로그램이란 "조직이나 기관이 의도된 계획에 따라 어떤 목적을 달성하기 위해 인적·물적자원을 활용하는 일련의 집합적인 활동들"이라고 기술하고 있다.

1) 본 장은 박경일 외(2019). 사회복지프로그램과 개발. 양성원. 1장의 내용을 중심으로 일부 내용을 수정 보완하였음.

2) 사회복지 프로그램의 정의

사회복지 목적을 제도적으로 실현하기 위해 정책과 행정, 실천 영역이 필요하다. 사회복지정책은 사회복지의 목적 실현을 위해 특정하게 세분화된 목표들을 찾아내어 결정하는 과정이고 실천은 이러한 목표가 현장에서의 대인적 과정을 통해 수행되도록 하는 것이다. 일반적으로 정책적 목적이 실천에 이르는 과정을 매개하는 것을 행정이라 하는데 이를 위한 수단으로 전달체계, 조직, 프로그램이 사용된다. 사회복지행정을 조직을 통해 이루어지는 활동 혹은 노력이라고 할 때, 사회복지행정의 활동이 구체화되는 장(場)이 사회복지조직이 되며, 또한 사회복지행정의 실천을 위한 주요 수단이자 사회복지의 목적이나 목표를 구체적인 서비스로 전환시킬 수 있는 중요한 매개체가 사회복지 프로그램이기 때문에 사회복지행정에서 조직과 프로그램을 사회복지의 목표 달성을 위해 설계하고 기획하며, 이를 관리해 나가는 활동은 사회복지행정에서 중요할 수밖에 없다(박경일 외, 2008: 51). 사회복지정책 · 행정 · 프로그램 관계는 그림 1-1과 같다.

사회복지 프로그램에 대해 정무성과 정진모(2001: 16)는 "사회복지조직에서 특정 목표를 달성하기 위한 활동의 집합체"라고 정의하였다. 황성철(2005: 18)은 "특정한 목적 달성을 위하여 자원과 기술이 투입되어 일정한 절차에 따라 이루어지는 조직의

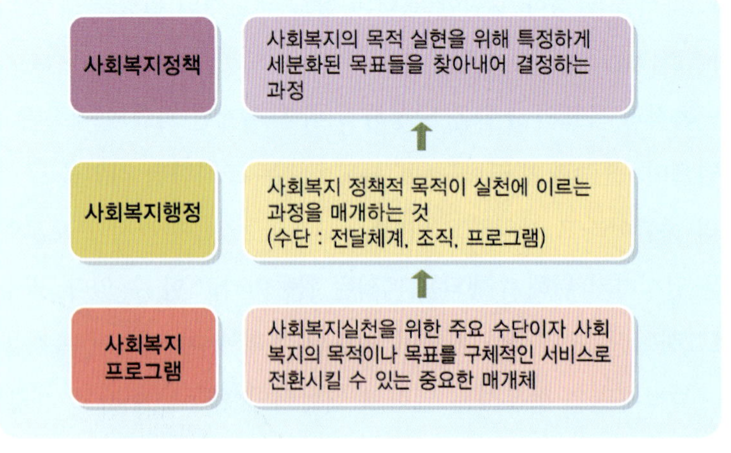

그림 1-1 사회복지정책 · 행정 · 프로그램의 관계

계획적인 활동체계"로 정의하였으며, 김영종(2010: 301)은 "사회복지행정은 사회정책이나 목적들을 서비스 실천으로 연결하는 과정으로 그러한 과정에 대한 구체적인 설계가 사회복지 프로그램을 통해 나타난다."고 하였다. 또한 이민홍과 정병오(2022: 27)는 "사회복지 프로그램은 사회복지 관련 목적을 달성하기 위해 자원과 기술이 투입되어 일정한 절차에 따라 수행되는 조직의 계획적인 모든 활동의 집합체"로 정의하고 있다. 또한, 로즈 등(Royse et al., 2006)은 "특정 목적을 달성하기 위해 설계된 활동들의 조직화", 김선희 등(2021: 15)은 "사회복지 목적을 달성하기 위한 계획된 활동들로 사회복지 실천의 도구로서 일종의 서비스 실천계획", 사회복지공동모금회(2019: 7)에서는 프로그램사업으로서 "지역사회 변화와 지역주민의 삶의 질 향상을 중심으로 사회복지기관 등에서 계획하여 진행 예정인 사업"으로 사회복지 프로그램에 대한 정의를 하고 있다. 전술한 정의를 종합적으로 살펴보았을 때, 사회복지 프로그램은 클라이언트들에게 프로그램의 효과를 기대하며 개입하거나 서비스를 제공하는 집합적인 활동을 말한다. 따라서 사회복지 문제해결의 목적 달성을 위해 요구되는 사회복지실천의 체계적 계획 활동이라고 할 수 있다. 사회복지 프로그램의 여러 학자들의 정의를 정리하면 표 1-1 과 같다.

표 1-1 사회복지 프로그램의 정의

구분	사회복지 프로그램 정의
정무성 · 정진모(2001)	사회복지조직에서 특정 목표를 달성하기 위한 활동의 집합체
황성철(2005)	특정한 목적달성을 위하여 자원과 기술이 투입되어 일정한 절차에 따라 이루어지는 조직의 계획적인 활동체계
Royse et al.(2006)	특정 목적을 달성하기 위해 설계된 활동들의 조직화
박경일 외(2008)	조직이나 기관이 의도된 계획에 따라 어떤 목적을 달성하기 위해 인적 · 물적자원을 활용하는 일련의 집합적인 활동들
이민홍 · 정병오(2013)	사회복지 관련 목적을 달성하기 위해 자원과 기술이 투입되어 일정한 절차에 따라 수행되는 조직의 계획적인 모든 활동의 집합체
사회복지공동모금회(2019)	지역사회 변화와 지역주민의 삶의 질 향상을 중심으로 사회복지기관 등에서 계획하여 진행 예정인 사업
김선희 외(2021)	사회복지 목적을 달성하기 위한 계획된 활동들로 사회복지 실천의 도구로서 일종의 서비스 실천계획

사회복지 프로그램의 개념은 조직의 목적달성을 위해 이루어지는 활동의 체계로 이해한다는 점에서는 학자 간에도 견해가 일치하고 있다. 그러나 이러한 조직 내의 활동의 체계는 무계획적으로 진행되지 않으며, 또한 그것을 뒷받침하는 자원과 기술이 결여된다면 하나의 독립된 개념으로서의 프로그램으로 성립되기는 어렵다. 왜냐하면 좋은 프로그램의 특성은 우수한 직원/충분한 예산/안정적인 재원/인정된 독자성/증거기반 조사근거/개념 또는 이론적 근거/서비스 철학/서비스의 실증적 평가에 대한 체계적 노력과 같은 요소를 가지기 때문이다(Royse et al., 2001: 5). 따라서 프로그램은 그 성격상 목적달성을 위한 집합적 활동이며 일련의 진행과정에 따라 인간과 환경 간의 다양한 상호작용을 보여 주는 역동적인 활동인 것이다. 즉, 사회복지 프로그램은 "사회복지사와 사회복지 관계 프로그램 진행자가 의도된 계획과 일정에 따라 아동, 청소년, 노인 등을 대상으로, 이들과 환경 간의 다양한 상호작용을 보여 주는 역동적인 활동"이다(박경일 외, 2008: 433).

사회복지 목적을 구현하기 위한 방법과 절차를 담고 있는 것을 사회복지 프로그램이라 하는데, 구체적인 성격은 다음과 같이 설명된다(김영종, 2013: 15-17).

- **과정적 도구:** 사회복지 프로그램은 사회복지정책이 서비스로 구체화되어 전달되는 과정을 나타낸다. 정책이 주로 '무엇이 되어야 하는지'라는 당위성에 초점을 둔다면 프로그램은 '어떻게 그것을 실현할 것인지'에 대한 방법과 절차로서의 과정적 도구가 된다. 예를 들어, 지속적으로 증가하고 있는 독거 어르신의 안전 확보와 돌봄 공백의 최소화를 위해서 AI를 활용하려는 목적을 가진 사회복지정책이 있다면 이를 실현하기 위해서는 운영주체와 서비스 제공인력의 기준은 어떻게 할 것인지? 서비스 제공대상은 어떤 기준으로 선정할 것인지? 독거어르신들의 안전과 돌봄을 확인하는 시기와 AI 활용 방법은 어떻게 실시할 것인지와 같은 운영 방법과 절차의 구성이 사회복지 프로그램이 된다.

독거 어르신 AI 케어콜 서비스, 「클로바 케어콜」

독거 어르신 및 급증하는 1인 가구에 대한 현장 인력 부족으로 발생하는 돌봄공백을 최소화하기 위해 안부 체크 및 식사, 수면, 건강 등과 관련된 현황 점검을 목적으로 '21년에 네이버에서 시범서비스 출시하였다. 서비스 주요 내용은 독거 어르신들에게 전화를 걸어, 식사 · 수면 · 건강 등의 주제로 어르신의 상태를 확인하고, 어르신의 답변에 따라 자연스럽게 대화를 이어가는 AI 서비스이다(한국지능정보사회진흥원, 2021: 8).

- **변화 모형:** 사회복지 프로그램은 기본적으로 변화 모형을 따른다. 사회복지의 목적은 대개 사회문제의 해결에 있다. 그러므로 사회복지 프로그램은 사회문제의 어떤 상황이나 조건을 바람직한 상태로 변화시키는 데 사용되는 의도적 개입이 된다. 기후 변화가 코로나19 발생의 주요 원인으로 밝혀짐에 따라 전 세계는 기후 문제 해결을 위해 노력하고 있다. 이러한 측면에서 기후 위기의 시대를 맞이하여 쾌적하고 친환경적인 지역사회로 변화시키기 위한 생태복지 프로그램을 살펴보자. 지역의 풀뿌리 운동을 통해 지역주민들의 생태환경에 대한 인식이 변화되면서 생태복지의 가치관과 행동양식의 변화를 가져올 수 있어 궁극적으로 건강한 생태계 유지가 가능해질 것이다(서해정 외, 2009: 13). 즉, 친환경적인 지역사회로 변화시키려는 의도적 개입을 위한 사회복지 프로그램은 생태복지를 위한 행동 절차를 구체화하는 변화 모형을 갖출 수 있다.

생태복지: "지구에겐 면도날만큼의 시간만 남았다"

미래학자 제러미 리프킨은 〈2021 경향포럼〉인 '기후위기의 시대: 생존 가능한 지구로 가는 길'에서 "지구에겐 면도날만큼의 시간만 남았다"라고 피력하였다(경향신문, 2021.06.23.). 생태복지 개념의 협의의 의미는 '건강한 생태계 유지, 인간의 건강복지를 위한 친환경적 생태계의 활용, 그리고 이를 통한 질병 등의 사전 예방과 건강한 삶의 추구'라고 할 수 있으며, 광의의 의미는 '궁극적으로 생태계의 복지와 인간의 복지를 동시에 구현함으로써, 필연적으로 생태계에 의존하고 있는 인간의 복지가 지속 가능하게 하는 것'이라고 할 수 있다. 이는 국민들의 생존권과 환경권을 인정하는 적극적인 개념으로도 해석될 수 있다(보건복지가족부, 2009: 61).

최근 사회복지분야에서도 생태복지 관련 프로그램들이 지속적으로 등장하고 있다. 예를 들면, 개금종합사회복지관의 녹색 복지마을 만들기인 '지구랑 같이 가게' 운동과 '그린라이터 발대식'은 복지관과 복지관 이용자들이 탄소중립을 위한 기후 위기 대응 행동을 위한 프로그램이다. 대덕종합사회복지관의 생태환경복지 교육프로그램인 "직원교육" 슬기로운 지구생활 등 사회복지분야에서 다양한 생태복지 프로그램들이 개발되고 있다.

• **휴먼서비스의 설계도:** 일반적으로 프로그램이란 특정 목적을 달성하기 위해 제작된 설계도와 같다. 사회복지 프로그램은 사회복지의 목적달성을 위한 방법과 절차를 담는 설계도인 것이다. 대부분 사회복지 프로그램들은 휴먼서비스 형태의 사회복지서비스를 구현한다는 독특성을 가진다. 휴먼서비스는 인간을 대상으로 하는 직접서비스의 특징을 나타내는 것으로 휴먼서비스 사회복지 프로그램은 단순히 현금이전 서비스와는 다른 독특한 활동과 전환과정을 묘사하는 설계도가 된다. 예를 들어, 디지털 소외계층 노인세대의 디지털 활용능력 향상을 위한 스마트 교육 프로그램이나 영구임대아파트 지역주민들의 국민안전의식 향상을 위한 안전 및 재난전달체계 모델을 설계하는 휴먼서비스 프로그램은 연금 지급에 관한 절차를 규정하는 프로그램 등과는 명백히 다를 수밖에 없다. 2022년 사회복지시설 평가 현장위원 추천 우수프로그램 안전운영 분야에서 대상을 받은 꽃밭정이노인복지관의 재난안전프로그램을 실례로 하여 안전한 복지관의 설계도가 어떠한지 살펴보자.

복지관 재난안전프로그램: "깨진 유리창 관리시스템 기반 안전한 복지관 만들기"

꽃밭정이노인복지관은 이용자의 안전 및 편리하고 쾌적한 환경으로 이용 고객에게 감동을 드리는 기관을 만들고자 "깨진 유리창 관리 시스템 기반 안전한 복지관 만들기" 프로그램을 개발하였다. 시설안전관리 영역에서 획일화된 단순 안전점검이 아닌 전 직원이 함께 안전의식과 주인의식을 가지고 주도적으로 시설환경 및 안전을 관리할 수 있는 온라인 "깨진 유리창 관리 시스템"을 운영하는 것이다.

"깨진 유리창 시스템"은 "단 한 번의 사소한 실수가 결국은 안전사고로 이루어질 수 있다." 라는 생각을 가지고 복지관에 근무하는 전 직원이 각자 사업영역이나 복지관 전체 시설환경 영역에서 적극적으로 관심을 가지고 시설환경 및 서비스의 질을 높이고 안전사고를 예방하기 위해 시작된 복지관 운영 시스템이다. 프로그램의 목적은, 첫째, 깨진 "유리창 관리 시스템" 구축 및 운영으로 시설물 안전 및 위기상황을 미연에 방지하고, 신속하게 보수하여 안전하고 쾌적한 시설 환경을 조성하는 것이다. 둘째, 기관의 전사적인 참여를 통해 종사자 및 이용자의 안전의식을 함양한다.

출처: 보건복지부(2022). 2022년도 사회복지시설 평가 현장위원 추천 우수안전운영 사례집. pp.339-340.

02 유사 개념과의 구별

사회복지조직에서는 지역사회문제 해결 및 기관의 목적달성을 위한 실천의 구체적인 계획을 수립하는 행정과업으로 사업계획서 작성을 중요하게 인식하고 있다. 이때 사업계획서는 전체적인 목표량과 예산, 개요 등을 제시한 연 사업계획서와 연 사업계획서에 제시된 각각의 개별사업 수행을 위한 단위사업계획서로 나누어 볼 수 있다. 본 교재에서 설명하고 있는 사회복지 프로그램 개발 과정에 따라 작성되는 프로그램 계획서는 단위사업계획서를 의미하며, 현재 모든 사회복지조직에서는 각각의 사업별로 프로그램 구성요소에 준한 프로그램 계획서를 작성하고 있다.

사업계획서 작성에 있어 이전에는 목적, 대상자, 시기, 수행방법, 예산의 수준에서 다소 간략하게 작성되어 왔다. 그러나 최근에는 사회복지실천에 대한 구체적인 목적과 목표를 얼마나 효과적이고 효율적으로 달성했는가를 객관적으로 증명할 것을 요구받고 있는 책임성의 요구와 재정지원 방식과 관련하여 민영화, 민간위탁, 바우처제도 등 기관에 직접지원방식에서 지원방식 변경, 부족한 예산을 프로그램 제안을 통한 예산지원방식 확대, 프로그램 공모제 증가 등의 경쟁적 예산분배, 사회복지시설 평가제도 등 사회복지 현장의 내·외부적 환경변화에 따라 프로그램의 중요성이 확대되어 왔다. 따라서 최근 사업계획서 작성은 프로그램 공모제에서 사용되던 프로포절(Proposal)[2)]의 양식을 기준으로 체계적으로 작성되고 있다. 이처럼 사업계획, 프로그램 계획뿐만 아니라 기관의 목적달성을 위한 실천계획과 활동 관련 유사 개념들이 다양하게 사용되고 있어 학생들의 혼란을 피하기 위해 개념과 정의를 구분하여 살펴보고자 한다.

1) 개발

프로그램 계획, 기획, 설계라는 용어 대신에 프로그램 개발이라는 용어도 사용되고 있다. 개발(Development)이란 사전적 의미로는 '개척하여 발전시킨다'는 뜻으로 기존에 있던 것을 보다 나은 방향으로 변화시키거나, 새로운 것을 만드는 것을 의미한다고 볼 수 있다. 그러므로 프로그램 개발이란 새로운 프로그램을 창출하거나 기존의 프로그램을 과학적이고 체계적인 일련의 과정을 통하여 발전시켜 나가는 활동이라고 할 수 있다(박경일 외, 2008). 실행 계획, 프로그램 개발과 전략적 계획은 다른 관점을 가진 영역으로 알려지게 되었다.

전략적 계획은 경쟁과 마케팅에 대한 관심에 의해 수립되는 반면 실행계획은 예산에 의해 수립되어진다. 계획의 구성요소로서 프로그램 개발은 관심대상에 의해 요구되어진다(Timmreck, 2003: x v). 지역사회의 문제상황이나 욕구에 따라 새로운 프로그램을 개발하는 경우에는 기존의 프로그램을 계속적으로 진행하는 경우보다 문

2) 프로포절(Proposal)의 사전적 의미는 신청, 제의, 제안, 계획, 고려의 대상으로 제출하는 안, 명확한 조건을 제시하고 유리한 점을 강조하는 것으로 풀이된다. 따라서 사회복지 프로포절은 사회복지실천가들이 사회복지현장에서 문제를 과학적인 방법으로 해결하겠다는 일련의 사업계획서로 정의할 수 있다(이강, 2001: 57). 사회복지 프로포절은 일반적으로 외부 기관으로부터 프로그램 예산을 확보하기 위해서 공모사업에 제출하는 신청서를 말한다. 예를 들면, 사회복지공동모금회 배분사업, 여성가족부 청소년프로그램 공모사업 등이다.

제 확인부터 더욱 타당하고 합법적인 목적 설정과 목표 조작화, 깊이 있는 수행방법 등의 고민이 요구되며, 그러지 못할 경우 유사 프로그램의 반복이 될 수 있다. 프로그램 개발은 해당 이슈에 대한 심사숙고한 분석과 조사를 필요로 하며 사회문제 분석과 함께 실질적 사회복지서비스 프로그램에 대해 더 깊이 연구함으로써만이 의도하려던 결과를 획득할 수 있으며 결국 그와 성질이 유사한 다른 문제, 상황 또는 대상에 대해서 반복적 적용이 가능하게 되는 것이다.

한편 프로그램 개발에서 고려되어야 할 중요한 개념 중 하나가 실용성과 실행가능성이다. 즉, 보다 일반적이고 가치 지향적인 프로그램 계획 단계에 비해 프로그램 개발의 의의는 궁극적으로 그것의 반복적 적용에 있으므로 보다 세밀하고 현실 지향적이며 행동 지향적일 필요가 있다(송혜승, 1994: 10-11).

2) 기획

프로그램의 유사 개념으로 기획(Planning)이란 조직의 전체 활동과 세부 사업을 계획(Plan)[3]하는 과정으로 문제를 해결하고 미래에 예상되는 사건들에 대한 경로를 통제하려는 의식적인 시도로서 체계적인 사고, 조사, 가치 선호 등을 통해 대안을 선택해 나가는 것이다. 프로그램 기획은 문제정의와 실행 계획으로 마무리된다. 문제를 정의하고 의미 있는 체계 설계, 시스템 통합과정으로부터 일어나는 중요한 결과물은 구성요소 간의 상호작용 매트릭스를 사용하여 논의되고 밀접한 관계를 가진다. 특히 중요한 것은 목표를 분명히 하고, 목표의 달성을 측정하는 것에 근거하여 평가도구를 규정하는 것이다(Hill & John, 1972: 610). 기획은 조직에서 서비스를 준비하고 실행하며 평가하여 더 나은 서비스를 만들기 위한 전 과정을 계획하는 행동 그 자체를 의미한다. 계획은 이러한 기획을 통해 나타난 하나의 결과물, 즉 서비스 계

3) 기획과 많이 혼동되어 사용하는 용어가 계획이다. 기획과 계획은 유사한 내용을 의미하는 용어이지만 엄밀히 따지자면 기획은 주로 계획을 수립하는 과정을 의미하며, 계획은 그 과정의 결과를 지칭하는 것으로 보는 것이 바람직할 것이다. 즉, 기획은 계획을 세워 가는 활동과 과정을 말하며 초점을 두는 계속적인 행동으로서의 의미가 강하고, 계획은 어떠한 구체적인 사업에 대한 연속적인 의사결정이라는 의미가 있으나 기획에서 도출된 결론, 이미 결정된 행동노선을 가리키는 경우가 많다(이봉주 · 김기덕 · 신원우, 2019: 46-47).

획서를 말한다. 설계는 사전적으로 계획을 세움 또는 그 계획을 말하는 것으로 서비스 기획과 혼동되어 사용하는 경우가 많다. 다만 기획은 조직 운영이나 서비스 전체를 대상으로 하는 중범위의 개념으로 인식되는 반면, 설계는 기획 안에서도 세부적인 내용(구체적인 서비스나 대상, 수행인력, 수행방법 등)에 해당하는 협의의 개념으로 이해될 수 있다(Rapp & Poertner, 1992; 강병노, 2011: 136). 즉, 사회복지에서 프로그램 기획은 프로그램을 수행하기 위해 계획을 세우는 것으로 기획은 과정을 강조하는 개념으로 클라이언트 삶의 질 향상이라는 목적을 효과적으로 달성하기 위해 내용과 과정을 개발하는 활동으로 이해되고 있다(이봉주 · 김기덕 · 신원우, 2019; 강병노, 2011: 137).

사회복지 프로그램을 기획하는 주요 이유는 미래 지향성, 합리성 증진, 효과성과 효율성 증진, 책임성 확보, 협동적 성격으로 볼 수 있다(이민홍 · 정병오, 2022: 67-68).

첫째, 프로그램 기획은 미래 지향적인 활동으로 현재의 상태나 조건을 변화시켜 미래의 변화를 지향하는 것으로 사회복지조직의 목적 실천 및 사회문제에 대해 보다 적극적이고 능동적으로 대처해 나가는 노력으로 변화를 위한 활동을 준비하여야 한다.

둘째, 프로그램 기획은 합리성을 증진시킬 수 있다. 합리성이란 목적에 대해 최적의 수단이 설정되었는지를 뜻하며, 어떤 프로그램이 합리적인지의 여부는 프로그램의 목적달성 여부로 판단된다. 따라서 사회복지 프로그램의 합리성을 증진시키려면 의도된 계획과정으로 기획을 통해 합목적성을 높이는 것이 필요하며, 체계적 논리와 경험적으로 검증되어야 한다.

셋째, 프로그램 기획은 사회복지조직의 효과성과 효율성을 증진시킨다. 프로그램이 의도한 목적을 달성할 수 있도록 가장 적합한 수단과 방법에 대해 사전에 철저한 규명작업을 수행하기 때문에 기획은 프로그램의 효율성과 효과성을 높일 수 있다.

넷째, 프로그램 기획은 책임성을 증진시킨다. 사회복지 프로그램은 사회적으로 부여된 목적을 성취하는 활동을 한다. 책임성이란 그러한 활동이 정당하게 이루어지고 있는지에 대한 것으로 이론과 개입기술의 정당성 입증, 목표의 설정, 목적의 달성, 자원의 활용 등에 대해 객관적 근거를 제공하여 책임성을 증진할 수 있게 한다.

다섯째, 프로그램 기획은 의사결정 과정으로 기획의 각 단계에서 가능한 대안들을 파악해 보고 그 가운데서 최적의 것을 선택하는 과정이 필수적이므로 합리적 의사결정 도구의 사용, 의사결정의 주체, 방법, 기준 등의 결정으로 합리성을 확대할 수 있다.

여섯째, 프로그램 기획은 사회복지 프로그램이 일회성으로 시행되는 것에 그치는 것이 아니라 장기적이고 체계화된 계획 아래 지속적으로 운영되어 안정성을 띠어야 함을 의미한다. 프로그램을 지속적으로 운영함으로써 그 프로그램의 효과성 증진뿐만 아니라 사회복지조직의 목적 달성과 사회문제 해결을 위한 활동이 성장 발전할 수 있다.

3) 설계

한편 프로그램 설계(program design)라는 용어도 사용되고 있는데, 설계의 사전적 의미는 계획을 세운다는 뜻으로, 프로그램을 기획하는 데 있어서 매우 구체적인 형태로 그 과정을 기술하는 것이다. 로시(Rossi)는 프로그램 설계를 프로그램 단계에서 산출된 정보, 분석 및 결정 사항들에 구체적인 개입적 활동들을 설계하는 개념으로 파악하였으며, 랩과 포어트너는 프로그램 설계를 성과물인 동시에 방법이라고 제시하였다(김형식, 1999: 106; 박경일, 2008: 439 재인용). 그리고 케트너, 모로니와 마틴(Kettner, Moroney & Martin, 1999)도 프로그램 설계(Design)라는 용어를 사용하면서 프로그램 정의－문제 분석－욕구사정－전략 선택 및 목표 수립－프로그램 설계－관리정보시스템－예산 수립－프로그램 평가와 같이 설계 과정을 제시하고 있다. 이러한 프로그램 기획과 프로그램 설계 간의 관계는, 프로그램 기획은 설계를 하기 위한 전(前) 단계의 성격을 가지고 있으며 기획보다는 설계가 실현 가능성이 보다 구체화될 수 있는 성격을 지니고 있다. 여기서 가우디와 프리먼(Gowdy & Freeman)은 프로그램 설계의 구성요소 중 서비스 계획을 포함시키고 있어 서비스들의 집합체가 프로그램임을 암시하고 있다.

4) 서비스

프로그램 활동의 주요 내용을 구성하는 것은 서비스(service) 제공 활동이다. 사회복지 프로그램을 담당하는 수행인력은 클라이언트에게 직접적으로 상담, 치료, 교육, 재활, 보호, 의뢰, 정보 제공 등의 사회복지서비스를 제공하는 활동에 주안점을 둔다. 서비스의 효과성에 대한 정보를 통합할 때, 사회복지서비스의 제공과 개발에 있어 다른 선택의 영향에 관해 명확한 이해를 규정하여야 한다(Cheetham et al., 1992: 103). 따라서 프로그램 활동의 핵심은 서비스 제공 활동이지만 프로그램 활동은 프로그램의 목적을 달성하기 위해서 필요한 그 밖의 행정 활동과 지역사회 활동을 포함한다.

그래서 프로그램은 서비스 제공 활동을 포함하면서 다른 기본적인 프로그램의 구성요소와 관련된 행정과 지역사회 활동을 수반하기에 서비스 제공 그 자체의 범위를 초월한다. 예를 들면, 가출청소년의 가정복귀 프로그램을 시행하는 경우 학교사회복지사가 가출청소년에 대해서 개별적 상담서비스를 제공하지만 필요시 집단 프로그램을 운영하거나 학교의 담임교사와 협력하여 관할 교육청에 재정 지원을 요구하거나 다른 학교와 연계하는 지역사회 활동도 수행할 수 있다. 결국 프로그램은 내용적인 측면에서 서비스 제공 활동을 본질적으로 포함하지만 최협의의 서비스보다는 넓은 개념[4)]으로 파악해야 한다.

즉, 여기서 서비스는 사회복지공동모금회의 프로그램 프로포절 작성 시 세부 사업 내용에 해당하는 것들이고 따라서 세부 사업 내용 전체가 하나의 프로그램으로 되는 것이다. 여기서 프로그램 활동에는 핵심적인 서비스 제공 활동 이외에 행정

4) 그러나 미국의 공동모금회는 서비스를 프로그램보다 상위 개념으로 간주하고 있는데 이때 서비스는 최광의의 개념인 휴먼서비스, 사회서비스의 개념인 휴먼서비스, 사회서비스의 개념과 동일하게 파악했기 때문이다. 미국 공동모금회 서비스체계(UWASIS: The United Way of America Service Identification System)에 의하면 서비스체계를 4개의 다른 수준으로 구분하고 있다. 즉, UWASIS는 사회적 목적과 휴먼서비스 프로그램의 위계적 분류를 사회적 목적(Social Good)–서비스들 체계–(Service System)–서비스(Service)–프로그램(Program)으로 구분하고 있다(Alexandria, Virginia: United Way of America, 1976: 13; Gates, 1980: 11). 아마도 이것은 미국의 사회복지를 광의의 휴먼(사회)서비스 개념으로 간주하여 우리나라의 사회복지서비스를 서비스들 체계로 보고 서비스를 아동복지서비스, 노인복지서비스 등으로 간주하고 분류하는 것이라고 생각된다. 본서에서 프로그램은 UWASIS에서 분류하고 있는 광의의 서비스 개념의 하위 개념이고 여기서 서술하고 있는 서비스는 최협의의 개념으로서 프로그램을 구성하는 하나의 단위로서 파악한다. 그러므로 프로그램은 서비스의 패키지를 말한다.

활동과 지역사회 활동을 포함한다고 하였는데, 이것은 사회복지공동모금회의 프로그램 프로포절 작성 시 세부 사업 내용에 수행방법과 수행인력, 참여인원 등에 대한 구체적인 설명과 방법을 기술하도록 되어 있는 것과 일맥상통한다고 볼 수 있다. 본 교재에서 PROGRAM의 다섯 번째인 R은 실천계획의 수립과 서비스 방법의 구체적 서술(Representing Action Plan)에 해당된다.

03 프로그램의 기본적 구성요소

사회복지 프로그램의 기본 구성요소는 학자들에 따라 다양하게 제시되었다. 김통원(2009: 16-17)은 프로그램의 4대 성립요소로 대상자, 제공자, 활동 영역, 영향을 제시하였고, 이봉주, 김기덕과 신원우(2019: 172-174)는 아무리 간단한 프로그램이라고 하더라도 프로그램이 되기 위해서는 갖추어야 할 요소들이 존재한다고 언급하면서 참가자, 실시주체의 의도, 활동 내용, 프로그램 담당자, 경비, 프로그램 평가계획의 요소들을 강조하고 있다. 또한 황성철(2005: 18)은 목적, 자원과 기술, 계획된 활동을 프로그램의 기본적 구성요소로 제시하였다. 서인해와 공계순(2013: 243)은 크게 직접적 개입활동과 간접적 개입활동으로 구분하였고, 이를 대상자, 서비스 활동, 기관조직행정활동, 지역사회로 4개의 사회복지 실천활동 영역으로 유형화하였다. 여기에서는 박경일 등(2008: 431)이 정의한 사회복지 프로그램의 정의인 "조직이나 기관에서 어떤 목적을 달성하기 위해 의도된 계획에 따라 인적 · 물적자원을 활용하는 일련의 집합적 활동이다."에 의해 구성요소를 주체, 목적, 자원, 시간계획을 포함하는 의도된 계획 활동, 인적 · 물적자원 활용, 집합적 활동으로 구분하여 살펴보고자 한다.

1) 주체

사회복지정책을 사회적 서비스로 전환시키는 과정에서 다양한 사회복지 활동과 조직 활동을 통해 클라이언트에게 서비스를 제공하며 조직을 유지 발전하는 행정을 수행하는 공식적인 조직이 프로그램의 주체가 된다. 윌렌스키와 르보(Wilensky & Lebeaux, 1979)는 현대 사회복지가 공식적 조직에 의한 활동이어야 함을 강조하고 있다. 이것은 현대의 사회복지 활동은 조직을 통해 정규적이고 지속적 · 체계적으로 이루어져야 함을 의미한다. 그러므로 사회복지사가 수행하는 다양한 실천 활동은 조직을 통해서 이루어진다. 즉, 사회복지실천이 이루어지는 기본적인 장(setting)이 바로 사회복지조직(기관)이며, 사회복지실천을 위한 중요한 수단이 프로그램인 것이다.

사회복지 프로그램을 개발하고 수행하는 사회복지기관 및 시설에는 (지역)사회복지관, 노인여가복지시설인 노인복지관, 재가노인복지시설, 장애인지역사회재활시설인 장애인복지관, 건강가정지원센터 등의 이용시설과 노인주거복지시설인 양로원, 노인의료복지시설인 노인요양원, 아동양육시설인 보육원, 장애인거주시설, 모(부)자가족복지시설, 청소년쉼터 등의 생활시설이 있다. 또한 문제 영역별로 학대 및 방임문제 해결을 위한 노인보호전문기관, 아동보호전문기관, 성폭력상담센터, 일자리 지원을 위한 노인일자리지원기관, 장애인직업재활시설, 지역자활센터, 정신보건문제 해결을 위한 정신보건센터, 사회복귀시설, 정신요양시설 등 다양한 사회복지기관 및 시설이 있다. 보건복지부 및 여성가족부 소관 사회복지 프로그램 개발 주체는 표 1-2 와 같다.

표 1-2 사회복지 프로그램 개발 주체(사회복지기관 및 시설)

소관 부처	시설종류	세부종류	
		생활시설	이용시설
보건복지부	노인복지시설	• 노인주거복지시설 • 노인의료복지시설 • 학대피해노인전용쉼터	• 재가노인복지시설 • 노인여가복지시설 • 노인보호전문기관 • 노인일자리지원기관
	아동복지시설	• 아동양육시설 • 아동일시보호시설 • 아동보호치료시설 • 자립지원시설 • 공동생활가정	• 아동상담소 • 아동전용시설 • 지역아동센터 • 아동보호전문기관 • 가정위탁지원센터 • 자립지원전담기관

소관부처	시설종류	세부종류	
		생활시설	이용시설
	장애인복지시설	• 장애유형별 거주시설 • 중증장애인 거주시설 • 장애영유아 거주시설 • 장애인단기 거주시설 • 장애인공동생활가정 • 피해장애인쉼터 • 피해장애아동쉼터	• 장애인지역사회재활시설 • 장애인직업재활시설 • 장애인의료재활시설 • 장애인생산품판매시설
	어린이집		• 어린이집
	정신건강증진시설	• 정신요양시설 • 정신재활시설 중 생활시설	• 정신재활시설 중 이용시설
	노숙인시설	• 노숙인자활시설 • 노숙인재활시설 • 노숙인요양시설	• 노숙인종합지원센터 • 노숙인일시보호시설 • 노숙인급식시설 • 노숙인진료시설 • 쪽방상담소
	사회복지관		• 사회복지관
	지역자활센터		• 지역자활센터
	다함께돌봄센터		• 다함께돌봄센터 (학교돌봄터 포함)
여성가족부	성매매피해지원시설	• 일반지원시설 • 청소년지원시설 • 외국인지원시설 • 자립지원공동생활시설	• 자활지원센터 • 성매매피해상담소
	성폭력피해보호시설	• 성폭력피해자보호시설	• 성폭력피해상담소
	가정폭력보호시설	• 가정폭력피해자보호시설	• 가정폭력상담소 • 긴급전화센터디지털
	한부모가족복지시설	• 모자가족복지시설(기본, 공동, 자립) • 부자가족복지시설(기본, 공동, 자립) • 미혼모자가족복지시설(기본, 공동) • 일시지원복지시설	• 한부모가족복지상담소
	다문화가족지원센터		• 다문화가족지원센터
	건강가정지원센터		• 건강가정지원센터
	청소년복지시설	• 청소년쉼터 • 청소년자립지원관 • 청소년치료재활센터 • 청소년회복지원시설	• 건강가정지원센터

출처: 보건복지부(2023). 2023 사회복지시설 관리안내. p.5.

이상의 모든 사회복지기관 및 시설들은 각 기관의 설립목적에 맞는 지역사회 문제해결과 이용자들의 변화를 위한 사회복지 프로그램을 개발하고 수행하는 주체로서의 역할을 하고 있다. 이들 주체는 해당 사회복지조직이나 사회복지기관이 될 것이고 프로그램을 주도적으로 핵심적으로 수행해 나가는 실행주체는 바로 사회복지사들이라고 할 수 있다. 이러한 주체에 대한 내용은 2018년도 이전에는 사회복지공동모금회의 프로그램 프로포절 작성 시 첫 장의 겉표지인 프로그램 사업신청용에서 기관현황의 작성과 다섯 번째 세부 사업 내용에서 담당인력 구성으로서 작성하도록 되어 있었으나, 최근 사회복지공동모금회의 프로포절 양식이 2018년부터 새롭게 바뀌면서 주체에 대한 작성부분도 수정이 이루어졌다. 신청기관 현황과 함께 구체적으로 작성되는 사업계획서에서 담당인력 구성에 대한 내용이 없어지고, 사업계획서의 네 번째 부분인 문제의식(사업 필요성)에서 신청기관의 강점을 작성하도록 변경이 되었다.

2) 목적

프로그램은 특정 목적을 달성하기 위한 의도적으로 계획된 활동이다. 문제상황의 분석을 통해 바람직한 방향으로 변화를 의도하는 것이 프로그램의 목적이 된다. 프로그램을 만들거나 기존 프로그램을 변화시키는 과정에서 목적은 프로그램의 존재 이유에 해당되는 것이다. 목적으로 작성한 것의 일부는 매우 광범위하고 어떤 것은 구체적이다. 예를 들어, 노인들의 사회화를 개선하기 위한 희망노인센터의 그룹 프로그램 평가를 예로 들어 보자. 사회화 개선은 주요 프로그램 목적이 될 수 있으며 이것은 매우 광범위하다. 사회화 개선의 다른 목적은 그룹 내외의 구성원들 사이에서 상호작용의 양과 질 증가, 친구와 이웃 간의 상호작용 증가, 지역사회참여 확대와 같이 매우 구체적이다(Michael, 2004: 44).

프로그램의 목적은 사회복지조직이나 기관의 목적달성을 위한 수단으로 조직이나 기관의 설립목적에 영향을 받게 되며, 사회복지기관들이 특정 문제나 욕구를 가지고 있는 클라이언트 집단의 삶의 질 향상과 관련하여 설립목적을 설정한다는 점에서 프로그램 목적도 결국 이러한 목적달성을 위한 방향으로 제시된다. 사회복지 프로그램의 목적은 다시 목표로 분화되며 목표는 목적달성에 필요한 구체적인 의도들로 제시된다. 이러한 목적은 사회복지공동모금회의 프로그램 프로포절 작성 시 2018년도 이전에는 네 번째 사업 목적 및 목표에서 목적에 따른 산출목표와 성과목표를 작성하도록 되어 있었으나, 2018년부터 새롭게 바뀐 양식에서는 다섯 번째 목표 및 평가로 산출목표와 성과목표를 구분하여 작성하도록 되어 있다. 또한 산출목표는 세부 사업에 따라 산출목표와 모니터링 방법을, 성과목표는 성과목표와 함께 성과목표 달성 여부와 정도를 어떻게 평가할 것인지에 대한 평가 도구 및 방법, 측정 시기를 작성하여야 한다.

본서에서는 PROGRAM의 세 번째 단계인 O(Objectives Establishment)에서 목적 및 세부목표 설정으로 기술하도록 되어 있다.

3) 의도된 계획

사회복지 프로그램에서 수행되는 활동들은 임의대로 참가자들에게 제공되기보다는 일정기간을 두고 순차적으로 제공된다. 프로그램이 체계적이고 순차적인 이유는 제공되는 서비스나 활동이 계획대로 제공되기 때문이다. 이렇듯 사회복지 프로그램은 클라이언트의 욕구를 충족하거나 사회문제를 해결하고자 의도한 방향(목적이나 목표)으로 인적 · 물적자원을 조직적으로 연계하여 의도된 계획(시간 순서나 사업 내용)에 따라 순차적으로 서비스를 제공하게 된다.

이러한 의도된 활동계획의 수립과 함께 역할 분담이 정해지면 그 프로그램을 시작해서 완성하는 데까지 걸리는 시간을 추산한다. 이것은 주로 일정별 시간 순서에 따라 서술해 나가는데 과제 수행을 위한 시간 계산과 일정을 나타내는 방식으로는, ① PERT, ② Gantt, ③ Sched-U Graph 등을 활용해 볼 수 있다. 이러한 의도된 계획은 2018년도 이전에는 사회복지공동모금회의 프로그램 프로포절 작성 시 다섯 번째 세부 사업 내용에서 사업진행 일정이라는 타이틀로 간트(Gantt) 도표로 작성하도록 되어 있고 여섯 번째 예산계획을 항목별 예산이나 성과주의 예산으로 작성하도록 되어 있었다. 그러나 2018년 새롭게 바뀐 사회복지공동모금회 사업계획서를 살펴보면, 두 번째 사업내용 및 추진 전략에서 사업내용 및 사업 집행 전략을 사업을 어떻게 추진할 것인지에 대하여 세부 사업별 시행 방법, 시행 시기 및 횟수, 사업 진행 일정 등 구체적인 정보를 담아서 순서에 상관 없이 자유롭게 작성하도록 되어 있으며, 작성 예시에서 사업 진행 일정이 간트(Gantt) 도표를 활용하여 작성되어 있다. 예산계획에 대한 내용은 세 번째 예산 편성으로 순서만 바뀌고 작성내용은 달라진 것이 없다.

4) 인적 · 물적자원의 활용

사회복지조직(기관)에서 프로그램을 수행하기 위해서는 반드시 그 조직(기관)이 프로그램을 수행할 수 있는 인적 · 물적자원을 보유하고 있어야 한다. 필요한 자원은 수퍼바이저, 사회복지사, 관련 전문가, 자원봉사 등의 인적자원과 예산, 장소, 시설, 장비 등의 물적자원을 포함한다. 물적자원의 경우 또한 기관이 갖추고 있는 물리적 시설 외에도 장소 및 장비는 외부자원을 연계하여 효율성을 확보할 수도 있다. 사회복지기관은 불합리하게 소요되는 직원의 시간 또는 다른 자원의 성과 측정 관리에 관심을 가지고 기록한다. 이러한 문제는 대부분의 사회서비스 기관에서 사용할 수 있는 자원이 제한된 것에서 비롯되었으며, 이들에게 주어진 제한된 자원으로 인해 가능한 기존 자원을 가장 효과적인 방식으로 사용하는 것과 자원연계에 대한 관심을 가져야 한다(Lohmann & Lohmann, 2001: 247).

한편 프로그램을 운영하는 인적자원은 주로 사회복지사와 수퍼바이저로 구성되지만 프로그램의 효과성과 효율성을 위해서는 외부 전문가의 연계와 자원봉사자의 활용이 필요하다. 아울러 프로그램의 인적자원은 프로그램을 수행하기 위한 대상자들도 포함된다. 왜냐하면 아무리 좋은 프로그램을 만들었다 하더라도 프로그램에 참여할 대상자가 없다면 그 프로그램을 수행할 수 없게 된다. 따라서 인적자원을 검토할 때에는 반드시 프로그램의 대상자를 확보할 수 있는지를 살펴보아야 한다.

이러한 인적 · 물적자원은 2018년도 이전에는 사회복지공동모금회의 프로그램 프로포절 작성 시 다섯 번째 세부 사업 내용에서 서술되거나 혹은 담당인력 구성과 지역사회 자원활용 계획으로서 작성하도록 되어 있었다. 그러나 2018년도에 새롭게 변경된 사업계획서에서는 인적 · 물적자원에 대한 내용을 두 번째 사업 내용 및 추진 전략 중 기관 연계협력 전략에서 작성하도록 되어 있으며, 특히 인적자원 중 대상자에 대한 작성부분은 두 번째 사업 내용 및 추진전략에서 사업 참여자 모집전략으로 핵심 참여자, 주변 참여자로 구성된 참여 대상 및 인원 그리고 참여자 선정 기준과 참여자 모집 방안에 대해 서술하도록 작성내용 방법이 변경되었다. 본서에서는 PROGRAM의 두 번째 단계인 R: 자원체계의 확인(Resource System Identification)에서 인적 · 물적자원의 검토와 기관제한 조건의 파악, 그리고 대상자는 클라이언트 집단의 파악으로 서술하도록 하고 있다.

또한 인적자원은 프로그램을 의도한 목적이나 목표를 전문적으로 수행하기 위해서는 사회복지기술이 필요하다. 사회복지기술은 넓은 의미로 사회복지실천 이론과 기법을 포괄한다(황성철, 2005: 20). 즉, 인적자원은 사회복지 프로그램의 표적체계(목표에 따른 대상자)에 따라 문제해결과 욕구충족을 위해 적합한 실천이론과 기법을 활용할 수 있어야 한다. 이러한 사회복지실천 이론과 기법에 대한 서술은 사회복지공동모금회 프로포절에서 요구하는 내용이 아니지만 많은 사회복지사들이 사업계획서의 네 번째 순서인 문제의식(사업 필요성)에서 이론적 배경으로 작성하고 있기도 한다. 본서에서는 PROGRAM의 네 번째 G(Gathering data and Alternative choice)인 자료수집과 대안선택에서 이론적 배경과 관련 자료의 수집 및 기존 유사 프로그램의 확인으로 서술하고자 한다.

사회복지 분야에서 빅데이터 활용 사례(학술논문 중심)

최근 사회복지분야에서 자료수집 및 분석의 한 방법으로서 빅데이터[5]를 활용한 연구들이 많이 발간되고 있다. 일례로서 빅데이터 정보를 활용한 복지 사각지대 발굴이나 아동 비만, 아동학대, 노인학대, 자살, 중독자의 사전 발견 및 조치, 부정수급자 발굴, 사례관리에서 사정이나 원조계획의 작성 등 다양한 분야에서 빅데이터에 의한 진단과 분석이 활용되고 있다. 따라서 사회복지 프로그램 개발 시, 사회복지사들은 자료수집과 분석을 위한 새로운 방법으로서 빅데이트를 적극 활용해 나가야 할 것이다.

- 아동학대 정책 변화 시점별 뉴스 분석: 텍스트 마이닝 활용(오세현 · 강현아, 2021)
- 텍스트 마이닝을 활용한 '청소년상담1388' 빅데이터 분석(강주연 · 이이든, 2019)
- 텍스트 마이닝을 활용한 장애인 고용 트렌드 분석(여지영, 2021)
- 텍스트 마이닝 분석을 통한 노인학대 관련 연구 동향 분석(윤기혁, 2022)
- 텍스트 마이닝을 활용한 대학생 문제음주의 연구 동향 분석(박준언 · 윤기혁, 2022)

5) 집합적 활동

프로그램 개발에는 단편적인 활동이라기보다는 다양한 활동, 즉 서비스들의 집합 활동, 대상자와 실행자와 참여자들의 활동, 인적 · 물적자원의 활용과 일련의 단계를 거치며, 우연의 산물이라기보다는 의도적인 계획된 과정의 산물로서 집합적 활동들이 이루어지고 있다.

크게 구분해 보면, 프로그램 개발은 보편적으로, ① 문제/욕구 확인, ② 프로그램 설계/계획, ③ 프로그램 실행, ④ 프로그램 평가의 네 단계를 거치게 된다.

이 각각의 단계는 독립적으로 분리되어 존재하는 직선적인 관계가 아니라 서로 밀접하게 연관되어 규제하면서 주기적으로 반복되는 순환 과정을 이루고 있다(정무성 · 정진모, 2001: 34-35). 이와 같이 프로그램 개발은 문제 발견과 욕구분석으로부터 시작하여 포괄적인 목적과 구체적인 목표를 조작 · 설정하고 이를 성취하기 위한 실행체계를 구성하는 과정을 의미한다. 즉, 프로그램의 목적을 달성하고 효과적이고 효율적인 프로그램이 수행되기 위해서는 이상 네 단계들 간의 연계성과 순환 과정이라는 일련의 집합적 활동이 필요하게 된다.

5) 빅데이터란 과거의 기술로는 수집 · 저장하고 분석할 수 없을 정도로 큰(Big) 데이터(Data)의 가치를 수집하고, 분석하는 기술(송태민 · 송주영, 2017)로 기존의 연구방식으로는 분석하기 어려운 현장의 다양한 정보나 사회적 인식에 대한 정보를 확인할 수 있다(Adrian et al., 2016; 이근명, 2019: 143).

참고문헌

강병노(2011). 사회복지에서 기획은 중요한가? 사회복지학 기획연구 동향 탐색. **한국사회복지행정학**, 13(1), 133-159.

강주연, 이이든(2019). 텍스트 마이닝을 활용한 '청소년상담1388' 빅데이터 분석. **청소년상담연구**, 27(2), 127-147.

경기복지재단(2023). 챗GPT의 복지 적용 가능성과 방안. **복지이슈 FOCUS**, 6, 1-12.

경향신문(2021.06.23.). 제러미 리프킨 "지구에겐 면도날만큼의 시간만 남았다".

곽병훈(2013). 생태복지의 관점에서 본 복지국가의 구조적 모순과 사회정책적 함의. **국가정책연구**, 27(4), 115-137.

구본권(2023). 챗GPT 시대의 필수역량 'AI 리터러시' . **KISO JOURNAL**, 50, 36-39.

김선희, 김표민, 신원정, 유진희(2021). **사회복지 프로그램 개발과 평가**. 경기: 도서출판 어가.

김영종(2013). **사회복지 프로그램 개발과 평가**. 서울: 학지사.

김태원(2023). 챗GPT가 촉발한 생성형 AI 시대, 미래 모습과 대응 방안. **Future Horizon Plus**. 55, 2-9.

김희연(2022). 복지영역의 ESG경영을 위한 탐적 연구: 종합사회복지관을 사례로. **한국거버넌스학회보**, 29(3), 177-194.

박준언, 윤기혁(2022). 텍스트마이닝을 활용한 대학생 문제음주의 연구 동향 분석. **차세대융합기술학회논문지**, 6(6), 1127-1140.

보건복지가족부(2009). 생태복지의 개념 및 적용모델 개발. 건강증진연구사업(정책과제, 08-6)

보건복지부(2022). 2022년도 사회복지시설 평가 현장위원 추천 우수안전운영 사례집.

보건복지부(2023). 2023 사회복지시설 관리안내.

사회복지공동모금회(2019). 2019 배분사업 안내.

서인해, 공계순(2013). 사회복지 프로그램 구성요소개발활동의 실태 및 구성요소의 동질적인 범주성에 대한 실증적 연구. **사회복지연구**, 44(3), 237-270.

서해정(2009). **새로운 녹색경기도를 위한 생태복지실현 정책 방안**. 경기: 경기도가족여성연구원.

송태민(2015). 소셜 빅데이터를 활용한 우리나라 청소년의 우울 현황과 위험요인 분석. **보건 · 복지 Issue&Focus**, 296, 1-8.

송혜승(1994). 사회복지 프로그램 개발을 위한 설계상의 문제점과 개선방안: 비행청소년 프로그램을 중심으로. 이화여자대학교 대학원 석사학위논문.

신복기, 박경일, 이명현, 윤기혁, 권진아(2019). **사회복지행정론**. 경기: 공동체.

여지영(2021). 텍스트마이닝을 활용한 장애인 고용 트렌드 분석: 고용률 차이를 중심으로. **장애와 고용, 31**(1), 73-105.

오세현, 강현아(2021). 아동학대 정책 변화 시점 별 뉴스 분석: 텍스트마이닝 활용. **한국아동복지학, 70**(3), 1-31.

우수명(2004). **TP 사회복지 프로그램 개발과 평가**. 서울: 인간과 복지.

이강(2001). 사회복지 프로포절 작성의 실태분석과 개선방안에 관한 연구. **지역사회복지운동, 10**, 55-84.

이근명(2019). 소셜 빅데이터를 활용한 사회복지 네트워크 분석. **비판사회정책, 64**. 137-180.

이민홍, 정병오(2013). **사회복지 프로그램 개발과 평가**. 서울: 나눔의집.

이병호, 김가연(2019). 소셜 빅데이터로 본 노인 관련 담론의 특징과 변화. **사회복지정책, 46**(3), 179-201.

이봉주, 김기덕, 신원우(2019). **사회복지 프로그램 기획의 이해와 적용**. 서울: 신정.

이상은, 최나야(2020). 빅데이터에 나타난 아동 비만에 대한 사회적 인식. **한국아동복지학, 69**(1), 57-80.

정무성, 정진모(2001). **사회복지 프로그램 개발과 평가**. 서울: 양서원.

한국지능정보사회진흥원(2021). 코로나19 이후 지능형 서비스 사례분석. 복지. 8.

황성철(2005). **사회복지 프로그램 개발과 평가**. 경기: 공동체.

Cheetham, J., Fuller, R., McIvor, G., & Petch, A. (1992). *Evaluating Social Work Effectiveness*. Buckingham: Open University Press.

Gates, B. L. (1980). *Social program administration: The implementation of social policy*. Englewood Cliffs, NJ: Prentice-Hall.

Kettner, P., Moroney, R. & Martin, L. (1999). *Designing and Managing Programs: An Effectiveness - Based Approach*. Thousand Oaks, CA: Sage.

Lohmann, R. A., & Lohmann, N. (2001). *Social Administration*. New York: Columbia University Press.

Michael J. Smith (2004). *Program Evaluation in Human Service*. New York: Springer Publishing Company.

Netting, F. E., Kettner, P. M., & McMurtry, S. L. (2004). *An introduction to macro practice in social work. Social work macro practice* (3rd ed.). New. York: Pearson Education.

Netting, F. E., O'Connor, M. K., & Fauri, D. P. (2008). *Comparative Approaches to Program Planning*. Hoboken, NJ: John Wiley & Sons.

Pawlak, E. J., & Vinter, R. D. (2004). *Designing &Planning Programs for Nonprofit & Government Organizations*. San Francisco: Jossey-Bass.

Royse, D., Thyer, B. A., Padgett, D. K., & Logan, T. K. (2001). *Program Evaluation: An Introduction*. Belmont, CA: Wadsworth.

Royse, D., Thyer, B. A., Padgett, D. K., & Logan, T. K. (2006). *Program evaluation: An introduction* (4th ed.). Belmont, CA: Thompson.

Wilensky, H. L., & Lebeaux, C. N. (1979). **산업사회와 사회복지.** [Industrial society and social welfare] (장인협 역). 서울: 대한교과서주식회사(원저출간: 1958).

York, Reginald O. (1982). *Human Service Planning: Concepts, Tool, and Methods*. Chapel Hill, NC: The University of North Carolina Press.

최근 오픈에이아이(OpenAI, openai.com)가 개발한 대화 전문 인공지능 챗봇이 인기다. 챗은 채팅의 줄임말이고 GPT는 'Generated Pre-trained Transformer'의 앞 글자를 딴 것이다. 챗GPT는 사용자가 대화창에 텍스트를 입력하면 그에 맞춰 대화를 함께 나누는 서비스(시사상식사전)로 사회복지 분야에서도 활용될 수 있는데 아래는 관련 기사이다.

OpenAI에서 개발한 인공지능 챗GPT가 사회복지 분야에 활용

2023년 04월 05일 (수) 00:16:30 소희 기자 sohee@newsmaker.or.kr

최근 인공지능 기술의 발전으로 챗봇이 대세가 되면서, 챗GPT라는 대화형 인공지능이 사회적으로 이슈가 되고 있다.

소희 기자 sohee@

현재 챗GPT는 다양한 분야에서 사용되고 있으며, 사회복지 분야에서도 활용 가능한 많은 잠재력을 가지고 있으며 한국새생명복지재단 송창익 이사장이 챗GPT를 효과적으로 활용하고 있어 사회복지분야의 활용도에 대하여 알아보았다.

노인복지는 현대 사회에서 매우 중요한 분야

OpenAI에서 개발한 챗GPT는 기존 인터넷 검색에서 필요한 정보를 얻기 위해서 걸리는 시간과 수고를 통해 얻은 결과와는 달리 하나의 질문을 입력하면 원하는 정보를 순식간에 얻을 수 있다. 따라서 사회복지에 관련된 사회복지서비스와 지원제도, 사회복지사, 장애인복지 등에 대한 정보를 쉽게 얻을 수 있다. 그리고 챗GPT는 사용자들과 대화를 나눌 수 있는 기능을 제공함으로 사용자와 대화하면서 자연스러운 대화를 이어갈 수 있습니다. 이러한 특징을 잘 활용하면 사회복지 분야에서 새로운 접근 방식을 제공할 수 있다.

▲ 송창익 이사장

챗GPT에게 노인복지에 대한 내용을 알려달라는 질문을 했다. 노인복지는 고령화 사회가 빠르게 도래하는 현대 사회에서 매우 중요한 분야 중 하나다. 노인복지는 노인들이 건강하고 행복한 삶을 유지할 수 있도록 돕는데 초점을 두고 있다. 노인복지에는 다양한 형태가 있다. 노인들의 건강과 신체적인 요구를 충족시키기 위한 건강증진 프로그램, 의료 서비스 및 건강관리 서비스, 식사 및 영양지원 서비스, 거주지원 서비스, 문화 및 레크리에이션 프로그램 등이 그 예이다. 또한, 노인들의 사회적 참여와 자립을 지원하기 위한 프로그램도 중요하다. 이에는 노인들이 참여할 수 있는 교육 프로그램, 직업훈련, 봉사활동, 사회활동 등이 있다. 이러한 프로그램들은 노인들의 사회적 활동성과 자아존중감을 유지하는 데에 큰 역할을 한다. 또한, 노인들의 건강과 복지를 위한 정책적인 지원도 필요하다. 정책적인 지원은 사회보장제도, 노후연금제도, 의료보험제도 등을 통해 이루어진다. 이러한 제도들은 노인들의 건강과 복지를 지원하며, 노인들이 안정적인 삶을 영위할 수 있도록 돕는다. 마지막으로, 노인들은 우리 사회에서 매우 소중한 존재입니다. 그들은 우리 사회의 역사와 문화를 지키고, 삶의 지혜와 경험을 전달해줄 수 있는 귀중한 자원이다. 따라서, 우리는 노인들의 삶의 질을 높이기 위해 노인복지에 적극적으로 투자해야 한다고 챗GPT가 답변을 했다. 사람이 고민하고 준비해야 할 내용을 질문 즉시 답변을 하는 것에 놀라지 않을 수 없었다.

출처: 뉴스메이커(2023.4.5.) 일부 내용 발췌.

Chapter 02

사회복지 프로그램의 유형

키워드

대상별 프로그램 유형, 기능별 프로그램 유형, 구성체계별 프로그램 유형, 재원조달 방법에 따른 프로그램 유형, 공급주체에 따른 프로그램 유형, 디지털 복지 프로그램, 증거기반 프로그램, 생태복지 프로그램, 재난 안전 프로그램, 챗GPT 활용 프로그램

02 사회복지 프로그램의 유형

사회복지 프로그램의 유형은 학자마다 다양한 분류기준을 제시하고 있는데, 먼저 칸과 카머만(Kahn & Kamerman, 1976)은 사회복지 서비스 대상자에게 제공되는 서비스의 성격에 따라 사회복지 프로그램의 유형을 구분하였다. 즉, 개인의 사회화와 발달적 욕구충족을 위한 서비스 및 프로그램, 문제를 지닌 개인 또는 가족에 대한 치료 · 보호 · 구체적 지원서비스, 제반 서비스에 대한 접근을 위한 안내 및 조언 서비스 등이다. 반면 디니토(DiNitto, 2000)는 사회복지 프로그램을 미국 연방정부의 사회복지정책에 따라서 소득유지, 영양, 보건, 복지서비스 등 크게 4가지로 분류하고 있다. 하지만 현재 실천현장에서 이들 학자의 분류체계를 적용하기에는 현실적인 문제점이 있다. 칸과 카머만(1976)의 프로그램 분류체계의 경우 상담, 치료, 보호, 재활, 교육, 정보제공, 의뢰 등 서비스 대상자에게 제공되는 서비스 성격에 따라 구분하고 있기 때문에 전 사회복지 서비스를 망라하고는 있으나, 현재 사회복지기관에서는 이러한 분류체계에 따라 서비스를 제공하지 않고 있다. 또한 디니토의 분류체계는 사회복지정책 또는 프로그램의 대략적 분류일 뿐, 사회복지기관의 프로그램을 기획하고 개발 · 평가하는 일선 사회복지사에게는 현실적이고 실질적인 도움이 되지 못하고 있다(황성철, 2011: 31–33).

따라서 본서에서는 실천현장에서 실제 적용 가능하고 실질적인 도움을 제공해 줄 수 있는 실천 · 현장 중심의 사회복지 프로그램 유형인 프로그램 대상별 유형, 기능별 유형, 구성체계별 유형, 재원조달 방법에 따른 유형, 공급주체에 따른 유형으로 구분하여 살펴보고, 더불어 최신 사회복지 프로그램 경향에 대해서도 알아보고자 한다.

01 대상별 유형

사회복지 대상별 프로그램 유형이란 말 그대로 프로그램의 대상에 따라 유형을 구분한 것을 말한다. 일반적으로 표적집단 또는 실천대상별 유형으로도 불린다. 사회복지 프로그램의 목적은 문제가 있거나 욕구가 있는 대상자에게 프로그램을 시행한 뒤 문제해결 및 욕구충족을 통해 대상자의 긍정적인 변화를 이끌어 내고자 하는 데 있다. 따라서 사회복지 프로그램의 가장 기본적인 분류기준으로 대상별 유형을 들 수 있을 것이며, 실제 현장에서 가장 흔히 활용되는 프로그램 유형이다.

사회복지 프로그램의 대상은 개인, 가족, 집단, 조직, 지역사회, 전체 사회가 될 수 있으므로 프로그램 대상별 유형 역시 이에 따라 구분할 수 있다. 이러한 프로그램 대상별 유형의 실 사례로 사회복지공동모금회의 '사회복지공동모금회 배분사업'의 프로그램 분류기준을 들 수 있다. 『2012 사회복지공동모금회 배분사례집』(사회복지공동모금회, 2013)을 살펴보면 지원배분사업을 아동/청소년(교육, 훈련, 상담, 예방 등), 장애인(교육 · 훈련, 인식 개선 및 권리보장 등), 노인(의료, 심리, 여가 · 문화, 취업 등), 여성/다문화(교육, 자립, 건강, 예방 등), 지역사회(역량강화 등), 해외/이웃(기초생활 및 교육지원, 의료보건) 등 6개 영역으로 나누었다. 그러나 2018년부터 사회복지공동모금회 배분사업 내용이 변경되면서 기존 6개 영역에서 7개 영역으로 확장되어 현재 2023년 「배분사업 안내」에 의하면 사업자 참여자 기준은, ① 아동/청소년, ② 노인, ③ 장애인, ④ 여성/다문화, ⑤ 위기가정, ⑥ 지역사회, ⑦ 북한/해외/기타임이다. 이러한 대상 영역에 따른 구체적인 프로그램의 예시는 표 2-1 과 같다.

표 2-1 사회복지공동모금회 사업 참여자 구분 기준에 따른 프로그램 사례

프로그램 대상	프로그램 사례
아동/청소년	• 아동공동생활가정 퇴소청소년의 지역사회 정착을 위한 자립훈련 지원사업 '어깨동무' • 취약계층 아동 · 청소년의 창의융합 사고력 향상을 위한 IT교육공간 조성 및 교육복지 프로그램 지원사업 '행복 IT Zone 광주 · 청주' • 가정위탁아동 자연친화 지원사업 자연으로 하나되는 세상 '에코(Eco)프렌즈(Friends)'

프로그램 대상	프로그램 사례
	• 진로탐색 및 일자리 체험 프로그램: 100일의 기적 • 학교 밖 청소년의 진로탐색을 통한 평생직업교육 지원사업
노인	• 65세 이상 홀몸어르신의 건강한 삶을 위한 프로그램 '행복한 삼시세끼' • 저소득 취약계층어르신 쿨매트로 쿨한 여름나기 '쿨(coo!coo!)열대야 안녕!' • 거동불편 노인의 우울감 및 소외감 해소를 위하여 이웃이 찾아가는 정서적 네트워크 구축 프로그램 '인(이웃 인隣)사이드 이웃' • 어르신들의 일자리 창출을 위한 재활용 교복수선 사업 '행복교복 실버천사' • 다면적 접근을 통한 노인 낙상 예방 프로그램 '슬기로운 낙상 예방'
장애인	• 청각언어 장애인의 정보접근성 강화와 일자리창출을 위한 리포터 양성과정 '농아인! 마이크를 켜다.' • 발달장애인과 부모의 행복한 미래를 위한 평생설계 모바일 배움터 '채비.net(chaebee.net)' • 성인발달장애인의 자립생활을 지원하기 위한 시민참여형 옹호체계구축사업 '호호호(자기옹호, 시민옹호, 지역옹호) 프로젝트' • 배리어프리(barrier free)를 통한 재가 장애인의 사회참여 활동 촉진 및 지역주민 장애 인식 개선 프로그램, 장벽 없는 모두의 마을 • 베프(Best Friend! Barrier Free!)가 되어줄래? 발달장애인과 시민옹호인이 함께하는 장애인 친화마을 만들기 사업
여성/다문화	• 경력단절 여성들의 성인권 교육을 통한 강사 양성과정 프로그램 'She say- 잡(job)자!' • 성매매집결지 '자갈마당'의 폐쇄 과정을 담은 영상기록물 제작 • (5060 여성, 실버 케어) 중장년 폭력피해여성의 치유 및 자활지원을 위한 노인돌봄 준전문가 파견사업 • 공동체의 지속가능한 여성 월경문화 형성을 위해 대안생리대를 모색하는 주민 모임 • 다문화가족의 가정폭력 예방을 위한 결혼이주민 전문강사 양성 및 찾아가는 교육/상담 사업
위기가정	• 저소득 가정의 가족기능 강화를 위한 가족 통합 힐링 프로그램 'Fun한 우리 가족' • 함께 만드는 보금자리, 우리가족을 부탁해! (청소년 부모 가정의 삶을 보호하는 주거비 및 자녀 양육 생필품 지원) • 취약계층 경제적 자생력 강화를 위한 재무컨설팅 및 대출 지원사업 '사랑의 금융' • 빈곤가정 아동의 심리사회적 적응력 향상을 위한 심리정서지원 프로젝트 '내 마음이 활짝' 시즌 3
지역사회	• 여행 이제 꿈이 아니야 이제 나도 갈 수 있어 꿈꾸던 그곳!!!(보행약자들의 프리한 여행을 위한 무장애 여행 시스템 구축사업) • 모두가 이용 가능한 10cm 턱 나눔으로 다함께 행복한 춘천 '장벽없는 거리 조성사업' • 가족이 안전한 마을 조성을 위한 주민공동체 자치활동 기반의 주민조직 활성화 프로그램 '안마주자'-안전한 마을 조성, 주민공동체 자치활동 • 코로나 19 피해지원 지역경제 활성화를 위한 착한소비, '희망상자 지원'
북한/해외/기타	• 에티오피아 빈곤층 아동을 위한 500인의 식탁 무료급식 지원사업 • 클린 에너지스쿨: 탄소중립 시대를 위한 신재생에너지 교육 • 한국전력공사와 함께하는 '탄소중립 자원봉사 숲' 조성사업 • 플라스틱 업사이클링을 활용한 친환경 봉사활동 • 에너지기후변화협약, 생물다양성, 지속가능한 개발을 위한 '사랑의 햇빛 에너지 보급사업'

출처: 사회복지공동모금회(2022). 변화를 위한 나눔: 2021 사회복지공동모금회 배분사례집, 사회복지공동모금회(2021). 변화를 위한 나눔: 2020 사회복지공동모금회 배분사례집, 사회복지공동모금회(2020). 변화를 위한 나눔: 2019 사회복지공동모금회 배분사례집.

02 기능별 유형

기능별 사회복지 프로그램 분류체계는 사회복지 프로그램을 기능별로 나누는 방법으로, 사회복지기관에서 가장 보편적으로 사용하는 사회복지 프로그램의 분류 유형이다. 기능별 프로그램의 분류는 프로그램의 근본적인 목적과 방향에 있어서 서로 다른 점이 가장 잘 부각되고 있다. 예를 들면, 아동복지관에서 입양 프로그램과 상담 프로그램은 기능별로 다르고, 공동모금회의 모금 프로그램과 배분 프로그램도 기능별로 그 목적과 방향성에서 차이가 확연히 드러난다. 사회복지 프로그램을 기능별로 구분한 구체적인 예로는 교육 프로그램, 치료 프로그램, 재활 프로그램으로 구분한 경우이다. 이때 재활 프로그램에서도 다시 심리사회재활과 직업재활 프로그램으로 구분한다(황성철, 2011: 34). 이러한 기능별 유형에 따른 사회복지 프로그램 구분은 사회복지기관의 분류기준에서도 적용되고 있다. 최근 사회복지기관은 「사회복지사업법 시행규칙」에 의해 사회복지기관의 분류기준을 기능별(서비스 제공 기능, 사례관리 기능, 지역조직화 기능)로 구분하고 있다. 2023년 사회복지공동모금회 배분사업의 경우는 기초생계 지원, 교육/자립 지원, 주거/환경 개선, 보건/의료 지원, 심리/정서 지원, 사회적 돌봄 강화, 소통과 참여 확대, 문화격차 해소 등 8개 분야로 나누고 있다.

다음은 '2023년 사회복지관 운영 관련 업무처리 안내'에 제시된 사회복지관의 사업 분류 기준으로서, 현재 사회복지기관들은 표 2-2 의 기능별 유형 구분에 따라 사회복지 프로그램들을 개발 · 운영하고 있다.

표 2-2 사회복지기관 프로그램 내용 및 예시

기능	사업분야	사업내용 및 프로그램 예시
서비스 제공 기능	가족기능 강화	1. 가족관계증진사업: 가족원 간의 의사소통을 원활히 하고 각자의 역할을 수행함으로써 이상적인 가족관계를 유지함과 동시에 가족의 능력을 개발 · 강화하는 사업 2. 가족기능보완사업: 사회구조 변화로 부족한 가족기능, 특히 부모의 역할을 보완하기 위하여 주로 아동 · 청소년을 대상으로 실시되는 사업 3. 가정문제해결 · 치료사업: 문제가 발생한 가족에 대한 진단 · 치료 · 사회복귀 지원사업 4. 부양가족지원사업: 보호대상 가족을 돌보는 가족원의 부양부담을 줄여 주고 관련 정보를 공유하는 등 부양가족 대상 지원사업 5. 다문화가정, 북한이탈주민 등 지역 내 이용자 특성을 반영한 사업

기능	사업분야	사업내용 및 프로그램 예시
	지역사회 보호	1. 급식서비스: 지역사회에 거주하는 요보호 노인이나 결식아동 등을 위한 식사제공 서비스 2. 보건의료서비스: 노인, 장애인, 저소득층 등 재가복지사업 대상자들을 위한 보건 · 의료관련 서비스 3. 경제적지원: 경제적으로 어려운 지역사회 주민들을 대상으로 생활에 필요한 현금 및 물품 등을 지원하는 사업 4. 일상생활 지원: 독립적인 생활능력이 떨어지는 요보호 대상자들이 시설이 아닌 지역사회에 거주하기 위해서 필요한 기초적인 일상생활 지원서비스 5. 정서서비스: 지역사회에 거주하는 독거노인이나 소년소녀가장 등 부양가족이 없는 요보호 대상자들을 위한 비물질적인 지원 서비스 6. 일시보호서비스: 독립적인 생활이 불가능한 노인이나 장애인 또는 일시적인 보호가 필요한 실직자 · 노숙자 등을 위한 보호서비스 7. 재가복지봉사서비스: 가정에서 보호를 요하는 장애인, 노인, 소년 · 소녀가정, 한부모가족 등 가족기능이 취약한 저소득 소외계층과 국가유공자, 지역사회 내에서 재가복지봉사서비스를 원하는 사람에게 다양한 서비스 제공
	교육문화	1. 아동 · 청소년 사회교육: 주거환경이 열악하여 가정에서 학습하기 곤란하거나 경제적 이유 등으로 학원 등 다른 기관의 활용이 어려운 아동 · 청소년에게 필요한 경우 학습 내용 등에 대하여 지도하거나 각종 기능 교육 2. 성인기능교실: 기능습득을 목적으로 하는 성인사회교육사업 3. 노인 여가 · 문화: 노인을 대상으로 제공되는 각종 사회교육 및 취미교실 운영사업 4. 문화복지사업: 일반주민을 위한 여가 · 오락프로그램, 문화 소외집단을 위한 문화프로그램, 그 밖에 각종 지역문화행사사업
	자활지원 등 기타	1. 직업기능훈련: 저소득층의 자립능력배양과 가계소득에 기여할 수 있는 기능훈련을 실시하여 창업 또는 취업을 지원하는 사업 2. 취업알선: 직업훈련 이수자 기타 취업희망자들을 대상으로 취업에 관한 정보제공 및 알선사업 3. 직업능력개발: 근로의욕 및 동기가 낮은 주민의 취업욕구 증대와 재취업을 위한 심리 · 사회적인 지원프로그램 실시사업 4. 그 밖의 특화사업
사례 관리 기능	사례 발굴	지역 내 보호가 필요한 대상자 및 위기 개입대상자를 발굴하여 개입계획 수립
	사례개입	지역 내 보호가 필요한 대상자 및 위기 개입대상자의 문제와 욕구에 대한 맞춤형 서비스가 제공될 수 있도록 사례개입
	서비스 연계	사례개입에 필요한 지역 내 민간 및 공공의 가용자원과 서비스에 대한 정보 제공 및 연계, 의뢰
지역 조직화 기능	복지 네트워크 구축	지역 내 복지기관 · 시설들과 네트워크를 구축함으로써 복지서비스 공급의 효율성을 제고하고, 사회복지관이 지역복지의 중심으로서의 역할을 강화하는 사업 – 지역사회연계사업, 지역욕구조사, 실습지도
	주민 조직화	주민이 지역사회 문제에 스스로 참여하고 공동체 의식을 갖도록 주민 조직의 육성을 지원하고, 이러한 주민협력강화에 필요한 주민의식을 높이기 위한 교육을 실시하는 사업 – 주민복지증진사업, 주민조직화 사업, 주민교육
	자원 개발 및 관리	지역주민의 다양한 욕구 충족 및 문제해결을 위해 필요한 인력, 재원 등을 발굴하여 연계 및 지원하는 사업 – 자원봉사자 개발 · 관리, 후원자 개발 · 관리

출처: 보건복지부(2023). 2023 사회복지관 운영 관련 업무처리 안내. p.12.

03 구성체계별 유형

구성체계별 프로그램 유형 역시 사회복지실천현장에서 흔히 사용되는 프로그램 유형 중 하나이다. 사회복지 프로그램을 체계론적 관점에서 분석하면 상위 프로그램과 하위 프로그램으로 나눌 수 있는데 상위 프로그램을 기준으로 보면 하위 프로그램은 전체 프로그램의 한 구성단위로 단위 프로그램(unit program)이 된다. 만일 청소년복지 프로그램이 상위 프로그램이라 하면 자아성장 프로그램, 학교폭력 예방 프로그램은 각각 하위 프로그램이 된다. 이때 몇 개의 단위 프로그램이 연속적으로 일어나고 어느 한 개의 단위 프로그램이 종료된 다음 다른 단위 프로그램이 시작되는 형태로 구성된 프로그램을 연속 프로그램(continuous program)이라 한다. 연속 프로그램은 특히 교육이나 훈련 프로그램에서 사용되는 경우가 많은데 초기의 단위 프로그램은 초보적이고 단순한 활동의 형태로 진행되다가 점차 심층적이고 고난도의 문제나 과제가 주어지는 방향으로 연속적 또는 단계적으로 이루어지는 프로그램을 말한다. 예를 들면, 이주노동자 및 다문화가정을 위한 언어교육 프로그램의 경우 연속 프로그램으로 구성하지 않으면 그 본래의 목적을 달성하기 어려울 것이다. 주로 교육과 훈련의 성격을 갖는 프로그램은 연속 프로그램인 경우가 많다. 반면 단순 프로그램(simple program)은 하나의 단순한 목적을 달성하기 위해서 비교적 짧은 시간에 다른 프로그램과는 유기적인 관련성이 적은 프로그램으로 주로 1회성으로 이루어지는 프로그램을 지칭한다. 아동학대예방 캠페인, 방학 중 청소년 자원봉사 활동 프로그램, 장애아동 여름캠프 프로그램, 재가노인을 대상으로 한 주거환경 개선 프로그램 등이 이에 속한다. 단순 프로그램은 그 자체로서도 하나의 프로그램으로 성립될 수는 있지만 보통 여러 개의 단순 프로그램들이 융합된 형태의 종합 프로그램(comprehensive program)에 귀속하는 경우가 대부분이다. 종합 프로그램은 몇 개의 단순 프로그램이 합쳐져서 구성될 수도 있지만 프로그램의 내용 구성에서도 더욱 복합적 성격을 갖고 있다. 우리가 일반적으로 프로그램이라 하면 종합 프로그램을 의미하는 것으로 이해하고 있다. 종합 프로그램은 상위 프로그램으로서 하위의 몇 개 단위 프로그램들이 의미 있는 조합을 이룰 때에 형성된다. 이러한 종합 프로그램은 개별 상담과 집단 활동을 혼합하는 경우도 있으며, 상담, 치료, 교육, 재활, 보호, 정보제공, 의뢰, 지원 등 각종 사회복지서비스들이 유기적으로 혼합된 형태로 구성되기도 한다(황성철, 2011: 35). 예를 들어, '저소득 가정의 가족기능 강화'를 위한 가족통합 프로그램이 있다면 이러한 프로그램에는 아동 및 부모의 심리 · 정서 지원을 위한 개별 상담 프로그램과 가족의 친밀감을 강화시키기 위해 가족을 대상으로 하는 가족모둠활동 프로그램 등 개별적 단위 프로그램과 집단 프로그램이 함께 포함되어 수행될 것이며, 상담 및 교육, 지원 등의 다양한 사회복지서비스들이 프로그램 내 유기적으로 구성되어 있을 것이다. 또한 저소득 가정의 가족기능 강화라는 종합 프로그램 안에 아동 및 부모 상담 프로그램, 부모의 자아존중감 향상을 위한 부모교육 및 집단 활동 프로그램, 부모-자녀관계 증진 모듬활동이라는 단위 프로그램도 시행될 수 있을 것이다. 그림 2-1 은 저소득 가정의 가족기능 강화 프로그램이라는 종합프로그램으로서 각각 3개의 단위 프로그램이 하위 프로그램과 유기적으로 결합되어 있으며, 각각 단위 프로그램의 내용에 따른 서비스 및 활동의 예가 잘 제시되어 있다(사회복지공동모금회, 2021: 48-51 사례 참조하여 작성).

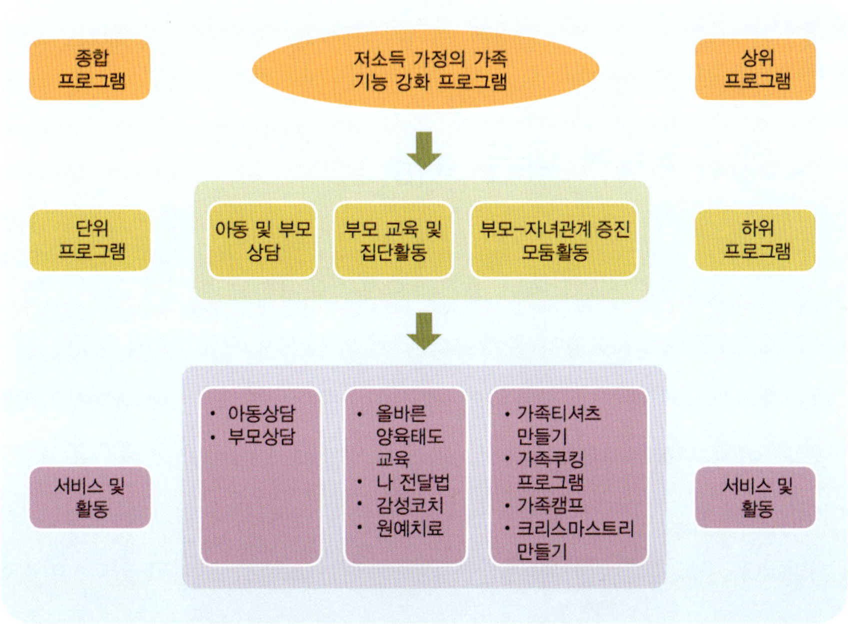

그림 2-1 구성체계별 프로그램의 유형 예시

04 재원조달 방법에 따른 유형

재원조달 방법에 따른 유형은 프로그램의 재원이 어떻게 마련되는가에 따라 구분하는 방법으로 이에 관한 구체적인 내용은 재원조달 유형을 우수명(2004)과 김학주(2008)가 정리한 내용을 중심으로 표 2-3 으로 제시하였다(양점도 외, 2011: 28-29 재인용).

표 2-3 재원조달 방법에 따른 프로그램 유형

유형	내용	사업의 예
1. 공공재원 의존형	세금이나 정부의 기금, 공적인 전달체계를 통해 프로그램 재원을 마련하는 경우	민간수탁수행사업
2. 사기업재원 의존형	사기업이 자체적으로 실시하는 복지사업, 민간단체지원금 지급 위탁 프로그램을 실시하는 경우	아산복지재단 LG연암문화재단
3. 민간재원 의존형	개인의 자발적인 후원금에 의해 프로그램이 운영되는 경우	기독교협의회 천주교재단 불교 산하의 복지관
4. 재원혼합형	공공재원과 민간재원 혼합자금 지원에 의한 프로그램	정부지원금과 복지관 자체 재원을 추가하여 시행한 복지사업

05 공급주체에 따른 유형

최근 사회복지조직은 시민단체나 종교단체에서 운영하는 비영리조직이 증대함으로써 사회복지조직 간의 경쟁이 불가피하게 되었고, 사회복지기관의 양적인 증가로 인해 사회복지부문에 대한 물적자원의 제공자는 줄어들게 되는 복지환경의 변화를 맞고 있다. 이에 사회복지조직은 타 기관과의 경쟁에서 살아남고 예산을 확보하여 클라이언트들에게 질 높은 서비스를 제공하기 위해 보다 특색 있고 독창적인 프로그램을 개발하고 공모에 참여하여 예산을 확보하려는 노력을 보이고 있다. 이러한 사회복지 환경의 변화가 일선의 사회복지사들과 사회복지학도들에게 사회복지 프로그램 개발과정 이해의 중요성을 강조하고 프로그램 기획 능력을 요구하고 있어 사회복지 프로그램의 또 다른 유형으로 공급주체에 따른 유형을 살펴보지 않을 수 없다.

공모를 시행하는 주체 형태에 따라 사회복지기관에서는 프로그램의 목적, 대상, 세부 프로그램의 내용 등이 달라지므로 사회복지 프로그램의 공급주체에 따른 유형 또한 프로그램 분류 유형의 한 기준이 될 수 있다. 하지만 기존의 『프로그램 개발과 평가』 교재에서는 이에 관한 분류가 이루어지지 않았다.

따라서 본서에서는 이에 관해 살펴보고자 한다. 앞으로 사회복지조직은 예산 확보의 방법으로서 '공모'가 증대될 수밖에 없기 때문에 일선의 사회복지사들은 프로그램의 뛰어난 기획력을 더 요구받게 될 것이고 공모에 선정되기 위한 전략들이 더 중요해질 수밖에 없다. 이러한 전략은 공모주체에 따라 전략적으로 달리 접근해 나가야 하므로 공급주체에 따른 유형화의 분류는 복지환경의 변화에 따른 새롭게 등장한 프로그램 유형이라고 볼 수 있을 것이다.

공급주체에 따른 유형은 크게 공공적 공급체계와 비공공적 공급체계로 구분할 수 있다. 공공적 공급체계는 국가 또는 지방자치단체에 의한 행정형 공급조직과 인·허가단체에 의한 인·허가형 공급조직이 있고, 비공공적 공급체계는 시장형 공급조직과 참가형(자발형) 공급조직이 있다. 행정형 공급조직은 국가 또는 지방자치단체에서 프로그램을 공모하는 것으로 보건복지부, 여성가족부, 서울광역시 등이 그 예가 될 수 있다. 인·허가형은 정부가 비영리단체로 하여금 국가가 해야 할 사업을 위임받아 행하도록 인·허가한 사회복지법인 또는 재단법인이 프로그램을 공모하는 것을 말하며 사회복지공동모금회가 대표적이며 그 외에 서울복지재단, 부산복지개발원 등이 있다. 또한 시장형 공급조직은 시장 원리에 의해 운영되는 기업에서 공모하는 것을 말하는 것으로 아산복지재단, 태평양복지재단 등이 있다. 마지막으로 참가형(자발형) 공급조직은 사회복지기관 내부에서 직원들에게 프로그램 공모를 시행하는 것을 말한다.

표 2-4 공급주체에 따른 유형

유형		내용	공모기관 사례
공공적 복지공급 시스템	행정형 공급조직	국가 또는 지방자치단체에서 프로그램을 공모	보건복지부, 여성가족부, 서울광역시 외
	인(허)가형 공급조직	사회복지법인 또는 재단법인이 프로그램을 공모	사회복지공동모금회, 서울복지재단, 부산복지개발원
비공공적 복지공급 시스템	시장형 공급조직	기업에서 프로그램을 공모	아산복지재단, 태평양복지재단, 기업사회공헌팀
	참가형(자발형) 공급조직	사회복지기관에서 프로그램 공모	개별 사회복지법인, 재단법인, 시민단체

06 최신 사회복지 프로그램 경향

지금까지 사회복지 프로그램 유형에 대한 다양한 분류기준을 살펴보았는데, 이 중 가장 바람직한 분류기준이 있다기보다는 프로그램을 실시하는 기관의 설립목적과 이념, 프로그램의 시행 목적에 따라 사회복지 현장에 가장 적합한 유형을 선택·활용하면 된다. 또한 사회 및 복지환경의 변화, 국가정책의 흐름에 따라 사회복지 프로그램의 유형 또한 변화되거나 새로운 복지 프로그램이 등장하기도 한다.

최근 전례 없는 장기간의 코로나19 팬데믹으로 비대면이 일상화되면서 사회복지 분야에서도 '디지털복지'를 활용한 돌봄서비스 프로그램, 미래 불확실성을 대비하기 위한 증거기반 프로그램, 이상기후 변화에 따른 생태복지 프로그램, 재난안전 프로그램, 챗GPT 활용 프로그램 등이 개발되고 있다.

1) 디지털 복지 프로그램

저출산 및 고령화라는 인구학적 변화는 의료서비스의 필요성 및 수요를 증가시키는 동시에 서비스 제공자의 감소를 가져왔다. '디지털 복지기술'은 이러한 문제를 해결하기 위한 중요한 수단으로 등장하게 되었다. 즉, 노인, 장애인 등의 돌봄이 필 요한 영역에 IT 기술을 접목시켜 도움을 필요로 하는 수요자에게는 서비스를 제공해 주고, 제공자 측면에서는 비용을 절감하는 효과를 가져다준다(Hofmann, 2013: 389-340). 2008년 덴마크에서도 세계적인 경기침체와 함께 고령화에 의한 노인복지 비용 증가에 따른 재정적 부담이 커지면서 그 해소방안으로 복지기술(welfare Technology)이 등장하게 되었다. 덴마크 정부는 "고령화 및 저출산 등의 사회적 변화로 급증하는 복지수요를 충족하기 위해 일상생활의 영역에 ICT 기술을 접목시켜 생활의 편리를 돕는 복지서비스의 혁신"(Danish government, 2013)으로 복지기술을 정의 내리고 있다(박경일, 2020: 460). 이러한 디지털 복지기술 활용의 구체적 예로 노인들의 건강 및 일상생활을 지원하기 위해 헬스케어, 텔레케어(telecare), 서비스 로봇, 가상 공간 케어 등의 기술을 활용한 것을 들 수 있다(김학실, 2021: 361).

사례

사회복지기관에서의 디지털 복지 프로그램 사례

분당노인종합복지관 스마트 헬스케어센터의 증강(가상)현실 VR 신체·인지 활동 프로그램을 통해 어르신의 신체·인지 기능 향상과 디지털 리터러시(디지털 시대에 필수적으로 요구되는 정보 이해 및 표현 능력) 해소에 기여

세부사업명	사업내용
스마트 맞춤형 프로그램	근육증진반, 통증감소반, 심폐지구력반, 스마트워치 활용 운동반 • VR(가상현실) 및 스마트기기 활용 노인 전문 운동 1:1 원스톱 운동코칭 • 개별 맞춤 운동코칭 및 자세교정
스마트 인지지원 프로그램	기억키움교실 • AI로봇(실벗, 보미), 태블릿PC 활용 인지 강화 활동

출처: 분당노인종합복지관 공식 누리집(https://bdsenior.or.kr).

경영학에서 디지사이트(digisight)라는 용어가 있다. 디지사이트(digisight)는 디지털(digital)과 인사이트(insight)의 합성어로 디지털 기술의 지원으로 확장되고 깊이를 더하는 인간통찰력을 의미한다(주재훈 · 신민석, 2023). 우리 예비사회복지사들도 고객만족과 서비스 질 향상을 위해 제4차 산업혁명 시대 사회복지정책 분야에서 디지털 기술을 활용할 수 있는 자신의 복지 역량과 통찰력을 적극적으로 개발해 나가야 할 것이다(박경일, 2023).

2) 증거기반 프로그램

증거기반(evidence-based)은 처음에 의학분야에서 사용되어 현재 보건, 심리, 사회복지 등 휴먼서비스 분야의 전 학문에서 두루 사용되고 있으며, 최근 가장 효과가 높다고 입증된 실천기법이다(김선미, 2019: 554). 사회복지 분야에서 증거기반은 증거기반 실천(evidence-based Practice: EBP)과 같은 의미로 혼용되어 쓰이기도 하지만 구체적인 개념에는 차이가 있다. EBP는 '최근의 가장 좋은 증거를 세심하고, 명확하며, 현명하게 적용하는 것'이고, 증거기반 프로그램(evidence-based Programs: EBPs)은 '프로그램에서 나타나는 효과성의 증거가 전문가들의 합의된 평가를 통해 인증되고, 전파를 위해 문서로 잘 준비된 프로그램'을 말한다. 이처럼 같은 분야에서도 증거기반의 개념은 활동의 차원에 따라 달리 쓰이고 있다(공계순 · 서인해, 2014: 59).

EBPs는 사회복지 프로그램 개발 및 제공을 위한 증거기반을 마련하는 데 활용되고 있는데, 최근 김선미(2019: 553-554) 연구에서는 증거기반 사회복지실천과정을 적용하여 노인을 대상으로 한 회상치료[1] 연구들을 검토하였다. 검토결과, 노인회상치료는 요양시설 거주 노인을 대상으로 한 연구가 주를 이루었고, 매주 1회, 한 시간씩 6주~10주 기간 동안 프로그램이 이루어진 경우가 많았으며, 노인의 심리적 요인의 향상을 가져왔다. 이러한 연구를 통해 노인을 대상으로 효과적인 회상치료 프로그램의 개발 및 제공을 위한 증거기반을 마련하였다.

1) 회상치료는 노인들의 심리적 문제를 감소시키고 자아통합감 증진을 도와주는 심리치료의 한 방법으로서, 회상은 과거경험을 근거로 자아정체감을 확보하는 것이며 이러한 현상은 회상하는 내용을 들어주는 사람이 있을 때 성취된다(김선미, 2019: 554).

참고

증거기반 분야에서의 빅데이터 활용

과거 전통적 데이터(통계청 등과 같은 데이터기관를 통해 수집된 수치화된 자료)를 통한 실증 연구가 정책 마련의 근거로 사용되었던 것처럼, 최근 다양한 영역에서 활용되고 있는 빅데이터[2)]가 증거기반 의사결정에서도 중요한 도구로 활용되고 있다.

증거기반 의사결정에서 기계학습(Machine learning)[3)] 방법을 통한 빅데이터 분석은 데이터 하위 모집단을 두루 분석할 수 있게 해 이전에 데이터를 통해 찾아볼 수 없었던 편향된 현상뿐만 아니라 전반적인 사회현상을 구체적으로 살펴볼 수 있어 최근에 증거기반 분야에서 빅데이터가 활발히 활용되고 있다.

출처: 김선영(2020). 증거기반 정책에서의 빅데이터에 관한 연구. 한국정책학회보, 29(1), 69.

3) 생태복지 프로그램

현대의 산업화, 도시화론은 생태계를 파괴하고 지구온난화를 가속화시키며 인간복지의 악화를 초래하였다. 그리하여 UN은 생태계의 건강성과 지속가능한 인간복지 간의 상호관계와 소통의 문제들을 전 세계적으로 담론화하면서 생태복지(ecowelfare) 개념이 새롭게 등장하였다(박경일, 2020: 468–469). 더구나 최근 코로나19 등의 감염병 및 이상기후 현상 등으로 일, 가족, 자연이라는 영역에 걸쳐 금융, 돌봄, 인종, 생태환경 등 전 분야에 위기를 가져오면서(한상진, 2022: 24) 생태복지(ecowelfare) 개념이 더 강조되어지고 있다. 피츠패트릭(Fitzpatrick, 2003: 42)은 생태복지(ecowelfare)를 '탈생산주의적 사회민주주의'로 정의하고, 생태복지가 등장하게 된 배경을 경제성장을 물질적 토대로 한 복지국가의 구조적 한계에서 기인한다고 하였다. 즉, 복지국가가 인간복지의 근간인 생태계에 악영향을 미치는 소비와 불평등을 초래하고 있다는 것이다(곽병훈, 2013: 131–132). 피츠패트릭(2003: 42)은 생태복지의 3가지 중요한 원칙을 강조하였는데, 먼저 사회적 인식과 돌봄에 대한 '관심', 환경과 인간복지와

2) 빅데이터란 실시간 생성되는 데이터(비구조화, 비정형화)를 저장하여 기계학습(Machine learning) 등의 다양한 기법을 활용하여 분석하는 것을 말함(김선영, 2020:72–74 참조하여 작성)

3) 기계학습은 경험을 통해 자동으로 개선하는 컴퓨터 알고리즘의 연구로, 인공지능의 한 분야로 간주되며, 컴퓨터가 학습할 수 있도록 하는 알고리즘과 기술을 개발하는 분야를 말함(wikipedia)

의 관계성인 '지속가능성', 강력한 평등과 다양한 상호성에 기초한 '분배의 정의'이다. 우리나라 학계에서도 복지국가 패러다임에 대한 이러한 생태복지의 비판적 논리가 주목받고 있으며(곽병훈, 2013: 116,132), 생태환경 요소를 복지체계에 통합 시행하여 쾌적한 삶, 건강한 삶, 환경 친화적인 삶에 대한 국민들의 변화된 기대에 부응할 수 있는 신개념의 복지체계 확립이 강조되고 있다(박경일, 2020: 469). 이에 따라 관련 연구들(김형준 · 한동우, 2010; 김만호 · 최영신, 2012; 곽병훈, 2013 등)이 진행되고 있으며, 사회복지실천 현장에서도 생태복지 관점을 지향한 프로그램을 개발 · 추진하고 있다.

사례

사회복지기관에서의 생태복지 프로그램 사례

부산광역시 당감종합사회복지관은 2012년부터 복지관이 실천하고 지향해야 하는 활동을 생태복지로 정의하고, '사람 · 환경 · 지역'이라는 비전 아래 다양한 사업을 기획하여 지역주민들에게 제공하고 있다.

대상	세부사업명	사업내용
아동/청소년	청소년 친환경 교육 및 실천활동을 통한 환경신문 발간 프로그램 [그린스쿨]	• 친환경 교육 및 실천 활동 • 환경신문 발간
	– 교내 환경동아리를 통한 아동 환경생태감수성 향상 프로그램 [녹색씨앗]	• 지역 내 초 · 중학교 대상 교내 환경동아리 운영
장애인	– 언어지연아동의 그림동화를 통한 환경감수성 향상 프로그램 [지구별 여행]	• 동화구연 활동 • 환경 관련 놀이활동
지역	– 선배 환경활동가의 역량강화를 통한 지역사회 물 인권 확산 프로그램 [에코무브 2: 물 아일체]	• 환경 역량강화 교육 • 에코무브 활동단 조직 및 EM (Effective Micro-organisms)* 투척/플로깅 활동

* 유용한 미생물로 환경정화 효과를 가지고 있으며 다양한 사업에서 환경교육 매개물로 사용

출처: 당감종합사회복지관 공식 누리집(http://danggam.or.kr).

4) 재난 안전 프로그램

우리나라는 '더 이상 재난의 안전지대'라고 할 수 없을 만큼 4 · 16 세월호 참사('14년), 밀양세종병원 화재('18년), 10 · 29 이태원 참사('22년) 등 대규모 재난이 지속적으로 발생되고 있으며, 현재까지도 코로나19라는 감염병 속에서 일상생활을 영위해 가

고 있다. 이런 상황에서 재난안전에 대한 국민적 관심은 그 어느 때보다 높다. 이러한 이용자들의 수요(needs)를 반영하여 지역사회 복지기관에서는 기존 프로그램에 재난 안전을 접목한 새로운 프로그램을 개발 · 추진하고 있다. 가령 지역주민을 대상으로 재난을 예방하기 위한 교육 프로그램, 코로나19 등 사회적 재난 시 위기를 극복하기 위한 다양한 지원사업 프로그램들을 제공하고 있다.

사례

사회복지기관에서의 재난 안전 관련 프로그램 사례

부산광역시 용호종합사회복지관에서는 지역주민을 대상으로 '홈비지팅(Home Visiting)', '맞춤형 예방사업' 등의 안전한 지역사회를 만들기 위한 다양한 프로그램을 개발하여 제공하고 있다.

분야	세부사업명	사업내용
홈비지팅(Home Visiting)	마음방역을 위한 사회적 재난 위기 지원사업 『띵동! 6737』	• 코로나19에 따른 우울, 불안, 스트레스로 심리적 어려움을 겪고 있는 지역주민에게 문자발송, 위기관리를 통한 심리회복지원
	홈비지팅(Home Visiting) 사회적 재난 안전교육	• 저소득 가정을 대상으로 연 4회 사회적 재난교육 실시를 통해 각종 사회적 재난예방 및 대응능력 향상
	홈비지팅(Home Visiting) 방역지원서비스	• 경제적 어려움으로 방역활동을 하지 못하는 저소득 가정에게 방역 및 방역물품 지원
	긴급출동 용호119	• 응급상황 시 경제위기지원 • 의료위기지원 • 재난위기지원 등을 통해 응급대응체계구축
	인공지능(AI)스피커 다함께 감성돌봄	• 대면 접촉서비스를 최소화한 정기적인 안부확인을 위해 IOT 기기를 활용하여 안부확인 • 응급상황 및 위기상황 대처
맞춤형 예방사업	영유아 및 아동 · 청소년 맞춤형 코로나19 예방 사업	• 행복 Together 36.5 • 육아용품 및 교구 살균 소독 • 코로나19 극복 놀 · 이(놀면서 이기자)
	어르신 맞춤형 코로나19 예방 사업	• 함께하는 1330 청결 캠페인 • 이용자 손 소독 실시, 살균소독 • 방역예방 가정키트제작 등을 통해 자발적인 청결문화 조성
	다문화 맞춤형 코로나19 예방 사업	• 모국어로 번역된 코로나 예방 포스터 및 물품전달

출처: 용호종합사회복지관 공식 누리집(https://m.yongho.or.kr).

5) 챗GPT 활용 프로그램

최근에는 챗GPT 신드롬, 챗GPT 혁명으로까지 불리면서 챗GPT의 열풍이 전 세계를 강타하면서 사회복지분야에서도 챗GPT의 적용 가능성에 대한 관심이 높아지고 있다. 챗GPT는 오픈 AI에서 개발한 대형 언어 모델인 GPT(Generative Pretrained Transformer) 기반의 대화형 인공지능 챗봇으로서, 머신러닝을 통해 방대한 데이터를 '사전 학습(Pretrained)'하여 사람이 쓴 것처럼 의미 있는 텍스트를 '생성'할 수 있다. 이와 같은 특성에 따라 논문 작성, 코딩, 소설 창작, 문서 요약, 번역 및 교정 등 다양한 창의적 콘텐츠 제작 능력을 보여 준다(김태원, 2023: 55). 물론 챗GPT는 기능적, 윤리적, 비용적, 환경적 측면에서 여러 다양한 한계점을 안고 있다.[4]. 그럼에도 불구하고 챗GPT의 출현은 사고와 창작 활동이 더 이상 인간 고유의 영역이 아니라는 걸 알려 주면서 프로그램 코드 작성, 수학 문제 풀이, 발표 자료 만들기, 기사 쓰기 등에서 챗GPT 활용 사례가 경탄과 탄식 속에 알려지고 있다. 이처럼 챗GPT의 능력이 알려지면서 챗GPT를 자료 조사, 보고서 · 연설문 작성, 번역 · 어학 공부에 활용하는 법을 알려 주는 콘텐츠가 쏟아지고 있는 것이 현실이다(구본권, 2023: 37). 따라서 사회복지 분야에서도 정책 개발, 행정시스템 구축, 사회복지 프로그램 개발과 평가 등 다양한 영역에서 챗GPT는 유용하게 활용될 수 있을 것이다.

4) 생성형 AI의 한계로는, 첫째, 기능적 측면의 한계다. 답변하는 정보가 모두 정확한 것은 아니며 꽤 논리적으로 보이나 잘못된 정보이거나 무의미한 답변을 하는 이른바 할루시네이션(hallucination) 현상은 생성형 AI의 대표적인 문제 중 하나다. 둘째, 윤리적 측면의 한계다. 인공지능은 윤리적 중립을 지켜야 하기 때문에 차별적이거나 혐오 표현이 담긴 내용, 정치적 민감도가 높은 질문에는 기본적으로 답할 수 없도록 설계되어야 한다. 이는 챗GPT와 같은 생성형 AI 서비스도 마찬가지다. 셋째, 비용적 측면의 한계다. 제대로 된 생성형 AI 서비스 구현을 위해서는 이른바 '초거대 AI'라고 불리는 대규모 모델이 필요하며, 대규모 모델은 대규모 데이터의 구축, 학습과 이를 운영하기 위한 대규모 컴퓨팅 자원을 필요로 한다. 넷째, 환경적 측면의 한계다. 대규모 모델의 구축 및 학습, 운영에서 막대한 비용뿐만 아니라 많은 에너지 소비에 따른 온실가스 다량 배출도 큰 문제 중 하나다(김태원, 2023: 5-6).

챗GPT의 복지 적용 가능성과 방안

한국의 중앙 및 지방정부는 챗GPT를 업무에 활용하기 위해 인프라 구축, 가이드라인 배포, 학습지원, 시범운영 등과 관련한 논의를 본격화하고 있다. 인공지능을 돌봄서비스에 활용한 AI 스피커(SK '누구', CJ '헬로로봇' 등) 등 이른바 '복지기술'은 이미 복지분야에 적용되어 신속한 응급구조, 복약지도, 정서 안정 등의 구체적 성과를 내고 있는 상황이다. 복지분야 활용 방안을 챗GPT에 질문한 결과 사용자 맞춤형 정보 제공, 복지정책 정보 제공, 상담서비스 제공, 복지서비스 이용 과정 안내 등의 대답을 하였고, 이를 토대로 복지정보 학습을 전제로 복지분야 적용 방안을 제안하였다.

챗GPT의 복지 적용 분야를 살펴보면, ① 사용자의 조건에 부합하는 정부의 복지급여나 서비스에 대한 정보를 제공하여 위기상황에서 벗어날 수 있는 기회 보장 ② 정보 제공 외에 복지 수급이 가능한지 알기 위해 가구정보(가구원수, 월소득, 주거비 또는 전세가액 등)를 입력하면 모의 계산한 후 가능 여부 확인 ③ 음성과 지도기능을 활용한 복지시설 위치정보를 즉각적으로 제공하는 서비스 ④ 대면을 거부하는 취약계층에게 24시간 상담서비스가 가능한 콜센터 운영 가능 ⑤ 선례를 찾기 어려운 복지이슈에 대한 정책대안 초안을 도움받아 정책의 완성도를 높이는 데 집중하여 실효성 제고 ⑥ 정부가 제공하는 위기정보에 가중치를 부여, 위험한 상황에 놓인 취약계층을 발굴 및 지원의 우선순위 자료를 결정할 수 있어 사각지대 최소화 기여 ⑦ 인공지능 통합돌봄 콜센터 시범사업을 추진하고, 복지분야 프롬프트 엔지니어 양성 등 일자리와 연계 등 다양한 분야와 영역에서 챗GPT를 활용하여 사회복지 프로그램을 개발할 수 있을 것이다.

출처: 경기복지재단(2023). 챗GPT의 복지 적용 가능성과 방안. 복지이슈 FOCUS, 6. 1-12.

챗GPT를 이용하여 사회복지 프로그램을 계획하기 위하여 먼저 발달장애인을 위한 사회복지 프로그램을 질문해 보았다. 그 결과 챗GPT는 다음과 같이 답변했다.

발달장애인 사회복지프로그램

발달장애인을 위한 사회복지프로그램은 그들의 삶의 질을 향상시키고 필요한 지원을 제공하기 위해 설계되는 프로그램입니다. 이러한 프로그램은 발달장애를 가진 개인들이 사회적으로 통합되고 자립적으로 삶을 영위할 수 있도록 돕는 목적을 가지고 있습니다. 다양한 형태의 발달장애가 있을 수 있으므로, 프로그램은 각 개인의 고유한 요구와 능력에 맞게 맞춤화되어야 합니다.

발달장애인을 위한 사회복지프로그램에는 다음과 같은 구성 요소가 포함될 수 있습니다:

1. 교육 및 훈련: 발달장애인을 위한 교육 및 훈련 프로그램은 그들의 인지, 사회, 신체적 능력을 향상시키고 독립적인 생활 기술을 가르치는 것을 목표로 합니다. 이는 학교나 센터에서 제공될 수 있으며, 개인의 발달 수준과 필요에 따라 맞춤화됩니다.
2. 직업 훈련 및 취업 지원: 발달장애인들은 직업 훈련을 통해 적절한 직업 기술을 습득하고 취업할 수 있도록 지원받을 수 있어야 합니다. 이를 위해 공공기관, 비영리 단체, 사회 기업 등과의 협력을 통해 적합한 일자리를 찾고 취업을 돕는 프로그램이 필요합니다.
3. 사회 참여 및 활동: 발달장애인은 사회적인 관계를 형성하고 사회 활동에 참여할 수 있는 기회를 가져야 합니다. 이를 위해 커뮤니티 센터, 동호회, 스포츠 및 예술 그룹 등과 같은 장소와 프로그램을 제공하여 사회 참여를 촉진할 수 있습니다.
4. 건강 관리 및 치료: 발달장애인은 종종 건강 문제를 가지고 있을 수 있으므로, 적절한 건강 관리 및 치료에 대한 접근성이 보장되어야 합니다. 의료 서비스 제공, 치료 및 재활 프로그램, 식이 및 영양 지원 등이 포함될 수 있습니다.
5. 가족 지원: 발

이어서 챗GPT에게 발달장애인을 위한 사회성 향상을 위한 예산 300만 원의 프로그램 계획서를 얻기 위해 질문에 예시를 들어 달라고 요청했다. 그 결과 챗GPT는 "발달장애인의 사회성 향상을 위한 프로그램" 명으로 다음과 같이 제시하였다.

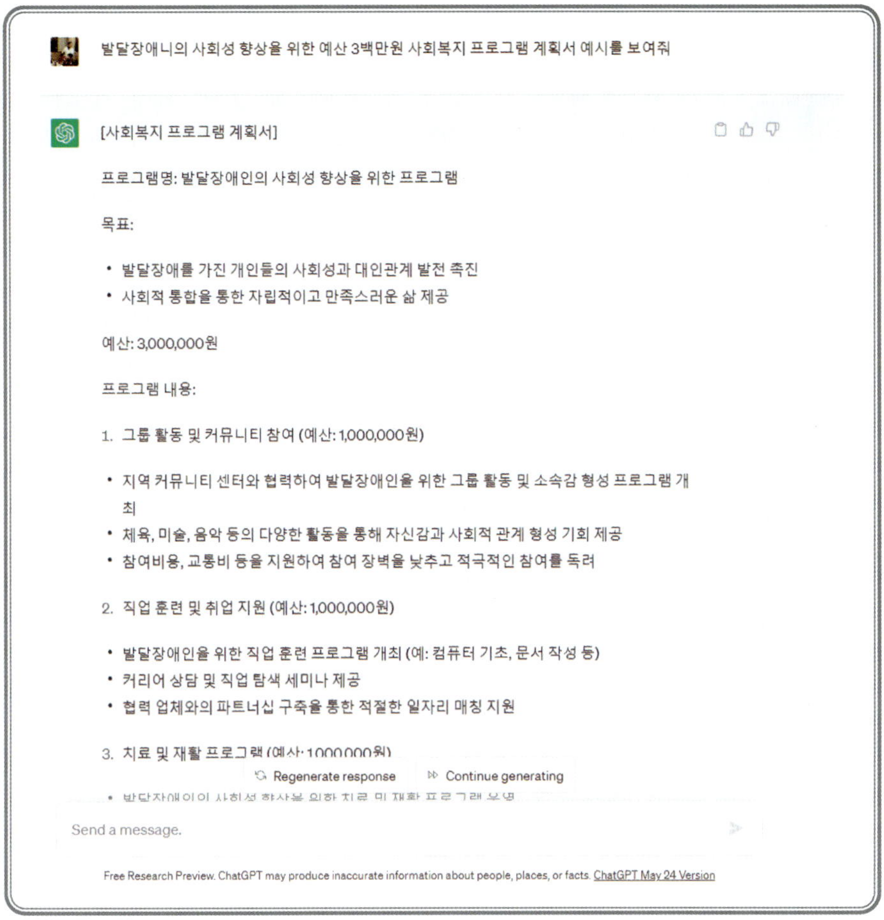
발달장애니의 사회성 향상을 위한 예산 3백만원 사회복지 프로그램 계획서 예시를 보여줘

[사회복지 프로그램 계획서]

프로그램명: 발달장애인의 사회성 향상을 위한 프로그램

목표:

- 발달장애를 가진 개인들의 사회성과 대인관계 발전 촉진
- 사회적 통합을 통한 자립적이고 만족스러운 삶 제공

예산: 3,000,000원

프로그램 내용:

1. 그룹 활동 및 커뮤니티 참여 (예산: 1,000,000원)

- 지역 커뮤니티 센터와 협력하여 발달장애인을 위한 그룹 활동 및 소속감 형성 프로그램 개최
- 체육, 미술, 음악 등의 다양한 활동을 통해 자신감과 사회적 관계 형성 기회 제공
- 참여비용, 교통비 등을 지원하여 참여 장벽을 낮추고 적극적인 참여를 독려

2. 직업 훈련 및 취업 지원 (예산: 1,000,000원)

- 발달장애인을 위한 직업 훈련 프로그램 개최 (예: 컴퓨터 기초, 문서 작성 등)
- 커리어 상담 및 직업 탐색 세미나 제공
- 협력 업체와의 파트너십 구축을 통한 적절한 일자리 매칭 지원

3. 치료 및 재활 프로그램 (예산: 1,000,000원)

Regenerate response Continue generating

Send a message.

Free Research Preview. ChatGPT may produce inaccurate information about people, places, or facts. ChatGPT May 24 Version

이와 같이 사회복지사들은 인공지능을 활용하여 다양한 질문과 세부적인 질문을 통하여 창의적이지는 않지만 자신의 업무나 과업에 참조할 만한 정보나 자료들을 손쉽게 찾을 수 있게 될 것이다. 물론 앞서 각주에서 생성형 AI의 한계로 지적한 바와 같이 답변하는 정보가 모두 정확한 것은 아니며 꽤 논리적으로 보이나 잘못된 정보이거나 무의미한 답변을 하는 경우도 있음을 프로그램개발자나 사회복지사들은 명확히 인지하고 있어야 할 것이다. 또한 프로그램개발자나 사회복지사들은 인공지능을 잘 활용하되, 중요한 것은 지역사회의 다양한 자원과 연계하여 프로그램 대상자의 욕구 충족이나 문제해결에 도움이 되는 창의적이고 실현가능한 프로그램을 개발하는 데 노력해 나가야 할 것이다.

참고문헌

경기복지재단(2023). 챗GPT의 복지 적용 가능성과 방안. **복지이슈 FOCUS**, 6, 1-12.

공계순, 서인해(2014). 사회복지 프로그램 차원의 증거기반 활동에 대한 이해: 증거확보, 증거인증, 증거전파의 통합적인 접근 중심으로. **사회복지연구**, 45(4), 55-87.

곽병훈(2013). 생태복지의 관점에서 본 복지국가의 구조적 모순과 사회정책적 함의. **국가정책연구**, 27(4), 115-137.

구본권(2023). 챗GPT 시대의 필수역량 'AI 리터러시'. KISO JOURNAL, 50, 36-39.

김만호, 최영신(2012). 녹색주의 사회복지에 관한 탐색적 연구. **한국사회복지행정학**, 14(1), 253-276.

김선미(2019). 노인 회상치료에 관한 체계적 문헌 고찰: 증거기반 실천과정 적용. **예술인문사회 융합 멀티미디어 논문지**, 9(8), 553-568.

김선영(2020). 증거기반 정책에서의 빅데이터에 관한 연구. **한국정책학회보**, 29(1), 69-91.

김태원(2023). 챗GPT가 촉발한 생성형 AI 시대, 미래 모습과 대응 방안. Future Horizon Plus. 55. 2-9.

김형준, 한동우(2010). 사회복지의 대안적 이론체계로서의 사회생태주의. **상황과 복지**, 29, 91-123.

김학실(2021). 디지털 복지기술을 활용한 커뮤니티 케어 연구-맥락정보와 고객여정지도 적용. **한국자치행정학보**, 35(4), 357-376.

박경일(2020). **사회복지정책론**. 경기: 공동체.

박경일(2023). **사회복지정책론 5판**. 경기: 공동체.

보건복지부(2023). 사회복지관 운영 관련 업무처리 안내.

사회복지공동모금회(2020). 변화를 위한 나눔: 2019 사회복지공동모금회 배분사례집.

사회복지공동모금회(2021). 변화를 위한 나눔: 2020 사회복지공동모금회 배분사례집.

사회복지공동모금회(2022). 변화를 위한 나눔: 2021 사회복지공동모금회 배분사례집.

양점도, 김미자, 김장권, 박영준, 이권일, 이상주, 이상호, 이준상, 전남련(2011). **사회복지 프로그램 개발과 평가**. 경기: 양서원.

우수명(2004). **TP 사회복지 프로그램 개발과 평가**. 서울: 인간과 복지.

주재훈, 신민석(2023). **디지사이트: 비즈니스 생태계 경영**. 경기: 드러커마인드.

한상진(2022). 기후 및 감염병 위기에 맞서는 생태복지 체제로의 전환-탈식민 사회정책의 접근. **한국민족문화**, 83, 161-188.

황성철(2011). **사회복지 프로그램 개발과 평가**. 경기: 공동체.

DiNitto, D. M. (2000). *Social Welfare: Politics and Public Policy.* Needham Heights, MA: Allyn and Bacon.
Fitzpatrick, T. (2003). *After the new social democracy: Social welfare for the 21st century.* Manchester: Manchester University Press.
Hofmann, B. (2013). Ethical Challenge with Welfare Technology: A Review of the Literature. *Sci eng Ethics. 19,* 389-406.
Kahn, A., & Kamerman, S. (1976). *Social Services in International Perspective: the Emergence of the Sixth System.* Washington, DC: US Dept. of Health, Education, and Welfare.

사이트

https://bdsenior.or.kr
http://danggam.or.kr
https://m.yongho.or.kr

너에게 묻는다
연탄재 함부로 발로 차지 마라
너는 누구에게 한번이라도 뜨거운 사람이었느냐

반쯤 깨진 연탄
언젠가는 나도 활활 타오르고 싶을 것이다
나를 끝 닿는데까지 한번 밀어붙여 보고 싶은 것이다

– 안도현의 〈너에게 묻는다〉 중에서 –

Chapter 03

사회복지 프로그램 개발의 개념과 모형

키워드

사회복지 프로그램 개발, 사회복지 프로그램 개발 모형, 사회복지 프로그램 개발의 원리, 프로그램을 개발할 때 고려하여야 할 요소 5P(Purpose, Person, Problem, Process, Place), 빅데이터, 디지털 복지기술, 스마트복지, ICT, 코로나

03 사회복지 프로그램 개발의 개념과 모형[1)]

01 사회복지 프로그램 개발의 정의와 성격

1) 사회복지 프로그램 개발의 개념

사회복지실천에서 프로그램 개발은 클라이언트 집단의 문제나 욕구를 사정하는 것에서부터 시작된다. 문제와 욕구사정이 이루어지면 관련 자원체계를 확인하고 목표 설정과 대안 선택 등과 같은 과정으로 진행이 된다. 이처럼 사회복지 프로그램 개발과정에서 초기 단계의 활동을 강조하는 것이 사회복지 프로그램 개발의 개념 중 협의의 개념이다. 따라서 협의의 사회복지 프로그램 개발은 새로운 프로그램을 기획(planning)하거나 설계(design)한다는 의미로 사용된다.

그러나 일반적으로 학계 및 실천현장에서는 협의의 개념보다는 더 포괄적인 광의의 사회복지 프로그램 개발의 개념이 받아들여지고 있다. 여기서 광의의 개념이라 함은 사회복지 프로그램의 기획이나 설계뿐만 아니라 실행 및 평가 등 사회복지 프로그램 개발 과정 전 단계를 포함하여 말한다. 실천현장에서 사회복지 프로그램을 시행하다 보면 이미 시행이 되고 있는 기존 프로그램의 목표달성이 어려운 상황에 봉착될 수 있다. 이러한 경우에는 기획, 설계상의 문제점이나 실행상의 문제점

1) 본 장은 박경일 외(2019). 사회복지프로그램과 개발. 양성원. 3장의 내용을 중심으로 일부 내용을 수정 보완하였음.

을 분석하는 평가 과정이 요구된다(황성철, 2005: 37). 따라서 사회복지 프로그램 개발의 광의의 개념은 새로운 프로그램을 만드는 기획 및 설계, 실행, 평가의 단계뿐만 아니라 기존 프로그램을 수정 · 보완할 수 있는 평가체계까지 철저하게 기획하는 것을 말한다(이민홍 · 정병오, 2012: 46).

이처럼 사회복지 프로그램 개발의 개념은 표적체계가 될 수 있는 개인, 가족, 집단, 조직, 지역사회 등에서 발생하는 문제나 욕구를 파악하는 것에서부터 시작하여 프로그램의 활동들을 실행하기 위해 필요한 자원체계 확인과 목적과 세부목표 등을 구체적으로 설정하며, 서비스의 우선순위에 따라 실행된 활동들이 얼마나 프로그램 성과를 달성했는지에 대한 평가 과정과 환류까지 사회복지 프로그램 개발의 전체적인 순환적 과정을 포괄한다.

사회복지공동모금회의 사업계획서 작성 매뉴얼을 살펴보면 이러한 사회복지 프로그램 개발의 전체적인 과정을 포괄하는 것을 살펴볼 수 있다. 2019 배분사업 안내의 사업계획서 표준 양식에서는, 첫 번째로 대상, 목적, 방법과 관련된 정보를 담은 사업명을 작성하고, 두 번째로 사업 참여자 모집 전략(참여 대상 및 인원, 참여자 선정 기준, 모집 방안)과 사업 내용 및 사업 진행 전략, 기관 연계협력 전략에 대한 내용을 담아 사업 내용 및 추진 전략에 대해 구체적으로 설정해 보도록 되어 있다. 그리고 세 번째 예산 편성에 대한 계획 작성, 네 번째 문제의식(사업 필요성)을 통해 사업 계획 배경, 기존 유사사업과의 차별성은 무엇인지, 신청기관의 강점은 무엇인지를 살펴보고, 다섯 번째 목적 및 평가에서는 산출목표와 성과목표를 구체적으로 설정하고 이에 대한 평가 방법을 세우도록 되어 있다. 그리고 마지막으로 사업종료 후 지향점으로 사업 수행으로 인한 기대 효과와 사업 결과의 활용 계획까지 작성해 봄으로써 프로그램 개발의 전체적인 단계를 거치도록 구성되어 있다. 또한 사회복지공동모금회는 사업 중간에 신청사업에 대한 중간보고서와 사업 종료 후 30일 이내에 사업결과보고서를 작성하여 제출하도록 하고 있다(제14장 p.351 사회복지공동모금회 프로포절 작성 사례 참고). 본서에서는 프로그램 개발 개념을 다음 그림 3-1 과 같이 전체적인 순환과정으로 7단계로 구분하여 살펴볼 것이다.

그림 3-1 사회복지 프로그램 개발의 개념적 모형

출처: 신복기, 박경일, 이명현(2009). 사회복지행정론. 공동체. p.449 재구성.

2) 사회복지 프로그램 개발의 성격

사회복지 프로그램 개발은 프로그램의 기획과 설계, 실행, 평가, 환류 과정을 포괄하는 매우 광범위하고 복잡한 과정이다. 그러므로 프로그램을 개발의 기본성격을 잘 이해하고 프로그램 개발을 수행하게 되면, 보다 더 다양한 활동들을 활용할 수 있는 전문성을 갖출 수 있을 것이다.

패튼(Patton, 1981)은 사회복지 프로그램 개발의 성격으로서, 첫째, 사회복지조직의 책무성(accountability) 확보와 혁신(innovation)을 위한 전략으로서의 성격을 갖고 있다고 하였다. 둘째, 조직 내 집단적 협력(corporation)과 의사결정 과정(decision-making)을 내포하고 있다고 하였다. 이와 같은 과정을 효과적이고 효율적으로 진행하기 위해서는 참여자들의 협력적인 활동을 필요로 하기 때문이다. 마지막으로 프로그램 개발은 과학적인 문제분석과 측정을 위해서 각종 자료와 정보를 체계적으로 수집, 비교, 검토하는 과정은 물론이고 창의적으로 대안을 모색하여 적용시키는 활동도 수행하므로 과학성(science)에 기초한 창조적 예술 활동(art)으로서의 성격을 가지고 있다고 하였다(황성철, 2005: 38–40 재구성).

한편 패튼(1981)이 세 번째로 언급한 과학성(science)에 기초한 창조적 예술 활동(art)은 최근에 4차산업혁명이 가속화되면서 복지대상자와 관련된 각종 데이터와 정보를 신속하게 수집하고 비교, 분석을 통해 그 대안을 마련하는 다양한 방법들이 속속 개발되고 있다. 이러한 방법으로서 최근에는 인공지능과 IOT(사물인터넷), 빅데이터 등 ICT 기술을 활용하여 4차산업혁명이 가속화되면서, 사회복지 문제 분석과 측정, 각종 자료와 정보의 수집 등 사회복지분야의 연구와 프로그램 개발 과정에서 빅데이터 분석 기법이 활용되고 있다. 예를 들면, 보건복지부는 장기 결석, 건강검진, 예방접종 등과 관련된 빅데이터 분석을 통해 요보호 아동을 조기에 발견하고 지원하는 시스템(e아동행복지원시스템)이나 단전, 단수, 기초수급 탈락이나 중지, 의료비 과다지출 등과 관련된 빅데이터 분석을 통해 사각지대 취약 계층을 발견하고 지원하는 시스템(복지사각지대 발굴관리시스템)을 개발, 구축하여(조남경, 2019: 8) 과학성에 기초한 창조적 성과를 올리고 있다. 실례로서 안성시 빅데이터 활용 복지체계 구축사업을 살펴보면 다음과 같다.

사례

안성시 빅데이터 활용 복지체계 구축사업! 빅데이터로 '안성맞춤'복지를 만들다

안성시는 인구 대비 넓은 면적에 도농복합도시이기도 한 지역의 특성을 반영하고 특히, 복지기관 접근성이 취약한 지역에 거주하는 복지 대상자에 대한 대응책 마련이 시급했다. 이러한 배경에서 행정안전부의 국가정보자원관리원과 빅데이터에 기반한 맞춤형 복지서비스 분석을 추진하여 복지 정책을 수립하였다.

안성시는 빅데이터를 바탕으로 복지서비스 현황을 시각화하고 복지기관에 대한 접근성을 분석했다. 그리고 거주인구, 복지대상자, 복지기관 · 시설 현황 등을 결합해 50여 장의 복지지도를 제작해 복지서비스를 시각화했다. 또한 위기가정에서 기초 · 차상위 계층으로 이동 위험도가 높은 집중 관리대상 가정을 예측하고 선제적으로 지원하기 위해 스마트 알고리즘(기계학습을 이용해 데이터를 증가시키는 알고리즘)과 그래디언트 부스팅 머신알고리즘(Gradient Boosting, 머신러닝) 기법 등을 활용하여 분석하였다.

안성시는 분석 결과를 바탕으로 단기적으로 이동 푸드뱅크 상시 운영, 복지셔틀버스 시범 운행, 방문 의료상담 등 찾아가는 복지서비스 강화 정책을 시행하기로 했다. 장기적으로는 복지셔틀버스 노선과 운행 편수를 최적화하고 복지기관 이용 편의성 및 시민 복지체감도를 향상시키고, 복지공감지도에 기반해 사회복지 인력의 최적 배치, 민간복지기관 역할 조정, 추가 설립 등 효과적인 사회복지전달체계 및 맞춤형 복지 정책을 수립한다는 방침이다.

출처: 월간공공정책 편집부(2019). [우수정책사례] 빅데이터로 '안성맞춤'복지를 만들다: 안성시 빅데이터 활용 복지체계 구축사업. 월간공공정책, 163, 70-71.

김영숙 등(2002)은 사회복지 프로그램 개발의 성격을 다섯 가지로 정리하였는데, 그 내용은 다음과 같다.

① 프로그램 개발이란 사회복지조직이 지역사회 욕구나 문제에 적극 대처하기 위한 대응기제이며, 변화를 창출하기 위한 전략이다.

② 사회복지분야에서의 프로그램 개발은 개인 참여자는 물론, 참여자 집단의 행동 변화뿐만 아니라, 지역사회의 발전을 지향한다.

③ 프로그램 개발은 계속적인 집단적 의사결정 과정이다.

④ 프로그램 개발은 참여자들의 욕구를 확인·사정·분석하기 위해 사회복지조직과 지역사회 및 그 대표자들이 자발적으로 참여하는 협력적인 노력이다.

⑤ 프로그램 개발은 조직 내외의 여러 사람들이 복잡한 절차에 공동으로 참여하는 집단 활동으로 하나의 체계(system)로 간주될 수 있다.

02 사회복지 프로그램 개발의 모형

사회복지 프로그램 개발의 모형에는 선형적 모형(liner model), 비선형적 모형(non—liner model), 통합적 모형(integrated model)과 비통합적 모형(non-integrated model)으로 구분할 수 있다. 본서에서 제시하는 사회복지 프로그램 개발의 과정은 여러 외부 환경과의 상호작용을 통해 문제와 욕구사정 단계인 1단계부터 실행을 거쳐 측정과 평가에 이르는 7단계까지 연속적으로 이루어진다. 따라서 본서의 사회복지 프로그램 개발의 과정은 선형적 모형과 통합적 모형에 해당된다.

1) 선형적 모형과 비선형적 모형

(1) 선형적 모형(liner model)

한 단계가 마무리되고 난 다음에 다음 단계로 수행될 절차가 연속적으로 진행되는 방법을 선형적 모형이라 한다. 사회복지현장에서 사용된 전통적인 방법으로 프로그램 개발을 위해 가장 일반적으로 활용되는 방법이다. 본 모형은 단계별로 과업이 명확하다는 전제하에 프로그램 개발 과정을 세분화하여 개발하는 방법이다. 사회복지현장에서 가장 많이 활용되는 이유는 단계마다 과업이 명확하고 단순하기 때문이다. 그러나 이 모형은 모든 조직과 외부 환경은 역동적이어서 선형적 모형에 의해 개발된 프로그램은 제반 변화에 대처할 수 있는 유연성이 부족하다는 단점이 있다. 선형적 모형을 그림으로 나타내면 그림 3-2 와 같다.

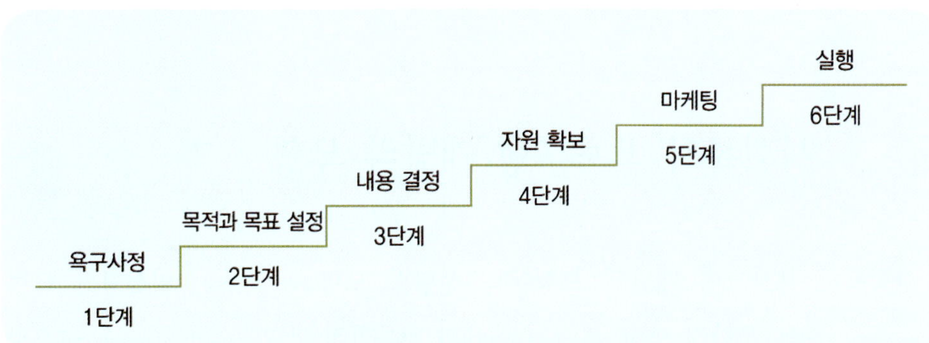

그림 3-2 선형적 모형

출처: 김영숙 외(2002). 사회복지 프로그램 개발과 평가. 교육과학사. p.53.

프로그램 개발자는 먼저, 잠재적 클라이언트의 욕구를 사정하여 확정한다. 그리고 확정된 욕구를 해결할 목표를 설정하고 이를 달성하는 데 필요한 구체적인 내용들을 선정하고 조직하는 등의 설계를 한다. 그리고 프로그램을 전개하기 위한 인적 · 물적자원, 예산을 확보하고 지역사회에 마케팅을 실시한 후 프로그램을 실행하게 된다.

(2) 비선형적 모형(non-liner model)

비선형적 모형은 선형적 모형에서처럼 프로그램을 획일적인 절차에 의해 개발하는 것이 아니라 개발자의 전문적인 능력과 경험을 중시하는 모형이다. 선형적 모형과는 달리 몇 개의 절차가 동시에 이루어질 수도 있고 각 단계가 순환되는 특징을 가지고 있다. 이 모형은 개발자가 풍부한 경험을 통해 얻은 직관과 예지력을 바탕으로 한 개발 기법의 적용으로 자원을 배분할 수 있는 재량권이 개발자에게 주어지는 장점이 있다. 그러나 프로그램 개발자의 능력에 의존해야 하는 단점이 있다. 비선형적 모형은 그림 3-3과 같이 나타낼 수 있다.

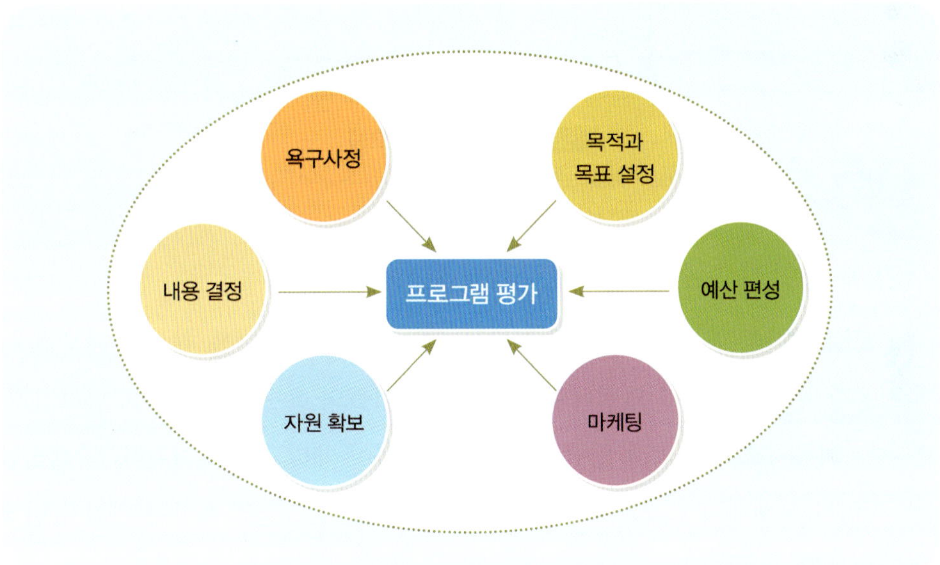

그림 3-3 비선형적 모형

출처: 김영숙 외(2002). 사회복지 프로그램 개발과 평가. 교육과학사. p.53.

2) 통합적 모형과 비통합적 모형

(1) 통합적 모형(integrated model)

이 프로그램은 투입과 산출, 외부 환경과의 상호작용 등을 주변요인으로 설정하여 프로그램을 개발한다. 이 모형은 서비스 이용자와 관련된 다양한 요인과 사회복지조직의 목표와 자원, 정책 등도 충분히 반영한다. 따라서 통합적 모형은 과학적인 분석을 근거로 프로그램을 개발하기 때문에 타당성이 높아 체제분석 모형이라고도 한다. 통합적 모형은 분석적이고 총체적이기 때문에 과정이 복잡하여 프로그램 개발자의 능력을 필요로 하지만 모든 조직의 프로그램 개발에 적용할 수 있고 다른 모형에 비해 개발과정의 오류를 줄일 수 있다는 것이 장점이다.

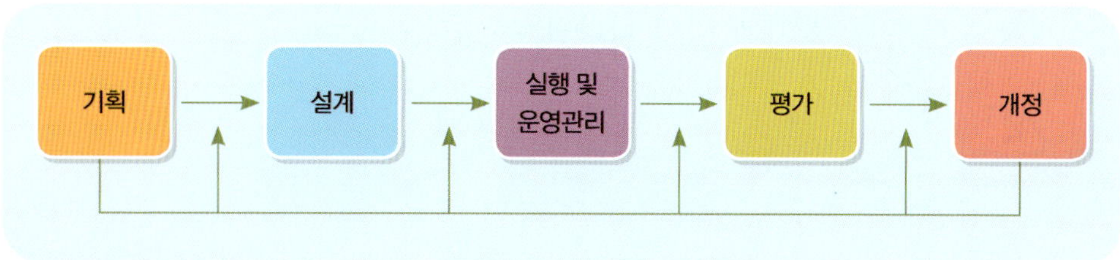

그림 3-4 통합적 모형

출처: 김진화, 정지웅(1997). 사회교육 프로그램 개발의 이론과 실제. 교육과학사. p.45.

(2) 비통합적 모형(non-integrated model)

이 모형은 다른 사회복지조직의 프로그램을 모방하는 방법을 취하기 때문에 쉽게 사용할 수 있다. 기획 과정에서 서비스 이용자들의 욕구나 의견을 수렴하지 않으며, 사회복지조직에 의해 일방적으로 프로그램이 개발되고 제시된다. 잠재적인 클라이언트를 배제시키고 프로그램이 개발되기 때문에 그들의 욕구나 가치가 반영되지 않는다.

비통합적 모형의 장점은 다음과 같다.

첫째, 프로그램 개발에 대한 깊은 지식이 없는 문외한도 쉽게 프로그램을 개발할 수 있다.

둘째, 시간과 비용 및 노력을 절약할 수 있다.

셋째, 지역사회와 주민들의 특성 및 제반 조건이 유사한 경우에는 프로그램 결과를 예측할 수 있다.

그러나 비통합적 모형에서는 참여자를 배제한 프로그램 개발이기 때문에 서비스 이용자들의 욕구가 무시되며, 이로 인해 그 현실성이 부족하고 장기적으로 지속되기 어렵다는 단점을 가진다(김종명 외, 2011: 34).

03 사회복지 프로그램 개발의 원리와 영향요소

사회복지 프로그램 활동이 효과적이고 효율적으로 이루어지기 위해서는 어떤 프로그램을 개발하느냐에 따라 다르기 때문에 프로그램 개발의 의미는 매우 중요하다. 사회복지 프로그램은 참여자가 잠재능력이 있고 시간이 지남에 따라 성장과 변화를 성취할 수 있다는 사회복지의 핵심 가치에 입각해서 설계되어야 한다. 이러한 관점에서 프로그램에 참여하는 모든 개인은 가치와 존엄성이 있으며, 다른 사람과의 관계 속에서 프로그램을 통해 학습되고 개발될 수 있는 능력이 있음을 기본 전제로 하여야 한다. 따라서 프로그램 관리자들은 이러한 가치를 프로그램의 개발에 반영하여야 한다(정무성 · 정진모, 2001: 68).

또한, 성급하고 불충분한 프로그램 개발은 서비스를 향상시키고 확장시키는 데 부정적인 영향을 초래한다. 다시 말해서, 프로그램 계획과 조직화, 시행에 있어서의 불충분한 준비는 사회복지사나 프로그램 참여자들의 '소진(burnout)'이나 갈등, 직원들의 분노나 욕구불만, 스트레스, 그리고 프로그램 활동 초기부터 문제를 계속적으로 야기할 수 있다(Brudney, 1990: 92-93).

그러므로 프로그램 개발은 체계적이고 과학적이며 대안 및 효과가 있어야 하고 문제의식을 정확히 해야 하며 구체적이고 객관적이어야 한다. 하지만 사회복지 프로그램 개발의 특성상 내용과 형식에 있어서 다양하고 융통성이 많아 어떤 일정한 원리나 기준이 없기 때문에 쉬운 일은 아니다. 참고로 사회복지 프로그램 개발의 원리에 대해 열거하면 다음과 같다.

1) 사회복지 프로그램 개발의 원리

프로그램을 개발하는 데 있어서 기본적으로 지켜야 할 원리들에 대하여 논의하면 다음과 같다(오현숙 · 최호윤, 2010: 47-48).

첫째, 프로그램 개발은 참여자들의 욕구와 특성에 적합하게 이루어져야 한다. 프로그램은 서비스 이용자들의 욕구를 바탕으로 그 목적과 목표가 결정되고, 이를 성취할 수 있도록 구체화되어야 한다. 프로그램은 어디까지나 서비스 이용자들의 욕구는 물론, 그들이 지니고 있는 특성과 상황적 요소를 고려하여 개발되어야 한다. 무엇보다 중요한 것은 서비스 이용자들을 동일한 성격을 지닌 하나의 집단으로 보다는 개별적인 독특성을 소유한 인격체로 인식하여 개개인의 다양성에 따라 프로그램이 보다 탄력적으로 운영될 수 있도록 프로그램을 개발해야 한다.

둘째, 프로그램 개발은 그 프로그램을 원활하게 수행하는 데 관련되는 제반여건들을 충분히 고려하여 이루어져야 한다. 프로그램은 의도한 목적과 목표를 달성하기 위한 기능을 다하기 위해서는 추상적이고 이론적인 방향만 제시해서는 안 되며 그 적용과 활용을 위해 제공되어야 하는 여러 가지 요소들을 고려하여 실질적으로 적용되고 일반화될 수 있도록 개발되어야 한다. 즉, 프로그램 운영자의 수행능력과 기술, 재정적인 여건, 자료와 시설의 요소, 행정적 지원, 지역사회의 욕구와 기대, 대외적인 협력관계 등의 현실적 여건(상황)을 바탕으로 개발되어야 한다.

셋째, 프로그램 개발은 가능한 그 개발의 전 과정에 서비스 이용자들의 폭넓은 참여가 보장되는 상태에서 이루어져야 한다. 즉, 서비스 이용자들의 욕구 반영과 자발적인 참여를 전제로 하는 프로그램의 개발이 되어야 한다. 또한, 프로그램은 서비스 이용자들의 최대한의 상호협력 및 상호작용을 촉진하는 방향으로 개발되어야 한다.

넷째, 프로그램 개발은 참여자들의 발달단계에 적합하게 이루어져야 한다. 서비스 이용자들은 계속 변화하기 때문에 특정한 발달 수준에만 국한시킬 것이 아니라, 그들의 전 발달단계를 포괄할 수 있는 프로그램의 개발이 필요하다. 또한, 프로그램은 어떤 문제가 발생할 때만 그 문제를 해결하기 위해 개발될 것이 아니라, 참여자들의 전반적인 성장 · 발달을 도모하고 제반 문제를 사전에 예방할 수 있는 차원에서의 프로그램 개발이 적극 이루어져야 한다.

다섯째, 프로그램 개발은 참여자들의 전체 생활과 통합할 수 있도록 포괄적으로 이루어져야 한다. 즉, 프로그램은 참여자들의 균형 있는 성장·발달을 위해서 그들의 생활 영역의 일부보다는 전체 활동과 통합될 수 있는 방향에서 개발될 필요가 있다. 그러기 위해서 프로그램의 범위는 특정한 활동 영역에만 국한시킬 것이 아니라, 다양한 활동 영역을 포괄하여 그 내용의 질과 양을 합리적으로 고려하여 균형 있게 개발해야 한다.

여섯째, 프로그램 개발은 항상 변화하는 상황에 신축성 있게 대응할 수 있도록 이루어져야 한다. 프로그램이 겨냥하고 있는 개인, 가족, 집단 또는 지역사회는 정체 상태에 있는 것이 아니기 때문에 변화하는 상황을 포용할 수 있도록 개발되어야 한다. 또한, 프로그램을 개발하는 조직의 내부 및 외부 환경도 부단히 변하기 때문에 이에 대하여 충분히 대응할 수 있는 신축성 있는 프로그램의 개발이 필요하다.

예를 들어, 코로나-19 이후로 비대면서비스가 강화되고, ICT 기술이 발달함에 따라 최근에는 사회복지분야에서도 디지털 복지기술을 활용한 사회복지 프로그램 개발에 관심이 증가되고 있다[2]. '디지털 복지기술'은 복지 수요를 효과적으로 충족시키기 위한 것으로 원격진료와 같은 헬스케어나 돌봄 영역에 IT 기술 등을 접목시켜 일상생활을 돕거나 지원하는 서비스, 텔레케어(telecare), 서비스 로봇, 가상 공간 케어와 같은 기술의 이용으로 노인들의 삶을 지원하고, 비용을 줄이며, 건강전문가들을 위한 업무 환경을 보다 개선하는 등의 서비스 전달의 변화와 개선을 의미한다 (Hofmann, 2013: 김학실, 2021: 361).

최근 한국노인복지학회는 2023년도엔 ICT와 노인돌봄을 주제로 대학생과 대학원생을 대상으로 〈제1회 학생공모전〉을 진행하였다. 세부주제는 ICT를 활용한 노인의 건강 실시간 관리, ICT를 활용한 노인의 일상생활 지원(예: 수면), ICT를 활용한 노인의 응급상황 관리, ICT를 활용한 노인 여가생활 지원, ICT를 활용한 노인 사회참여 지원 등이다. 이와 같이 프로그램을 개발하는 사회복지사는 늘 사회변화에

2) 디지털 복지(Digital Welfare)는 고령인구의 증가, 욕구의 다양성 증가에 비해 재정적 제약이 지속화되면서 사회서비스를 제공하는 혁신적 대안 모색과정에서 디지털 기술과 다양한 복지서비스와 결합되면서 디지털복지(Digital Welfare)가 등장함(Larsson, A. & Teigland, 2020: 최조순, 2022: 7).

대처하여 신축성 있는 프로그램도 개발할 줄 알아야 하고 혁신적 기술(빅데이터, AI, 챗GPT 등)을 활용할 줄 아는 역량도 개발해야 하고 프로그램 공모전에 출품하는 도전 의식도 키워 나가야 할 것이다.

참고

성동장애인종합복지관의 스마트복지박람회

성동장애인종합복지관은 디지털 접근성강화(APP개발 및 활용)을 통한 생활(돌봄/안전/이동)의 변화라는 주제로 스마트복지박람회를 개최하였다. 박람회는 디지털 약자 생활지원 어플개발 프로젝트, 이동지원어플(gada), 안전어플(SEEK-SICK), 돌봄어플(온새미로)을 소개하였고, 노약자 전동보장구 응급상황 탐지 및 대응시스템, 그림카드를 활용한 의사소통 모바일 어플, 응급상황(낙상/실신) AI CARE 플랫폼, 장애인 숙박예약 플랫폼을 소개하였다.

출처: 성동장애인종합복지관(2023). 토크콘서트, 디지털 소통 교육자료.

2) 사회복지 프로그램 개발 시 고려해야 할 요소

김형식 등(2002: 175)은 프로그램 개발 시 고려할 사항으로 네 가지를 들고 있다.

첫째, 사회복지의 가치를 고려한다. 프로그램 관련자들에 대한 가치반영 여부에 따라 성패가 좌우되므로 사회복지사의 윤리강령을 참조한다.

둘째, 사회복지 프로그램의 실현 가능성 여부를 확인한다. 프로그램 실행에 따른 정치적·경제적 동원 여부를 말하는 것이다. 프로그램 실행에 따른 정치적 요소는 권력, 지위, 이득, 손실, 편의, 통제 및 생존과 같은 사항들에 대한 배려를 하는 것이다. '계획된 프로그램의 주어진 결정을 우리가 실제로 수행할 수 있는 것이 무엇인가?' 또는 '무엇이 옳은가? 그리고 '무엇이 우리의 사회복지의 가치와 이념에 맞는가?'의 측면에서 보는 것이 아니라 정치적 요소는 '이 프로그램을 실행함으로써 조직이 무엇을 얻는가?', '무엇을 잃게 되는가?', '누가 이 프로그램을 진행하게 되면 누가 불평을 하게 되는가?', '누가 만족을 얻을 것인가?', '우리가 어떤 영향력을 가지는가?'와 같은 생각을 하는 것이다. '사회복지 프로그램을 실행하면서 정말로 전문 사회복지사가 서비스 이용자들을 변화시킬 수 있는 것인가?'와 같은 것들을 생각하며 프로그램을 개발하는 것이다. 정치적 요소는 그것이 조직 내부에서 생겨나든 외부에서 생겨나든 간에, 조직의 의사결정 기능에 심대한 영향을 미치지 않는 경우가 드물기 때문이다.

셋째, 준비성으로 프로그램 주관기관 또는 조직의 진행 준비이다. 프로그램을 개발하는 주제로서 사회복지기관이나 조직은 프로그램 개발이 이루어진 후 프로그램을 진행하기 위한 준비가 되어 있어야 한다.

넷째, 합리성으로 프로그램의 객관적 사실에 의한 준비를 확인한다. 프로그램 개발을 객관적 사실에 기초하여 실시한다.

여기에서는 프로그램을 개발할 때 고려하여야 할 요소로서 5P(Purpose, Person, Problem, Process, Place)를 중심으로 살펴보고자 한다(신복기 외, 2010: 442-444).

(1) Purpose: 합목적성 및 목표의 일관성

프로그램 내용은 목적이 제시하는 바로 그 내용에 적합하여야 한다. 참여자로 하여금 협동심을 고취시킨다는 목적이나 목표를 세워 놓고 경쟁상태의 활동 내용만을 포함시켰다면 그 내용은 그만큼 목적이나 목표에 일치시키지 못한 셈이다. 따라서 프로그램 내용에 지나치게 치중하여 수단이 목적(purpose)이나 목표(objectives)에 전도되는 '목표전치' 현상이 발생되지 않도록 유의하고 프로그램을 진행하는 중간중간에 목적과 목표를 점검해 보도록 한다. 특히 목표의 달성 정도인 효과성을 파악하기 위해서는 성과 지표를 구체적으로 제시해야 하고, 이를 통해서 목표의 일관성을 명확히 파악할 수 있다. 목표 설정의 Bad 사례와 우수 사례(2022년 사회복지시설 평가 현장위원 추천 우수프로그램: 장애인거주시설 에스알씨(SRC)보듬터)를 살펴보자.

사례

Bad 샘플 〈목표 내용이 불명확한 사례〉	
내용	검토 의견
목표 3. 환경지킴이사업의 홍보를 통해 친환경 기업의 이미지를 갖는다. 하위 목표 1. EM 체험 교실을 실시한다. 하위 목표 2. 사회적 취약계층에서 EM 제품을 무료로 제공한다. 하위 목표 3. EM 영상 자료 배포 및 EM 효과를 홍보한다.	사업수행기관이 체험 교실을 실시하고, 제품을 무료로 제공하고 효과성을 홍보하면 일반 시민들이 친환경 기업의 이미지를 가지는가? 또 그러한 활동이 하위 목표로 설정되는 것이 바람직한가?(하위 목표로의 설정도 안 맞지만) 하위 목표를 달성하면 목표 3이 달성된다고 어떻게 이야기할 수 있는가? 맥락이 닿는다 하더라도 이미지 제고 여부는 일반 시민에게 물어보아야 한다. 어떻게 이를 측정할 것인가?
장애 자녀를 둔 가정의 아빠 변신을 추구하는 프로그램의 예는 아래와 같다. 목표 2. 부-모 간 협력적 관계를 구축한다. 하위 목표 1. 자녀 양육에 대한 아내의 스트레스를 이해한다. 하위 목표 2. 부부관계를 증진시킨다.	이 서술은 무엇을 어떻게 하겠다는 구체성에서부터 결여되어 있다. 첫째, 부모 간 협력적 관계가 구축되었는지를 어떻게 측정할 것인지, 둘째, 하위 목표 1과 2가 달성되면 협력적 관계가 개선될 것이라는 논리적 연관성을 어떻게 찾을 수 있는지, 하위 목표들은 개별적으로 어떻게 측정할 것인지 모두 궁금해진다. (여기에서는 안 나타나겠지만) 단지 평가에서는 과정 평가를 통해 프로그램을 몇 회기 하고 어느 정도의 시간을 소요했다는 내용밖에 없다고 한다면 충분한 정도를 전달해 주고 있다고 보기 어렵다. 즉, 목표를 기술할 때는 측정 방법과 도구를 염두에 두지 않으면 의미 없는 기술이 되고 만다는 것을 반드시 명심해야 한다.
개별 맞춤형 진로 방향을 수립하여 이에 맞는 구직 기술 및 능력을 향상	진로 방향을 수립하면 구직 기술 및 능력이 향상될 수 있는지에 대한 논리적 연계 흐름이 단절되어 있다.

Bad 샘플 〈목표로 설정될 수 없는 사례〉	
내용	검토 의견
목적이 안정적인 취업으로 연계를 도모하기 위해 장애 청소년 Job코디센터를 개설 운영하기 위한 기초 모델을 구축하는 것인데 목표는 ① 안정적인 사회적 지지망 구축 ② 현장 실습 업체-전문 직무 지도원에 대한 지원을 개발하고 체계적으로 관리하여 다양한 직종에 맞춘 최적화된 현장 실습 환경 제공 ③ 직무에 대한 직업 준비 및 적응능력 강화하여 안정적 취업으로 연계 도모	모델을 구축하는 것은 프로그램 서비스를 제공하여 사업 대상자가 보다 많은 혜택을 받고 효과를 거두는 것과는 별개이다. 즉, 모델 구축은 서비스 제공 방식에 따른 다양한 참여기관들 간의 역할을 명료화하고 역할 간 분업체계와 상호 연계 방안을 실무적으로 도출해 내는 것이기 때문에 목표는 모델 구축에 필요한 내용을 구성·도출해 내는 데 주안점을 두어야 한다고 보면 좌측의 목표는 모델 구축이 아니라 장애인 직업 재활 관련 서비스 효율성 제고를 위한 사업으로 이해되므로 목적과 목표 간의 진술 불일치 사례로 볼 수 있다.
발달장애아동의 부모들로 구성되는 자조모임을 구성한다.	판단의 근거는 자조모임 구성이 본격적인 사업의 전제 조건인지, 아니면 구성 자체가 하나의 성과로 간주될 수 있는지에 있다. 자조모임 구성은 프로그램 성립추진의 전제 조건이 될 경우에는 목표로 두기 어렵다.

출처: 삼성복지재단(2012). 작은나눔 큰사랑 프로그램 기획 매뉴얼. pp.62-63.

우수 사례

에스알씨(SRC)보듬터의 자립지원 및 사후지원 시스템 구축 사업 "PCP와 Tutoring으로 시설에서부터 지역사회까지"

목표	하위목표	성과지표
1) 사람중심계획(PCP) 기반 무연고 성인 중증장애인의 자립지원 시스템 구축	(1) 5명의 무연고 성인 중증장애인에 대해 개별화계획(PATH) 수립 및 지원으로 자립생활수준 향상	① 개별화계획에서 논의된 내용을 기반으로 자립지원 내용을 계획, 참여 전후 자립생활능력 정도 20% 향상 및 유지 ② 사업에 참여한 무연고 성인 중증장애인 5명(튜티)과 퇴거하여 자립에 경험이 있는 장애인(튜터)을 1:1로 연계하여 자립의 기술(대인관계 및 의사소통능력 등)을 향상
	(2) 지역사회 기반 사회적 지지망 형성으로 안정화 수준 향상	① 사업 참여자(시설무연고중증장애인) 5명에 도전적 행동, 우울감 20% 감소 및 유지, 의사표현능력 20% 향상 및 유지 ② 사업 참여자(퇴거무연고중증장애인) 20명에 사회적 관계지지(망) 정도 20% 향상
2) 튜터링(Tutoring)을 활용한 자립퇴소 무연고 중증장애인의 사후지원 시스템 구축	(1) 자립퇴소 무연고 중증장애인의 안정된 지역사회 살이 지원	① 자립의 경험과 기술, 정서적 지지를 지원할 튜터 10명(퇴거한 장애인)을 대상으로 전문교육을 제공, 역량을 극대화(2022년 시설장애인 5명 튜티 역할 수행) ② 튜터링을 활용한 지역사회 관계 지원을 원하는 장애인(퇴거장애인) 20명이 원하는 튜터를 선정, 이들의 관계망을 통해 사회적지지 정도를 20% 향상, 유지(1명의 튜티와 3~4명의 튜터로 형성 2년간 유지)
	(2) 시설퇴거 장애인들의 사후지원시스템 개발 보급(정책건의)	① 퇴거한 무연고 장애인을 위한 사후지원 시스템 구축을 위해 89명 전수 양적조사 및 참여를 희망한 20명의 질적조사를 통해 퇴거장애인 정보 수집, 시스템 마련 및 효과성과 타당성을 검증 ② 사후지원 시스템 모형 및 무연고 퇴거장애인에 자립의 전 과정 속 자기결정권 존중, 자립과 자립 이후 커뮤니티케어 체계 안에서 안정된 사후지원에 대한 연구분석 발표(3차 년도 사업)

출처: 보건복지부(2022). 2022년도 사회복지시설 평가 현장위원 추천 우수운영사례집. p.53.

(2) Person: 능력 수준과 흥미에의 적합성

프로그램 내용 선정에 있어서 가장 중요한 것이 대상자에 대한 고려이다. 프로그램의 내용은 대상자의 필요와 흥미 또는 능력 수준을 고려하여 주제의 내용과 방법이 적합하고 친밀감이 있는 것으로 선정한다. 뿐만 아니라 프로그램의 대상자에는 참여자 및 그 가족들을 포괄할 수 있는 것이 보다 바람직하다. 예를 들어, 지적장애인의 직업역량 강화를 위한 카툰 교육프로그램 "굿잡~ 카툰디자이너"는 대상자의 능력 수준과 흥미를 고려한 프로그램이고 대상자의 능력 수준뿐만 아니라 가족 및 지역사회를 대상자로 한 우수한 사례이다.

사례

지적장애인의 직업역량 강화를 위한 카툰 교육프로그램 "굿잡~ 카툰디자이너"

2022년도 사회복지시설 평가 현장위원 추천 우수프로그램인 장애인거주시설 부천혜림요양원의 "굿잡~ 카툰디자이너"는 취업에 취약한 지적, 자폐성 장애인의 직업역량강화를 위한 카툰교육 프로그램으로, 지적장애인의 뛰어난 창작능력을 카툰교육과 연계하여 디자인 상품을 개발 · 판로를 개척함으로써 카툰디자이너로서 활동할 수 있도록 연계하는 프로그램이다.

부천혜림요양원은 개별서비스 중 다양한 미술활동에 참여하며 이용자들의 미술적 재능을 발견할 수 있었고, 미술활동 작품으로 경기도 장애인 작품전시회, 도자기 및 캘리그라피 전시회 등을 통해 개인 작품을 전시하였고, 이를 통해 자부심을 느끼며 더욱 열정적으로 프로그램에 참여하는 모습을 통해 예술적 감각을 직업과 연계한다면 장애인의 직업영역이 단순노무직에서 벗어나 더욱 확대될 것이라는 가능성을 엿볼 수 있었다.

이러한 맥락에서 지적 · 자폐성 장애인에게 부천 지역의 장점인 카툰 교육을 연계하여 디자인 감각을 키울 수 있는 환경을 체계적으로 지원하여, 개인별 능력에 따라 자신의 삶을 긍정적으로 이끌어 나갈 수 있는 기회를 제공하고, 사회에서 카툰디자이너라는 자신의 역할을 통해 자긍심을 가지고 살아가게 하는 프로그램이다.

만화박물관 만화체험활동

1년차 카툰굿즈 및 작품전시회

출처: 보건복지부(2022). 2022년도 사회복지시설 평가 현장위원 추천 우수운영사례집. pp.228-229.

(3) Problem: 프로그램의 통합성

프로그램의 통합성이란 프로그램에 참여하는 대상자의 문제해결이나 목표달성을 위하여 단편적인 프로그램을 제공하는 것이 아니라, 인간의 경제적 · 사회적 · 심리적 · 문화적 제반 문제들을 통합적으로 고려하는 프로그램을 제공하는 것이다. 예를 들어, 단순히 비행청소년이나 범죄자의 비행성을 감소시키거나 재범방지 및 사회복귀에만 그치는 것이 아니라 이와 함께 대상자와 그 가족의 사회적 관계망을 유지하거나 회복시켜 주고 정서적인 안정과 자립, 갱생을 도모할 수 있는 대인적 서비스의 병행이 고려되어야 한다.

(4) Process: 프로그램의 지속성과 네트워크

프로그램은 지속적이며, 제도적인 안정성을 띠어야 한다. 프로그램들은 일시적이고 일회적인 접근으로 이루어져서는 안 되며, 장기적이고 체계화된 일정 계획 아래 지속적으로 제도화된 프로그램이 되도록 한다. 또한 프로그램의 내용을 구성할 때, 지식, 이해, 기능, 태도 등의 측면이 프로그램 장면에서 의미 있게 통합되어 보다 높은 공통목표를 성취하는 데 기여할 수 있도록 다양한 성격의 서비스기관들이 참여할 수 있도록 해야 한다.

(5) Place: 지역성

프로그램을 실시하는 기관의 지역적 · 문화적 상황이 다르기 때문에 프로그램의 내용 선정에서도 지역적 특성을 반영하고, 각 지역의 독특한 특성을 발굴해 내는 일 또한 중요하다. 특히 그 지역의 문화적 특성이나 전통, 관습, 방언 등을 발굴하여 프로그램이나 집단명으로서 활용할 때, 프로그램 참여자나 팀 구성원 및 지역사회 주민들이 프로그램에 보다 쉽게 접근될 수 있고 많은 호응도를 불러일으킬 수 있는 이점이 있다.

다음 사례는 프로그램의 네트워크와 다음에 기술하는 (5) 프로그램 지역성과와 관련된 일례로서 강원도 횡성군에서 시행한 공공과 민간의 다양한 인적 · 물적자원을 연결하여 체계적인 서비스 지원시스템을 구축한 외로움공감단 '베프' 프로그램이다.

사례

코로나 시대, 주민주도 외로움 극복! 외로움공감단 '베프'

강원 횡성군은 '코로나 펜데믹 속에서 과연 인간은 지금, 존엄한가?'라는 질문을 던지면서 인간 존엄성 회복의 핵심을 지역돌봄공동체 회복을 통한 주민주도의 외로움 공감과 소통으로 보면서, 횡성군은 외로움정책담당(팀)을 도입(2020.07.01.)하였다. 대표적인 네트워크 활동을 살펴보면, 첫째 횡성형 사회복지전달체계 구축으로 공공주민주도의 돌봄공동체 강화이다. 공공분야는 외로움정책팀(컨트롤타워)을 중심으로 읍면 맞춤형 복지를 담당하고, 민간분야는 횡성군지역사회보장협의체을 중심으로 외로움공감단을 조직하여 외로움 의제 중심 복지계획수립 및 공동체 활동을 수행하였다. 둘째, 횡성군 외로움공감단 「베프」 지역복지활동가 양성과정 운영이다. 셋째, 읍 · 면 지역 실정에 맞는 「베프」 지역복지 활동 자체계획 수립이다. 자원연계는 자원봉사센터, 사회복지협의회, 보건소, 정신건강복지센터, 건강가정다문화가족지원센터, 노인돌봄센터 등이고 횡성군종합사회복지관은 욕구 조사 및 프로그램개발을 지원한다.

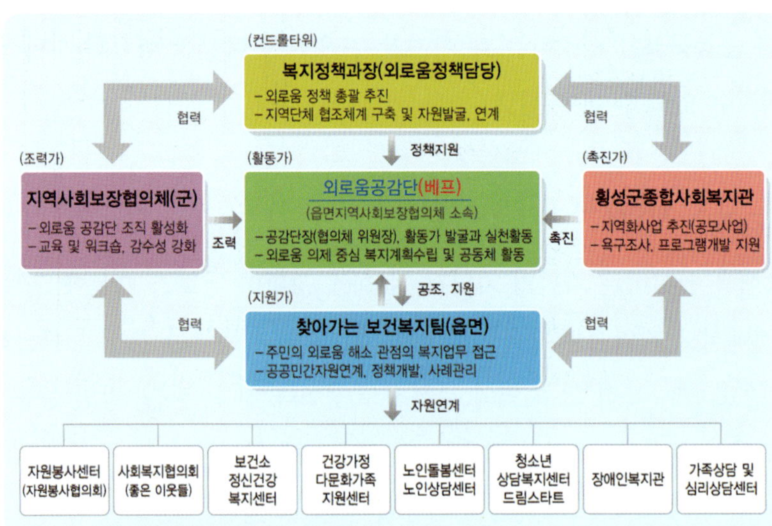

그림 3-5 외로움공감단 〈베스트 프렌드〉 구성 체계

출처: 한국보건복지인력개발원(2022). 공공복지정책 및 지역복지 우수사례: 2021년도 한국보건복지인력개발원 우수성과 공모집. pp.150-154.

참고문헌

김영숙, 김욱, 엄기욱, 오만록, 정태신(2002). **사회복지 프로그램 개발과 평가**. 서울: 교육과학사.

김종명, 구재관, 김성철, 김재원, 신기원, 윤춘모(2011). **사회복지 프로그램 개발과 평가**. 경기: 양서원.

김진화, 정지웅(1997). **사회교육 프로그램 개발의 이론과 실제**. 서울: 교육과학사.

김학실(2021). 디지털 복지기술을 활용한 커뮤니티 케어 연구-맥락정보와 고객여정지도 적용. **한국자치행정학보, 35**(4), 357-376.

김형식, 이영철, 신준섭(2002). **사회복지행정론**. 서울: 양서원.

노 혁(2003). 공동모금회 배분신청서 및 결과보고서 작성 설명회 자료집. 사회복지공동모금회.

류기형(2016). **자원봉사문화 정착을 위한 자원봉사 관리론**. 경기: 공동체

류기형, 남미애, 박경일, 홍봉선, 이경희, 장중탁(1999). **자원봉사론**. 서울: 양서원.

보건복지부(2022). 2022년도 사회복지시설 평가 현장위원 추천 우수운영사례집.

사회복지공동모금회(2012). 변화를 위한 나눔-2011 사회복지공동모금회 배분사례집.

사회복지공동모금회(2019). 2019 배분사업 안내.

삼성복지재단(2012). 작은나눔 큰사랑 프로그램 기획 매뉴얼.

서울복지재단(2008). 2008 제4회 사회복지 우수프로그램공모 수상작 사례집.

성동장애인종합복지관(2023). 성동장애인종합복지관 개관 30주년 기념 토크콘서트 및 스마트복지박람회 "디지털 소통" 교육자료.

신복기, 박경일, 이명현(2009, 2010). **사회복지행정론**. 경기: 공동체.

오현숙, 최호윤(2010). **사회복지 프로그램 개발과 평가**. 경기: 21세기사.

월간공공정책 편집부(2019). [우수정책사례] 빅데이터로 '안성맞춤' 복지를 만들다: 안성시 빅데이터 활용 복지체계 구축사업. **월간공공정책**, 163, 70-71.

이민홍, 정병오(2012). **사회복지 프로그램 개발과 평가 이론 및 실제**. 서울: 나눔의집.

정무성, 정진모(2001). **사회복지 프로그램 개발과 평가**. 서울: 양서원.

조남경(2019). 질적, 양적 연구를 넘어? 사회복지 빅데이터 연구방법의 모색. **한국사회복지학, 70**(1), 7-25.

지은구(2006). **사회복지 프로그램 개발과 평가**. 서울: 학지사.

최조순(2022). 디지털 전환 시대, 디지털기반 복지 도입 방향. 경기복지재단 복지이슈FOCUS, 2022-19.

한국노인복지학회(2023). [공모전] 제1회 한국노인복지학회 학생공모전 신청 안내.

한국보건복지인력개발원(2022). 공공복지정책 및 지역복지 우수사례: 2021년도 한국보건복지인력개발원 우수성과 공모집, 150-154.

황성철(2005). **사회복지 프로그램 개발과 평가**. 경기: 공동체.

Brudney, J. L. (1990). *Fostering Volunteer in the Public Sector*. San Francisco: Jossey-Bass Publishers.

Patton, M. Q. (1981). *Creative Evaluation*. Beverly Hills, CA: Sage Publication Inc.

모든 일이 다 그렇지만 특별히 프로젝트에서는 앞 과정이 뒤 과정에 미치는 영향도가 절대적이다. 앞 단계에서의 성공은 곧 뒷 단계의 성공을 이끌어 낸다. 역으로 앞 단계에서의 실패는 뒷 단계에서의 실패를 초래하기도 하는 것이다.

프로젝트 업무는 그 자체가 목적이 아니다. 프로젝트로서 과정을 잘 만들어 냄으로써 어떤 결과물을 얻고자 할 때, 그 결과물이 목적이 되는 것이다. 핵심은 과정에 있다. 과정을 잘 이행해야 결과가 나오기 때문이다.

– 김영인. 2008. 〈프로젝트 성공의 핵심비법〉. 돋을새김.

Chapter 04

사회복지 프로그램 개발 과정

키워드

과정, PROGRAM, 문제의 구체화, 욕구사정, 자원체계, 목표설정, 자료수집, 대안선택, 실천계획, 실행, 측정, 평가

04 사회복지 프로그램 개발 과정

사회복지기관에서 효과적이고도 효율적인 서비스를 전달하기 위해서는 프로그램 개발이 반드시 필요하다. 프로그램 개발은 사회복지기관 외부의 영향이나 수혜자의 요구에 의해 만들어질 수도 있고, 사회복지기관의 의사결정권자나 관리자들에 의해 이루어질 수도 있고, 많은 경우 일선 현장의 사회복지사들의 아이디어나 필요에 의해 창출되기도 한다. 그런데 많은 사회복지기관이나 사회단체들이 프로그램 개발을 소홀히 함으로써 원래의 취지와 목적을 달성하지 못하고, 오히려 일회적이거나 가시적인 활동으로 끝나 버리는 경우가 많다. 따라서 훌륭한 프로그램의 개발은 만족스러운 서비스 활동을 전개해 나가는 데 있어서 필수적인 작업이다(신복기 외, 2008: 447-448).

프로그램 개발과 의사결정 과정에 대하여 많은 학자들이 의견을 제시하고 있으며, 대표적으로 카머만과 토마스(Thomas)를 들 수 있다. 사회복지 프로그램 개발에 대해서 최초로 체계적인 이론적 모형을 제시한 카머만(1975)은 사회복지기관의 목적을 설정하고 나면 목적을 달성하기 위한 구체적 활동 과정을 프로그램으로 정의하였다. 그리고 프로그램의 진행 과정을 프로그램 기획, 프로그램 시작, 프로그램 실행의 3단계로 나누어 제시하였다. 토마스(1984)는 사회복지 프로그램을 개발하기 위해서 기존의 일반적인 단계를 제시하는 차원에 머무르지 않고 이를 확산하여 보다 광범위하게 활용하는 것을 매우 강조하였으며, 그리하여 사회복지 프로그램 개발의 단계를 ① 분석, ② 디자인, ③ 개발, ④ 평가, ⑤ 확산, ⑥ 채택의 6단계로 나누었다. 그리고 표 4-1 과 같이 사회복지 프로그램 개발의 과정을 요크(1982)는 10단계, 스키드모어(Skidmore, 1990)는 6단계로 나누었으며, 루이스 등(Lewis et al., 1991)과 케트너, 모로니와 마틴(1999) 그리고 랩과 포어트너(1992)는 각각 8단계로 나누어 설명하고 있다. 더불어 커스트-애쉬먼과 훌(Kirst-Ashman & Hull, 2001)은 7단계를 제시하였다.

표 4-1 국외 학자들의 프로그램 개발 과정

학자	York(1982)	Skidmore(1990)	Lewis et al.(1991)
단계	10단계	6단계	8단계
개발과정	• 영역의 설정 • 문제의 분석 • 욕구사정 • 목적과 실질적인 목표의 설정 • 우선순위 설정 • 대안의 확인 • 대안의 선택 • 필수자원의 결정 및 산출 목표의 결정 • 실행 • 평가	• 구체적 목표의 설정 • 관련 정보 수집 및 가용자원 검토 • 목표달성을 위한 대안적 방법 모색 • 대안의 실시조건 및 기대효과 평가 • 최종대안의 선택 • 구체적 실행계획 수립	• 욕구사정 • 목적 설정 • 상급기관의 목적 고려 • 프로그램의 목적 결정 • 대안방법의 결정 • 기관 제한조건의 확인 • 서비스방식의 선정 • 세부절차의 개발
학자	Rapp & Poertner (1992)	Kettner, Moroney & Martin (1999)	Kirst-Ashman & Hull (2001)
단계	8단계	8단계	7단계
개발과정	• 사회문제의 분석 • 일차적 수혜자 식별 • 개입방법과 기법 선정 • 서비스 절차의 구체화 • 인적자원 식별 • 원조 환경 구체화 • 원조행동 기술 • 정서반응 확인	• 프로그램 정의 • 문제 분석 • 욕구사정 • 전략 선택 및 목표 수립 • 프로그램 설계 • 관리정보시스템 • 예산 수립 • 프로그램 평가	• 아이디어 개발 • 지지 규합(지원체계 확립) • 자산 확인 • 목적, 목표 설정 • 실행 • 행정적 지원과 지지로 저항 중화 • 과정 및 효과평가

출처: 신복기, 박경일, 이명현(2008). 사회복지행정론. 공동체. p.446 재구성.

또한, 프로그램 개발의 과정에 대해서 국내의 학자들은 표 4-2 와 같이 박경일(1998)이 7단계, 정무성(2000)은 8단계, 김영종(2001)은 4단계로 나누어 제시하고 있다. 더불어 사회복지공동모금회의 2022년 배분사업 안내의 사업계획서 표준양식을 살펴보면, 프로그램 개발의 과정을 6단계의 구분으로 나누어 작성하도록 되어 있다(제14장 p.351 사회복지공동모금회 프로포절 작성 사례 참고).

표 4-2 **국내 학자들의 프로그램 개발 과정**

학자	박경일(1998)	정무성(2000)	김영종(2001)	사회복지공동모금회(2019)
단계	7단계	8단계	4단계	6단계
개발 과정	• 문제와 욕구사정 • 자원체계의 확인 • 목적 및 목표 설정 • 자료수집과 대안 선택 • 실천계획의 묘사(표현) • 실천 활동과 실행 • 측정과 평가	• 사회문제의 분석 • 프로그램의 직접적인 수혜자 확인 • 사회사업 원조 이론의 결정 • 서비스 절차의 구체화 • 클라이언트의 이익에 필수적인 중요한 역할을 하는 사람의 규명 • 원조 환경의 구체화 • 실제 원조활동의 설명 • 정서적 반응 규명	• 문제 확인 – 문제분석 욕구사정 • 목적 설정 – 목적과 영향목표의 결정 – 우선순위 설정 • 프로그래밍 – 프로그램 대안들의 확인 – 프로그램 선택 – 자원 및 생산물 목표의 결정 • 실행 – 프로그램 목표들의 실현 – 모니터링, 평가 – 효과성과 효율성 확인 – 성패의 이유에 대한 확인 및 피드백	• 사업명(대상, 목적, 방법) • 사업 내용 및 추진전략 – 사업 참여자 모집 전략 – 사업 내용 및 사업 집행 전략 – 기관 연계협력 전략 • 예산 편성 • 문제의식(사업 필요성) – 사업 계획 배경 – 기존 유사사업과의 차별성 – 신청기관의 강점 • 목표 및 평가 – 산출목표 – 성과목표 및 평가 방법 • 사업 종료 후 지향점 – 사업 수행으로 인한 기대 효과 – 사업 결과의 활용 계획

출처: 신복기, 박경일, 이명현(2008). 사회복지행정론. 공동체. p.447 재구성.

이와 같이 프로그램 개발은 문제발견과 욕구분석으로부터 시작하여 포괄적인 목적과 구체적인 목표를 조작·설정하고 이를 성취하기 위한 실행체계를 구성하는 과정을 의미한다. 본서에서는 사회복지 프로그램 개발의 과정을 박경일(1998)이 제시한 PROGRAM의 머리글자를 활용한 7단계(세부적으로는 23단계)로 구분하여 알아보고자 한다(신복기 외, 2008: 448).

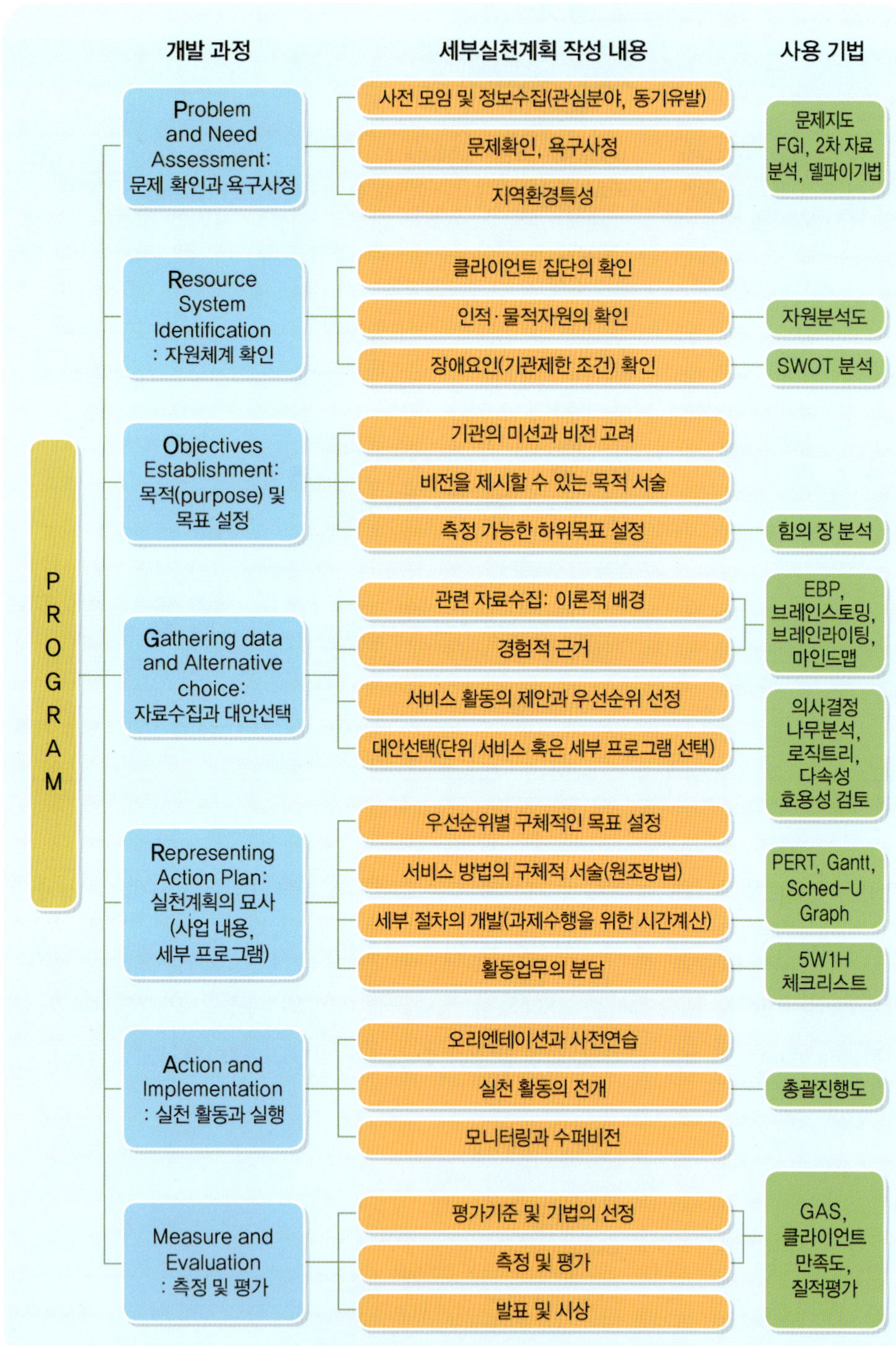

그림 4-1 세부실천계획 작성 내용

출처: 신복기, 박경일, 이명현(2008). 사회복지행정론. 공동체. p.449 재구성.

01 문제 확인과 욕구사정(Problem and Need Assessment)

사회복지 프로그램을 개발함에 있어서 가장 먼저 할 일은 문제를 발견하고 욕구분석을 통하여 원인을 규명하고 근본적인 문제를 진단하는 것이다. 문제의 원인을 분석한다는 것은 어떻게 그와 같은 사태가 발생했는가, 그 문제의 원인은 무엇인가, 또 이 문제에 이해관계가 걸려 있는 제(諸) 집단은 누구인가, 문제가 해결되길 바라는, 또는 바라지 않는 집단은 누구인가 등을 살펴보는 작업이다. 또한 문제발견과 더불어 욕구사정이 바르게 되어야 프로그램이 달성하고자 하는 목적과 목표를 바람직하게 설정할 수 있을 것이다. 욕구파악 및 분석은 사회의 어떤 바람직하지 못한 상태가 인지되었을 때 그 바람직하지 못한 상태의 실태를 조사하고, 원인을 파악하려는 노력을 말하며, 이것은 이론적 배경 및 경험적 근거라는 전문성과 지식을 요구한다. 이러한 욕구사정을 하기 위해서는 문제지도, 델파이기법, 욕구조사, FGI 등을 활용해 보는 것도 좋은 방법이다. 클라이언트의 문제확인과 욕구사정은 본서의 5장에서 구체적으로 다루고자 한다.

02 R: 자원체계의 확인(Resource System Identification)

자원체계의 확인이란 프로그램을 하기 위해서 필요한 인적·물적자원이나 지식 및 기술, 사회적 환경이 어떠한가를 살펴보는 활동을 의미한다. 유능한 프로그램 관리자가 가장 먼저 하는 일은 프로그램과 연관된 사람들을 확인하는 것이다. 보통 표적집단의 규모 및 성격 파악은 일반집단, 위험집단, 표적집단, 클라이언트 집단과 같이 4가지 집단으로 구분하여 파악하는데, 여기서 클라이언트 집단을 파악함에 있어서 관리자에게 가장 중요한 과제는 표적집단 중에서 누가 서비스를 받을 것이며 누가 받지 못할 것인가를 정하는 것이다. 또한 사회복지 프로그램은 자원을 어떻게 동원하고 관리하느냐에 따라 존속될 수도 있고 폐지될 수도 있다. 대부분의 사회복지사업은 사업의 진행 도중에 자원(특히 금전적)의 부족을 경험하게 되며, 보다 치밀한 자원계획만이 목표를 달성하는 데 시행착오를 줄일 수 있다. 이와 더불어 프로그램을 실행하는 사회복지기관의 장애요인이 있는지를 파악해야 한다. 아무리 목적이 좋고 동기유발이 잘 되어 있는 프로그램일지라도 프로그램을 제공하는 사회복지기관의 능력과 자원이 부족한 경우에는 근본적으로 그 프로그램은 한계를 안고 있다고 볼 수 있다. 그러므로 프로그램을 실행하기에 장애요인이 있는지에 대해 확인해 보는 과정이 필요하다. 보다 더 구체적인 자원체계의 확인에 대한 내용은 본서의 6장에 다루고 있다.

03 O: 목적 및 목표 설정(Objectives Establishment)

목적과 목표 및 하위목표의 설정은 프로그램 기획가들에게 그들이 무엇을 달성하려고 하는지와 어떻게 그것을 성취하려고 하는지를 명료한 용어로 기술하게 함으로써 실행을 위한 틀을 제공한다. 그러므로 프로그램 참여자들의 욕구와 기관의 주어진 목적을 조화시킨 비전을 제시할 수 있는 목적을 설정하도록 한다. 이러한 프로그램의 목적은 문제진단에 따라 설정되는데, 진단된 문제는 프로그램이 궁극적으로 해결하고자 하는 목적을 제공함으로써 프로그램의 존재의의를 뒷받침해 준다.

대개 하나의 프로그램 목적에 대해서 다수의 목표들을 갖는 것이 보통이다. 프로그램의 목적을 성취하기 위해 하나의 목적이 구체적인 부분 목표들로 나누어지며, 또한 각각의 목표 아래 더욱 세부적이고 구체적인 하위목표가 설정될 수 있다. 이러한 과정에서 사용될 수 있는 힘의 장 분석과 목적 및 목표 설정에 관한 자세한 내용은 본서의 7장에서 살펴볼 수 있다.

04 자료수집과 대안선택(Gathering Data and Alternative Choice)

다음으로는 관련 자료의 수집과 기존 유사 프로그램의 확인이 이루어져야 한다. 프로그램 관리자가 설정한 대상집단이나 대상문제에 대해 지역사회의 다른 사회복지기관이나 비영리조직들에서 실시하고 있는 프로그램이 있는가, 그리고 자체 기관과 타 기관 및 시설의 유사한 경험이나 프로그램, 외국의 실례 등을 조사해 본다. 해당 기관을 방문하거나 관계자들을 초청하여 내용을 듣거나, 인터넷 검색 등 여러 가지 방법으로 자료조사가 이루어지고, 대안선택을 하게 된다. 프로그램을 구성하는 수많은 대안 중 최종의 대안서비스 혹은 세부 프로그램은 우선순위 비교와 자원동원 가능성에 따라 결정되도록 하여야 하며, 특히 세부 프로그램들은 EBP(증거기반실천)[1]에 의한 효과성이 검증된 서비스들을 채택하여야 한다. 우선순위는 적합성과 실행 가능성 여부에 의해서 비교·결정되도록 하여야 한며 대안을 선택하는 작업에는 프로그램 참여자 전체의 합의가 있어야 하므로 각각의 의견 개진 후 서로 타협과 조정을 해 나가는 작업이 반드시 필요하다. 자료수집과 대안선택에 대한 구체적인 내용은 본서의 8장에서 살펴볼 수 있다.

05 R: 실천계획의 묘사(Representing Action Plan)

관련 자료가 수집되고 우선순위에 의한 대안서비스들이 설정되고 나면 이를 달성하기 위한 구체적인 실천계획이 수립되어야 한다. 실천계획의 수립은 결국 목표를 달성할 수 있는 체계를 창출하는 과정이며, 선택된 대안서비스들이 구체적으로 작성되는 과정이라고 할 수 있다. 이와 같은 프로그램 실천계획의 수립은 프로그램

1) 제8장 제1절 참조.

목적 및 목표의 설정, 내용의 선정과 조직, 프로그램의 실행과 관리에 관한 기본 계획을 포함하며 프로그램을 개발하여 실행하기에 앞서 반드시 선행되어야 하는 작업이다. 본서의 9장에서 이와 같은 내용을 구체적으로 다루고 있다.

06 A: 실천 활동과 실행(Action and Implementation)

실천 활동과 실행이란 앞서 고려한 사항들을 염두에 두고 정해진 시간 내에 계획한 서비스를 실시하는 것을 말한다. 프로그램을 실행하면서 특히 유의할 것은 프로그램 계획에 지나치게 얽매여서 목표전치(goal displacement)가 발생하지 않도록 하는 것이다. 프로그램은 효율적이고 효과적인 서비스를 제공하기 위한 도구이지 그 자체가 목적은 아니다. 따라서 프로그램 실행에는 탄력적으로 운영을 할 수 있는 융통성이 필요한 것이며 때로는 목적달성을 위하여 프로그램의 실행계획이 수정될 수도 있는 것이다. 또한 프로그램을 실행 단계에서는 전문가에 의한 수퍼비전이 필요하며 프로그램이 의도된 계획에 따라 제대로 실행되고 있는지를 점검하는 것으로서 모니터링이 필요하다. 보다 구체적인 실천 활동과 실행 내용은 본서의 10장에서 살펴보도록 한다.

07 M: 측정 및 평가(Measure and Evaluation)

측정과 평가는 수혜대상자와 지역사회에서 일어난 변화, 즉 생산성(products)을 측정하는 것이며 효과성(effectiveness)을 평가하는 것이다. 특히 프로그램 개발에서 평가는 설정된 목표가 달성되었는가를 알아보기 위한 과정 혹은 시행한 프로그램의 가치와 의의를 판단하는 사회적 과정이라고 할 수 있다.

프로그램 평가는 프로그램 개시 직후, 프로그램 진행 도중, 프로그램 종료 후에 할 수 있다. 그런데 대개의 경우 평가는 프로그램이 완전히 끝난 다음에 시행되는 것으로 생각하고 프로그램 시작과 동시에 시행하는 평가를 소홀히 취급한다. 그래서 새로운 정보나 상황의 변화에 적응하지 못하고 실패하는 경우도 흔히 일어난다. 평가의 대표적인 2가지 모델로서, 과정중심의 형성평가(Formative Evaluation)와 결과중심 지향적인 총괄평가(Summative Evaluation)가 있다. 프로그램의 측정 및 평가를 위해서 사용할 수 있는 기법으로서는 GAS(목표달성척도), 클라이언트 만족도, 질적평가 등을 활용할 수 있다. 본서의 11장, 12장에서는 사회복지 프로그램의 측정 및 평가에 대해 구체적으로 다루고 있다.

참고문헌

강병노(2005). **사회복지 프로그램 개발과 평가**. 경기: 공동체.

박경일(1998). 청소년 자원봉사관리자를 위한 프로그램 개발. 울산광역시 청소년 자원봉사센터 강의자료.

사회복지공동모금회(2022). 2022 배분사업 안내.

신복기, 박경일, 이명현(2008). **사회복지행정론**. 경기: 공동체.

정무성(2000). **사회복지 프로그램의 기획과 관리**. 서울: 나눔의집.

Kamerman, S. B. (1975). A Paradigm for programming: First thoughts. *Social Services Review, 49*(2), 412-420.

Kettner, P. M., Moroney, R. M., & Martin, L. L. (1999). *Designing and Managing Programs* (2nd ed.). California: SAGE Publication, Inc.

Kirst-Ashman, K. K., & Hull, G. H. (2001). *Generalist Practice with Organization & Communities* (2nd ed.), Belmont CA: Brooks & Cole.

Lewis, J. A., Lewis, M. D., & Souflee, F. S. Jr. (1991). *Management of Human Service Programs*. Pacific Grove: Brooks/Cole Publishing Company.

Rapp, C., & Poertner, J. (1992). *Social Administration: a Client-centered Approach*. New York: Longman Publishing Group.

Thomas, E. J. (1984). *Designing Interventions for the Helping Professions*. Beverly Hills, CA: Sage Publications.

York, R. O. (1982). *Human Service Planning: Concepts, Tool, and Methods*. Chapel Hill, N.C: The University of North Carolina Press.

살면서 중요하다고 생각해왔던 것들이
실제로는 대단치도 않았다

그것들을 내려 놓고서도
나는 끄덕 없이 달렸다

반면 내가 대단치 않게 여겼던 것들이
실제는 중요했다.
예를들면

나 자신

– 심윤경, 사랑이 달리다 중 –

Chapter 05

문제 확인과 욕구사정

키워드

사업명 작성방법, 욕구사정, 델파이 기법, 문제지도 기법, 표적집단 서베이, 표적집단 인터뷰(FGI)

05 문제 확인과 욕구사정[1)]

사회복지 프로그램의 개발은 다양한 활동들이 포함되고, 일련의 과정을 거치며 논리적인 과정의 결과물이다. 따라서 사회복지 프로그램을 개발함에 있어 선행되어야 할 활동은 개인과 지역사회의 문제를 확인하고 욕구사정을 통해 어떠한 프로그램을 제공할 것인가를 결정하는 것이다. 개인과 지역사회의 문제에 대한 정확한 이해를 바탕으로 사회복지조직이나 기관은 문제를 해결하고 클라이언트의 욕구를 충족시켜 주기 위해 의도된 계획에 따라 일련의 집합적 활동을 실행하게 된다.

문제를 정의하기 위해서는 문제의 원인과 심각성, 그리고 문제로 인해 고통받는 클라이언트 집단에 관한 정보를 정확하게 기술하는 것이 필요하다. 클라이언트의 문제나 욕구는 단순한 것도 있지만 대체로 복합적이다. 따라서 프로그램 기획자는 문제나 욕구의 심각성을 고려하여 우선순위를 정해야 한다. 문제나 욕구에 대한 명확한 확인과 사정은 프로그램에 정당성을 부여하고, 아울러 목표달성을 높게 하는 근거가 된다. 반면에 불완전한 문제 확인과 욕구사정은 애매하고 모호한 목표를 설정하게 되어 결과적으로 오류를 범하게 되고 프로그램의 목표달성을 저해하게 된다. 그러므로 사회복지 프로그램을 개발함에 있어 프로그램을 실시하고자 하는 사회복지조직이나 기관은 해당 지역의 문제나 프로그램 대상자의 욕구에 대한 정

1) 본 장은 박경일 외(2019). 사회복지프로그램과 개발. 양성원. 5장의 내용을 중심으로 일부 내용을 수정 보완하였음.

확한 파악과 이해가 선행되어야 한다. 즉, 휴먼서비스 프로그램에 대한 재정적 지원의 정당성 확보를 위해서 충분한 욕구사정은 우선적으로 진행되어야 한다.

본 장에서는 프로그램의 전체를 함축적으로 표현하는 프로그램의 주제인 사업명의 작성방법을 먼저 살펴보고, 대상자의 욕구나 문제점, 지역환경적 특성에 대해 서술하고자 한다. 이것은 사회복지공동모금회의 사업계획서 작성 시 첫 번째 사업명과 네 번째 문제의식(사업 필요성)[2]의 사업 계획 배경 작성에 해당되는 내용이다.

01 사업명 작성방법

사업명은 프로그램의 성격을 명료하고 함축적으로 규정한 것으로서 프로그램의 대상-목적-방법-부제가 명시되도록 작성한다. 사업명은 1개년 사업이라면 1년 동안의, 3개년 사업이라면 3년의 전체 기간 동안에 추진할 사업의 제목을 적는다. 사업명을 통해 그 사업이 누구에 대한 어떤한 목적으로 무엇을 하려는 사업인지 명확하게 알 수 있도록 하며, 사업명을 인상 깊게 슬로건으로 표현하고자 하는 경우에라도 사업명을 먼저 적고 그 아래에 슬로건은 부제(副題)로 병기한다. 프로그램의 제목을 읽어 보는 것으로 프로그램의 전체적인 방향성과 차별성을 가질 수 있다. 다음은 사업명의 좋은 예와 피해야 할 예이다.

좋은 예

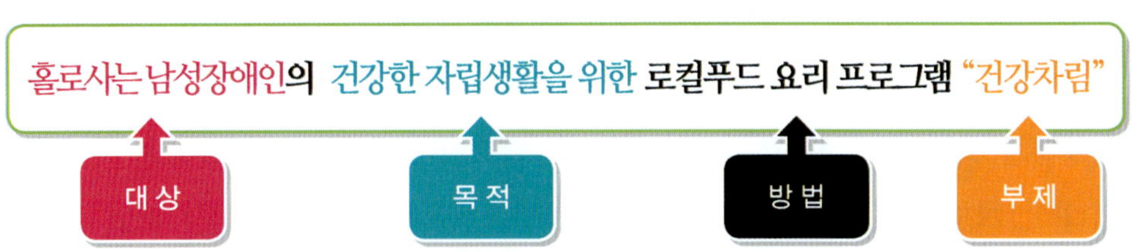

2) 사회복지공동모금회의 사업계획서 양식에서는 문제의식(사업 필요성) 작성 시 사업 계획 배경, 기존 유사사업과의 차별성, 신청기관의 강점에 대해 서술하도록 되어 있다.

피해야 할 예

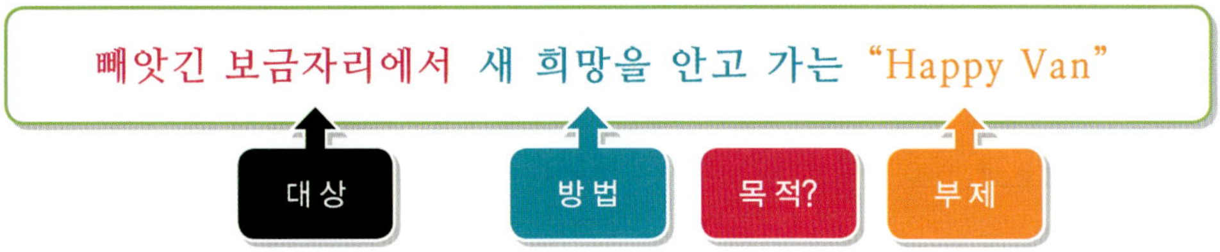

사업명 예 홀로 사는 남성 장애인의 건강한 자립생활을 위한 로컬푸드 요리프로그램 "건강차림"의 예를 살펴보면, 홀로 사는 남성 장애인을 대상으로 건강한 자립생활을 영위할 수 있도록 로컬푸드 요리활동프로그램을 제공하겠다는 프로그램이 "건강차림"이라는 부제를 통해 명료하면서 함축적으로 표현되었다.

다음의 예를 보면서 사업명을 분석해 보자.

사업명 예 장애인 통합어린이집 유아의 조기 장애인식개선을 위한 교육용 멀티 Kit 제작 및 보급 프로젝트 "포티(장애인형캐릭터)야 놀자!"

사업명 예 가정위탁부모의 양육역량 강화를 위한 맞춤형 부모코칭 프로그램 "사.이.다.(사랑하고, 이해하며, 부모가 되다)"

사업명 예 초고령 농촌지역의 아동주도 친환경 마을 조성을 위한 환경 인식 증진 프로젝트 "I주(主) do(도), 에코빌리지"

사업명 예 취약계층 아동의 정서·문제행동에 대한 치료개입사업 "아이(I)-ing"

사업명 예 사회적 고립감을 경험하는 이웃의 일상 회복을 돕기 위한 마을돌봄관계망 형성 지원사업 "봄봄봄 이웃돌봄, 마을 돌봄, 함께 돌봄"

02 대상자의 욕구나 문제점

대상자의 욕구나 문제점은 이론이 아닌 현장 조사와 여론, 실천경험에서 발굴한 근거를 제시하면서 서술해야 한다. 지역사회와 관련된 신문기사 내용, 해당 사회복지기관에서 조사한 지역사회조사, 프로그램 참여자의 만족도, 공공기관에서 제시한 이차자료, 프로그램 주제와 관련된 논문 등을 활용하여 대상자의 욕구나 문제점을 구체적 · 객관적으로 수치화하여 서술해 나가는 것이 바람직하다.

1) 욕구의 개념

욕구(needs)[3)]란 인간의 생활에 있어 '필요하지만 무엇이 충족되지 못해 그것을 필요로 하는 상태'를 의미한다. 즉, 욕구는 무엇이 결여된 상태로 인해 불편을 겪고 있고 따라서 개인이 느끼고 있는 무엇인가의 결핍상태를 충족시키기 위하여 필요로 하는 상태 또는 상황을 말한다. 이것은 현재의 상태와 바람직한 상태 사이에 존재하는 격차 또는 조건으로 정의할 수 있다(신복기 외, 2010: 450; Gupta, 1999: 4).

욕구의 가장 중요한 특성은 상대적이고 탄력적이며 시대에 따라서 변화한다는 것이다. 욕구는 똑같은 상황에 처해 있다 하더라도 개인 간 욕구의 차이는 다르게 표출된다. 사회복지적 관점에서 욕구는 개인이나 집단이 인간의 생존과 성장, 발전을 위해 필요하며 구하는 것이다(정무성, 2013: 185). 예를 들어, 비슷한 처지의 수급자인 독거노인들이 있을 경우, 어떤 어르신은 현금을 원하고, 다른 어르신은 병원에서 치료를 받길 원할 수도 있고, 쌀을 원할 수도 있는 것처럼 개인 간의 욕구 크기는 상이하다. 그리고 욕구는 탄력적이고 시대의 변화에 따라서 달라진다. 즉, 생활 수준, 사회 · 정치적 환경에 의해 영향을 받게 되는 것이다. 생활 수준이 전반적으로

3) 욕구(needs)는 요구(수요: demand)와는 차이가 있다. need가 심리적인 측면이 강하다면 demand는 사회적인 측면이 강하다. 즉, demand는 어떤 사회가 충족시켜 주어야 하거나 충족시켜 줄 수 있는 욕구를 의미하므로 need가 외부로 표출된 것을 말한다. 예를 들어, 빙산의 수면 밑에 있는 얼음은 need이며 이것이 표출되어 나온 수면 위의 얼음은 demand라고 비유할 수 있다(박경일, 2013: 115). 프로그램 개발과 평가는 일반적으로 개인과 집단의 문제를 해결하거나 욕구를 충족하기 위함을 목적으로 하므로 요구보다는 욕구라는 용어를 사용하고 있다.

향상됨에 따라 과거에 일반적이라 여겨졌던 주거환경이 욕구의 대상이 되기도 하고, 노인인구의 증가에 따른 노인 빈곤 문제, 돌봄 문제 등 사회 · 정치적 환경에 따라 욕구의 대상은 달라진다.

따라서 욕구사정(needs assessment)은 대상자의 욕구를 파악하고 그들을 우선순위화하며, 욕구에 존재하고 있는 문제를 해결하기 위하여 의사결정을 하고, 자원을 배분하여 조직의 행동을 실행하는 과정이다(Altschuld & Kumar, 2010: 13-17). 그러므로 욕구사정은 목표인구집단(Target Population Group)을 선발하는 데 유용한 정보를 제공해 주고 새로운 프로그램을 만들거나 최선의 홍보방법을 탐색하는 데 사용되어질 수도 있다(Royse et al., 2001: 52).

사례 1

본 사례는 인공지능 양로원으로 인공지능과 IoT를 기반으로 알라바바(민간)가 위탁운영하는 사례이다.

• 인공지능 양로원에 입소한 노인 180명 중 약 70% 이상은 80세 이상의 초고령자로 실질적인 독립 생활이 어려운 계층을 중심으로 운영되고 있다.

– 독립생활이 어려운 초고령 노인을 대상으로 한 인공지능 양로원에서는 에어컨, TV 냉난방기, 조명 등이 모두 AI 스피커를 통해 작동되며, 센서를 통해 입소자의 신체상황 체크 등이 이루어지는 등 기존의 사람에 의해 작동되던 부분들이 인공지능과 사물인터넷 기반으로 작동되고 있다. 또한, 독립생활이 어려운 초고령 노인의 신체이상 감지를 통해 자동으로 시설물 등이 작동하여 위험사항에 대한 사전적 대응이 가능하도록 운영되고 있다.
  인공지능 양로원은 중앙관제식 방식이 아닌 개별 자동 작동방식으로 운영되고 있어, 별도의 조작 및 운영 비용의 발생을 최소화할 수 있다.

출처: 경기복지재단(2022). 디지털전환시대, 디지털기반 복지도입방향. 복지이슈FOCUS, p.11.

2) 문제 확인 및 욕구사정의 필요성과 절차

(1) 문제 확인 및 욕구사정의 필요성

프로그램을 통해서 해결하고자 하는 문제와 원인을 정확하게 파악해야 목적과 목표가 분명해진다. 정의된 문제는 궁극적으로 해결하고자 하는 목적과 직결되기 때문에 원인을 정확하게 파악할 경우 목표를 구체적으로 정의할 수 있게 된다.

욕구사정은 클라이언트의 상태를 종합적·객관적으로 판단하여 사례계획을 구성한 후 서비스로 연계하는 중요한 과정이다. 즉, 클라이언트 개인의 강점·약점 등의 정보와 생태학적인 환경, 그리고 기관의 공식적·비공식적 자원을 수집·분석하여 효율적인 서비스를 연계하기 위한 과정 중의 하나이다. 효율적인 사례관리의 실천적 기반 마련과 클라이언트의 다양한 욕구에 적절한 자원을 제공하기 위한 준거틀을 마련하기 위해 욕구사정은 필요한 것이다. 따라서 프로그램이 해결하고자 하는 표적집단의 문제와 욕구는 반드시 정의되어야 하고, 그 문제의 원인이 명시되어야 한다. 이러한 문제 정의와 원인은 선행 연구 또는 경험적 근거에 의해서 논리적으로 제시되어야 한다.

로즈 등(2001: 53)은 욕구사정을 하는 이유로서 다음의 6가지를 들고 있다.

① 지역사회에 존재하는 문제에 대하여 개입할 것인지 안 할 것인지를 결정하기 위하여
② 특정한 문제에 직면한 클라이언트에게 이 문제를 해결하기 위한 새로운 프로그램 개발의 정당성을 확인하기 위하여
③ 현존하는 개입 프로그램들이 잠재적 클라이언트들에게 잘 알려져 있거나 적용 가능한지를 확인하기 위하여
④ 클라이언트가 서비스에 접근하는 데 있어 장애요인이 무엇인지를 확인하기 위하여
⑤ 현재 진행 중인 사회문제나 현재 문제를 악화시키고 있는 현황을 파악하기 위하여
⑥ 구체적인 목표집단(인구)에게 프로그램을 변경하기 위한 정보를 얻기 위하여

(2) 문제 확인 및 욕구사정의 절차

욕구사정은 현재의 상태와 바람직한 상태를 설정하고 그러한 차이의 원인과 성격을 규정하여 문제 해결을 위한 조직의 변화와 자원배분에 대한 우선순위 결정과 의사결정을 욕구에 기반하여 수행하는 체계적인 절차이다(Witkin & Altschuld, 1995: 6-9).

욕구사정을 통해서 프로그램을 위한 유용한 정보들을 많이 얻을 수 있는데, 욕구사정을 위해서는 다음과 같은 절차가 필요하다(David et al., 2001: 23).

- 1단계: 욕구사정의 목적, 활용 가능한 자원, 소요되는 시간을 명확히 이해한다.
- 2단계: 필요한 구체적인 정보를 확인한다.
- 3단계: 자원을 가지고 있는지, 확보할 수 있는지 결정한다.
- 4단계: 자원 확보를 위한 방법과 수단을 계획한다.
- 5단계: 정보를 수집하고 분석한다.
- 6단계: 보고서를 준비한다.

욕구사정의 절차는 문제 · 자원 · 장애요인 확인, 문제의 조직화, 결과의 해석 등의 순서로 진행하는 것이 보편적이다. 욕구를 이해하고 프로그램을 준비한다는 것은 데이터를 정보로 전환하는 과정이다. 욕구사정의 일차적 단계는 다양한 방법을 통해 데이터를 확보하고 자원 · 장애요인을 확인하는 작업에 중점을 둔다. 문제 · 자원 · 장애요인을 진술하는 것은 개념을 파악하고 문제의 속성과 장애요인을 나열하는 활동이다. 문제 진술 시 유의할 점은 현재 상태에서 목표 달성 수준을 구체적으로 기술하고, 활용 가능한 자원과 확인된 문제를 해결하는 데 장애가 되는 요인을 미시적 · 중간적 · 거시적 수준에서 서술하는 것이다.

다음은 확인된 욕구, 자원, 장애요인에 관한 문제를 조직화하는 단계이다. 합리적이고 직관적인 사고로 자료를 일목요연하게 정리하여 데이터로부터 의미를 이끌어 낸다. 다음은 'Be Connected'로 고령자 등 정보취약 계층을 대상으로 디지털 기술활용 능력 향상과 온라인 활동의 안정성을 강화하기 위한 사례다.

사례

호주 정부는 2015년부터 모든 국민들이 온라인 환경에 적응하고 원활하게 이용할 수 있도록 온라인 학습 지원과 디지털 격차를 해소하고자 하였다. 모든 국민들이 디지털 활용의 자신감 등을 부여할 수 있는 프로그램을 추진해 고령자 등 정보취약계층을 대상으로 디지털 기술활용 능력 향상, 온라인 활동의 안정성을 강화하기 위하여 호주정부(공공)의 주도로 추진한 Be Connected 이다.

① 디지털 역량 개발(증진): 인터넷 접근, 인터넷(영상) 통화, 앱 관리 등 디지털 활용 · 응용 등 일상생활의 편리성을 증진할 수 있는 내용으로 구성하였다.

② 팟캐스트: 디지털 기술 활용 및 보안 관련 질문 등을 Apple, Google 등 팟캐스트 플랫폼을 통해 정보를 수집 · 활용할 수 있는 서비스를 제공한다.

③ 무료 프리젠테이션(웨비나): 온라인에서 디지털 기술을 활용할 수 있는 기술개발, 온라인 상 정보보호 강화 등 고급 디지털 역량을 개발할 수 있도록 지원을 통하여 모든 국민들이 온라인 환경에 적응하고 원활하게 이용할 수 있도록 하고자 한다.

출처: 경기복지재단(2022). 디지털전환시대, 디지털기반 복지도입방향. 복지이슈FOCUS, p.14.

3) 문제 확인 및 욕구사정의 방법

욕구조사의 방법은 사회복지조직의 형태나 프로그램의 성격에 따라서 클라이언트중심 욕구조사, 서비스중심 욕구조사, 지역사회중심 욕구조사로 구분한다(Gates, 1980: 121). 클라이언트중심 욕구조사는 특정 프로그램의 서비스나 수혜자가 될 인구집단(노인, 아동, 장애인)의 욕구를 조사하는 방법을 말한다. 서비스중심 욕구조사는 서비스에 대한 욕구가 어느 정도인지를 서비스를 제공하는 기관에서 조사하는 방법이다. 지역사회중심 욕구조사는 클라이언트중심 욕구조사와 서비스중심 욕구조사가 갖는 중복과 누락 현상의 단점을 보완하여 지역사회 차원에서 욕구조사를 실시하여 지역사회 내 다양한 인구집단의 욕구를 파악하고 다른 조직의 서비스 내용에 관한 정보도 제공한다. 그리고 욕구 사정은 프로그램 기획자와 서비스제공자들에게 정보를 제공하기 위하여 주기적으로 실시되어야 하며, 프로그램의 경과에 따른 대상자 집단의 변화에 따라 변경되거나 조정이 이루어져야 한다.

한편 욕구조사는 클라이언트를 대상으로 직접 실시하거나 전문가나 관련자에 의해서 간접적으로 실시되기도 한다. 직접적인 욕구조사는 인지적 욕구와 표현된 욕구를 가진 클라이언트와 잠재적 클라이언트를 대상으로 조사하는 것이다. 간접적인 욕구조사는 전문가나 관련자에 의해 규범적 욕구와 비교적 욕구를 파악하는 것으로써 2차 자료 분석 및 조사, 서비스 제공자 및 주요 정보제공자 조사, 델파이 기법 등이 있다.

(1) 직접적 욕구사정

직접적 욕구조사의 방법은 대상집단을 표적으로 하여 그들의 욕구를 직접 조사하거나 검증하는 방식으로 진행되며, '인지된 욕구'를 밝히는 데 활용된다. 직접적인 욕구조사의 방법으로는 표적집단 인터뷰, 표적집단 서베이, 지역사회 공청회나 포럼 등의 방법이 있다.

① 표적집단 인터뷰(FGI: Focused Group Interview)

포커스 그룹 인터뷰는 집단역동학에서 시작된 사회 과학 연구방법으로 공통적인 경험이 있는 그룹을 대상으로 심층면담을 수행하여 현상에 대한 대상자의 관점, 독창적인 아이디어 및 통찰력을 포착할 수 있게 하는 질적 연구방법이다(Adler et al., 2019: 1). 표적집단 인터뷰(FGI)는 욕구를 사정함에 있어서 또 다른 인식지향적(perception oriented)인 접근방식으로서 처음에는 시장 조사에서 발달되었으나 최근에는 사회복지기관들이 수요평가, 프로그램 평가 등에서 자주 활용하여 그 인기가 높아지고 있다(Royse et al., 2001: 64). 이러한 표적집단 인터뷰는 표적집단으로 예상되는 클라이언트를 일정한 자격기준에 따라 6~12명 정도 선발하여 한 장소에 모이게 한 후 면접자의 진행 아래 조사목적과 관련된 토론을 하여 자료를 수집하는 방법으로, 초점집단 면접법이라고도 한다. 선발된 클라이언트 그룹을 대상으로 특정한 이슈, 주제 또는 아이디어 등에 대해 구성원들이 어떻게 생각하는지 집단의 역동성과 구성원 간의 상호작용을 활용하여 이끌어 내는 방법으로 구성원들의 심리 상태를 파악하는 탐색조사로 이용된다. 응답자들의 상호작용을 통해 유용한 정보가 도출되므로 사회자의 역할이 중요하다. 사회자는 집단구성원 전원이 자유스러운 분위기에서 의견을 말할 수 있도록 유도하고, 집단성원 상호 간의 영향을 확인하고, 개개인의 반응을 통합하여 가설의 추출과 가설의 검증 등 목적에 따라 관찰하고 분석하는 방법이다.

[장점]

- 집단의 역동성을 활용하여 결과의 질을 높일 수 있다.
- 동질적인 느낌과 감정으로 편안하게 의견을 표명할 수 있다.

[단점]

- 진행자의 능력과 자질에 영향을 많이 받아 편견이 발생할 수 있다.
- 비체계적인 절차로 결과의 분석과 해석이 곤란할 수 있다.

FGI의 진행 순서는 표 5-1 의 절차에 따라 운영한다.

표 5-1 FGI 운영 절차

단 계	과 정	내 용
1	기획	• 조사 목적 확인, 가설 정립 • 조사 디자인(조사방법, 비용 결정, 대상자 특성 등)
2	가이드라인 작성	• 참석자 자격조건 결정 • 질문지 작성
3 (FGI 실행)	준비	• 녹음기(배터리, 녹음 가능 메모리 등 사전 점검) • 명패 설치, 몰입 공간 확보 • 질문은 5~6개 정도로 구성
3 (FGI 실행)	시작	• 모임의 배경을 간단하게 설명하고 FGI를 시작 • 초기 ice breaking이 매우 중요 • 시간은 2~3시간 정도
	종료	• 충분히 의견이 제시되고 논의되었는지 검토 • 내용을 정리하고 참여에 대한 감사
4	내용 분석	• 녹음한 내용을 필사 후 줄 단위, 문단 단위로 분석 • 코드화한 내용을 범주화하여 맥락적 이해 • 분석 내용을 서술적으로 연결
5	활용	• 문제 확인 및 의견 수렴 • 제안자의 사업 구상에 대한 전문가의 비판적 대안 제시 • 과정 및 성과 평가 • 참여자(교수, 자원봉사자, 유사 경험 실무자) 의견을 평가 내용에 반영

출처: 삼성복지재단(2012). 작은 나눔 큰사랑 프로그램 기획 매뉴얼.

사례

표적집단 인터뷰 사례로 치매친화적인 지역 만들기 기억 채움동행 프로젝트 "다원네트워크"가 있다.

치매친화적인 지역 만들기 기억 채움동행 프로젝트 "다원네트워크"에서 지역주민들의 치매에 대한 인식 및 변화의 필요성 언급으로 2019년 11월 치매로 인한 실질적인 문제를 파악하기 위해 치매 가족 5명, 전문가 6명을 대상으로 포커스 그룹 인터뷰(FGI)를 실시하였다. 치매 가족과 전문가를 대상으로 한 FGI 결과, 치매 노인의 배회와 치매 가족의 양육 어려움, 치매에 대한 지역주민의 부정적 인식 등의 문제가 공통으로 드러났다. 이에 대한 해결책으로 배회 노인의 신고 및 대처를 위한 변화, 치매에 대한 장기적인 인식개선의 필요성, 임시로 치매 환자들을 돌볼 수 있는 공간확보 등이 필요하다는 의견이 제시되었다.

2021년 9월부터 2022년 1월까지 총 12명(치매노인 3명, 치매가족 2명, 지역주민 7명)을 대상으로 남산동이 치매친화적인 마을로 변화되는 과정을 파악하기 위해 '남산동 마을이미지', '주민 간 관계', '주민의 태도', '마을의 자원 및 보호체계', '나에게 미친 영향', '시설 입소 또는 지역보호에 대한 생각', '지역주민으로서의 가능한 역할'이라는 총 7가지의 카테고리로 구성하여 인터뷰 조사를 진행하였다. 12명이 응답한 내용을 바탕으로 '다원네트워크'의 현위치를 확인하고 핵심과제를 설정할 수 있다.

① 금정구 남산동은 물리적으로 살기 좋은 마을이며, 안부 정도만 묻고 지내는 마을임, 주택형태의 강점 확인
② 남산동 지역주민, 기억채움동행인으로 발전 가능성 확인 및 발굴의 노력 필요
③ 치매에 관한 지속적인 정보제공 필요성 확인
④ 메모리키퍼 활동을 통한 보호체계 형성 발판 마련
⑤ 품앗이 공간형성을 위한 노력 필요

CCI(Community Collective Impact)에 대한 이해를 바탕으로 남산동 지역주민의 치매 민감성이 강화되고, 치매 관심자원이 확대되어 최종적으로 남산동이 치매친화적인 지역으로 변화된다.

출처: 사회복지시설평가 현장평가위원회(2022). 우수운영사례집, 금정구노인복지관.

② 표적집단 서베이

일반집단 중 특정한 요건을 갖춘 집단(노인, 장애인, 모자가정, 비행청소년, 다문화가정 등)을 선정하여 설문지나 면접을 통하여 자료를 수집해 욕구를 측정하는 방법이다. 다음은 '치매발병 고위험군 어르신의 치매예방을 위한 건강한 생활습관 만들기 프로그램' "기억, 오늘도 맑음 시즌2"의 서베이를 통한 욕구조사 사례이다.

사례

울산광역시 도산노인복지관에서 실시한 2021년 도산노인복지관 이용 만족도 조사에 따르면 2022년 희망하는 상담분야로 '건강'이 40.0%로 가장 높이 나타났으며, '죽음준비 및 웰다잉' 24.5%, '노후준비' 15.0%, '자살/우울증' 8.5% 순으로 나타나 건강한 노후생활에 대한 강한 필요성을 강조하고 있다. 또한, 사업종료 후 치매예방 프로그램 운영에 대한 문의가 계속 되고 있어 치매예방 프로그램에 대한 복지관 이용 어르신들의 욕구가 여전히 높다는 점을 보아 프로그램 대상자 확보에 용이할 것으로 판단된다.

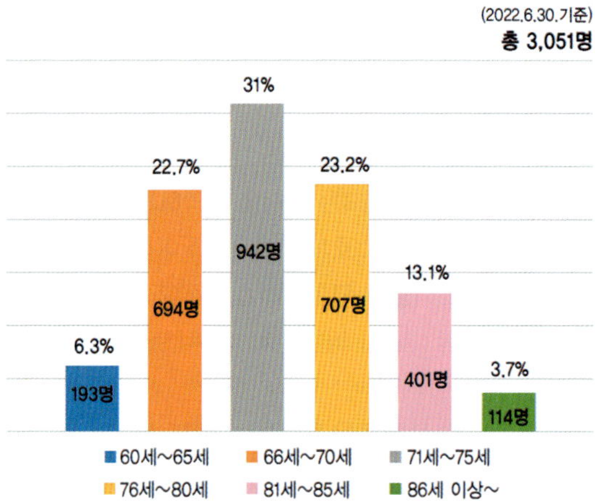

[치매발병 고위험군 연령비율]

2021년 울산광역시 도산노인복지관 65세 어르신들은 42,971명으로 다른 구에 비해 그 수가 가장 많으며, 특히 본 복지관의 경우 2020년 이후 복지관을 방문한 이용자 3,051명 중에서 치매발생 고위험군으로 분류되는 만 75세 이상 어르신은 1,222명으로 복지관 이용자의 4%에 달하는 실정이다.

이에 따라 본 사업을 통해 치매발병 고위험군 어르신의 치매예방을 위한 건강한 생활습관 만들기 프로그램을 운영해 보고자 한다.

출처: 도산노인복지관(2022). https://dosansenior.or.kr

③ 지역사회 공청회

지역사회 주민들이 자신의 욕구나 문제를 잘 알고 있다는 것을 전제로 공개적 토론 모임을 통해 지역사회의 여러 계층을 대상으로 욕구나 문제를 수집하여 욕구를 측정하는 방법이다. 지역주민들은 지역의 문제나 욕구를 잘 알고 있어 중요한 정보를 제공받을 수 있다.

[장점]

- 광범위한 계층의 다양한 욕구를 파악할 수 있다.
- 시간과 비용 측면에서 효율적이다.

[단점]

- 관심이 있는 소수의 주민이 참여할 수 있어 표본이 왜곡될 수 있다.
- 의견이 대립되면 문제에 대한 관심은 커지고 문제 해소가 되지 않을 수 있다.

사례

치매친화적인 지역 만들기 기억 채움 동행 프로젝트 "다원네트워크" 프로그램으로 금정구노인복지관은 2020년 7월 남산동 지역주민 221명을 대상으로 치매 친화적인 지역에 관한 공청회를 실시하였다. 공청회 결과 '인프라 구축', '공동체의식'이 주요 키워드로 도출되었으며 공동체의식의 '치매친화적 마을의 핵심요소'로 8개의 세부항목이 도출되었으며, 인프라 구축은 '인프라 구축 하위영역'으로 6개의 세부항목이 도출되었다.

따라서 남산동 지역주민들은 본 네트워크에서 남산동 지역의 치매에 대한 인식 제고(민감성 향상), 지역 내 돌봄 기능 공간마련 등을 목적으로 치매친화마을을 형성하고자 한다.

출처: 사회복지시설평가 현장평가위원회(2022). 우수운영사례집. 금정구노인복지관. p.24.

(2) 간접적 욕구조사

간접적 욕구조사는 기존의 기록이나 지표, 그리고 전문가 그룹 등을 활용하여 집단의 욕구를 간접적으로 조사하는 방법으로 '규범적 욕구'를 밝히기 위해서 활용된다.

① 2차 자료 분석

2차 자료는 인구센서스 통계나 공공기관의 문서와 보고서들로부터 정보를 얻을 수 있다(Royse et al., 2001: 59). 즉, 2차 자료 분석은 기존의 사회지표와 기관의 통계자료 등을 이용하여 욕구를 파악하는 것이다. 정부기관이나 연구기관 등에서 체계적으로 수집된 자료는 어느 정도 신뢰성을 갖춘 자료이기 때문에 클라이언트 집단의 욕구를 간접적으로 파악하는 데 도움이 된다. 예를 들면, 특정 지역의 소득 수준,

교육 수준, 빈곤인구 비율, 실업률, 주택 보급률, 범죄율, 공적부조 수혜율 등이 여기에 해당된다. 그리고 연구기관 등의 연구 보고서와 통계연보 등을 통해서도 주요 지표를 얻을 수 있다.

사례

우리나라 다문화가족 중 10년 이상 거주자가 2009년 15.6%에서 2018년 60.6% 크게 증가했다. 통계청에 따르면 학년기 다문화학생은 2016년 9만 9천여 명을 시작으로 매년 1만 명 이상 증가해 2021년에는 역대 최다인 16만 명이 되었다. 연령별로는 초등학생이 66.9% 중학생이 21.5%, 고등학생 11.6% 순이다. 2020년 행정안전부 외국인주민현황에 의하면 ○○시 결혼이민자는 2,111명으로 전년도 2,036명 대비 3.7% 증가했으며, 다문화 자녀는 2,170명이며 초등학생 학령기 자녀는 1,140명으로 증가하였으며, 2018년 전국다문화가족실태조사에 따르면 다문화가족 자녀는 학교생활에 어려움을 겪는 이유로 '학교공부가 어려워서'가 63.6%로 가장 많았다. 본 연구결과와 통계수치를 비추어 볼 때 다문화가정 자녀들은 주 양육자의 지도역량 부족으로 학교생활의 어려움을 겪고 있는 것으로 나타났다.

출처: 사회복지공동모금회(2022). 2022년 신청사업 제시 사례.

② 서비스 제공자 및 주요 정보 제공자 조사

서비스 제공자 조사는 서비스를 제공하고 있거나 프로그램을 직접 운영하는 사람을 대상으로 지역사회 주민이나 대상집단의 욕구를 간접적으로 파악하는 것이다. 전문가의 가치 판단과 편견이 가미된 의견이 강조될 수 있다. 주요 정보 제공자로는 공무원, 지역 유지, 통·반장 등 서베이나 면접 또는 초점집단 기법을 활용하여 욕구를 파악하는 방법이다. 프로그램에 직접적으로 관여는 않지만 특정 지역의 문제나 욕구를 잘 알고 있어 중요한 정보를 제공받을 수 있다.

[장점]

- 지역사회의 문제를 비교적 정확하게 파악할 수 있다.
- 지역사회 자원을 정확하게 파악할 수 있다.

[단점]

- 정보 제공자의 주관적 편견 개입 가능성이 높다.
- 클라이언트를 대상으로 한정된 욕구 파악이 될 수 있다.

사례

서울 노원구는 국민기초수급 대상 탈락자에 대한 재검토를 통해 법적 기준은 충족하지 못하지만 당장 생계가 어려운자 등을 찾아내 안타까운 사건 · 사고를 겪지 않도록 하자는 것으로 복지사각지대를 해소하고자 하였다. 특히 지난해는 생계급여 부양의무자 제도 폐지로 기초수급 신청자가 2배 이상 증가한 것에 비례해 탈락자 비율도 46%로 '20년 36.9%에 비해 크게 늘었다. 노원구는 이를 보완해 당사자가 처한 상황 등 정성적 평가를 추가했다. 먼저, 부적합 자에 대해 지침이나 특례 적용 등에 오류 여부를 확인한다. 다음으로 집중 상담 및 가정방문을 통해 긴급복지지원, 이웃돕기, 돌봄SOS, 암환자의료비지원 등 상황에 필요한 맞춤형 사회복지서비스를 연계해 법적 제도 안으로 진입하지 못하더라도 실질적 돌봄을 받을 수 있도록 했다. 더 나아가 스스로 문제해결이 어려운 복합적인 욕구를 가진 대상자는 통합 사례관리를 통해 복지, 보건, 고용, 주거, 교육 등 민관 협력체계도 구축했다. 올 1월 복지더채움제도 시행 이후 8개월간 750명을 조사하여, 24명이 복지권리구제를, 37명이 기타 복지서비스 연계를 받고 있다. 노원구는 기초생활보장 의료, 주거 수급 신청자로 재검토 범위를 확대하여 복지사각지대를 더 촘촘히 점검하고 복지서비스를 지원할 예정이다.

출처: 2022년 공공복지정책 우수제안 및 지역복지 우수사례집. p.155.

③ 델파이 기법

델파이 기법(Delphi technique; Delbecq, Van de ven, & Gustafson, 1975)은 핵심 정보제공자 혹은 전문가 패널에게 설문지를 배포하는 방법으로서 직접 만나지 않으므로 익명이 유지될 수 있다(Royse et al., 2001: 63). 이러한 델파이 기법은 응답자들로부터 전문지식의 범위 내에서 데이터를 수집하는 데 광범위하게 사용되고 수용되는 방법으로서 특정한 쟁점에 대해 의견 수렴에 도달하는 것을 목적으로 한다. 그러므로 델파이 기법은 그룹 의사소통 과정으로 설계된다.

델파이 과정은 프로그램 기획, 수요 평가, 정책 결정, 자원 활용과 같은 다양한 연구 분야에서, 폭넓은 대안을 발전시키고 기저 가정을 검토하거나 드러낼 뿐만 아니라 광범위한 학문에 걸쳐 있는 주제에 대한 견해들을 연관시키는 데 사용되고 있다(Hsu & Sandford, 2007: 1). 또한 조직의 어떤 문제를 해결하는 데 있어 자료가 부족하고 결과를 예측할 수 없을 때에 활용하는 방법으로 전문가의 직관적인 통찰력과 그들의 판단을 체계적으로 활용하여 욕구를 조사하는 접근방법이다(Jury, 1970: 59).

따라서 델파이 기법은 양적인 방법으로 측정될 수 없는 정책이나 쟁점이 되는 사회복지적 욕구에 대하여 일련의 전문가 집단의 의견과 판단을 추출하고 종합하여 집단적 합의를 도출해 내는 기법이라 할 수 있다. 이 방법은 집단의 합의가 필요한 문제를 해결하기 위한 공청회 등에서 나타날 수 있는 소수 의견 무시, 권위자의 영향 등 바람직하지 못한 심리적 효과를 제거할 수 있다. 델파이기법은 전문가 집단 선정과 조사 대상자를 파악하고, 1차 개방형 설문조사를 실시한 후, 후속 폐쇄형 설문조사를 실시하고, 조사결과를 정리한다.

[장점]

- 익명으로 진행되므로 참가자의 영향력을 줄일 수 있다.
- 전문가를 한자리에 모으는 어려움을 피할 수 있다.
- 해당 분야 전문가들의 의견을 깊이 있게 수렴할 수 있다.

[단점]

- 시간이 많이 소요된다.
- 반복 과정에서 응답자의 수가 감소할 수 있다.
- 합당한 전문가의 선정과 객관성 확보의 문제가 있다.

사례

'사람중심 치매커뮤니케이션 가이드라인 개발 연구'를 위하여 델파이 방법을 적용한 사례이다.

치매커뮤니케이션 가이드라인 개발을 위해 치매케어 전문가 요양시설운영자, 요양보호사, 가족케어자 등 치매케어 경험이 풍부하며, 사람중심케어에 대한 지식 및 관심을 갖고 있는 대상으로 델파이조사를 실시하였다. 기존자료에 대한 문헌 검토를 통해 초안을 작성한 뒤 이에 해당하는 현장사례를 수집, 내용분석을 실시해 새로운 문항을 더해 나가는 방법을 취했다. 이 과정에서 전문가그룹을 대상으로 현장 사례 수집 및 문항에 대한 의견을 반복해 듣는 델파이조사와 포커스그룹 인터뷰를 실시하였으며, 최종적으로 7개 원칙과 29개 문항의 가이드라인을 확정하였다. 7가지 원칙은 치매인에 대한 존중, 커뮤니케이션 준비, 커뮤니케이션을 즐거운 경험으로 만들 것, 치매의 특성에 맞는 대화, 이상심리행동증상에의 대응법, 비언어적인 방법 활용, 커뮤니케이션을 전체 케어와 연관할 것 등으로 이루어진다.

출처: 김동선, 최현주, 박동자, 김희선(2022). 사람중심 치매커뮤니케이션 가이드라인 개발 연구: 델파이조사를 중심으로. 한국노년학학회지. 42(1), 97-99.

4) 문제지도 기법: 문제의 원인과 결과를 분석하여 문제를 해결하려는 프로그램 실천 기법

문제지도(problem mapping) 작성은 클라이언트가 당면한 문제의 원인과 그에 따른 결과는 무엇인지 체계적으로 분석하여 문제의 원인과 해결을 위한 연결고리를 찾아서 문제를 해결하려는 프로그램의 실천 기법이다. 문제지도는 당초 문제가 어떤 식으로 개념화되었는지 상관없이 인간의 사고과정을 통해서 특정 문제의 가치와 문헌, 증거를 인식할 수 있다. 문제의 연결고리를 이해하여 어떤부분을 개입하여 해결해야 하는지를 확실하게 해 준다(DePoy & Gilson, 2003: 49). 따라서 프로그램개발자는 문제지도를 통해 문제분석의 차원에 머무르지 않고 이를 더욱 발전적으로 프로그램이나 개입계획을 설계하는 과정으로 연결시켜 주는 프로그램 기획 도구이다. 그러므로 문제지도는 프로그램 기획자가 프로포절 제안 시 문제나 욕구에 대한 구체적인 설명들을 서술하고 난 후, 하나의 그림으로서 전체적으로 요약 정리하여 보여 줄 때 사용할 수 있는 기법이라고 볼 수 있다.

문제지도작성 방법은 클라이언트가 당면한 문제를 가운데에 위치하여 진하게 또는 이중사각으로 표시하고 위쪽으로는 문제의 원인을 아래쪽에는 결과를 기술한다. 당면한 문제의 원인이 무엇이며 그로 인한 결과는 어떠할 것인지를 반복적인 질문을 통해 지도를 완성한다. 그런 다음 문제지도 분석을 통해 해결을 위한 개입의 초점을 찾는 것이다.

예를 들면, ○○중학교에 다니는 A학생은 2년 전 부모님의 이혼으로 아버지와 함께 생활하고 있으며 학교생활에 적응하지 못하고 교우관계가 원만하지 못하는 등 여러 가지 학교부적응 문제를 가지고 있다고 가정하자. 이러한 경우 A학생의 학교부적응 문제에 대한 문제지도를 그림 5-1 과 같이 작성하여 문제점을 파악할 수 있다.

A학생의 학교부적응 문제를 파악하여 보았더니 크게 두 가지의 원인으로 나누어진다. 첫째, 어머니의 부재는, 사회적으로 이혼률이 증가하면서 한부모가족이 크게 증가하였지만 이에 대한 정책적 지원이 부족하여 경제적 어려움이나 양육의 문제 등 여러 가지 어려움이 발생하고 있다. 둘째, 가부장적인 아버지의 성 역할에 대한

인식과 아버지의 경제 활동으로 인한 자녀에 대한 관심 부족으로 인해 부모님으로부터 받는 정서지지체계가 무너지는 등 아버지의 양육 문제가 있는 것을 살펴볼 수 있다. 이러한 원인의 기저에 깔려 있는 것은 아직까지도 우리 사회에 자리 잡고 있는 가부장제 문화와 사회적으로 나타나고 있는 전통적 가족형태의 붕괴에서 비롯된 것이라고 볼 수 있다. 이와 같은 원인에 의한 문제의 발생으로 A학생은 사춘기의 예민한 시기에 소외감과 고립감이 계속적으로 증가되고 친구들과의 관계도 멀어지게 되면서 정서적 문제가 발생할 수 있다. 또한 주변에서 조력해 주는 역할의 부재로 게임중독이나 방황, 음주나 흡연 등의 문제를 초래할 수 있으며, 이는 사회적으로 문제가 되고 있는 비행청소년 문제 증가로 이어지게 되며, 결국 이것은 사회적 불안감 증가로 이어지게 된다. 따라서 경제적 어려움과 양육 문제의 원인 등을 해결하기 위한 행정기관의 경제적 지원과 클라이언트의 정서적 지원을 위한 실천방안을 모색해야 할 것이다. 이러한 문제해결을 위한 개입전략은 프로그램의 구체적인 대안들로서 제시되거나 활용될 때 더욱 유용하고 논리적인 접근을 할 수 있다.

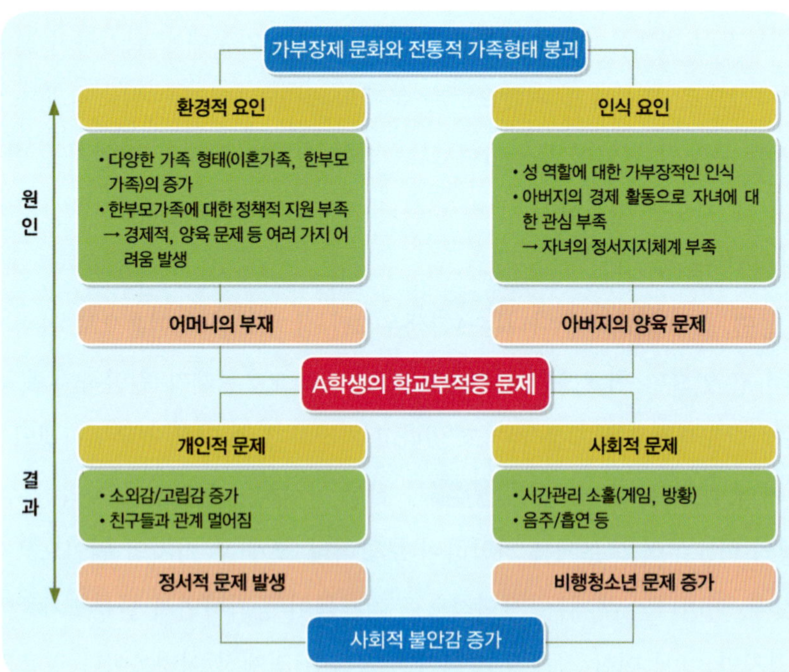

그림 5-1 A학생 학교부적응 문제의 문제지도

03 지역환경적 특성

기관과 시설이 프로그램을 수행하는 이유는 지역사회의 주요 문제 때문에 어려움을 겪는 지역주민들을 보호하고, 그러한 문제를 해결하기 위하여 서비스를 제공하는 것이다. 따라서 기관이 속해 있는 지역사회의 문제가 구체적으로 무엇인지 지역사회의 환경적 특성을 파악하여 객관적인 자료를 제시할 필요가 있다. 이때 객관적인 자료는 지역의 매스미디어가 밝힌 자료, 해당 기관이 조사한 자료, 지역사회의 공공기관이 밝힌 2차 자료 등이다. 다음의 사례는 2022년도 사회복지시설평가 현장평가위원회 추천 우수운영사례집(2022)에서 발췌한 지역환경적 특성에 대한 내용이다.

사례

더불어 안심하는 지역교육 복지네트워크

대구시 동구에 위치한 초·중학교 현황을 살펴보면 전교생 22,131명 중 저소득 가정 아동·청소년의 수는 5,807명으로 26.2%의 비율을 보이고 있다. 한편 지역교육복지네트워크 구축의 핵심지역이라 할 수 있는 안심지역의 현황을 살펴보면 전교생 5,739명 중 저소득 가정 아동·청소년의 수는 2,036명으로 35.6%의 비율을 보이고 있어 동구 전체의 수치보다 9% 이상 높은 수치를 보이고 있다.

더욱 심각한 것은 중학교 현황을 살펴보면 전교생 1,609명 중 저소득 청소년의 수가 793명으로 전체 49.3%를 차지하고 있어 2명 중 1명이 저소득 청소년임을 알 수 있다.

즉, 초등학교 재학 중인 인원에 비해 중학교 재학 중인 저소득 청소년 인원의 숫자가 2배 가까이 차이가 난다. 이는 안심 지역의 낙후성, 저소득 밀집 지역, 학군에 대한 부정적인 인식으로 일반 가정의 자녀들이 타 지역으로 이동하고, 저소득 가정의 청소년들이 지역 중학교로 입학하는 것 으로 파악된다.

이 지역 방치된 아동·청소년들은 지역적 환경과 맞물려 각종 위험과 비행의 가능성에 쉽게 노출될 위험성이 있다.

출처: 사회복지시설평가 현장평가위원회(2022). 우수운영사례집, 안심제1종합사회복지관. p.5.

사례

환경 친화적 마을 만들기 위한 상인들과 지역주민들의 친환경 소비문화 형성 프로젝트「필(feel)꽂힌 필(必)환경 ☆☆」

☆☆구는 주택 이외의 기타 거처 거주 가구 비율이 서울특별시에서 3번째로 높은 지역이다. ☆☆구청이 시행한 2017년「☆☆구 주거취약계층 실태조사」주거취약계층 총 9,756 가구를 대상으로 실태조사를 실시하였으며 본 복지관이 위치하고 있는 ☆☆2동의 주거취약계층이 2,252가구 ◇◇ ☆☆ 내에서 가장 많은 주거취약계층이 거주하고 있음을 확인할 수 있었다. 본 복지관은 2019년 ☆☆구 최저기준 미달 비주택 거주민의 주거 안정을 위해 컨소시엄 '살고 싶은 집 사업'에 참여한 바 있다. 긴급주거상담을 진행하면서 ☆☆구 내 비주택거주민의 주거지의 열악함을 확인할 수 있었다. 씻을 곳 하나 마땅히 없는 이들에게 기후변화로 발생하는 지나친 폭염, 긴 장마로 인한 높은 습도 그로 인한 곰팡이 발생과 비위생적인 주거 환경은 삶의 질을 더욱 낮추며 생명까지 위협하고 있다. [☆☆구 비주택 거주민 주거실태조사 보고서 中 발췌]

"올여름은 너무너무 힘들었어요. 숨도 쉴 수가 없고 문 열고 들어가면 '확 불가마에 ~' 들어가는 것처럼 확 해가지고 밤새 문도 못 열어 놓고, 복도 쪽으로 향해 있는 요만한 손바닥만한 창하나 있는데 그것도 반 유리로 닫는 거라서 하나 열어나서 요만해요, 손바닥만 해요. 선풍기가 있는데도 소용이 없더라고… 선풍기 3단을 해 놔도 켜 놓은 것 같지가 않더라고요." [1942년생, 여성, 고시원 거주]

따라서 ☆☆구 지역 내 환경문제에 관심 있는 지역주민을 대상으로 환경 친화적 마을을 만들기 위한 상인들과 지역주민들의 친환경 소비문화 형성 프로젝트 사업을 기획하게 되었다.

출처: 사회복지공동모금회(2022). 사회복지공동모금회 배분사례집.

참고문헌

경기복지재단(2022). 복지이슈, 디지털전환시대, 디지털기반 복지 도입 방향.

김동선, 최현주, 박동자, 김희선(2022). 사람중심 치매커뮤니케이션 가이드라인 개발 연구: 델파이조사를 중심으로. **한국노년학학회지, 42**(1), 97-99.

박경일(2013). **사회복지정책론**. 경기: 공동체.

사회복지공동모금회(2018). 변화를 위한 나눔: 2017 사회복지공동모금회 배분사례집.

사회복지공동모금회(2022). 2022년 신청사업 제시 사례.

사회복지시설평가 현장평가위원회(2022). 우수운영사례집.

삼성복지재단(2012). 작은 나눔 큰사랑 프로그램 기획 매뉴얼.

신복기, 박경일, 이명현(2010). **사회복지행정론**. 경기: 공동체.

정무성(2013). **사회복지프로그램 개발론**. 경기: 학현사.

KOHI 복지행정교육부(2022). 2022년 공공복지정책 우수제안 및 지역복지 우수사례집.

Adler, K., Salantera, S., & Zumstein-Shaha, M. (2019). Focus Group Interviews in Child, Youth, and Parent Research: An Integrative Literature Review. *International Journal of Qualitative Methods, 18,* 1-15.

Altschuld, J., & Kumar, D. (2010). *Needs Assessment: An Overview.* Thousand Oaks, CA: Sage Publication Inc.

David, M., Davis, M., Harden, R., Howie, P., Ker, J., & Pippard, M. (2001). AMEE Medical Education Guide No. 24: Portfolios as a method of student assessment. *Medical Teacher,* 23, 535-551.

DePoy, E. & Gilson, S. (2003). *Evaluation Practice: Thinking and Action Principles for Social Work Practice.* Pacific Grove, CA: Brooks/Cole.

Gates, B. L. (1980). *Social Program Administration: the Implementation of Social Policy.* Englewood Cliffs, NJ: Prentice-Hall.

Gupta, K. (1999). *A practical guide to needs assessment.* San Francisco: Jossey-Bass/Pfeiffer.

Hsu, C., & Sandford, B. (2007). The Delphi Technique: Making Sense of Consensus. Practical Assessment. *Research & Evaluation,* 12, 1-8.

Jury, P. (1970). The Delphi Method: Substance, Context, a Critique and Annotated Bibliography, System Research Group, Bloor street west, Toronto.

Royse, D., Thyer, B. A., Padgett, D. K., & Logan, T. K. (2001). *Program Evaluation: An Introduction.* Belmont, CA: Wadsworth.

Witkin, B., & Altschuld, J. (1995). *Planning and Conducting Needs Assessment: A Practical Guide.* Thousand Oaks, CA: Sage Publication Inc.

사이트

http://dosansenir.or.kr

최근 보건복지 분야에서는 건강 문제를 해결하고 삶의 질을 높이기 위해 리빙랩 활용이 강조되고 있다. 리빙랩은 '살아 있는 실험실'로 일상생활 공간을 기술혁신과 사회문제 해결을 위한 실험실로 활용한다. 보건복지 분야에서 리빙랩 활용은 사용자의 일상생활을 바탕으로 문제를 해결해 기존의 공급자 중심의 서비스 지원 방식에서 탈피해 사용자의 실제적인 욕구를 파악하고 반영할 수 있다. 이를 통해 서비스의 효과성과 대상자의 만족도가 높아진다[4]. 아래는 리빙랩 관련 보건복지 분야 활용 사례에 대한 신문기사를 일부 발췌한 내용이다.

고령화 문제 리빙랩으로 해결한다

한국-네덜란드 리빙랩 성공 사례 공유

2019.05.20 10:54 김준래 객원기자

우리 사회의 당면 과제인 고령화 문제를 시민참여형 혁신 방식인 '리빙랩(living lab)'을 통해 해결방안을 모색하는 자리가 마련되어 주목을 끌었다.

고령화 문제를 리빙랩을 통해 해결방안을 모색하는 자리가 마련되어 주목을 끌었다 ⓒ 김준래/ScienceTimes

지난 17일 양재 aT센터에서는 과학기술정보통신부가 후원하고 과학기술정책연구원(STEPI)이 주관하는 '한국 리빙랩 네트워크 포럼'이 개최되었다.

'한국과 네덜란드, 스마트에이징 리빙랩에서 만나다'라는 주제로 진행된 이번 행사는 고령화와 관련된 양국의 리빙랩 경험을 공유하고, 향후 함께 할 수 있는 사업 영역을 모색하기 위해 마련되었다.

고령화 리빙랩의 대표 사례

'한국 리빙랩 활동 현황'이라는 주제로 기조발제를 한 성지은 STEPI 연구위원은 우리나라의 중앙정부와 지방자치단체, 그리고 대학과 시민사회 등이 주도하는 다양한 리빙랩 사례를 소개하여 눈길을 끌었다.

특히 행사의 초점이 고령화에 맞춰진 만큼, 성남 고령친화종합체험관이 운영하고 있는 '시니어리빙랩(senior living lab)'에 대해 많은 관심이 모아졌다.

이 체험관은 고령친화산업 육성을 위해 지난 2016년에 국내 최초로 시니어리빙랩 플랫폼을 구축했다. 2018년에는 장기요양보험 복지용구부터 IoT 기능이 장착된 스마트기기까지 총 17개 고령친화제품에 대해 1185건의 사용성평가를 수행하는 성과도 거뒀다.

현재 고령친화종합체험관은 186개사와 동반협력기업 네트워크를 구축하여 운영 중에 있으며, 약 220여 명의 시니어들을 평가위원으로 위촉하여 고령친화제품의 품질을 지속적으로 관리하고 있다.

출처: 사이언스타임즈(2019. 5.20.) 기사 일부 발췌

4) 배기련 외(2022). 보건복지 분야를 중심으로 본 국내 리빙랩 연구의 현황: 주제범위 문헌고찰. 보건사회연구, 42(4), 248-265.

Chapter 06

자원체계 확인

키워드
표적효율성, 일반집단, 위험집단, 표적집단, 클라이언트 집단, 자원분석도

06 자원체계 확인

자원체계 확인이란 프로그램을 수행하기 위해서 필요한 인적 · 물적자원이나 지식과 기술, 사회적 환경이 어떠한가를 살펴보고 검토해 보는 활동을 말하는 것으로 여기에는 클라이언트 집단의 파악, 인적 · 물적자원의 검토, 기관 제한조건의 파악 등이 포함된다. 이러한 자원체계 확인은 프로그램의 시행 여부에 직접적인 영향을 끼치므로 프로그램 계획 전에 철저히 분석하고 파악하는 것이 무엇보다 중요하다.

아무리 좋은 프로그램이 기획되었다 하더라도 그 프로그램을 시행하기 위해서는 프로그램의 대상자인 클라이언트와 인적 · 물적자원이 뒷받침되지 않으면 안 된다. 또한 우리 기관이 이 프로그램을 시행할 수 있는 능력과 기술을 갖추고 있는가에 대한 검토도 자원체계 확인 단계에서 먼저 이루어져야 할 중요한 과업이다.

01 서비스 대상자 선정: 클라이언트 집단의 파악

유능한 프로그램 관리자가 가장 먼저 하는 일은 프로그램과 연관된 사람들을 확인하는 것이다. 즉, 프로그램의 대상자를 선정하고 결정하는 것으로 이는 사회복지 조직이나 사회복지사가 앞으로 개발될 프로그램의 대상자로 예상되는 집단의 윤곽을 분류하여 정하는 것을 의미한다.

따라서 사회복지사가 사회복지 프로그램을 설계하는 데 있어서 가장 중요한 과제 중의 하나는 누구를 프로그램 및 서비스의 대상자로 삼을 것인지에 관한 결정(김종명 외, 2011)이다. 또한 문제나 욕구를 가진 대상자 선정과 프로그램에 참여하는 과정에 대한 절차 부분이 프로그램을 재정적으로 지원해 주는 공공 및 민간기관의 프로포절 선정 평가 영역 기준으로 제시됨으로써 프로그램 대상자 선정의 중요성이 더욱 강조되고 있다(이민홍 · 정병오, 2013: 33 재구성). 그러므로 프로그램 대상자 선정 과정에 있어 유의해야 할 점을 몇 가지 살펴보고자 하는데, 구체적인 내용은 다음과 같다.

첫째, 기관이나 사회복지사가 프로그램의 대상자를 선정하는 과정상에서 그들의 편의와 이득을 위해, 서비스 제공과정상에 있어 문제를 발생시키지 않고 성공 가능성이 높은 대상자를 선별하는, 즉 크리밍 현상이 나타날 수 있으므로 이를 방지하기 위해 명확한 기준에 의한 대상자 선정이 이루어질 수 있도록 해야 한다.

둘째, 사회복지 프로그램은 국가의 지원이나 기관을 후원하는 후원자들의 기부금으로 마련된 재원으로 실시되어지므로 그 과정이 투명해야 하고 예산이 낭비되지 않아야 한다. 그러기 위해 프로그램에 가장 적합한 클라이언트가 선정되어 프로그램의 정당성이 확보되고 프로그램의 효과성을 높여 줄 수 있도록 노력해야 한다.

셋째, 사회복지서비스를 필요로 하는 수요자는 많으나 자원과 재원은 한정적이기 때문에 프로그램의 대상자 선정 시 그 프로그램에 꼭 적합하고 필요한 클라이언트가 선정되어 프로그램의 표적 효율성을 높일 수 있도록 프로그램 대상자를 선정하여야 한다.

표적효율성

베빙턴과 동료 연구자(Bebbington et al., 1983: 311)는 "표적효율성이란 서비스를 받는 것이 가장 비용 효과적이라고 판단되는 대상에게 자원을 할당하는 것"이라고 정의하였다. 그들은 표적효율성을 수평적 표적효율성과 수직적 표적효율성으로 다시 나누어 설명하였다. 수평적 표적효율성이란 서비스가 필요한 사람 또는 우선적 니드를 가진 사람 중에서 실제로 서비스를 받는 대상자의 비율이다. 수직적 표적효율성은 현재 사회복지서비스를 받는 사람 가운데 우선적 니드의 기준을 충족시키는 수혜자의 비율을 의미한다. 즉, 수평적 표적효율성이란 서비스를 필요로 하는 사람들에게 얼마나 보편적으로 서비스가 제공되고 있는지에 관한 것이며, 수직적 표적효율성이란 얼마나 니드의 기준을 충족시키는 대상자에게 서비스가 집중적으로 제공되는지에 관한 문제이다(황성철, 2011: 185-186).

1) 서비스 대상자 선정 절차

한편 현재 사회복지 프로그램 개발에 대상자를 선정하는 절차는 테이버와 피니건(Taber & Finnegan, 1980)이 제시한 네 가지의 인구집단으로 구분하고 순차적으로 좁혀 가는 방식을 가장 많이 사용하고 있다(이민홍 · 정병오, 2013: 108).

네 개의 인구집단은 일반집단(general population), 위험집단(at-risk population), 표적집단(target population), 클라이언트 집단(client population)으로 구분되며 그림 6-1 과 같다.

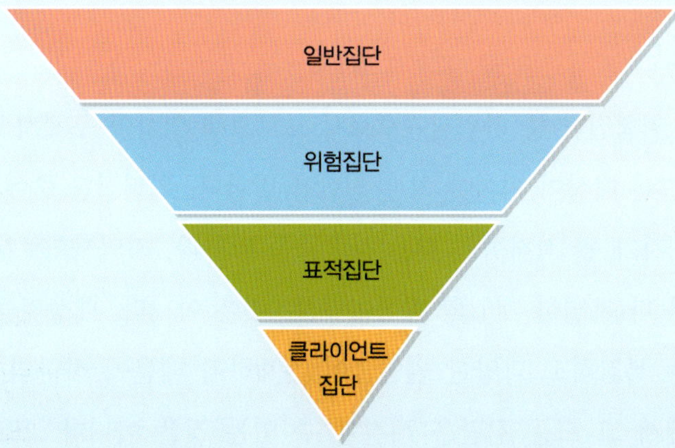

그림 6-1 프로그램 대상집단 추출방법

(1) 일반집단

일반집단은 프로그램에 영향을 미칠 대상 가능한 인구이며 해당 문제나 욕구를 가질 수 있다고 판단되는 가장 포괄적인 대상 인구 집단이다. 일반적으로 일반집단은 클라이언트가 속한 관할지역 또는 행정구역 내에 있는 모든 사람을 포함하는 것으로 프로그램에 관련되는 전체 대상자를 지칭한다. 예를 들어, "경주시 중퇴청소년의 학교복귀 후 적응을 위한 사후관리 프로그램"에서 일반집단이라 함은 경주시 전체 중퇴청소년(478명)이 될 수 있을 것이다.

(2) 위험집단

위험집단은 일반집단 중 해당 문제에 노출위험이 있거나 욕구가 있는 집단을 말한다. 위험집단을 결정하기 위해서는 사회복지 프로그램으로 특정한 개입이 필요한 사람들을 추정하여 산출하는데, 이때는 사회조사 결과를 활용하여 지역별 · 연령별 분포 등 기타 변수와 관련된 분포의 특성을 파악하는 것이 중요하다(김희성, 2012: 63).

예를 들어, 일반집단인 경주시 전체 중퇴청소년(478명) 중 학교에 복귀한 중 · 고생(422명)으로 정할 수 있을 것이며 이때 교육부 자료 등 객관적인 근거자료를 제시하여야 한다.

(3) 표적집단

표적집단은 위험집단 중 하위집단으로서 프로그램 영향이 구체적으로 미치는 인구 혹은 프로그램 대상이 되어야 하는 집단을 말한다. 위험집단 중에서 프로그램의 직접적인 수혜자가 될 적격성을 갖춘 사람들을 말한다. 지역사회로부터 분리된 위기집단이 모두 다 특별한 개입의 대상이 되는 것은 아니다. 대상자들을 위기에 빠뜨리는 것에는 복잡하고 다양한 원인들이 존재하기 때문에 하나의 프로그램으로 하나의 기관에서 그 모든 집단을 해결할 수 있는 것은 아니다. 프로그램 이론과 기관의 자원은 표적집단의 한계를 정하는 두 가지 중요한 요인이 되며 그 외에도 법률이나 규정, 후원기관의 요구, 프로그램이 제공하는 서비스의 성격과 개입 전략 등이 표적집단을 선정하는 데 중요한 기준이 되어 위험집단에서 표적집단으로 좁혀지게 된다(정무성, 2011: 227; 황성철, 2011: 181 재구성).

다시 말해서, 법률이나 정부의 지침과 프로그램의 이론이나 가설에 적합한 대상집단을 선정할 수 있고, 기관의 인력과 재원으로 커버할 수 있는 범위의 대상자로 한정할 수 있고, 재원을 공급하는 기관의 요구로 특별히 위험집단 가운데 일정한 특성을 갖는 사람으로 범위를 축소할 수 있다는 것이다. 대체적으로 예방 프로그램은 치료 프로그램보다 더 넓은 표적집단을 갖는다(Rapp & Poertner, 1992: 45). 예방 프로그램은 이미 과거에 문제가 있어서 프로그램을 경험했던 사람을 제외한 전체 위험집단의 사람이 표적집단의 대상이 되는 반면, 치료 프로그램은 현재 명확히 문제가 노출되어 있는 사람만을 대상으로 하기 때문이다(황성철, 2011: 181-182).

이러한 표적집단의 예를 위험집단의 예로 연결시켜 보면 위험집단인 학교복귀 중고생(422명) 중 학교부적응 청소년(278명)이 표적집단이 될 것이다.

(4) 클라이언트 집단

클라이언트 집단은 표적집단 중 실제 프로그램에 참여하는 사람을 말한다. 이러한 클라이언트 집단의 예를 표적집단의 예로 연결시켜 보면 학교부적응 중고생 중 교사의 추천 또는 상담을 통하여 사후관리가 요구되거나, 본인이 프로그램 참여를 희망하는 청소년(30명)으로 정할 수 있을 것이다.

프로그램의 대상자로 자격요건을 갖춘 모든 표적집단의 사람들이 모두 다 클라이언트 집단이 될 수는 없다. 그러므로 사회복지 프로그램의 관리자나 프로그램 설계자는 누가 서비스를 받고 누가 받지 못할 것인지를 결정해야 한다. 이러한 결정에서 기준으로 작용하는 다음의 세 가지 요인을 고려해서 클라이언트 집단을 확정해야 한다(황성철, 2011: 182).

① 실용적 수용성(pragmatic capacity)

클라이언트 집단을 선정하는 가장 보편적인 방법은 사회복지기관에서 특정 프로그램의 수행인력과 재정의 여건을 감안한 적정한 클라이언트 집단의 규모결정이다. 인력의 한계를 넘어서는 과도한 사례의 수와 예산의 범위를 초과하는 클라이언트 집단의 선정은 결과적으로 프로그램의 질적 수준을 저하시키게 된다. 따라서 사회복지기관의 입장에서는 적정한 클라이언트 수를 실용적 수용성의 관점에서 정할 필요가 있다. 이러한 부분은 프로그램의 설계 단계에 미리 정하여 그 기준을 명확히 해 두어야 한다. 만약 프로그램의 진행도중 이러한 문제에 직면하여 담당 사회복지사의 자의적 판단이나 후원자 또는 지역사회의 영향력 있는 인사의 입김으로 결정되어서는 안 된다.

② 윤리성(ethical principles)

사회복지 프로그램의 대상으로 충분한 자격요건을 갖춘 클라이언트라 하더라도 본인의 자발적 동의에 의해서 프로그램에 참가할 의향을 보이는 사람만을 클라이언트 집단으로 선정할 수 있다. 따라서 윤리성은 클라이언트가 특정 프로그램에 참가함으로써 갖게 되는 의무를 수행하고 그 프로그램으로 일정한 서비스나 혜택은 있을 것을 인지하고 자발적으로 동의하는 원칙을 지키는 경우 보장된다.

③ 클라이언트 능력(client capabilities)

프로그램에 참가하여 일정한 혜택을 얻기 위해서는 클라이언트에게 기본적으로 자신의 능력과 자원이 갖추어져야 한다. 예를 들면, 클라이언트의 자격요건을 갖추었지만 원거리에 있다든지 교통수단이 마련되지 않아 프로그램의 대상자로 선정될 수 없는 경우가 많다.

또한 프로그램이 특정한 날짜와 시간에만 열리는 경우 이러한 시간적 제한에도 불구하고 지속적 참여가 가능한 사람만을 선정한다. 또한 특정 프로그램에 참가하기 위해서는 일정 수준 이상의 클라이언트가 인지, 정서, 행동적 측면에서 자신의 능력감을 보여야 한다. 예를 들면, 정신장애인 사회재활 프로그램에서는 기본적으로 약물복용으로 증상관리가 가능하고 인지, 정서, 행동적 차원에서 문제행동을 보이지 않아야 집단 활동으로 사회재활이 가능할 수 있다(황성철, 2011: 182-183). 또한 클라이언트의 능력은 본서 3장 사회복지 프로그램 개발 시 고려해야 할 요소 5P 중

Person(능력 수준과 흥미에의 적합성)에 해당된다고 볼 수 있을 것이다(p.77 참조).

대상자 선정의 유의점

표적집단과 클라이언트 집단을 결정하는 작업과정에서 프로그램 설계자가 저지르는 가장 큰 실수 또는 문제는 일반집단, 위험집단, 표적집단으로 좁혀 가는 가운데 그 기준을 지역적 범위로 좁혀 나가는 데 있다. 예를 들어, 서울 광진구 65세 이상 노인인구 수를 일반집단으로 보아 위기집단을 광진구에서도 ○○동과 ○○동으로 2~3개 동을 권역으로 묶어 위험집단과 표적집단을 선정하는 경우이다. 다시 한번 강조하지만 위험집단은 일반집단에서도 취약성을 보이거나 긴급히 서비스가 필요한 대상집단이며, 표적집단은 위험집단에서도 클라이언트 특성, 법률과 규정, 프로그램 이론, 기관의 인력과 재원 등을 고려한 대상집단의 축소를 의미한다는 것이다. 결론적으로 지리적 범위를 유일한 기준으로 점차 축소시키는 방법은 잘못된 표적집단 추출방법이다(황성철, 2011: 185-185).

2023년 사회복지공동모금회 배분 분류체계는, ① 아동/청소년, ② 노인, ③ 장애인, ④ 여성/다문화, ⑤ 위기가정, ⑥ 지역사회, ⑦ 북한/해외/기타의 7개 영역의 사업참여자[1]로 구분된다. 사회복지공동모금회 배분신청서 양식에서의 사업참여자는 성과목표 달성의 주인공이자 성과목표 달성여부와 직결되는 '핵심참여자', 성과목표를 달성하는 데 또는 핵심참여자가 변화하는 데 매우 밀접하게 관여하는 '주변참여자'로 나누어 작성하도록 하고 있다. 구체적인 참여자 구분과 기준은 표 6-1 과 표 6-2 와 같다.

표 6-1 사업 참여자 구분 기준

배분대상	기준
아동 · 청소년	• 19세 미만의 자(민법상의 연령 적용)
노인	• 65세 이상의 자
장애인	• 「장애인복지법」에 의해 장애 등록이 된 자

1) 과거에는 '사업대상자'로 표기하였으나, 사업의 참여 여부는 당사자가 결정하는 것이기 때문에 '주체적인 참여자'로서의 관점에서 '사업참여자'로 변경함(사회복지공동모금회, 2023: 78).

배분대상	기준
여성/다문화	• 청장년 여성(19세~64세 이하)
	• 재한외국인, 결혼이민자(자녀포함)
위기가정	• 가족단위 대상, 청장년 남성(19세~64세 이하)
지역사회	• 지역주민이나 지역공동이익에 초점을 맞춘 사업 (지역사회 네트워크 및 마을 공동체와 관련된 사업) • 지역주민 및 사회복지 관련 종사자를 대상으로 하는 사업
북한/해외/기타	• 북한지원사업 • 해외지원사업 • 기타사업

출처: 사회복지공동모금회(2023). 2023 배분사업 안내. p.96.

표 6-2 사업 참여자 중복사항에 대한 우선 기준

구분	① 아동·청소년	② 노인	③ 장애인	④ 여성	④ 다문화	⑤ 위기가정	⑥ 지역사회	⑦ 북한해외기타
㉮ 아동·청소년			장애인	아동/청소년	다문화	아동/청소년	아동/청소년	북한해외기타
㉯ 노인			장애인	노인	다문화	노인	노인	북한해외기타
㉰ 장애인	장애인	장애인		장애인	장애인	장애인	장애인	북한해외기타
㉱ 여성	아동/청소년	노인	장애인		다문화	여성	여성	북한해외기타
㉲ 다문화	다문화	다문화	장애인	다문화		다문화	다문화	북한해외기타
㉳ 위기가정	아동/청소년	노인	장애인	여성	다문화		위기가정	북한해외기타
㉴ 지역사회	아동/청소년	노인	장애인	여성	다문화	위기가정		북한해외기타
㉵ 북한/해외/기타	북한해외기타	북한해외기타	북한해외기타	북한해외기타	북한해외기타	북한해외기타	북한해외기타	

※ 표 보는 기준 예시: ㉮-③ → 장애인 우선 적용, ㉰-② → 장애인 우선 적용
예) 13세 여자 어린이가 참여자인 경우 "①아동/청소년"으로 입력
예) 2급 장애등록의 67세 어르신이 참여자인 경우 "③장애인"으로 입력
예) 북한이탈주민 아동지원사업인 경우 "⑦북한해외기타"로 입력
예) 1급 지체장애인인 결혼이주여성이 참여자인 경우 "③장애인"으로 입력
예) 다문화가정과 지역주민을 주 대상으로 하는 사업의 경우 "④여성/다문화"로 입력
예) 여성가장이 참여자인 경우 "④여성/다문화"으로 입력
예) 해외동포 아동을 대상하는 사업인 경우 "⑦북한/해외/기타"로 입력
예) 지역아동센터 교사를 대상으로 하는 사업인 경우 "⑥지역사회"로 입력
예) 30대 남성 실직가장이 참여자인 경우 "⑤위기가정"으로 입력

출처: 사회복지공동모금회(2023). 2023 배분사업 안내. p.97.

〈2023년 사회복지공동모금회 배분신청서 양식 内 사업 참여자〉

5) 사업 참여자

- 참여자 구분: 사업 주요 참여자(대상자)를 '1'개만 선택("배분 분류 체계 안내" 참고하여 선택)
- 핵심 참여자: 본 사업의 성과를 측정하게 되거나 서비스를 직접적으로 제공받는 주요 참여자(대상자)
- 인원수: 핵심 참여자의 실제 인원수, 중복되지 않은 순수 인원을 의미
  - 무료 급식, 행사 등과 같이 대상자가 불규칙하거나 불특정 다수인 경우 1일 평균 이용자를 기재
  - 참여자가 매달 중복될 경우 '1'인으로 기재

    예) 핵심참여자 'A'씨가 매달 주 1회씩 3개월 프로그램에 12회 참석 시, 인원수는 12명이 아닌 '1'명으로 기재

출처: 사회복지공동모금회(2023). 2023 배분사업 안내. p.18.

2) 사회복지공동모금회의 서비스 대상자 선정 작성방법: 서비스 지역, 서비스 대상 및 실인원수

사회복지공동모금회는 2018년도 이전에는 프로포절 작성 시 다음과 같은 방식으로 서술하였다.

(1) 서비스 지역: ○○시 △△구

- 시 · 군 · 구 단위로 주요 서비스 지역 기입

(2) 서비스 대상: ○○시 △△구 ☆동 아동 중 저소득층 가정 아동

- 구체적인 서비스 대상을 기입

(3) 서비스 대상 선정기준 및 방법

○ ☆동 저소득층 아동 중 저녁 10까지 보호자가 집에 없는 아동

○ 프로그램 참여 의사 확인 및 보호자 동의

○ 대상자가 초과될 경우, 저연령 순으로 선발

- 선정기준 및 방법은 구체적으로 기입

(4) 실인원수

대상구분	서비스 대상자 산출근거	단위수(명)
① 일반대상	☆동의 저소득층 아동	명
② 위기대상	☆동의 초등학교 재학 중인 아동	명
③ 표적대상	☆동의 초등학교 재학 중인 아동 중 저녁 10시까지 보호자가 가정에 없는 아동	명
④ 실인원수	표적대상 중 본 복지관이 보호할 수 있는 적정인원	20명

• 실인원수가 정해져 있는 경우 위의 ④ 실인원수 란에만 기입하고, 실인원수가 명확하지 않은 경우 ①~④의 대상 구분을 통해 실인원수를 추정하여 기입

하지만 2018년부터 사회복지공동모금회 사업계획서 표준양식이 변경되었다. 변경된 사회복지공동모금회의 〈프로그램_성과중심형 사업계획서〉 표준 양식에서는 다음과 같은 방식으로 작성하도록 하고 있다.

2. 사업 내용 및 추진전략

1) 사업 참여자 모집전략

(1) 참여 대상 및 인원

핵심 참여자	– ㅇㅇ구, △△구, XX구 내 아동 학대 고위험 가정 피해 아동 20명 – ㅇㅇ구, △△구, XX구 내 아동 학대 고위험 학대 행위자 20명
주변 참여자	– ㅇㅇ구 내 핵심 참여자 가족 구성원 60명

• 누가 이 사업에 참여합니까?
- (핵심 참여자) 성과를 측정하게 되는 대상은 누구이며, 인원은 몇 명입니까? (이 사업에 참여하게 함으로써 누구의 변화를 이끌어 내려고 하는 것입니까?)
- (주변 참여자) 성과측정 대상은 아니지만 핵심 참여자의 변화를 이끌어 내는 데 중요한 역할을 하는 사람은 누구이며, 인원은 몇 명입니까?

(2) 참여자 선정 기준

– 1순위: 본 기관에 접수된 아동학대 사례 중 아동학대 위험도 평가 척도 측정 결과 재학대 고위험 가정으로 판단된 가정의 아동 및 학대 행위자

– 2순위: 본 기관에 접수된 아동학대 사례 중 실무진 회의를 통해 재학대 가능성이 높다고 판단된 가정의 아동 및 학대 행위자

• 어떤 기준을 세워서 참여자를 모집하게 됩니까?

(3) 참여자 모집 방안

– 최근 3년간 접수된 아동학대 사례 분석 및 위험도 평가 척도 측정을 통한 참여자 선정

– 선정된 참여자에게는 사업 소개 후 참여 여부에 대한 참여 동의서 작성

• 기준에 적합한 참여자를 어떻게 모집할 예정입니까?

출처: 사회복지공동모금회(2023). 2023 배분사업 안내. p.24.

3) 서비스 대상자 선정 작성 예시

본 예시는 사회복지공동모금회의 2023년도 성과중심 프로그램 사례에서 일부 발췌한 내용이다.

1. 사업명: 이웃이 이웃을 돕는 나눔문화공동체 문화 확산을 위한 의 · 식 · 주 UP! 프로젝트 ‘00 마을 윗(With · 이웃) 공동체’
2. 사업 내용 및 추진전략
 1) 사업 참여자 모집전략
 (1) 참여 대상 및 인원

핵심 참여자	• 의(衣)복 공동체 – 옷 수선 · 업사이클링과 공동체 활동에 관심 있는 00동 지역주민 6명 • 식(食)사 공동체 – 요리와 공동체 활동에 관심 있는 00동 지역주민 8명 • 주(住)거 공동체 – 집 정리 · 수납과 공동체 활동에 관심 있는 00동 지역주민 10명
주변 참여자	• 네트워크 유관 기관 – 00마을만들기지원센터, 00센터

(2) 참여자 선정 기준

※ 공통사항: 00동에 거주하는 지역주민 중

- 의(衣)복 공동체
  - 바느질 또는 업사이클링에 관심이 있는 주민 중 이웃들과 공동체 활동을 할 수 있는 주민
- 식(食)사 공동체
  - 식사하는 모임을 통해 이웃들과 소통하고 싶은 주민 중 이웃들과 공동체 활동을 할 수 있는 주민
- 주(住)거 공동체
  - 주거환경 및 마을환경 개선에 관심이 있는 주민 중 이웃들과 공동체 활동을 할 수 있는 주민

(3) 참여자 모집 방안

홍보전략	• 온 · 오프라인 홍보 – 온라인: 홈페이지 및 SNS 홍보 – 오프라인: 홍보지 배포(아파트 게시판, 관내 게시판, 주변 상가, 마을신문 발간, 1층 TV 및 전광판 상영) • 기존 조직 및 단체 연계 – 의 · 식 · 주와 관련된 기존 조직 및 단체 대상 활동 안내
상담 및 선정	• 참여자 상담을 통한 참여의지 확인 및 선정 – 프로그램에 대한 이해, 프로그램 참여의지 확인 – 의 · 식 · 주 중 관심 있는 공동체 확인 및 선정

출처: 사회복지공동모금회(2023). 2023 배분사업 안내. p.28–29.

02 인적 · 물적자원의 검토: 지역복지자원 현황

대부분의 사회복지사업은 사업의 진행 도중에 자원(특히 금전적)의 부족을 경험하게 되므로, 보다 치밀한 자원계획만이 목표를 달성하는 데 시행착오를 줄일 수 있다. 사회복지 프로그램은 자원을 어떻게 동원 · 관리하느냐에 따라 존속될 수도 있고 폐지될 수도 있다.

이러한 사회복지 프로그램의 주요 자원으로는 재정과 인력, 시설, 설비, 물품 등이 있으며, 다음의 것들이 고려되어야 한다. 우선 프로그램 참여자의 관심, 장점,

기술과 시설 및 장비를 프로그램에 어떻게 연결시킬 것인가에 대한 구체적인 점검이 있어야 한다. 예를 들어, 노인을 돕기 위해서 그들이 원하는 욕구가 무엇인가를 파악하고 나면, 프로그램 관리자와 기관이 과연 그러한 욕구를 충족시켜 줄 수 있는 지식, 기술, 경험이나 시설 및 장비가 존재하는가를 구체적으로 파악하는 것이다.

사회복지공동모금회의 사업계획서 표준 양식에서는 이와 관련된 내용이 2018년도 이전에는 2. 사업의 필요성의 4) 본 사업과 관련된 복지자원 현황 부분에서 서술하도록 하였으나, 2018년부터 사업계획서 표준양식이 변경되면서 2. 사업 내용 및 추진전략의 3) 기관 연계협력 전략에서 작성하도록 되어 있다. 그러나 본서에서는 사회복지공동모금회의 사업계획서 표준양식 순서에 의하지 않고 PROGRAM의 두 번째 단계인 자원체계 확인(Resource System Identification)에서 지역복지자원 현황을 서술하고자 한다. 왜냐하면 지역복지자원 현황은 사업의 필요성에서 서술하는 것보다는 본서에서 자원이라는 용어를 사용하고 있는 자원체계 확인에서 기술되는 것이 더 타당하다고 사료되기 때문이다.

작성방법의 예시는 다음과 같다.

상황

현재 △△구 내에는 2개의 종합사회복지관이 있고, 3개의 지역아동센터가 있다. 이 중 1개 기관이 △△구의 시범사업으로 15명의 저소득층 야간방임 아동에 대한 보호사업을 진행하고 있다. 그러나 해당 기관의 아동들에 대한 서비스도 부족한 상황이고, 본 복지관의 2014년 자체조사 결과 야간보호에 대한 서비스 욕구가 가장 높은 것으로 나타나 추가적인 야간보호사업에 대한 지원이 필요한 상황이다.

본 사업과 관련된 지역사회자원 현황

지역사회자원	지역사회자원 활용 현황
인근 초등학교 교사	• 이용자 발굴 및 정보 공유
지역사회교육전문가	• 이용자 발굴 및 프로그램 홍보
○○대학교 교수님	• 프로그램 자문 및 정보 공유/지역사회 연계
사람향기 라이프디자인 아동상담연구소	• 심리검사 및 치료 의뢰, 프로그램 자문

○○시 정신보건센터	• 심리검사 및 정신보건 관련 사례 의뢰
○○대학교 연합 동아리 '양지회'	• 복합적 욕구 가진 아동 사례 의뢰 • 지역사회 자원 공유(아동 관련 기관) • 멘토링 지원
○○대학교 레인보우 봉사단	• 후원금 모금/자원봉사
지역아동센터연합회	• 정보공유 및 자원 연계/홍보

2018년도부터 변경된 사회복지공동모금회의 〈프로그램_성과중심형 사업계획서〉 표준 양식에서는 다음과 같은 방식으로 작성하도록 하고 있다.

3) 기관 연계협력 전략

• 위의 사업 집행 전략과 관련하여, 지역사회 내(또는 그 범위를 넘어서) 어떤 기관들과 유기적인 협조관계를 가질 것인지에 대하여 아래 내용을 포함하여 기술해 주시기 바랍니다.
 – 협력 기관이 세부 사업에서 어떤 역할을 담당하게 되는지, 그때 신청기관의 역할은 무엇인지, 이러한 협력체계는 어떤 절차를 통해 진행되는지 등

출처: 사회복지공동모금회(2023). 2023 배분사업 안내. p.25.

〈예시〉

사업명: 취약계층 아동의 정서 문제 · 행동에 대한 치료개입사업 "아이(i)-ing" 세 번째 이야기

협력기관명	세부 사업명	협력 계획	비고
◉◉역아동센터 연합회	사업안내	심리 · 정서적 지원이 필요한 대상자 추천	
	유관기관 co-work	아동에 대한 상호 간 피드백 공유	
◉◉청소년 상담복지센터	사업안내	심리 · 정서적 지원이 필요한 대상자 추천	아동 연계 시 co-work 협력
	–	필요시 프로그램(위기 및 소외 청소년지원 사업 등) 연계	

공공기관 (드림스타트, 동주민센터 등)	사업안내	심리 · 정서적 지원이 필요한 대상자 추천	아동 연계 시 co-work 협력
◉◉가족센터 (구.◉◉건강가정 · 다문화가족지원센터)	사업안내	심리 · 정서적 지원이 필요한 대상자 추천	아동 연계 시 co-work 협력
아동보호전문기관	사업안내	심리 · 정서적 지원이 필요한 대상자 추천	아동 연계 시 co-work 협력
복지관 협약학교	사업안내	심리 · 정서적 지원이 필요한 대상자 추천 (◇◇중, ○○중, △△중)	아동 연계 시 co-work 협력
전문병원 및 치료센터	종합심리검사 (full battery 검사)	스크리닝을 통해 선정된 아동에 대한 종합심리검사(full battery) 진행 (곳◈◈◈의원, ●●●병원, ▫▫▫정신건강의학과의원)	
	유관기관 co-work	치료개입계획 수립, 아동개입방안에 대한 피드백	
	보호자 coaching	참여아동에 대한 정확한 이해와 지도방법 안내	
	유관기관 coaching	참여아동에 대한 정확한 이해와 지도방법 안내	
아동전문기관 및 지역대학	사업운영 coaching	전문가 수퍼비전	

출처: 사회복지공동모금회 온라인배분신청 공식누리집(http://proposal.chest.or.kr).

한편 게이츠(Gates, 1980: 14)는 프로그램 수행에 영향을 미치는 자원(Sources)으로서 사회적 목표, 공적자금지원기관, 민간기관, 법률, 클라이언트와 이익집단, 민간지원기관, 관련 프로그램, 서비스전문가 등의 8가지를 제시하였다. 이러한 게이츠의 그림을 응용하여 다음 그림 6-2 와 같이 지역복지자원 현황을 후술하는 자원분석도로 그려 볼 수도 있다.

그림 6-2 프로그램 수행에 영향을 미치는 자원

03 기관제한 조건의 파악

아무리 목적이 좋고 동기유발이 잘 되어 있는 프로그램일지라도 프로그램을 제공하는 사회복지기관의 능력과 자원이 부족한 경우에는 근본적으로 그 프로그램은 한계를 안고 있다고 볼 수 있다. 예를 들어, 봉사자들이 기관에 소속되어 프로그램을 전개한다면 해당 기관이나 조직의 제한조건을 파악하고 그러한 제한조건을 해당 집단에게 확인시켜 주어야 한다. 왜냐하면 봉사자들의 무분별한 약속을 방지하고 다른 기관이나 봉사단체에 의뢰할 필요가 있기 때문이다. 이처럼 프로그램을 계획할 때에는 사전에 우리 기관이 이 프로그램을 수행하는 데 있어서 강점과 약점은 무엇인지, 제한점과 취약점 등은 없는지 확인하고 검토하는 작업이 무엇보다 중요하다. 그래야만 우리 기관의 수행능력에 맞는 프로그램이 기획되어 실행될 수 있고 프로그램 도중 중단되거나, 시행착오를 줄일 수 있는 가장 좋은 방법이다. 2018년부터 변경된 사회복지공동모금회의 프로포절 양식을 살펴보면 4. 문제의식(사업 필요성)에서 3) 신청기관의 강점에 대해서 작성하도록 하고 있다. 프로그램의 수행에 있어서 기관제한 조건은 후술하는 SWOT의 분석에서 약점이나 위협적인 요소들을 기술해 봄으로써 파악할 수도 있다.

04 활용 기법 및 사례

1) 자원분석도

(1) 개념

하나의 프로그램을 시행하기 위해서는 재정, 인력, 시설, 설비, 물품 등 여러 인적 및 물적 자본이 필요하다. 따라서 프로그램 시행에 앞서 프로그램 계획 단계에서 사전에 프로그램 시행 시 필요한 모든 인적 · 물적자원을 파악해 두어야 하는데 이 때 자원분석도가 활용될 수 있다. 자원분석도는 프로그램에 필요한 모든 인적 · 물적자원들을 분석해 한눈에 알아볼 수 있도록 그림으로 정리한 것이다.

(2) 작성방법

프로그램이 시행되기 위해서 필요한 모든 인적 · 물적자원들을 먼저 모두 적어 보고 자원분석도에 하나씩 그 관계를 표시하면 된다. 프로그램 시행에 영향을 미치는 중요도에 따라 화살표 굵기를 조절하여 표시할 수도 있다.

(3) 장단점

자원분석도의 가장 큰 장점은 프로그램을 시행하기 위해서 어떠한 자원들이 필

사례

아래 자원분석도는 D대학 대학생들이 직접 개발한 사회복지 프로그램인 "학교폭력 피해학생의 자존감 향상 프로그램-Rising in cresendo-" 중 인적 · 물적자원의 검토 부분을 발췌한 것이다.

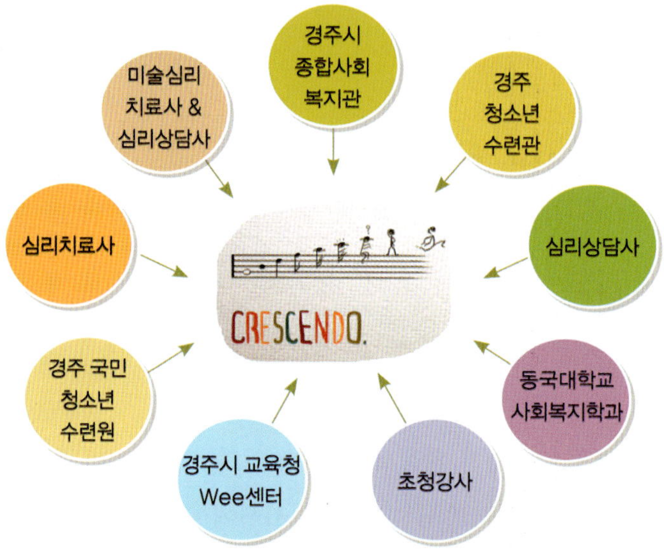

요한지 한눈에 알 수 있어 프로그램 시행 전에 이를 연계하거나 미리 준비해 두는 데 많은 도움이 될 수 있다. 즉, 이 프로그램을 시행하기 위해서 우리 기관 내에서 바로 준비하고 활용될 수 있는 것이 무엇이고 다른 기관에 연계를 요청해야 하는 일이 무엇인지 사전에 파악하여 프로그램 준비 과정에서 프로그램 시행이 신속하고, 정확하게 이루어질 수 있도록 한다.

(4) 활용 분야

자원분석도는 프로그램 개발 7단계 중 2단계 자원체계 확인에서 프로그램에 필요한 모든 인적 · 물적자원을 확인하는 과정에서 활용될 수 있는 기법 중 하나이다.

2) SWOT분석

(1) 개념

SWOT는 강점(Strength), 약점(Weakness), 기회(Opportunity), 위협(Threat)의 머리글자를 모아 만든 단어로 경영 전략을 수립하기 위한 분석 도구이다. 조직의 내부 및 외부뿐만 아니라 긍정적이고 부정적인 요인을 파악하여 경영전략을 수립하기 위한 분석도구이다. 즉, 강점/약점의 내적인 분석을 통해 미래의 기회를 획득할 수 있는 긍정적 요인을 파악하고 기회/위협으로 이루어진 외적 환경분석을 통해 조직의 위협을 불러오는 부정적인 요인을 파악할 수 있는 기법이다(Böhm, 2008). SWOT분석은 전략적 기획에서 사용하는 기법이지만 프로그램의 자원체계 분석에서도 응용해 볼 수 있다. 즉, 해당 기관이나 조직에서 프로그램을 수행하기 전에 자기 기관이나 조직이 프로그램을 수행할 때 강점, 약점, 기회, 위협적 요소들이 어떠한 것인지를 살펴볼 수 있는 도구이다.

(2) 작성방법

보통 X, Y축으로 2차원의 사분면을 그리고 각각 하나의 사분면에 하나씩 배치하여 연관된 사항들을 우선순위로 배치한다.

(3) 장단점

SWOT 분석을 통해 현재 처한 내 · 외부 환경에 대한 정확한 상황을 인식할 수 있으며 문제점도 쉽게 찾아낼 수 있어 앞으로의 전략을 수립하기 위한 중요한 자료로 삼을 수 있다. 그러나 강점, 약점, 기회와 위협 등 제반 사항에 관한 충분한 지식과 정확한 이해가 없으면 분석할 수 없다는 단점도 가지고 있다.

(4) 활용 분야

SWOT 분석은 프로그램 개발 7단계 중 2단계 자원체계 확인에서 기관제한 조건의 파악에서 활용될 수 있는 기법 중 하나이다.

사회복지기관의 잠정적 SWOT분석

① S: Strength
- 기관 내부의 장점 분석에 초점을 둔다.
- 기관(프로그램)의 목적을 효과적으로 달성시키는 데 도움을 줄 수 있는 요소를 규명한다.
- 기관의 모든 장점을 명세(list)화한다.

② W: Weakness
- 기관 내부의 취약점에 초점을 둔다(예: 봉사자의 사기, 재원 부족 등).
- 기관의 모든 단점을 명세화한다.

③ O: Opportunity
- 기관의 목적달성과 운영에 도움이 되는 요소
- 기관의 발달에 기여할 수 있는 외적인 요소

④ T: Threat
- 기관의 발전에 위협이 될 수 있는 요소(유사 프로그램, 사회인지도 등)

사례

다음은 '학교부적응 아동 적응력 향상 프로그램'을 실행하기 위한 ○○복지관의 SWOT분석 사례이다.

S	W
• 재가, 청소년, 노인복지 등 다방면으로 다루고 있음 • 전문적인 사회복지사들의 세분화된 프로그램 운영 • 지역주민과 교류 활발 • 자원봉사자들의 확충 같은 봉사자들의 지속적인 협조 • 예비 복지사들의 교류	• 지역적 접근성 미흡 • 시설적 낙후와 시설 부족 • 업무환경의 비효율성
O	**T**
• 홈페이지를 통한 교류 • 후원금 및 제조의 교류 활발 • 지역사회 내 복지기관의 부족으로 프로그램의 효율성을 높일 수 있음	• 이중적인 프로그램 대상자의 중복 • 복지관끼리의 같은 프로그램 실시 • 제한적인 클라이언트들의 특성(경제적인 면)의 제한적인 프로그램 진행

참고

환경분석 기법: 3C 분석

1. 3C 분석이란?

3C 분석은 환경요인 중 외부환경에서 주요 영향요인인 경쟁자(Competitor)와 고객(Customer)에 대한 분석과 내부 환경인 자사(Company)에 대한 분석이 중요하다는 주장에서 만들어진 도구로, 세 단어의 첨자를 따서 3C 분석이라고 한다. 이러한 3C 분석은 비즈니스 환경 분석의 주요 도구로 외부환경과 내부환경의 중요사항을 요약하여 분석할 때 유용하게 활용되는 도구이다.

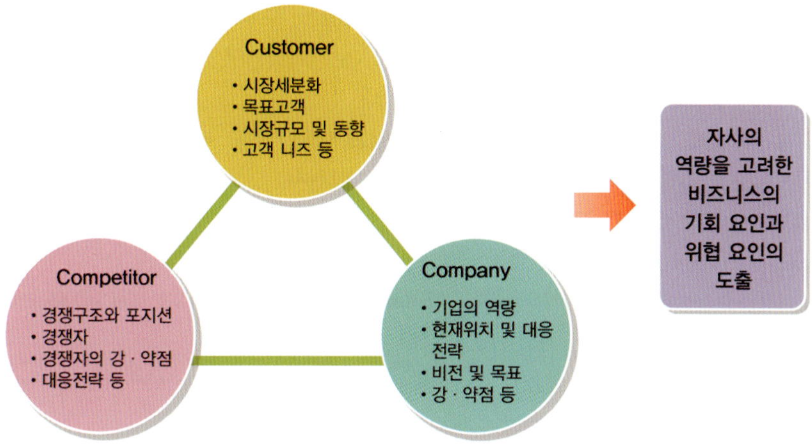

출처: M이코노미 뉴스(2020.1.26.), 〈방용성 칼럼〉 지속가능 경영환경 분석.

2. 3C 분석의 이점

- 기업의 경쟁 환경 이해
- 기업의 강점, 약점, 기회 및 위협 식별
- 기업의 사명과 가치에 부합하는 효과적인 전략 개발
- 경쟁사와의 차별화를 통한 경쟁 우위 확보
- 리스크 완화 및 기회 활용
- 의사결정 프로세스 개선

출처: https://kbizplan.com 공식누리집의 '정부지원 사업계획서 케이비즈플랜' 참고하여 작성.

3. 3C 분석의 활용

사회복지기관에서 사업계획서 작성 시 기관의 환경분석을 위해 SWOT 분석기법뿐 아니라 3C 분석기법을 활용하면 기관의 강점, 약점, 기회 및 위협 등을 식별할 수 있어 프로그램 성공전략 수립에 효과적일 수 있다.

참고문헌

김종명, 구재관, 김성철, 김재원, 신기원, 윤춘모(2011). **사회복지 프로그램 개발과 평가**. 경기: 양서원.

김희성(2012). **사회복지 프로포절 작성법**. 경기: 공동체.

배기련, 양정연, 송경신, 김재민, 이준협, 정혜주(2022). 보건복지 분야를 중심으로 본 국내 리빙랩 연구의 현황: 주제범위 문헌고찰. **보건사회연구**, **42**(4), 248-265.

사회복지공동모금회(2023). 2023 배분사업 안내.

이민홍, 정병오(2013). **사회복지 프로그램 개발과 평가**. 서울: 나눔의집.

정무성(2011). **사회복지 프로그램 개발론**. 경기: 학현사.

황성철(2011). **사회복지 프로그램 개발과 평가**. 경기: 공동체.

Böhm, A. (2008). *The SWOT Analysis*. London: Grin Verlag.

Gates, B. L. (1980). *Social Program Administration the Implementation of Social Policy*. New Jersey: Prentice-Hall, Inc.

Rapp, C., & Poertner, J. (1992). Social Administration: A Clint-centered Approach. New York: Longman publishing Group.

Taber, M., & Finnigan, D. (1980). *A Theory of Accountability for Social Workers*. Urbana, IL: University of Illinois at Urbana-Champaign.

사이트

http://proposal.chest.or.kr

자기 자신답게 살라

어떤 사람이 불안과 슬픔에 빠져 있다면
그는 이미 지나가 버린 과거의 시간에
아직도 매달려 있는 것이다.

또 누가 미래를 두려워한다면서 잠 못 이룬다면
그는 아직 오지도 않은 시간을
가불해서 쓰고 있는 것이다.

과거나 미래 쪽에 한눈을 팔면
현재의 삶이 소멸해 버린다.
보다 직설적으로 표현하면
과거도 없고 미래도 없다.
항상 현재일 뿐이다.

지금 이 자리에서 최선을 다해
최대한으로 살 수 있다면
여기에는 삶과 죽음의 두려움도 발붙일 수 없다.

저마다 서 있는 자리에서 자기 자신답게 살라.

– 법정 잠언집 〈살아 있는 것은 다 행복하라〉 중에서

Chapter 07

목적 및 목표 설정

키워드

성과목표, 과정목표, 최종목표, 중간목표, 초기목표, SMART 원칙
CLEAR 원칙, 목표진술 방법, 힘의 장 분석기법

07 목적 및 목표 설정[1)]

01 목적과 목표의 개념과 특성

1) 목적과 목표의 개념

사회복지 프로그램은 기관의 목표를 달성하기 위한 활동들로 구성되기 때문에 목표를 어떻게 설정하는가에 따라서 프로그램의 방향이 결정되는 매우 중요한 과제이다. 목적과 목표의 설정은 프로그램 기획가들에게 그들이 무엇을 달성하려고 하는지와 어떻게 그것을 성취하려고 하는지를 명료한 용어로 기술하게 함으로써 실행을 위한 틀을 제공한다(신복기 외, 2008: 453).

사회복지 프로그램과 관련된 목적과 목표의 개념으로는 목적(goal), 목표(subject), 하위목표(task) 등이 많이 사용된다. 그중 목적과 목표는 혼용되는 경우가 많다. 하지만 목적과 목표는 뚜렷한 차이가 있으며, 분명히 구분되어진다. 챔버스(Chambers, 2000)는, 목적은 바라는 결과에 대한 추상적이고 일반적인 진술로서 보다 포괄적인 개념으로 이해하였고, 목표는 바라는 것에 대한 관찰이 가능한 결과에 대하여 구체적이고 조작적인 것으로 보다 구체성을 가진 개념으로 설명하였다. 이러한 개념을 프로그램의 개발에 맞게 구체적으로 살펴보면, 프로그램의 목적(goal)은 기관의 설립

1) 본 장은 이전 판(1판, 2판) 저자(김안나)의 내용을 중심으로 일부 수정 보완함.

이념(mission)과 비전(vision)을 바탕으로 한 전략(strategy)에 따라서 목적이 설정된다. 즉, 프로그램의 목적(goal)은 장기적인 방향의식으로서 거시적이고 포괄적이다.

이에 반해 목표(subject)는 단기적인 방향의식으로서, 미시적이고 구체적이며, 이미 설정된 목적을 바탕으로 하여 보다 세분화된 차원에서 설정된다. 이러한 목표는 다시 구체적인 하위목표들(task)로 세분화된다. 즉, 특정의 목적과 목표, 그리고 하위목표들은 그림 7-1 과 같이 상하의 위계적 관련성과 논리적 일관성이 있어야 한다.

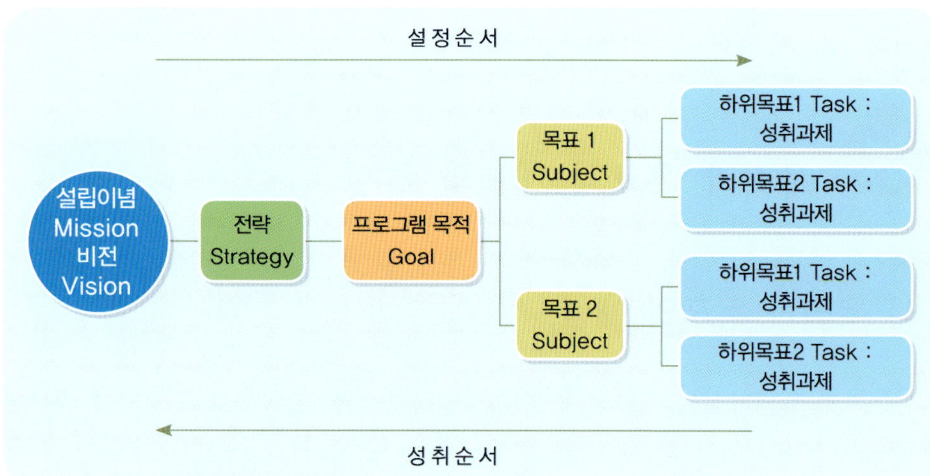

그림 7-1 **사회복지 프로그램 목적, 목표, 하위목표의 관계**

그림 7-1 에서 보는 바와 같이, 목표를 설정하는 순서는 목적→목표→하위목표→성취과제의 순으로 이루어지며, 프로그램을 통해 목표를 성취하는 순서는 설정 순서와 반대로 성취과제로부터 이루어진다. 즉, 하위목표는 목표에 대한 수단이 되고, 이 목표는 다시 목적에 대한 수단이 되는 것이다.

다음은 앞에서 살펴본 사회복지 프로그램 목적, 목표, 하위목표의 관계에 대한 사례이다.

사례

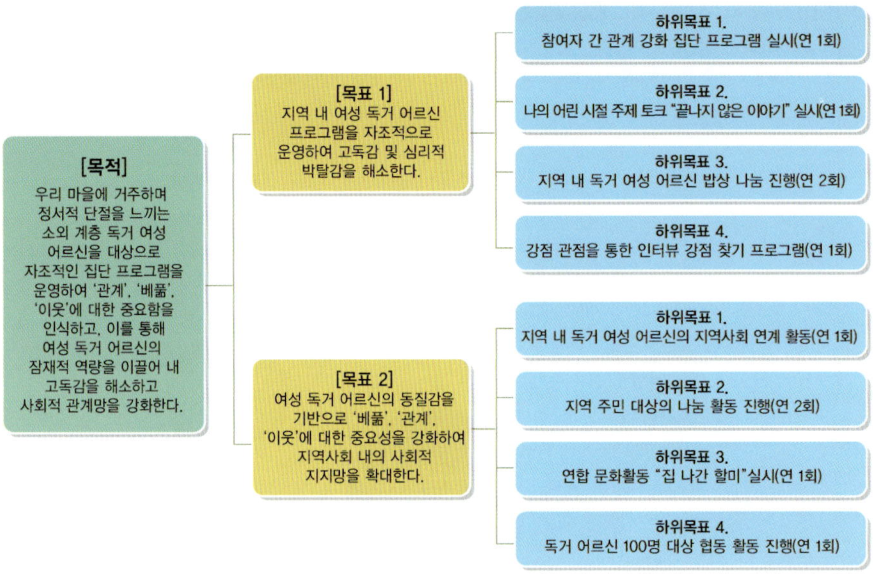

출처: 삼성복지재단(2016). 2016사회복지프로그램 개발지원 작은나눔 큰사랑 우수사례집. p.16 사례 참고.

2) 목적과 목표의 특성

프로그램의 목적과 목표의 진술에는 논리적인 패턴(logical pattern)이 요구되므로 책임성(responsibility)과 합리성(rationality)을 가지고 있다. 또한, 미래에 성취될 수 있는 실천 가능성(practice)을 내포하고 있으며, 다원성(plurality)이라는 특성을 갖기도 한다. 즉, 목적과 목표는 단일 차원의 행동 특성의 성취를 지향하기보다는 인지적 · 정의적 · 심리운동적 행동 특성의 성취를 지향하므로 그들은 다차원적이라고 볼 수 있다. 그리고 앞에서 살펴본 바와 같이 상하의 위계적 관련을 갖고 있으므로 위계성(hierarchy)이라는 특성을 가지며, 각각의 목적과 목표는 특정 행동만을 기술하고 각 목적과 목표들 간에는 중복되지 않기 때문에 차별적이고 배타적이라고 할 수 있다. 마지막으로 시간의 진행에 따라 변화 가능성(changeability)을 보인다. 이것은 일단 설정된 목적과 목표라고 할지라도 프로그램의 실행 과정에서 나타나는 예기치 못한 상황에 직면하게 되면, 필요에 따라 목적과 목표에 변화를 주거나 수정될 수 있기 때문이다(김영숙 외, 2002: 166). 그림 7-2 는 프로그램의 목적과 목표의 특성에 대해 제시하였다.

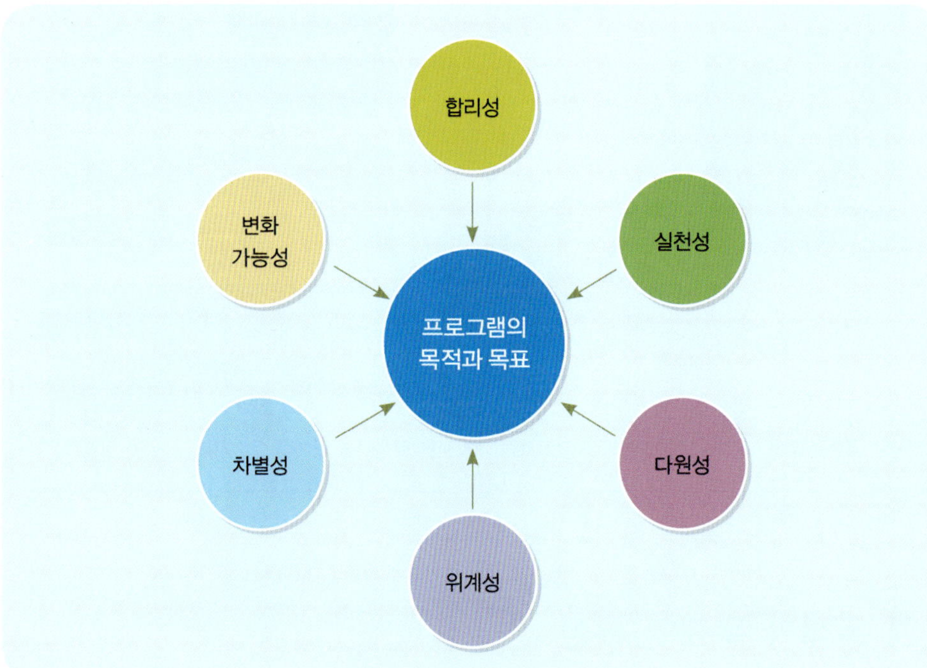

그림 7-2 목적과 목표의 특성

02 목표의 유형

목표는 '누가 무엇을 어떻게 하겠다'는 식으로 구체적이며 측정이 가능하도록 표현이 되어야 한다. 목표의 유형은 여러 가지로 분류할 수 있다. 정무성(2006)은 공식목표와 작업목표, 행정적 목표와 프로그램 목표, 외부 지향적 목표와 내부 지향적 목표, 절대목표와 상대목표, 과업목표와 과정목표, 최종목표 · 중간목표 · 초기목표 등으로 분류하고, 황성철(2005)은 상위목표와 하위목표, 과정목표와 성과목표, 기관목표와 활동목표, 영향목표와 서비스 목표로 분류하고 있다. 본서에서는 크게 성과목표와 과정목표, 그리고 최종목표와 중간목표, 초기목표로 구분하여 살펴보고자 한다.

1) 성과목표와 과정목표

(1) 성과목표

성과목표는 결과목표, 총괄목표 등으로 표현되는데, 이는 실행될 프로그램의 결과에 대한 목표이다. 즉, 클라이언트체계가 변화하게 될 행동이나 태도를 기술하는 것으로, 측정 가능한 수치를 포함시킨 변화의 정도나 바람직한 행동의 증가를 의도하는 진술로 나타낸다.

성과목표 진술의 예

- 노숙인들이 심리회복을 위한 집단프로그램에 참여하여 자기효능감이 향상된다.
- 학교 밖 청소년들이 진로상담 프로그램 참여를 통해 자아정체감이 향상된다.
- 저소득가정 부모들이 부모집단 프로그램에 참여하여 양육스트레스가 감소된다.

(2) 과정목표

과정목표는 산출목표, 활동목표로도 불리는데, 이것은 무엇(what)으로 또는 어떻게(how) 그 결과에 도달할 것인가에 대한 목표를 진술하는 것이다. 프로그램 시행 시 'ㅇㅇ을 실시하면 ㅇㅇ될 것이다'라는 가설을 설정할 수 있는데, 여기서 'ㅇㅇ될 것이다'라는 진술은 성과목표를 의미하며, 'ㅇㅇ을 실시하면'에 해당하는 부분이 바로 과정목표에 해당이 된다(양정하 외, 2011: 100).

과정목표 진술의 예

- 발달장애인들이 직업훈련 프로그램에 10회 참여한다.
- 청년들을 대상으로 창업교육을 5회 실시한다.
- 경력단절 미취업 여성들을 대상으로 총 120시간의 직무훈련을 실시한다.

사회복지공동모금회에서는 산출목표와 성과목표라는 용어를 사용하고 있으며, 사회복지공동모금회 〈성과중심형 사업계획서〉의 산출목표와 성과목표 작성의 사례를 살펴보면 다음과 같다.

사례에 제시되어 있는 평가도구 및 방법(성과목표 달성 여부와 정도를 어떻게 평가할 것인가)에 대해서는 제12장에서 구체적으로 다루기로 한다.

사례

산출목표와 성과목표

- 사업명: 부곡동 지역주민의 기후변화 대응에 참여하는 마을 만들기를 위한 환경 실천 행동 민·관·주민 플랫폼 사업 - 기후변화 Stop! 탄소 Zero! 함께 플랫폼(Platform)
- 산출목표

세부 사업명	산출목표	모니터링 방법
부곡 1~4동 주민조직 탄소 중립 실천 행동	- 연 12회 부곡1동 탄소중립 실천행동: 폐현수막 장바구니 만들기	활동일지
	- 연 12회 부곡2동 탄소중립 실천행동: 커피 찌꺼기 활용물품 만들기	활동일지
	- 연 12회 부곡 3동 탄소중립 실천행동: 취약계층 어르신 분리수거 지원&EM 세제 지원	활동일지
	- 연 36회 부곡4동 탄소중립 실천행동–취약계층 저탄소 먹거리 지원활동	활동일지
	- 연 3회 부곡 시장 NO 비닐·플라스틱 행사	계획·결과보고
	- 연 6회 부곡 2동 카페거리 NO 일회용·종이영수증 행사	계획·결과보고
지역주민의 탄소 중립 실천 참여 확산	- 연 2회 유아 대상 자연존중 인식 교육&커피 찌꺼기 화분 만들기 활동	계획·결과보고
	- 연 2회 아동 대상 탄소중립 인식확산 교육&커피찌꺼기 화	계획·결과보고

	분 만들기 활동	
	- 연 2회 청소년 탄소중립 인식확산 교육: 탄소발자국	계획 · 결과보고
	• 연 4회 탄소 중립 실천캠페인 실시 - 캠페인1: 세계 차 없는 날 기념-동네 걸어서 이동 캠페인 - 캠페인2: 채식하는 날-채식 캠페인 - 캠페인3: 어스아워(Earth Hour) 인증 캠페인 - 캠페인4: 식목일 캠페인-식물심기 캠페인	계획 · 결과보고
	- 연 1회 지구의 날 행사: 부곡1~4동 연합 행사	계획 · 결과보고

■ 성과목표

성과목표	평가 도구 및 방법	측정 시기
부곡동 지역주민의 환경 행동 실천 증진	• 성과지표: - 환경문제에 대한 인식 향상(평균 0.5점/참여자 80% 이상) - 탄소중립 실천행동 증진(평균 3점/참여자 80% 이상) • 평가도구: - 환경문제 인식 체크리스트 - 탄소중립 실천행동 체크리스트 • 평가방법: - 부곡 1~4동 주민조직 참여자 대상 사전 · 사후 설문조사 결과 변화율 확인 - 주민조직 참여자 인터뷰 내용 분석	• 사전(2022.09.) 사후(2023.06.) • 인터뷰 이후 (2023.06.)

출처: 금정구종합사회복지관(부산광역시 금정구 소재)(2022). 부산사회복지공동모금회 사업계획서에서 발췌 및 일부 수정.

2) 최종목표, 중간목표, 초기목표

목표는 세분화된 하위목표들로 구분하는 것이 필요하며, 달성 시기에 따라 최종목표, 중간목표, 초기목표로 구분할 수 있다. 최종목표는 프로그램을 통해 궁극적으로 달성하고자 하는 상태로, 예를 들면 사망률 감소나 소득의 증진과 같다. 중간목표는 최종목표를 향해 성취해 가는 프로그램의 중간에 부수적으로 달성하고자 하는 상태를 말한다. 즉, 프로그램 활동을 통해서 이룩하고자 하는 상태이다. 그리고 초기목표는 중간목표와 최종목표를 달성하기 위해 반드시 먼저 이룩해야 하는 작은 목표들을 말한다.

이와 같이 목표를 큰 목표와 이 큰 목표를 지지하는 작은 목표들로 구분하고, 시간적 순서에 따라 초기목표→중간목표→최종목표가 단계적으로 달성되어 가는 과정으로 제시할 수 있다. 즉, 최종목표를 달성하기 위해서는 단계적으로 부분적 목표를 달성해 나아가야 한다. 모든 하위목표들이 상향식으로 달성되고 종합되어 나아가면, 프로그램의 최종목표가 달성되는 것이다(정무성, 2006: 235-236).

03 목표 설정의 방법

1) 목표 설정의 기준

하나의 프로그램 목적을 성취하기 위해서는 구체적인 부분 목표들로 나누어지게 된다. 또한 각각의 목표 아래 더욱 세부적이고 구체적인 하위목표가 설정될 수 있다. 신복기 등(2008)은 사회복지 프로그램의 목표 설정 시 유의해야 할 사항에 대하여 7가지로 제시하였다.

문제

① 활동상 상대방의 기대에 부응하는 목표인가?
② 조직과 팀의 목표에 공헌하는 목표인가?
③ 대책이나 결과를 이해할 수 있는 목표인가?
④ 목표를 수량화해서 나타낼 수 있는 목표인가?
⑤ 현황을 수치로 파악할 수 있는 목표인가?
⑥ 문제에 대해 모두가 공감할 수 있는 목표인가?
⑦ 전원이 역할을 분담해서 할 수 있는 목표인가?

이와 더불어 사회복지 프로그램의 목표를 설정할 때 유의해야 할 사항에 대해 여러 학자들이 결과 지향적, 실현 가능성, 목적과의 관련성, 구체성 등과 같이 다양한 견해를 제시하고 있다. 이를 정리해 보면 랩과 포어트너(1992)는 8가지, 케트너, 모로니 그리고 마틴(1999)은 6가지로 구분하였으며, 정무성(2006)은 7가지, 황성철(2005)은 4가지의 사항들을 제시하고 있다. 이러한 유의사항을 토대로 목표 설정의 기준을 구체적으로 제시하고자 한다(양정하 외, 2011: 105-107).

(1) 목표는 프로그램의 참여자인 클라이언트를 중심에 두고 설정되어야 한다

사회복지 프로그램의 궁극적인 목표는 클라이언트 집단의 변화, 유지, 보호와 관련되어 있기 때문에 클라이언트를 중심에 두고 클라이언트 입장에서 목표가 진술되어야 한다. 따라서 클라이언트가 주어가 되고, 클라이언트의 변화 양상이 동사가 되도록 목표를 설정하는 것이 바람직하다.

(2) 목표는 목적과 논리적으로 연관성이 있어야 한다

목적은 거시적이며 포괄적이고, 추상적이며 장기적인 방향 의식으로서, 목표보다 먼저 설정된다. 이에 반해 목표는 보다 미시적이며 부분적이고, 구체적이며 단기적인 방향 의식으로서, 이미 설정된 목적을 근거로 보다 세분화된 차원에서 설정된다. 따라서 프로그램 목표는 위로는 프로그램의 목적과 기관의 설립 목적과도 부합되어야 하고, 아래로는 하위목표들과 연관성이 있어야 한다. 즉, 특정 목적과 목표, 그리고 하위목표들은 상하의 위계적 관련성을 갖기 때문에 이들은 논리적 일관성이 있어야 한다.

(3) 목표는 측정 가능해야 한다

모든 목표는 직접적으로 측정할 수 있고 관찰할 수 있어야 한다. 목표는 변화의 방향(예: 증가하는 것)뿐만 아니라, 기대되는 변화의 수준(예: 20%)도 나타내야 한다. 이것은 목표의 불확실성을 제거해 주는 역할을 하며, 클라이언트 집단의 성취도 수준을 정확히 가늠하게 해 준다.

(4) 목표는 결과 중심적이어야 한다

목표는 기관을 위해서가 아니라 클라이언트를 위해 진술되어야 한다. 예를 들어, 프로그램 목표는 "ㅇㅇ프로그램이 제공될 것이다"라는 식으로 표현되어서는 안 된다. 이러한 진술은 기관이 무엇을 하려고 하는 것이지 기대하는 바람직한 결과를 반영하는 것은 아니다. 따라서 목표는 "클라이언트 전체의 90%가 ㅇㅇ을 달성할 것이다"와 같이 결과 중심적으로 진술되어야 한다.

(5) 목표는 실현 가능해야 하고 현실적이어야 한다

목표는 기관의 동원 가능한 자원, 역량, 시간 등을 확보할 수 있어야 하고, 현실적으로 실현 가능해야 한다. 목표는 지나치게 쉬워도 안 되고, 성취하기에 너무 어려워도 안 된다. 따라서 목표는 기관의 사정에 맞게 적절하게 설정되어야 하고 현실적이어야 한다.

(6) 목표는 분명하고 정확해야 한다

목표는 이해하기 쉽고 분명하며 정확하게 진술되어야 한다. 전문적인 용어나 애매한 용어 사용을 피해야 하며, 추상적이거나 지나치게 포괄적이어서도 안 된다. 예를 들어, "대개, 보통, 대부분, 일반적으로", "여러 번, 많은, 가끔" 등과 같은 수량이나 정도를 표시하는 단어는 사용을 피하는 것이 바람직하다. 또한 각 목표들이 여러 개의 평가기준이나 불분명한 평가기준을 담고 있는 경우도 바람직하지 않다. 하나의 확실한 평가기준을 담고 있는 목표들은 프로그램의 현실성과 효율성을 높이는 데 도움이 된다.

(7) 목표는 시간과 연계되어야 한다

목표는 성취되어야 하는 시간의 틀이 포함되어야 한다. 예를 들어, 1년 동안 달성할 목표인지, 6개월 동안 달성할 목표인지 명확히 밝혀야 한다. 일반적으로 시간적인 틀은 월별, 분기별, 반기별, 혹은 연간 등으로 진술한다.

(8) 목표는 긍정적인 방향으로 표현되는 것이 바람직하다

목표는 미래의 바람직한 방향을 긍정적으로 진술하는 것이 좋다. 예를 들어, "실업률을 10% 수준으로 감소시킨다"보다는 "취업률을 90% 수준으로 증가시킨다"와 같은 긍정적인 방식으로 설정하는 것이 바람직하다. 그러나 때에 따라서는 "비행 재범률 20% 감소, 아동학대 발생률 10% 감소, 우울지수 감소" 등과 같이 부정적인 문제를 제거하는 방향으로 설정되기도 한다.

이와 같은 목표 설정 기준과 더불어, 이건(G. Egan)이 고안한 SMART 원칙을 사용하게 되면 바람직한 목표를 설정하는 데 도움이 될 수 있다. SMART 원칙을 살펴보면 목표는 명확하고 구체적인 목표(Specific), 측정 가능한 목표(Measurable), 성취할 수 있는 목표(Attainable), 결과지향적인 목표(Result-oriented), 기한이 정해진 목표(Time-bounded)여야 한다.

바람직한 목표 설정의 원칙: SMART		
S	Specific	명확하고 구체적인
M	Measurable	측정 가능한
A	Attainable	성취 가능한
R	Result-oriented	결과지향적인
T	Time-bounded	기한이 정해진

※ 각각 SMART에 해당되는 뜻에 따라 영어단어가 다르게 표현될 수 있다.
- A: Achievable 등
- R: Realistic, Result-based 등
- T: Time-related, Time-based, Time frame 등

그림 7-3 SMART 원칙

출처: 堀公俊(2015). 비즈니스 프레임워크 69. 위키미디어. p.111 재구성.

이상의 SMART 원칙을 바탕으로 한 바람직한 목표 진술의 예를 제시하면 다음과 같다.

수정이 필요한 예		바람직한 예
자폐성장애 아동이 사회기술훈련 프로그램에 참여하여 좋은 친구관계를 형성한다.	→	자폐성장애 아동이 1년 동안 사회기술훈련 프로그램에 참여하여 대인관계 능력이 향상된다.

- S: 추상적인 용어는 피하고, 모든 사람이 같은 의미로 이해할 수 있는 용어로 작성되어야 한다. 따라서 '좋은 친구관계'와 같은 표현은 읽는 사람에 따라 주관적으로 해석될 소지가 있기 때문에 이러한 모호한 표현보다는 '대인관계능력 향상'과 같이 구체적으로 명시하는 것이 좋다.
- M: 목표의 측정가능성은 프로그램의 평가와 직결되므로, 측정할 수 없는 목표는 프로그램의 성과를 보여 주기 어렵다. 따라서 '대인관계 능력'과 같이 척도(예: 대인관계척도)를 활용하여 산술적으로 측정할 수 있는 용어를 쓰는 것이 좋다.
- A: 프로그램의 목표는 현실에 기반을 두어 성취 가능한 수준으로 기술해야 한다. 단기간에 이루어지는 프로그램의 목표를 지나치게 거창하게 기술하거나, 장기간 시간이 소요되어야 성취 가능한 목표를 기술해서는 안된다. 선행 연구 결과를 토대로 했을 때, 자폐성장애 아동이 1년 동안 사회기술훈련 프로그램에 참여함으로써 대인관계 능력이 향상되는 것은 현실적으로 가능한 것으로 보인다.
- R: 목표에는 프로그램에서 진행할 활동을 통해 무엇을 얻고자 하는지(대인관계 능력), 그 결과가 명확하게 제시되어야 한다.
- T: '1년 동안'과 같이 기한이 정해지는 것이 목표 진술로써 바람직하다.

이와 더불어 Peter Economy(2015)는 조직이나 팀의 목표를 설정할 때 지금처럼 급변하는 환경에서는 SMART 원칙보다 더 효과적인 CLEAR 원칙을 사용하도록 제시하고 있다. CLEAR 원칙은 그림 7-4와 같다.

CLEAR		
C	Collaborative	협력적으로
L	Limited	범위와 기한을 한정되게
E	Emotional	정서적으로 연결되게
A	Appreciable	뚜렷하고 주목할 수 있게
R	Refinable	상황에 따라 수정할 수 있도록

그림 7-4 CLEAR 원칙

기관에서 사회복지 프로그램의 목표를 설정할 때에는 현실적으로 실현 가능하고 명확한 목표를 설정해야 된다. 하지만 CLEAR 원칙에서 제시하고 있듯이 무엇보다도 구성원들로부터 수용·실행되어 실현될 수 있도록 구체적인 실행방안을 준비하는 것이 필요하다.

사회복지 프로그램은 공동 프로젝트로서 구성원들이 한 팀이 되어 협력적으로 일할 수 있도록 서로를 독려하는 분위기를 만들어 가는 것이 중요하다(Collaborative). 또한 목표의 범위와 기한을 정하여 명확하고 구체적으로 설정하며(Limited), 휴먼서비스 이념에 맞는 사회복지 프로그램으로 거듭날 수 있도록 구성원들의 에너지와 열정을 모을 수 있게 정서적으로 연결을 해야 한다(Emotional). 그리고 보다 빠르고 쉽게 목적을 달성할 수 있도록 큰 목표를 작은 목표로 나누어서 뚜렷하고 명확하게 구성원들이 주목할 수 있도록 설정하며(Appreciable), 상황에 따라 적절하게 수정이 될 수 있도록 한다(Refinable).

2) 목표 설정의 위계화

목표의 위계화는 목적을 성취하기 위한 세분화된 방향성이나 상태 또는 결과를 경험적으로 조작화한 작업을 통해 진술한 것이며, 실제적으로 측정 가능한 목표들을 여러 단계로 나누어 위계화를 하는 작업이다. 이 위계화는 프로그램이 지향하는 방향과 과정을 뚜렷하게 하기 위한 방법론이며, 달성하고자 하는 궁극적 목표와 그 목표 달성을 위한 수단목표를 구별하게 할 수 있어 목표 갈등의 소지를 없애 준다.

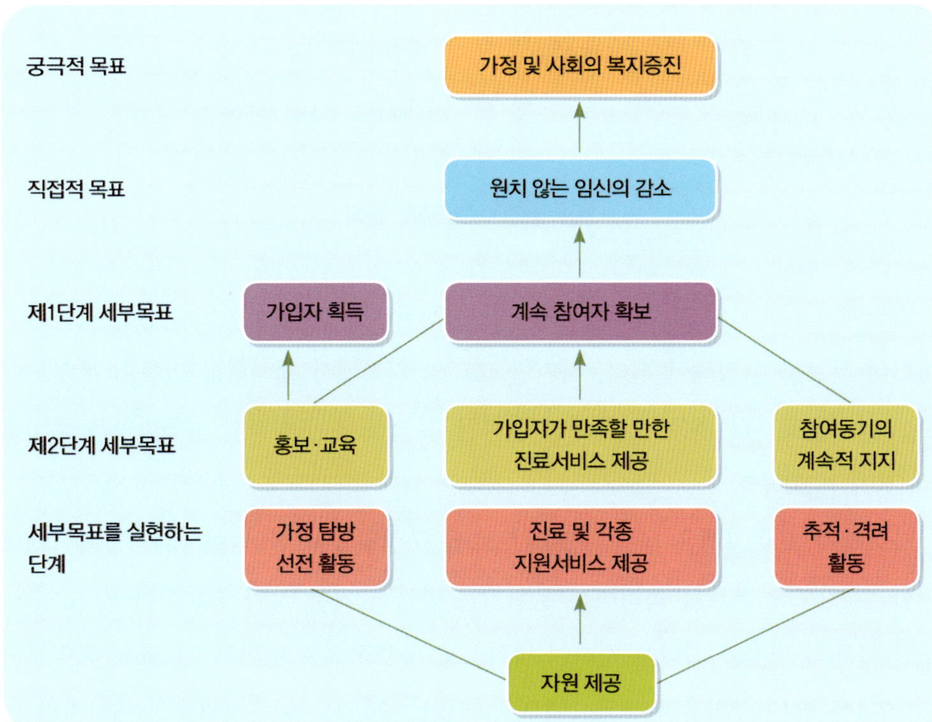

그림 7-5 목표들 간의 관계

출처: 정무성(2006). 사회복지 프로그램 개발론. 학현사. p.241 재인용.

그림 7-5는 이 목표의 구조를 파악해서 하향식으로 큰 목표를 분화해 가고, 역으로 상향식으로 분화된 목표를 종합해 가는 절차를 제시한다. 이러한 목표구조는 하나의 커다란 구름덩이같이 불투명한 목표를 어떻게 구체적인 세부목표들로 분화시켜 나가는가를 잘 보여 준다. 직접적 목표인 원치 않는 임신의 감소는 궁극적으로 가정 및 사회의 복지증진을 위한 것이고, 이러한 목표가 달성되기 위해서는 참여자의 계속적인 확보와 가입자가 만족할 만한 진료서비스를 제공해야 하는 세부

목표를 세울 수가 있다. 여기서 이 세부목표는 수단 혹은 전략(strategy)목표로 부를 수 있다. 즉, 상위목표를 달성하기 위한 전략이라는 의미이다. 그리고 이것은 경험적 지식과 논리적 근거에 입각해서 진행되어야 한다.

이 같은 목표구조와 함께 평가는 하위목표들이 시간의 진행에 따라 얼마나 달성되었는가를 계량적으로 측정을 하고 다시 종합해 총괄평가를 할 것을 요구하고 있다(정무성, 2006: 238-240).

3) 목표 진술의 방법

(1) 목표 진술의 4요소

목표 진술은 프로그램 목적, 목표, 세부목표 중 어디에 해당되는 목표냐에 따라 달라질 수 있으니, 수준별로 유의해서 기술해야 한다. 보편적으로 목표 진술을 할 때에 대상(who), 문제(what), 도구(how), 방향(do) 등의 4요소를 포함해야 한다(이민홍 · 정병오, 2012: 124).

① **대상(who):** 프로그램의 참여자, 수혜자, 대상자 등으로 표현되는 클라이언트를 지칭하며, 목표는 반드시 클라이언트 입장에서 진술되어야 한다.

② **문제(what):** 클라이언트가 갖고 있는 욕구의 충족이나 문제해결을 의미하는 변화의 내용과 정도를 말하며, 목표 설정에 있어 문제 및 욕구와 관련된 핵심요소이다.

③ **도구(how):** 문제 및 욕구를 해결하기 위한 전략이나 방법을 말하며, 프로그램의 서비스나 활동이다.

④ **방향(do):** 문제 및 욕구가 해결되는 결과나 방향을 말하며, 향상시키거나 감소시키는 변화이다.

이상의 네 가지 요소를 바탕으로 바람직한 목표 진술의 예를 제시하면 다음과 같다.

- 1년 동안 여성독거노인의 사회적 관계망 형성을 통해 심리적 안정감을 고취시킨다.
  (who) (how) (what) (do)
- 단기쉼터이용청소년들이 1년 동안 직업체험 프로그램 참여를 통해 진로성숙도가 향상된다.
  (who) (how) (what) (do)
- 애착문제를 가진 유아의 6개월 간 가족놀이치료 프로그램 참여를 통해 안정애착이 강화된다.
  (who) (how) (what) (do)

하지만 하나의 목표에 4요소를 모두 포함하기보다는 목표 수준에 따라 다르게 서술할 수 있다.

- 프로그램 목적: 대상, 문제, 도구, 방향 등의 4요소를 모두 포함하여 기술한다.
- 프로그램 상위목표: 문제와 방향을 주로 제시하여 기술한다(대상자는 이미 프로그램에 제시되어 있기 때문에 반복적으로 기술할 필요가 없다).
- 과정목표(세부목표 혹은 하위목표, 산출목표): 도구 내용과 제공 횟수, 빈도 등을 제시한다.
- 성과목표(세부목표 혹은 하위목표): 방향성을 주로 제시한다.

(2) 목적 및 목표의 분화요령

목적을 목표로 분화하거나, 목표를 하위목표로 분화하는 방법에 대해 살펴보고자 한다(이민홍 · 정병오, 2012: 125).

① 목적을 목표로 분화하는 요령

가. 목적에서 기술한 문제나 욕구를 구성하는 하위 차원을 활용하여 분화한다.

- 목적: 노인의 건강을 향상시킨다.
- 목표: ① 노인의 신체건강을 향상시킨다.
  ② 노인의 정신건강을 향상시킨다.
  ③ 노인의 사회적 건강을 향상시킨다.

나. 목적을 기술할 때 목표로 나눌 수 있는 요소들로 구성한 후, 목표를 기술할 때 요소들을 하나씩 분리하여 제시한다.

- 목적: 학대피해아동의 자아존중감과 자아효능감을 향상시킨다.
- 목표: ① 학대피해아동의 자아존중감을 향상시킨다.
  ② 학대피해아동의 자아효능감을 향상시킨다.

② 목표를 과정목표로 분화하는 요령

가. 목표를 달성할 수 있는 수단(활동)들을 각각 과정목표로 제시한다.

- 목표: 다문화가정 아동을 위한 사회적 지지를 높인다.
- 하위목표(과정목표): ① 아동지원체계 구축 기금마련 바자회를 2회 실시한다.
  ② 가족사랑 서포터스를 구성한다.

나. 성과목표를 달성할 수 있는 수단들을 과정목표로 설정한다.

- 하위목표(성과목표): 프로그램에 참여하는 청소년이 자신의 성격에 대한 이해를 높인다.
- 하위목표(과정목표): ① 성격검사를 사전 사후 2회 시행한다.
  ② 자기성장보고서를 1회 작성한다.

③ 목표를 성과목표로 분화하는 요령

가. 목표에서 기술한 문제나 욕구를 구성하는 하위 차원을 활용하여 성과목표로 분화한다.

- 목표: 노인의 신체건강을 향상시킨다.
- 하위목표(성과목표): ① 노인의 보행능력을 향상시킨다.
  ② 노인의 근력을 향상시킨다.

나. 목표를 기술할 때 하위목표로 나눌 수 있는 요소들로 구성한 후, 하위목표를 기술할 때 요소들을 하나씩 분리하여 제시한다.

- 목표: 아동학대 가해자의 아동 특성에 대한 지식을 높이고, 양육기술을 향상시킨다.
- 하위목표(성과목표): ① 아동학대 가해자 아동의 특성에 대한 지식을 높인다.
  ② 아동학대 가해자의 양육기술을 향상시킨다.

04 힘의 장 분석기법: 목표달성에 결정적인 추진력과 저항력 파악기법

힘의 장 이론(Field force theory)은 미국의 심리학자 레빈(Lewin, 1951)이 제시한 것으로 모든 작용에는 그와 똑같은 크기의 반작용이 있다는 물리학의 법칙에 기초를 두고 있다. 그는 인간이 새로운 변화를 시도할 때나 어떤 사안에 대한 의사결정을 할 때 작용하는 추진력과 저항력을 하나의 장에 두고 분석해야 정확한 진단이 가능하다고 보았다. 특히 힘의 장 분석은 프로그램을 기획하고 설계하는 과정에서 목표달성에 유리하거나 불리한 요소를 식별하여 원만히 대처해 나가는 데 도움을 줄 뿐만 아니라 반드시 뒤따르는 정치·사회적 요소를 식별하고 그 대응방안을 마련하는 데에도 유용한 정보를 제공하는 분석도구이다.

1) 장점

힘의 장 분석기법은 매우 간단하여 사용하기 쉬우면서도 강력하다는 장점을 가지고 있다. 또한 한눈에 목표달성을 위해 무엇을 해야 하는지 쉽게 알아볼 수 있도록 시각화하였다는 특징을 가지고 있다. 즉, 문제를 분석한 후 실천 활동의 파악 및 우선순위 선정에도 매우 유익한 기법이다.

- 문제를 보다 명확히 한다.
- 극대화할 수 있는 장점을 파악한다.
- 극소화할 수 있는 약점을 파악한다.

2) 절차

이 기법은 가운데 선을 중심으로 하여 한쪽은 추진력, 다른 한쪽은 저항력의 요인들을 나열한다. 그리고 나서 각 양편의 맞서는 요인들의 강도를 수치화하여 두 힘의 강도를 정확하게 분석한다. 추진력과 저항력을 비교 분석한 결과 더 강한 한 가지 힘을 선택하게 되는데, 이때에 다른 방향의 힘에서 제시된 의견을 참고하여 해결방안을 만드는 것이 더욱 좋다. 예를 들어, '가족봉사단' 사업이나 '빈곤아동 자립심강화' 사업을 기획하고 추진하는 데 있어 추진력과 저항력의 요소를 고려한 힘의 장 분석을 통해 프로그램을 성공적으로 수행할 수도 있을 것이다. 힘의 장 분석기법은 다음 5단계의 절차를 거친다(황성철, 2005: 105).

- 1단계: 문제를 명확히 규명하고 문제해결을 위한 목표를 구체화한다.
- 2단계: 문제를 변화시키는 데 긍정적으로 영향력을 행사하는 추진력과 문제해결에 방해가 되는 요소인 저항력을 명확하게 파악한다.
- 3단계: 추진력과 저항력의 강점을 평가한다.
- 4단계: 추진력과 저항력에 영향을 미치는 사람이나 조직을 명확히 하고, 영향력의 정도를 높거나 낮은 것으로 등급화한다.
- 5단계: 추진력을 강화시키고 저항력을 약화시키는 변화 전략을 선택하여 변화계획이나 전략을 수립하여 시행한다.

따라서 힘의 장 분석기법에 의해 도출된 추진력은 후술하는 대안선택에서 서비스로 채택되거나 실천계획의 묘사에서 구체적으로 기술된 서비스로 제공되어야 한다. 왜냐하면 힘의 장 분석기법에서 제시된 목적이나 목표를 달성하는 데 추진시키는 힘들을 발견했으므로 이들이 실천계획과 연결될 때 서비스의 제공효과가 높아지고 궁극적으로는 목표달성이 용이해질 것이기 때문이다. 그러므로 개별 기법에서 분석된 내용들은 분석한 것으로만 그치지 말고 서비스와 연결되어 활용되어야 할 것이다.

그림 7-6 은 D대학 대학생들이 직접 개발한 사회복지 프로그램인 "잘 늙는 방법(Well-aging)과 세대 간 화합 증진 프로그램-우리는 FEEL 通(통할 통) 사이" 중 힘의 장 분석 부분을 발췌한 것이다.

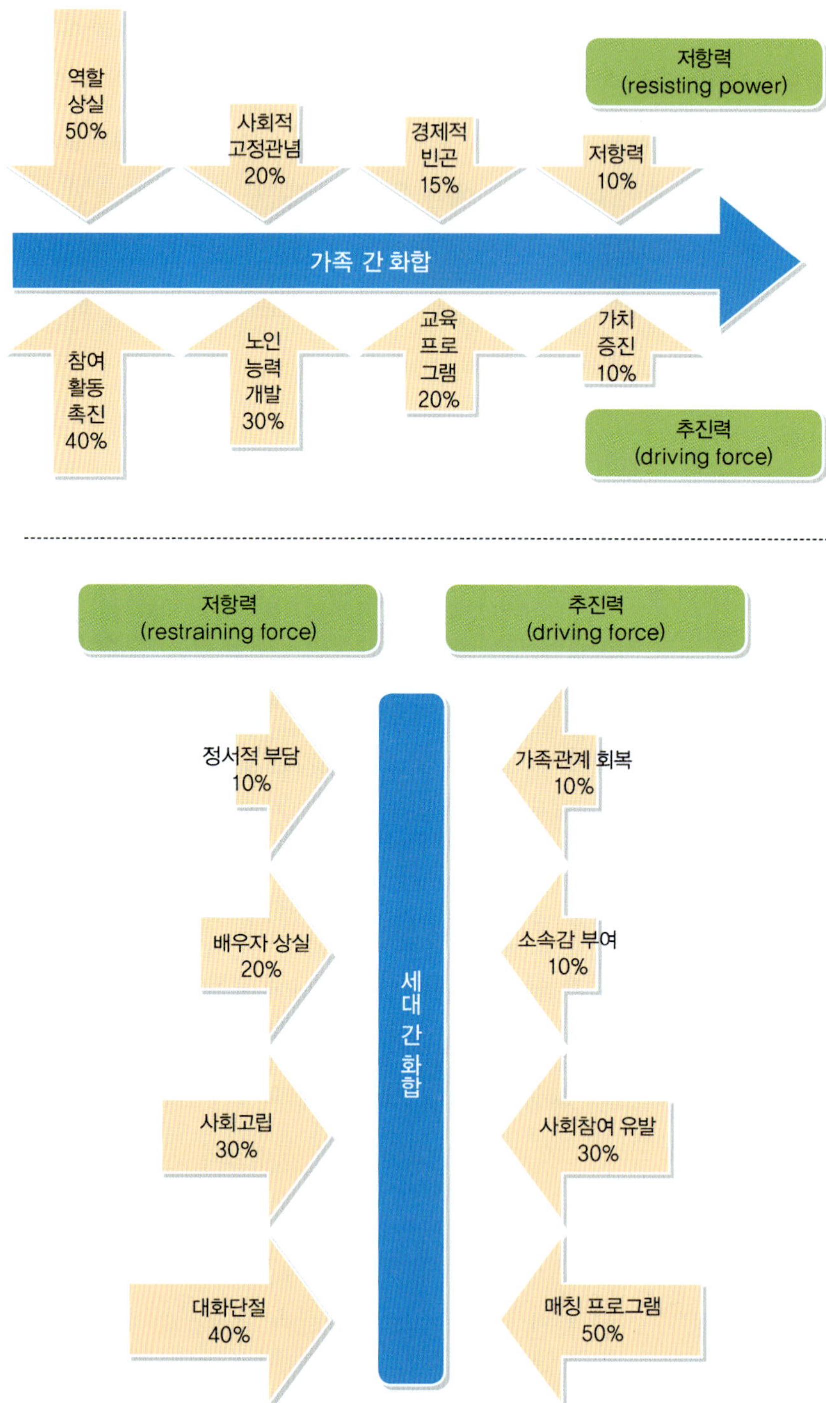
역할
상실
50%
사회적
고정관념
20%
경제적
빈곤
15%
저항력
10%
저항력
(resisting power)
가족 간 화합
참여
활동
촉진
40%
노인
능력
개발
30%
교육
프로
그램
20%
가치
증진
10%
추진력
(driving force)
저항력
(restraining force)
추진력
(driving force)
정서적 부담
10%
배우자 상실
20%
사회고립
30%
대화단절
40%
세대 간 화합
가족관계 회복
10%
소속감 부여
10%
사회참여 유발
30%
매칭 프로그램
50%

그림 7-6 힘의 장 분석

참고문헌

금정구종합사회복지관(2022). 부산사회복지공동모금회 사업계획서 "부곡동 지역주민의 기후변화 대응에 참여하는 마을 만들기를 위한 환경 실천 행동 민·관·주민 플랫폼 사업-기후변화 Stop! 탄소 Zero! 함께 플랫폼(Platform)".

김영숙, 김욱, 엄기욱, 오만록 외(2002). **사회복지 프로그램 개발과 평가**. 서울: 교육과학사.

삼성복지재단(2016). 2016사회복지프로그램 개발지원 작은나눔 큰사랑 우수사례집.

신복기, 박경일, 이명현(2008). **사회복지행정론**. 경기: 공동체.

양정하, 임광수, 김치영, 황인옥, 이종운(2011). **사회복지 프로그램 개발과 평가**. 경기: 정민사.

이민홍, 정병오(2012). **사회복지 프로그램 개발과 평가 이론 및 실제**. 서울: 나눔의집.

정무성(2006). **사회복지 프로그램 개발론**. 경기: 학현사.

황성철(2005). 사회복지 프로그램 개발과 평가. 경기: 공동체.

堀公俊(2015). **(핵심정리)비즈니스 프레임워크 69**. [ビジュアルビジネス・フレームワーク](오시연 역). 경기: 위키미디어(원저출간: 2013).

Chambers, D. E. (2000). *Social Policy and Social Programs: A Method for the Practical Public Policy Analyst*. Needham Heights, MA: Allyn & Bscon.

Kettner, P. M., Moroney, R. M,. & Martin, L. L. (1999). *Designing and Managing Problems: an Effectiveness-based Approaches*. Thousand Oaks, CA: Sage Publication.

Peter Economy (2015). CLEAR 원칙. http://ksc12545.blog.me/220242740602

Rapp, C. A., & Poertner, J. (1992). *Social Administration: a Centered Approach*. White Plains, NY: Longman.

Dilige et fac quod vis.

사랑하라, 그리고 네가 하고 싶은 것을 하라.

우리 모두는 생을 시작하면서 삶이라는 주사위가 던져집니다. 어른들에게 물어보세요. 돌이켜보면 시간은 그렇게 많이 남아 있지 않다고 입을 모아 말할 겁니다. 산에게도 물어보고 싶습니다. 제게 남은 시간은 얼마만큼이냐고요. 하지만 신은 침묵으로 답하겠죠. 누구도 자기 생의 남은 시간을 아는 사람은 없습니다.

그러니 그냥 그렇게 또박또박 살아갈밖에요. 곁에 있는 사람을 사랑하고 내가 하고 싶은 것을 충분히 하기에도 부족한 시간입니다. 그래서 우리는 스스로에게 자주 물어보아야 합니다.

나는 매일매일 충분히 사랑하며 살고 있는가?
나는 남은 생 동안 간절하게 무엇을 하고 싶은가?
이 두 가지를 하지 않고도 후회하지 않을 수 있을까?

– 한동일, 지적이고 아름다운 삶을 위한 라틴어수업 중

Chapter 08

자료수집과 대안선택

키워드

자료수집, 증거기반실천(EBP), 증거기반 프로그램(EBPS), 대안선택, 비용/효과 분석, 비용/편익 분석, 브레인스토밍, 브레인라이팅, 마인드맵, 의사결정나무분석, 로직트리, 다속성 효용성 검토기법

08 자료수집과 대안선택[1)]

01 자료수집

사회문제를 확인하고, 문제해결을 위한 목적과 목표를 설정했다면, 이것을 바탕으로 클라이언트들이 성취하는 데 필요한 내용을 선정하고 조직해야 한다. 그러나 클라이언트가 원하고자 하는 모든 욕구들을 다 수용할 수는 없으며, 클라이언트의 욕구사정을 통해 확인된 욕구 중 목적과 목표에 합당한 내용을 중심으로 기관의 여건과 실제 수행이 가능한 대안을 선택하게 된다.

사회복지공동모금회는 사업계획서 작성 시 사업의 필요성을 작성한다. '이 사업이 왜 필요한가?'라는 질문에 대한 대답은 결국 그 사업이 해결되면 당면하고 있는 현실이 '어떤 상태가 되기를 바라는가?'와 결과적으로는 동일한 지점에 이르게 된다. '사업의 필요성'은 결국 '사업목적'과 크게 다르지 않고, 전자는 사업을 시작하기 전의 이야기라면, 후자는 사업을 수행해서 정해진 목표가 달성되면 어떤 상태에 이르고 싶은지에 대한 이야기이다.

사회복지공동모금회는 사업계획서 작성 시 4. 문제의식(사업 필요성)에서 1)사업계획 배경으로 '무엇을 어떻게 하겠다'라고 하는 사업 아이디어와 내용은 문제의식에

1) 본 장은 박경일 외(2019). 사회복지프로그램과 개발. 양성원. 8장의 내용을 중심으로 일부 내용을 수정 보완하였음.

서 출발한다. 2)기존 유사 사업과의 차별성은 사업이 해당 지역사회에서 발생하는 특수한 여건 때문인지, 아니면 보편적인 상황에서 신청기관이 좀 더 발 빠르게 대응하려고 하는 것인지이다. 3)신청기관의 강점은 신청하는 사업이 아이디어 차원에서 구상·제시된 것이 아니라 치밀한 조사와 관련 분야 수행 경험에 근거해서 구성되었으며, 신청기관이 이 사업을 수행함에 있어 갖는 또 다른 장점이 있다면 보다 설득력 있게 그 논거를 제시한다.

본서에서는 이와 관련된 이론적 배경과 경험적 근거에 대한 내용을 사회복지 프로그램 개발 과정 PROGRAM의 네 번째 단계인 자료수집과 대안선택에서 다루고자 한다. 프로그램 개발의 단계적 절차를 비추어 볼 때 구체적인 세부 사업내용을 설정하기 전에 설정된 목적과 목표를 잘 달성할 수 있는 서비스(세부 사업내용)는 무엇이 있으며, 어떤 서비스가 목적과 목표를 달성하는 데 가장 효과적인 서비스인지를 과학적이고 이론적으로 검증하여 서비스(세부 사업내용)를 선택하는 것이 중요하다. 이러한 과정을 증거기반실천(Evidence-based Practice: EBP)이라고 하며, 현장에서는 검증된 서비스를 제공하는 증거기반실천이 이루어질 필요가 있다.

1) 관련 자료의 수집

관련 자료를 수집할 때에는 먼저 프로그램 실행 시 요구되는 주요 인물들을 파악할 필요가 있다. 우리 사회에는 사회복지사와 클라이언트뿐만 아니라 실질적인 효과성을 결정하고 영향을 미치는 다양한 사람들이 존재하고 있으며, 이들의 도움을 필요로 하게 된다. 그리하여 그들의 개입 여부와 기대에 따른 역할과 활동들을 예상하여 명시해야 한다. 또한, 서비스 환경을 구체적으로 제시할 필요가 있다. 예를 들어, 노인들의 치매예방 및 사회적 고립 방지를 위한 디지털 프로그램을 시행할 경우 노인의 사회적 관계 유지를 위한 MR 시스템 환경과 정신건강을 위한 두뇌훈련게임 지원, 아바타를 활용한 신체건강 훈련 프로그램 환경조성이 필요하다. 이를 위해서는 이론적으로 충분한 검토와 시행착오를 겪지 않기 위해서는 자기 기관에서 이미 시행해 본 경험이 있는 경험적 근거를 제시하거나 아니면 다른 기관에서 시행해 본 경험이 있는 관련 유사 프로그램을 사전 조사하여야 프로그램의 효과성과 효율성을 극대화할 수 있고 시행착오를 줄일 수 있을 것이다.

자료조사의 방법으로는 자기가 시행하려고 하는 프로그램에 대한 논문이나 연구 보고서를 검색하거나 해당 기관 방문이나 전화, 관계자들을 초청, 현장답사, 그리고 영상매체를 이용하여 영화나 다큐멘터리를 관람하는 것, 유사 관련 프로그램의 인터넷 검색 등 여러 가지 방법이 있을 수 있다(신복기 외, 2009: 455). 특히 정보관리체계를 활용하여 해당 프로그램에 대한 증거기반실천 연구 결과들을 인터넷으로 검색하는 것이 시간절약 및 과학적인 실증적 서비스(세부 사업 내용)를 선정하는 데 많은 도움이 될 것이다.

2) 증거기반실천(EBP) 프로그램의 수집과 선택

증거기반실천(Evidence-Based Practice, EBP)이란 표적이 되는 클라이언트 집단 대상에 대한 서비스의 선택과 적용에 대해 통합적이고 집합적인 과정의 일차적인 부분으로 실천의 효과성에 대해 증거를 체계적으로 분석하고 평가하는 것이다(Cournoyer, 2004). 미국의 경우에는 1990년대 중반부터 사회서비스 및 프로그램 분야에서 프로그램의 우수한 효과성에 대한 기준을 증거기반으로 하여 공신력 있는 기관에서 이를 인증하고, 인증된 프로그램은 증거기반 프로그램(Evidence-based Programs)으로 실천현장에 적극적으로 전파하는 이러한 증거기반 활동의 결과로서 청소년 범죄 및 중독예방과 관련된 서비스 영역에서 시행되고 있는 많은 프로그램들이 증거에 기반한 프로그램이다(서인해 · 공계순, 2014; Cooney et al., 2007; Chemers et al., 2005; Mihalic et al., 2001). 현재 미국의 보건복지부 및 기타 주정부기관[2] 등에서 지원을 받고자 하는 일부 사회서비스 및 프로그램들은 증거기반실천에 입각한 프로그램임을 보여야 하는 것으로 나타나고 있다(박정임, 2012: 222). 특히 아동복지서비스에서는 아동의 행동

2) http://www.hhs.gov, http://www.acf.hhs.gov 참조.

장애나 다른 행동 관련 문제를 가진 아동과 그 가족들을 대상으로 한 입증된 개입 효과를 바탕으로 정신건강, 특수교육, 청소년 사법(justice)에 증거기반실천이 이루어지도록 하고 있다(Richard et al., 2005: 353).

실천현장에서 개발 · 실행되는 사회복지 프로그램의 우수성을 확인하고 이러한 프로그램을 필요로 하는 곳에 전파하려는 노력은 이전부터 있어 왔다(서인혜 · 공계순, 2014). 최근 국내 · 외에서 나타나는 증거기반 프로그램 활동은 프로그램의 우수성을 증거에 기반하여 확인하고, 전문성이 확보된 공신력 있는 기관에서 이를 객관적으로 인정하여, 제도적인 시스템에 의해 실천현장에 적극적으로 전파하려고 한다. 우리나라에서는 자살예방인증프로그램으로 증거기반의학의 개념을 프로그램에 적용한 것으로 자살이라는 임상적 문제에 대하여 객관적인 열구결과 또는 연구방법론에 의하여 그 효과성이 입증된 프로그램을 의미한다. 보건복지부와 중앙자살예방센터에서 2013년에 자살예방 프로그램에 대한 증거기반 인증제를 도입하기 위해 설명회를 가졌으며, 2014년부터 중앙자살예방센터에서 증거기반실천으로 이루어진 자살예방 프로그램을 개발하여 지역사회에 보급하는 '자살예방 프로그램 인증제'를 실시하고 있다(http://www.spckorea.or.kr).

(1) 증거기반실천(EBP)의 개념

증거기반실천(Evidence-Based Practice)은 EBM(Evidence-Based Medicine, EBM)이라는 용어로 의학에서 시작되었다. 간호학, 보건의료, 심리학 등 다양한 학문 영역으로 소개되고 있으며 사회복지계에서는 1990년 후반부터 미국의 연구자들을 중심으로 사회복지 임상 실천과 정책 과정에 증거기반 실천 적용 가능성을 탐색하는 연구들이 이루어지고 있다(Billson, 2004: 심혜정, 2015). 최근에는 활동의 차원에 따라 증거기반관리, 증거기반정책 등 다양한 측면에서 증거기반 관련 용어를 구분하여 사용하는 추세이다.

사회복지분야에서 증거기반실천은 사회복지사가 클라이언트의 문제를 해결하는 과정에서 클라이언트의 이익을 최우선 목표로 하여 그 문제에 관한 과학적인 연구

결과를 체계적으로 분석·종합하고, 충분히 검토한 최선의 근거를 바탕으로 클라이언트의 문제해결을 위한 개입을 하는 과정을 의미한다. 한편 증거기반실천의 중요성이 대두되는 이유는 클라이언트를 보는 관점이 병리적관점에서 강점관점으로 바뀌고 있기 때문이다. 클라이언트의 권리는 강화되고 자신들과 관련된 정보를 제공받기를 원하고 의사결정 과정에 참여하기를 원한다(심혜정, 2015). 특히 증거기반실천 과정에서 주목할 만한 특징은 의사결정 과정에 클라이언트를 적극적으로 참여시킴으로써 클라이언트에게 가치와 기대를 주는 것이다. 즉, 증거기반실천에서는 클라이언트를 그들의 문제와 관련된 연구결과를 찾기 위하여 탐색하고, 탐색한 연구결과를 공유하는 하나의 참여자로 개입과정에 포함시킨다(Michelle & Michael, 2006: 77). 또한 증거기반 실천에 있어서 최선의 증거를 찾아 적용할 사회복지사의 임상적 판단도 중요한 요소 중에 하나이다. 증거기반실천을 하는 도구는 사회복지사이기 때문에 그것을 활용할 수 있는 능력은 강조될 수밖에 없다. 증거기반 실천을 사회복지실천에 있어서 클라이언트의 욕구에 맞는 서비스를 제공하기 위해 현존하는 가장 효과적이며 객관적인 증거를 찾아 의사결정과정에 클라이언트를 참여시킴으로써 클라이언트가 자신의 삶이 주체자로서 중요한 의사결정을 하는 것이다(심혜정, 2015). 그러나 현재 사회복지실천현장에서 이루어지는 서비스는 대개 전문가의 의견을 수렴한 프로그램으로 이루어지거나, 실천가의 경험, 기관의 회의, 전통과 관습에 의한 문제해결 방안 등으로 이루어진 의견기반(opinion-based) 실천이라고 할 수 있다. 즉, 실천가의 전문성이나 실천 경험은 효과적인 문제해결을 위한 필요조건이지 충분조건이 되지는 못한다는 점이다(황성동, 2015: 68). 이처럼 실천에 기반을 둔 서비스 활동은 클라이언트의 문제해결을 위해 이루어지긴 하지만, 이보다 더 증거기반실천은 클라이언트의 문제해결을 위해 과학적으로 입증된 개입방법을 선택하여 보다 더 효과적인 개입이 이루어질 수 있도록 한다. 즉, 실천에 기반을 둔 증거를 마련하기보다는 증거에 기반을 둔 실천이 이루어져야 한다(Glasby, 2013).

그동안 증거기반실천을 통해 사회복지실천의 효과성과 효율성을 높일 수 있다고 보고 있지만 사회복지사들의 연구 논문 검색능력 부족, 업무과중, 시간과 자원의 부족, 조직의 요인, 연구논문 비평능력 부족, 관련 연구의 증거 축적 부족 등을 지적하고 있다(김유진, 2008). 이러한 어려움에도 불구하고 사회복지실천 현장에서 증거기반실천을 적용하기 위해서 사회복지사들은 이미 선행된 연구를 실제 실천 현장에서 적용하려는 긍정적인 태도와 그것이 클라이언트에게 적용할 만한 이론인지 검색하고 적용하고 평가할 수 있는 기초 능력의 함양이 필요하겠다.

증거기반실천(EBP)의 방해요소

- 자원의 부족: 시간, 연구물에 접근하는 데 한계, 재원 부족
- 지식의 부족: 조사기술, 훈련, 수퍼비전 등
- 증거기반실천에 대한 회의: 이론을 포괄하지 않는 의료모델이라는 회의
- 적합성의 부족: 관련 연구물의 부족

이처럼 증거기반실천 방법이 이론적으로 매우 설득력 있고 타당한 주장이긴 하지만 현실적으로 현장에서 실현되기 위해서는 직면해야 되는 문제점들이 많다. 하지만 사회복지실천 현장에서는 과학적인 증거를 기반으로 하는 프로그램을 개발하여 사회복지서비스의 질적인 성장을 도모하고자 하는 움직임이 나타나고 있다.

(2) 실천과 구분되는 증거기반 프로그램(EBPs)

사회복지 프로그램 차원에서 나타나는 증거기반 활동을 정의하자면 앞서 말한 '증거기반실천' 활동과 동일한 의미로 접근하기도 하지만 실천과는 달리 프로그램 차원에서만 나타나는 다른 개념적인 차이가 있다.

실천 차원에서의 증거기반실천은 사회복지를 실천함에 있어서 최상의 증거 자료를 클라이언트의 특성 및 선호도 그리고 기관의 상황에 통합시켜 나가는 것으로 여겨진다. 이와 비교해서 증거기반 프로그램(Evidence-based Programs: EBPs)이란 "프로그램에서 나타나는 효과성의 증거가 전문가들의 합의된 평가를 통해 인증되고, 전파를 위해 문서화로 잘 준비된 프로그램"을 말한다(Small et al., 2009; Cooney et al., 2007; Chemers et al., 2005; Mihalic et al., 2001). 이것은 실천현장의 사회복지 프로그램 관련 활동

의 수준과 효과성을 향상시킬 수 있는 효과가 있다. 즉, 효과성이 입증된 프로그램을 타 지역사회 및 기관에 전파하는 것은 프로그램 개발을 위한 비용을 절감할 수 있고(Small et al., 2009), 효과성이 입증된 서비스를 제공해야 하는 윤리적 의무를 지킬 수 있으며(Barber, 1996; Klein & Bloom, 1994; Reid, 1994), 서비스 대상자에게도 실질적인 이익이 될 수 있다(Cooney et al., 2007; Kumpfer et al., 2003; Rosen & Proctor, 2003).

그러나 사회복지 프로그램 차원에서 나타나는 증거기반 활동은 생각보다 훨씬 복잡한 활동의 성격을 지니고 있다. 프로그램의 우수성을 인증하는 활동으로만 머무르는 것이 아니라 프로그램의 개발 및 전파 활동과 밀접하게 관련되어 있다고 볼 수 있다. 현재 미국과 유럽의 경우를 살펴보면 공식적으로 인증된 프로그램들을 타 지역 및 기관으로 전파하는 과정에서 여러 문제점들이 나타나고 있다. 예를 들어, 전파되는 프로그램이 지역의 가치와 문화에 맞지 않는다던가, 효과성이 있다고 알려진 프로그램들이 다른 지역에서 수행되는 과정에서 효과성이 사라지기도 한다(서인해 · 공계순, 2014; Bumbarger et al., 2008; Aos et al., 2006). 이와 같은 외국에서 선행된 제도의 단점이나 부작용을 최대한 줄이기 위해서는 그와 연관된 접근 및 활동에 대한 종합적인 고찰이 반드시 필요하다. 다음 사례는 '이용자중심적 접근에 기반한 정서적 자활 프로그램Ⅱ 증거기반실천과 효과성'으로 증거기반실천의 사례로 실천에 대한 질적 양적 자료 수집과 분석을 통해 보다 향상된 실천 방식을 제안하고 이를 다시 평가 분석함으로써 장기적 측면에서 자활사업 참여자들의 자활에 기여할 수 있는 집단상담 프로그램과 자활 사업의 방향을 제안하는 것을 목적으로 하여, 국내에서 시도되어 온 정서적 자활 프로그램을 수행하였다.

사례

증거기반실천을 적용하여 시도되어 온 정서적 자활 프로그램 개발 및 시행 과정

단계	과정	내용
정서적 자활 프로그램 I 개발 및 시행 (2016.05.~2017.04.)	TIP 프로그램 도입을 위한 촉진자 양성 워크숍 실시(2016.05.)	경기지역 지역자활센터 실무자 40여 명 대상
	▽ 정서적 자활 프로그램 I 'TIP'(2016.05.~2016.08.)	자활 현장 및 학계 전문가 7인이 함께 프로그램내용 및 구성 질문과 활동 수정 보완
	▽ 정서적 자활 프로그램 시범시행 I (2016.08.)	지역자활센터 2개소 10명 대상 (각 6명, 4명)
	▽ 시범시행으로부터 지적된 사항 반영하여 프로그램 재수정(2016.09.)	질문 및 활동 내용 일부 수정
	▽ 정서적 자활 프로그램 최종 개발 I 및 시행(2016.09.~2017.03.)	경기지역 지역자활센터 18개소 180명 참여
	▽ 정서적 자활 프로그램 I 효과성 평가 및 보고(2017.03.~04.)	프로그램 사전 사후 조사 프로그램 참여자 개별 및 집단인터뷰 정서적 자활 경제적 자활 정도에 대한 인지, 자아존중감, 자기효능감 향상 및 우울 감소 효과의 단절 전문가중심적 운영 등의 문제 발견
정서적 자활 프로그램 II 개발 및 시행 (2017.04.~2017.12.)	▼ 정서적 자활 프로그램 II 개발(2017.04.~2017.05.)	정서적 자활 프로그램 I 시행에서 드러난 문제 수정 · 보완한 정서적 자활 프로그램 II 개발 제안 이용자중심적 접근 반영하여 질문, 활동 및 운영방식 수정 효과의 지속을 제고하기 위한 회기 구성 제안
	▽ 정서적 자활 프로그램 촉진자 II 양성 워크숍 실시(2017.06.~2017.07.)	1, 2, 3, 4차 교육 실시 26개소 66명 실무자 참여
	▽ 정서적 자활 프로그램 II 시행(2017.06.~2017.10.)	전국 지역자활센터 14개소 177명 참여
	▽ 정서적 자활 프로그램 II 효과성 평가 및 보고	프로그램 사전 사후 조사 정서적 자활, 경제적 자활 정도에 대한 인지, 자아존중감, 자기효능감 향상 및 우울 감소 보고

출처: 최상미(2018). 이용자중심적 접근에 기반한 정서적 자활 프로그램 II 증거기반실천과 효과성. 한국사회복지행정학, 20(3), 161-184.

(3) 증거기반 프로그램(EBPs)의 사례: 중앙자살예방센터의 자살예방 프로그램

보건복지부와 중앙자살예방센터는 2013년에 자살예방 프로그램에 대한 증거기반 인증제를 도입하기 위해 설명회[3]를 가졌다. 그 후로 2014년부터 정부산하기관인 중앙자살예방센터에서는 자살예방 프로그램의 질적 향상과 공신력 강화를 위해 증거기반실천으로 이루어진 자살예방 프로그램을 개발하여 전국의 정신건강증진센터와 학교 등 자살예방기관을 대상으로 지역사회에 보급하는 '자살예방 프로그램 인증제[4]'를 실시하고 있다. 본서에서 소개하는 중앙자살예방센터의 자살예방 프로그램의 내용은 중앙자살예방센터의 「2016 연간보고서」(2017)를 바탕으로 한다.

① 자살예방 프로그램의 추진배경

효과성이 검증된 자살예방 프로그램의 부재로 인해 자살예방사업의 질 저하 문제가 대두되었으며, 질 향상에 대한 필요성이 제기되었다. 자살예방 프로그램에 대한 객관적인 검증을 통해 증거를 기반하고 있는 자살예방 프로그램을 발굴하고 보급 및 확산을 목적으로 한다.

② 자살예방 프로그램 인증체계

자살예방 프로그램 인증체계는 모든 자살예방 프로그램을 포괄하고 있지 않기 때문에 인증을 받지 않았다는 것이 증거가 없거나 효과가 없다는 것은 아니다. 그러나 자살예방 프로그램 인증은 객관적인 검증 절차를 거친 증거기반 프로그램을 제공함으로써 개인, 집단, 지역사회, 행정기관, 정부, 국가 등의 의사결정력을 강화시켜 주고, 클라이언트 및 소비자에게 서비스 제공자에 대한 신뢰를 줄 수 있다. 또한 과학적으로 중재의 효과성이 입증된 증거기반 프로그램의 제공을 통해 정책

---

3) 자살예방 프로그램 인증체계를 홍보하고, 자살예방 프로그램 인증에 대한 이해를 통해 인증 신청에 대한 동기부여의 목적으로 시행됨.

4) 자살예방 프로그램 인증의 개념
- 증거기반 자살예방 프로그램: 자살예방 프로그램에 증거기반의학의 개념을 적용한 것으로, 자살과 자살위험이라는 임상적 문제에 대하여 객관적인 연구결과, 또는 객관적 연구방법론에 의하여 그 효과성이 입증된 프로그램 또는 이로부터 고안된 프로그램을 말한다.
- 자살예방 프로그램 인증: 자살예방 프로그램 인증에 있어 증거기반의 방법을 사용한 것을 말한다.

의 우선순위에 영향력을 미칠 수 있는 근거를 마련해 줌으로써(박종익 · 전선, 2014: 447), 서비스 대상자로 하여금 프로그램의 효과성을 보장받을 수 있게 한다.

중앙자살예방센터의 프로그램 인증 심사는 자체 개발한 자살예방 프로그램을 대상으로 상반기 1회, 하반기 1회 신청을 받는다. 신청과정은, ① 프로그램인증 신청서 작성, ② 신청서류 및 프로그램 자료를 검토하는 예비심사, ③ 3가지의 섹션(SECTION)으로 구성된 수준별 심사, ④ 프로그램 인증 등록 순으로 이루어진다.

섹션별 인증 심사 기준을 구체적으로 살펴보면 다음과 같다. 첫째, 섹션(SECTION) 1은 연구기반 중재/권고로서 구조화된 실험적 연구(RCT 또는 non-RCT)를 통해 중재1)의 내용과 효과성을 평가한 프로그램으로서 가장 엄격한 기준을 적용하여 인증하는 프로그램이다. 즉, 프로그램에 대한 효과성 평가를 실시하여 유의미한 결과를 도출해 낸 것으로 학술지나 학위논문, 학회지에 개재되는 연구 보고서 형태가 포함된다. 중앙자살예방센터의 프로그램 인증 사례 중 섹션(SECTION) 1에 해당되는 프로그램으로 '청소년 우울증 인식 향상 프로그램: Jump Ping Blue(우울증임상연구센터, 영등포구정신건강증진센터)'를 살펴볼 수 있다.

둘째, 섹션(SECTION) 2는 전문가 합의 중재/권고 프로그램으로, 일반적인 프로그램 개발 과정에 있어서 시행하는 전문가 자문이나 회의를 통한 내용 개발과는 구별된다. 이것은 최종적으로 제시하는 권고안에 대한 관련 전문가 간의 공식적 합의절차가 요구된다. 따라서 공공기관에서 제시하는 사업 원칙이나 자살예방중재에 대한 지침 또는 프로토콜이 주로 해당된다. 중앙자살예방센터의 섹션(SECTION) 2에 해당되는 프로그램으로는 전문가 합의과정을 거쳐 만들어진 '자살보도 권고기준 2.0(중앙자살예방센터)'과 '자살 및 정신질환 위기관리 프로토콜(서울시자살예방센터)' 등이 있다.

셋째, 섹션(SECTION) 3은 표준 중재/권고이다. 군대나 응급실 등 특정한 상황에서 자살예방사업의 목적달성을 위해 수행되는 프로그램의 수행요령과 방법을 기술해 놓은 중재 매뉴얼이 일반적으로 해당된다. 따라서 인식증진/outreach material, 교육/훈련 프로그램, 선별 프로그램이 주로 해당되고 경우에 따라서, 일부 권고안(지침/프로토콜) 형태가 포함될 수도 있다. 섹션(SECTION) 3의 내용 개발에 있어서도 전문가 합의 등의 방법이 이용될 수 있으나, 이것은 정확한 내용을 개발해 내기 위한 자문과 정확하고 전문적인 지식의 활용 차원이며, 방법론적 전문가 합의와는 다른 차원이다. 또한 섹션(SECTION) 3에서 다루어지는 내용들은 대부분 일반 대중의 인식수준 변화를 대상으로 하거나 종사자들의 지식수준 향상 등을 대상으로 하기에 실험적 연구로 그 효과성을 증명하기 어려운 것들이 많고, 또한 개발된 내용 자체가 일반적 사실에 해당되는 것으로 굳이 중재연구를 통하여 증명할 필요성이 없는 것들이 포함된다. 이에 해당되는 중앙자살예방센터의 인증 프로그램으로는 '보고 듣고 말하기(중앙자살예방센터)', '청소년 자살예방교육(경기도자살예방센터)', '생명사랑 틴틴교실(경기도자살예방센터)', '자살위기개입 핸드북(서울시자살예방센터)', '노인 자살 위기관리 매뉴얼(인천광역시정신건강센터)', 'MI 공감프로그램 KIT 2.0(구미시정신건강센터)' 등이 있다.

사례 1

청소년용 생명지킴이 양성교육프로그램 "안녕, 괜찮니?"

- 프로그램 유형: 교육 및 훈련
- 프로그램 대상자: 아동/청소년 및 청년
- 프로그램 목표
  지역사회 프로그램 보급을 통한 청소년 대상 생명지킴이 양성 활성화로 또래 지지체계와 교내 안전망 구축활성화로 청소년 자살 고위험군 발견과 연계를 도모
- 프로그램 주요 내용 요약
  - 대상자 세부: 지역사회 청소년(일반인구집단), 자살예방사업 실무자 등 청소년 대상
  - 세부 내용: 전라남도 실정에 맞는 청소년 생명지킴이 양성교육을 개발하여 보급하고 있으며 들어가기, 바로알기, 살펴보기, 제대로 돕기 순서로 쉽게 이해하고 공감하며 연습을 통해 복습해 볼 수 있도록 구성되었음
- 프로그램 구성 자료
  1) 교육매뉴얼
  2) ppt 자료
- 사전훈련의 필요성: 없음
- 훈련비용: 없음

출처: 중앙자살예방센터(2023) "안녕, 괜찮니?", http//www.spckorea.or.kr

사례 2

대상자 자살을 경험한 실무자 회복지원 상담 매뉴얼

– 개발기관: 부산광역자살예방센터

- 유형: 프로토콜/가이드라인
- 대상자: 중장년 및 청년
- 프로그램 목표
  - 대상자의 자살을 경험한 실무자의 심리적 손상 최소화 및 원활한 회복 도모
  - 대상자의 자살을 경험한 실무자의 직무 스트레스 및 소진 예방
- 프로그램 주요 내용 요약
  - 대상자 세부: 지역사회 정신건강증진기관/대상자의 자살을 경험한 실무자
  - 세부 내용: 대상자의 자살을 경험한 실무자 회복지원 상담을 위한 상담진행자용 매뉴얼임. 본 상담 매뉴얼은 실무자 회복을 위한 구조화된 4회기 개별상담 내용으로 구성됨.
- 프로그램 구성 자료: 매뉴얼, 참고자료 등
- 사전훈련의 필요성: 있음.
  실무자 회복지원 상담의 개발배경, 회기별 세부내용에 대한 이해 향상과 원활한 상담 진행을 위해 교육이 필요함.
- 훈련비용: 없음

출처: 중앙자살예방센터(2023). 대상자 자살을 경험한 실무자 회복지원 상담 매뉴얼. http//www.spckorea.or.kr

③ 자살예방 프로그램 인증체계 보급

증거기반 자살예방 프로그램의 빠른 보급과 확산을 위해서 홈페이지로 인증 심사 및 인증 프로그램 사용 요청이 가능하도록 구축하였으며, 2014년 보건복지부 인증을 받은 인증 프로그램 소개 책자를 제작 및 보급하여 자살예방 인증 프로그램을 전국적으로 홍보하고 보급할 수 있도록 하였다. 자살예방 프로그램 인증체계, 심사 신청 및 인증 프로그램 소개, 인증 프로그램 사용에 관한 내용이 포함되어 있으며, 전국 자살예방사업 수행기관 및 민간기관과 관련 학회 등에 보급하였다.

3) 경험적 근거와 기존 유사 관련 프로그램

프로그램을 개발자는 본인이 기획하는 프로그램과 다른 기관이나 혹은 개발자가

속한 기관에서 운영하고 있는 유사 사업과의 차별성에 대해 고려해야 한다. 이는 프로그램 내용의 구체적인 배경이 타당한지에 대해 보다 깊이 살펴보기 위함이다. 기존 프로그램의 시각이나 접근방식과 다른 점은 무엇인지를 살펴보고 유사 프로그램을 그대로 벤치마킹하는 것이 아닌 유사 프로그램의 장점과 상황의 상이성 등을 고려하여 새로운 관점을 가지고 프로그램을 운영하고자 하는 기관여건과 기획의도에 맞게 반영하여 작성한다. 특히 2018년부터 변경된 사회복지공동모금회 사업계획서에는 4. 문제의식(사업 필요성) 작성 시 2) 기존 유사사업과의 차별성을 작성하도록 되어있다. 다음은 인천 신명보육원의 안정된 학교생활을 위한 "학교가는 길"의 경험적 근거에 대한 작성사례이다.

사례

성과목표	세부 프로그램명	활동 (수행방법)	시행시기	수행인력	참여인원	횟수 (시간)
아동과 직원 간 관계증진	*우리들은0학년 *몸튼튼공부튼튼	아동과 직원 1:1 프리허그로 응원하기 학교적응 동기부여의 이벤트 진행 (토스트포장마차, 학용품증정, CU편의점 이용)	신학기 (3월 중)	원장 1명 사무국장 1명 복지사 2명 생활지도원 6명	프로그램 참가아동 25명	1일 (아동개별)
활동참여를 통한 학교생활 적응력 향상	*학교가는길	학교생활이 즐겁도록 등굣길 학용품 증정과 응원의 메시지 전달	신학기 (3월 중)	원장 1명 사무국장 1명 복지사 2명 생활지도원 6명	프로그램 참가아동 25명	1일 (아동개별)
학교생활 적응을 돕기 위한 소통의 장 마련	*방과후 미팅	방과후 학교 주변 식당에서 학교생활에 대한 이야기를 나누며 소통의 시간을 갖는다.	신학기 중 (3월) 아동 개별만남	아동 양육 생활지도원 6명	프로그램 참가아동 25명	3월 12일~ 30일 (12회)

다음은 사회복지공동모금회의 2022년 신청사업 제시사례 중 "저소득 구직 장애인의 취업기반 조성을 위한 직업능력개발 프로그램, 부제: '드론과 함께 하이(high)! 마이 라이프"의 기존 유사사업과의 차별성에 대한 작성사례이다.

사례

〈저소득 구직 장애인의 취업기반 조성을 위한 직업능력개발 프로그램〉
부제: '드론과 함께 하이(high)! 마이 라이프'

기존 유사사업과의 차별성

본 기관에서는 취약계층 장애인의 취업능력 향상 및 자립을 도모하기 위한 역량강화 사업으로 바리 스타 직무훈련 제과제빵 직무훈련을 진행하였으며 이 밖에도 다수의 지원 사업(사회복지공동모금회 어젠다 기획사업 "취업에 날개를 달다", 장애인복지기금사업 "여성장애인 황금빛 내인생", 발달장애인 지원사업 "나 혼자산다.")을 진행한 경험이 있다. 기존사업에서는 발달장애인의 취업능력 향상을 위한 직무교육과 자존감을 향상하는 데 중점을 두었으나 본 사업에서는 심층면접을 통해 선발된 구직 욕구가 높은 소수 장애인만을 집중적으로 지원하여 국가 자격증 취득 지원과 더 나아가 본 기관의 발굴 자원을 바탕으로 참여자의 자립을 위한 취업연계 네트워크를 구축하여 실질적인 취업의 기회를 제공하고자 한다.

현재 △△지역 2곳에서 드론 관련 사업을 진행하고 있으나 가족체험과 방과후 지도자 자격증 취득 및 수료위주의 사업을 진행하고 있다. 본 기관에서는 타 기관의 유사사업과 차별성을 두기 위해 자격증 취득 이후 네트워크 구축을 통한 취업알선, 사후관리까지 지원하고자 한다. 즉, 드론 조종사 채용사업장을 방문하고 그곳에서의 모의면접을 진행하여 취업가능성을 향상시키고자 하며, 특히 취업 알선을 통해 직접적으로 구직활동을 해 봄으로써 자립을 도모하는 데 본 사업의 취지가 있다.

본 기관은 장애인에게 특화된 복지관으로, 직업재활사업을 비롯한 다양한 복지사업을 진행하고 있다. 또한 2012년 개관 이래 100여 곳의 유관기관과의 업무협약을 통한 전문적이고 체계적인 네트워크를 구성하고 있으며, 특히 한국장애인고용공단, 한국장애인개발원 등이 포함된 공공기관을 비롯하여 ○○장애인복지관 직업네트워크 및 직업재활시설과의 다양한 협업 사업을 수행하고 있다.

이에, 본 기관은 사업수행경험, 조직적인 네트워크 및 전문화된 서비스 체계를 바탕으로 아무런 장애도 차별도 없는 하늘에서 장애인이 마음껏 꿈을 펼칠 수 있도록 본 사업을 수행하고자 한다.

4) 이론적 배경

여기서 이론적 배경은 프로그램의 목적을 달성하기 위해 사용하는 방법들을 구체적으로 객관적이고 논리적으로 서술하는 것이다. 예를 들어, 농촌지역 학령기 자녀를 둔 다문화 가족을 대상으로 강점 인식과 멘토링 기법을 활용한 내적역량 강화 및 사회적 관계망 확대를 통한 올바른 양 문화 정체성 확립 프로그램에서는 강점인식, 내적역량강화, 올바른 양 문화 정체성에 대한 이론을 기술하거나, "장애인 당사자가 만들어 가는 공공안내 장애인픽토그램 개발 · 보급사 사업"에서 장애인이 만드는 공공안내와 픽토그램에 관한 개념이나 미치는 영향, 연계 서비스의 개념 및 종류 등을 기술하는 것을 말한다. 또한 「Tactile 프로젝트」 사례에서 Tactile 프로젝트는 노인들의 치매예방 및 사회적 고립 방지를 위해 사회적 상호작용 촉진을 위한 정신 적 · 신체적 훈련 지원 프로그램으로 유럽연합의 재정지원을 받아 공공영역에서 추진한다. 이 경우에는 [EU의 AAL 프로그램]의 AAL(Ambient Assisted Living)에 대한 이론적 배경으로 개념과 방법 등을 기술하는 것이다.

즉, 이러한 이론적 배경을 서술하는 이유는 프로그램의 세부 사업 내용에서 목적이나 목표를 달성하기 위해 사용하는 서비스들이 서적이나 논문에서 이론적으로 검증되어 있으므로 프로그램 진행자들이 이러한 서비스들을 활용한다는 것을 객관적 · 과학적으로 밝히기 위해서 서술하는 것이다. 이때 프로그램 기획자가 상술한 증거기반실천(EBP) 이론과 효과성들을 제시한다면 프로그램에서 제공하는 서비스들은 더욱 목표달성을 위한 타당성과 당위성을 얻게 될 것이다. 예를 들어, 이론적 배경에서 다음과 같은 연구 결과들을 제시함으로써 프로그램에서 제공되는 서비스들이 효과가 있다는 것을 증거로서 제시해 볼 수 있다.

예 1 전통놀이가 정서적 성장과 사교성에 영향을 주어 자신을 긍정적으로 인식하므로 정서지능, 사회적 능력, 자아존중감에 영향을 미치는 것으로 확인되었으며, 전통놀이프로그램을 통해 또래와 협력하고 놀이를 끝까지 하는 과정에서 자신을 긍정적으로 인식하여 자아존중감이 향상되었음을 알 수 있다. 따라서 아동들은 전통놀이를 함으로 자아존중감이 향상됨을 확인할 수 있었다(임혜수, 2022).

예 2 발달장애유아 대상 음악 활동, 자기표현력 증진 프로그램 활동, Move-Grow-Learn 프로그램 활동, 다면화된 무용-체육 프로그램 활동, 집단언어치료 연극 활동, 무용동작치료 활동 등 다양한 중재프로그램 대부분 사회성 향상은 물론 정서지능에 긍정적인 영향을 준다는 것을 알 수 있다(홍혜전, 2020).

예 3 송수경(2008)은 보건소에서 운영하는 건강 증진 프로그램의 효과 등을 분석한 결과, 앞으로 건강 증진 프로그램 설계 시 개인적 특성과 지역적 특성을 고려해야 하며, 지속적이고 규칙적인 참여는 신체적 변화에 긍정적인 변화를 줌으로써 건강 증진에 효과가 있다고 보고하였다. 또한, 유송지(2008)는 지역사회 경로당 건강 증진 프로그램 참여 수준에 따라 노인의 우울 및 삶의 질에 긍정적인 효과가 있는 것으로 보고하였다.

노인복지관의 건강 증진 프로그램은 노인에게 중요한 장소이자 다양한 건강 증진 프로그램 제공의 장으로 활용되고 있다. 최근 우리나라에서 발견되는 노인 문제 해결을 위해 노인의 삶의 질과 관련된 신체적, 사회적, 정서적인 면에 관심을 가져야 할 필요가 있다(김민성, 2021).

예 4 놀이가 아동에게 미치는 영향의 선행 연구에서도 보면 아이들의 사회적 유능감은 또래와의 놀이 행동에 긍정적 상호작용을 나타내었고(Asik-Ozturk et al., 2019), 전래놀이가 아이들의 신체적 자기효능감을 향상시키는 데 긍정적 효과가 나타났다(Louth & Jamieson-Proctor, 2019). 또한 하산트 등(Hassant et al., 2021)의 연구에 따르면 자폐성 범주에 있는 아이들에게 기능성 게임의 개입은 사회적 · 정서적 역량을 증진시킨다(임혜수 · 박준언, 2022).

02 대안선택

프로그램을 구성하는 활동의 대안(목표달성을 위해 제안된 서비스나 혹은 세부 프로그램)들은 수도 없이 많으며, 이들 중에서 프로그램의 목적 및 목표 달성에 가장 적합한 대안을 결정하는 것은 쉽지 않다. 프로그램을 구성하는 최종의 대안서비스 혹은 세부 프로그램은 우선순위 비교와 자원동원 가능성에 따라 결정되며, 우선순위는 타당성과 실행 가능성 여부에 의해서 비교·결정된다. 대안을 선택하는 작업에는 프로그램 참여자 전체의 합의가 있어야 하므로 각각의 의견 개진 후 서로 타협과 조정을 해 나가는 작업이 반드시 필요하다.

그러나 현실적으로 많은 대안 서비스나 세부 프로그램들이 선택될 때, 프로그램 참여자의 전체적 합의나 과학적인 선택결정 방식에 의해 이루어지기보다는, 프로그램 관리자의 주관적 판단이나 기존 유사 프로그램들에서 사용되고 있는 서비스들을 그대로 선택하는 경우도 종종 있다. 따라서 향후 프로그램 관리자는 대안선택 시 프로그램 참여자들의 과학적인 방법(증거기반실천 EBP 프로그램)에 의한 전체적인 합의 도출과 함께 프로그램의 목적과 목표에 잘 부합되거나 효과성이 입증된 단위서비스(세부 프로그램)들을 선택하도록 노력해야 할 것이다(신복기 외, 2009: 455–456). 대안선택의 과학적인 방법으로서는 의사결정나무분석, 로직트리, 다속성 효용성 검토기법(MAUT) 등이 있는데 이에 대한 설명은 대안선택의 방법에서 자세히 다루고 있다.

클라이언트의 욕구를 충족시킬 수 있는 여러 대안 중 최적의 대안을 선택하기 위한 기준은 크게 타당성(desirability)과 실행 가능성(feasibility)으로 나눌 수 있으며, 타당성은 채택된 대안이 수행될 경우 그 결과가 얼마나 바람직한 것인지 정도를 측정하는 기준이며, 실행 가능성은 대안이 채택되어 집행될 수 있는 가능성이다. 타당성의 기준은 효과성, 효율성, 비용-효율성, 적합성, 형평성, 공평성이며, 실행 가능성 기준은 기술적 실행 가능성, 경제적 실행 가능성, 이용자 확보 여부, 사회윤리적 실행 가능성, 정치적 실행 가능성등을 검토하게 된다(정무성, 2013: 257–260).

1) 타당성 기준

(1) 효율성

효율성은 프로그램의 목적을 달성하는 대안들에 대해 비용이나 노력, 시간과 같은 투입에 대한 산출(목표달성 정도)의 비율을 측정하여 타당성을 평가하는 기준이다(신복기 외, 2013: 342). 즉, 제안된 대안들이 얼마나 적은 비용으로 당초 세운 목표를 잘 달성할 수 있는가를 측정하는 것이다. 효율성을 측정하는 방법으로는 비용/효과 분석(Cost-Effectiveness Analysis)과 비용/편익(이익) 분석(Cost-Benefit Analysis)이 있다.

① 비용/효과 분석(Cost-Effectiveness Analysis)

프로그램의 질적 이득을 찾아내기 위한 지표로서 각 제안된 대안들의 목표에 대한 상대적 기여도를 측정해 최선의 대안을 선택하는 분석방법이다. 이 방법은 비용을 화폐로 표현하지만 결과가치는 화폐가치로 계산하지 않고 입양아 수, 재범감소율, 취업자 수 등 주로 수나 비율(%)로 표현하여 얼마를 투자해서 어떤 결과/산출을 했는가이다(정무성, 2013: 258). 예를 들어, SRC보듬터에서 실시한 'PCP와 Tutoring으로 시설에서부터 지역사회까지' 프로그램은 무연고 성인 중증장애인을 위한 맞춤형 자립지원으로 30,000만 원의 비용으로 실시하였고, 계획된 목표의 95%를 달성하였다. 따라서 비용/효과는 3000만 원/95% 증진으로 나타낼 수 있다.

다음은 노인취업을 위한 프로그램의 비용효과 분석을 보여 주는 예이다. 표 8-1에서 보는 바와 같이 노인취업을 위한 프로그램으로 기존에 있던 A 프로그램이 B 프로그램보다 약 20% 낮게 지출되어 비용절감적이었다. 또한 성공적으로 1년 동안 취업 프로그램을 수료한 노인의 비율도 각 50명 가운데 A 프로그램이 38명(76%)으로 B 프로그램의 26명(52%)보다 높게 나타났다. 그러나 실제 전임직으로 취업한 노인의 수는 B 프로그램이 28명으로 A 프로그램보다 2배의 성과를 보였다. 이 프로그램의 근본적 목표를 취업노인의 수로 본다면 결국 B 프로그램이 1인당 취업노인에 대한 비용이 낮기 때문에 비용효과적 프로그램으로 평가될 수 있다.

표 8-1 노인취업을 위한 프로그램의 비용효과 분석 (단위: 천 원, 명)

구분	A 프로그램	B 프로그램
총 프로그램 비용	380,000	475,000
프로그램 수료생 비율	76%	52%
전임직 취업노인의 수	14	28
1인당 취업비용	27,142	16,964

② **비용/편익**(이익) **분석**(Cost-Benefit Analysis)

비용/편익 분석은 경제학적 관점에서 출발하는데, 비용/편익의 개념은 이익을 이끌어 내는 것과 특정 목적을 달성하기 위해 요구되는 자원(비용)들 사이의 관계로 정의한다. 흔히 투자효과 분석이라고 불리며, 정부의 공공사업 평가에 많이 사용된다. 여기서 프로그램의 편익은 가시적 또는 비가시적 프로그램의 순수한 성과이며, 비용은 직접적 또는 간접적으로 프로그램 수행에 요구되는 자원을 말한다. 이 분석에서는 프로그램의 비용은 물론 성취 결과까지 모두 화폐가치로 표현할 수 있어야 한다. 예를 들어, 00복지관에서 실시한 '저소득 구직 장애인의 취업기반 조성을 위한 직업능력 개발 프로그램'을 통해 드론조정자격을 취득하는데 든 비용인 1인당 100만 원이다. 그런데 이들이 직업능력교육을 통해 소독업체에 취업하여 월 120만 원의 월급을 받는다면 비용/편익은 100만 원/120만 원으로 나타낼 수 있다. 1인당 자격증 취득에 100만 원이 소요되었는데 120만 원의 편익을 달성하였 으므로 순수 편익은 20만 원이다. 하지만 이와 달리 언어 장애인을 위한 '언어 장애인의 음성인식 강화, 「Euphonia 프로젝트」. 독거부모-자녀들과의 소통을 지원하는 '음성 및 문자 메시지 중계 로봇, 「Bocco emo」'와 같이 성과를 화폐가치로 환산하기 어려운 경우가 있다. 또한 비행학생 한 명이 담배, 음주, 마약 또는 폭력행위를 끊는다면 그 사회적 편익은 돈으로 계산하면 얼마나 될 것인가? 이때 단지 학생의 행위적 변화만을 화폐로 계산하는 것이 아니라 그 변화가 없었으면 발생할 사회적 불이익, 즉 폭력 등에 의한 주민재산의 손실 등이 화폐가치로 계산될 수 있어야 한다(정무성, 2013: 258-259). 따라서 사회복지실천현장에서 현실적으로 사용하기 어려운 경우가 많다.

황성철과 한혜경(2003)은 다음과 같이 재가노인복지사업의 비용편익 분석에서 정부지원을 받고 있는 가정봉사원파견사업소, 주간보호사업소, 단기보호사업소의 총운영비를 비용으로 계산하고, 사회적 관점에서 편익을 추계하는 방법으로 클라이언트 계층에 따라 각기 서비스 종류별로 총비용과 총편익 그리고 순편익을 산출하였다. 분석 결과 가정봉사원파견사업의 사회적 순편익은 적게는 1,372억 원에서 크게는 1,445억 원인 것으로 추계되었다. 주간보호사업의 사회적 순편익은 적게는 159억 원에서 크게는 394억 원이며, 단기보호사업은 61억 원에서 78억 원으로 추계되었다. 즉, 사회적 순편익은 모든 경우에 양의 값을 가질 뿐 아니라 상당히 큰 것으로 나타났다.

사례

재가복지서비스의 순편익 규모 추정

(단위: 천만 원)

서비스 종류	잠재수요자 대상			ADL 한 가지 이상 어려운 노인 대상			IADL 한 가지 이상 어려운 노인 대상		
	총비용	총편익	순편익	총비용	총편익	순편익	총비용	총편익	순편익
가정봉사원 파견사업	916	15,372	14,456	916	14,640	13,724	916	14,640	13,724
주간보호 사업	756	4,701	3,945	756	2,350	1,594	756	3,526	2,770
단기보호 사업	233	1,022	789	233	848	615	233	848	615

※ 순편익=연간 전국시설 총수입－연간 전국시설 예산
연간 전국시설 총수입=균형가격×연간 전국시설 이용자 수×연간 평균 1인당 이용일수
가정봉사원파견서비스의 1인당 이용일수=180일[360÷2(6개월)]
주간보호서비스의 1인당 이용일수=360일[360÷1(12개월)]
단기보호서비스의 1인당 이용일수=90일[360÷4(3개월)]

출처: 황성철(2022). 사회복지 프로그램 개발과 평가. 공동체. p.352.

2) 실행 가능성 기준

실행 가능성이란 대안이 채택되어 실행될 수 있는 가능성의 정도를 나타내는 것이다. 실행 가능성은 기술적, 경제적, 이용자 확보 여부, 사회윤리적, 정치적 측면으로 나누어 볼 수 있다(이민홍 · 정병오, 2012: 137–139).

(1) 기술적 실행 가능성

만일 어떤 대안이 채택된다면 과연 그 대안의 집행이 기술적으로 가능한가를 검토하는 것이며, 기술은 조직, 시스템, 담당자(전문가)의 수급 및 자질 등이 포함된다. 예를 들면, '가족 구성원 간의 불화로 인해 '결식'을 하는 노인을 위해 가족치료를 한다고 했을 때, 어떠한 가족치료 기법을 사용할 것인가?' 하는 것이다.

(2) 경제적 실행 가능성

대안의 실행에 소요될 비용과 비용 부담자 및 부담 능력을 측정하는 기준이다. 여기서는 어느 서비스 전달 대안이 지나치게 비경제적인가 아닌가의 경제적 실행 가능성 등을 검토하면 된다. 장기 실직자들에 대한 직업훈련이 기술적으로 가능하다 해도, 교육 전문가를 초빙했을 때 많은 인건비가 들어가며, 또 다른 사항을 고려할 때 만만치 않는 예산이 소요될 수밖에 없다.

(3) 이용자 확보 여부

사회복지 프로그램을 수행하기 위해서는 프로그램이 표적체계로 설정한 클라이언트를 확보할 수 있어야 한다. 프로그램 이용자를 얼마나 확보할 수 있는지를 철저하게 점검해야 한다. 실제로 사회복지현장에서 우수한 프로그램을 개발했지만, 대상자를 확보하지 못해 실행하지 못하는 경우가 종종 발생하고 있다.

(4) 사회윤리적 실행 가능성

어떤 대안이 기술적으로나 경제적으로 실행 가능하다 할지라도 사회윤리적인 이유로 실행하기 어려운 경우가 있다. 즉, 그 대안이 사회윤리적으로 얼마나 건전하고 수용 가능할 것인가를 생각해야 한다. 예를 들어, 중학생 비행의 확산을 막고 다른 학생들의 건강을 보호하기 위해서 중학교 교실마다 흡연실을 따로 설치하는 것은 현재 우리나라의 윤리에서는 수용되기 어렵다.

(5) 정치적 실행 가능성

그 제안된 대안이 이해관계 집단들로부터 정치적 지지를 받을 수 있는가를 측정하는 기준이다. 만약, 실직자들에 대한 실업급여의 감액 또는 중단은 실직자와 그 가족 및 이해 당사자들의 반발을 가져올 것이다. 이처럼 각 대안은 앞서의 기준들과 더불어 이해관계 집단의 정치적 지지를 얼마나 확보할 수 있는 대안인가도 검토, 채택이 되어야 한다.

03 자료수집과 대안선택의 방법

1) 자료수집의 방법: 아이디어 발상법

(1) 브레인스토밍(Brain Storming)

① 개념

창의적인 아이디어를 낼 때 유용한 기법인 브레인스토밍은 1939년 미국의 알렉스 오스본(Alex Osborn)이 개발하였다. 3인 이상의 사람이 모여서 하나의 주제에 대해 자유롭게 논의를 전개하므로 프로그램을 설계하고 자료를 수집하는 과정에서 브레인스토밍을 적극적으로 활용할 수 있다. 특히 해결해야 할 문제가 구체적이고 한정적일 때 매우 적합한 도구이다(황성철, 2022; Scheidel & Crowell, 1979).

② 장점

브레인스토밍은 손쉽게 실행할 수 있으며, 거의 모든 상황에 적용할 수 있어 다양한 아이디어를 얻을 수 있다. 뿐만 아니라 아이디어와 아이디어를 융합하거나 접목하는 등(가감승제) 새로운 아이디어로 발전시킬 수도 있다(堀公俊, 2015: 68). 이와 더불어 네이피어와 거센펠드(Napier & Gerchenfeld, 1981)는 집단 활동에서 브레인스토밍 기법을 적용하는 경우 다음과 같은 장점이 있다고 하였다.

브레인스토밍의 장점

- 집단활동에서 권위를 갖는 한 사람에 대한 의존성을 감소시킨다.
- 공개적이고 자유로운 아이디어를 상호 공유할 수 있다.
- 비교적 짧은 시간에 최대한 많은 아이디어를 생산한다.
- 각자의 아이디어는 차트에 적혀 모든 사람들이 알아본다.
- 즐거운 분위기에서 스스로 자신을 자극하는 효과가 있다.
- 문제에 대한 해결책을 집단 내부에서 찾기에 책무성이 강화된다.

③ 단점

브레인스토밍은 거의 모든 상황에 적용할 수 있어 다양한 아이디어를 얻을 수 있다는 점이 장점으로 활용되지만 이것은 자유로운 분위기가 조성되었을 때만 이루어질 수 있다. 즉, 기존의 권위주의적 규범과 가치체계에서는 집단구성원의 공개적이고 자유로운 의견 개진이 항상 묵살되기 때문에 권위적인 조직 또는 팀 문화에서는 브레인스토밍 기법은 효과성을 발휘하기 어렵다(황성철, 2022: 200). 또한 다른 사람에게 의지하여 진지하게 생각하지 않는 구성원이 나올 위험성이 있으며, 운영자에 따라서 브레인스토밍의 성과가 좌우되며, 다른 사람 앞에서 발언을 잘 하지 못하는 구성원은 본인의 능력을 살리기 어렵다는 단점이 있다(야마기와 아리부미, 1995: 148).

④ 브레인스토밍의 4원칙

집단토의가 시작되면 운영자는 해결해야 할 문제를 제시하고 아이디어 회의에서 쓰이는 브레인스토밍의 4원칙을 설명하도록 한다. 이 기법의 원칙은 무척 단순하며, 운영자는 팀의 역량을 끌어 내려는 노력이 필요하다(堀公俊, 2015: 69).

1. 타인의 의견 비판 금지(Defer Judgement)
   모든 아이디어는 반드시 어떤 도움이 된다. 아이디어를 낸 시점에서는 좋고 나쁘다는 평가를 하지 않는다.
2. 자유분방한 발상(Encourage Wild Ideas)
   엉뚱한 아이디어를 환영해야 폭넓은 발상이 가능하며 밝은 분위기를 유지할 수 있다.
3. 질보다 양(Go for Quantity)
   많은 아이디어를 내다 보면 발상의 틀을 벗어날 수 있다. 그중에 기발한 아이디어가 반드시 있다.
4. 타인의 아이디어 베끼기 환영(Build on the Ideas of Others)
   기존의 아이디어에서 힌트를 얻어서 연상 게임을 하듯이 아이디어를 발전시킨다.

(2) 브레인라이팅(Brain Writing): 침묵의 발상회의법

① 개념

브레인라이팅은 참석자들이 자유롭게 발언하는 방식의 브레인스토밍이 지닌 단점을 보완하기 위해 독일에서 처음 소개된 아이디어 회의 기법이다. 브레인라이팅은 머릿속에 떠오른 다양한 아이디어를 글로 적는 아이디어 발상법으로, 독일의 홀리제(Hermann Holliger)가 창안하여 원칙적으로 6인의 참가자가 한 회당 3개씩의 아이디어를 5분 내에 적는 활동이라고 하여 6·3·5법이라 하였다. 이를 회의에 적용할 때는 6인의 한 조에게 각각 한 장씩의 아이디어를 적는 용지를 제공하여 3개씩의 아이디어를 5분 내에 적고 이를 조원들과 돌려 읽으면서 다른 조원들의 아이디어를 참고하면서 발상을 확장시켜 나가는 방법이다. 이 방법은 브레인스토밍처럼 문제 해결의 다양한 아이디어를 얻고자 하며 아이디어의 질보다 양을 중시하고 다른 사람의 의견을 참고하여 더 좋은 아이디어를 구성하는 데 초점을 둔다(송현정, 2022).

6-3-5 법

- 참가자는 원칙적으로 6명으로 제한하는 것이 좋다.
- 한 라운드에 각자 3개의 아이디어를 써 낸다.
- 한 라운드를 끝내는 시간은 5분으로 제한한다.

즉, 6명의 참가자가 각각 아이디어를 3개씩 5분간 생각해 내는 방법을 6회 반복하는 발상법이다(야마기와 아리부미, 1995: 149). 먼저 5분간 각 참석자들은 첫 번째 주제의 A, B, C 칸에 주제에 관한 본인의 아이디어를 쓴다. 5분이 지나면 참석자들은 본인의 시트(사례 참고)를 왼쪽 옆 참석자에게 전달한다. 오른쪽 참석자에게 받은 시트의 첫 번째 칸 A에 쓰인 아이디어를 발전시켜 두 번째 A칸에 쓴다. 발전적인 아이디어가 생각나지 않는다면 독자적인 아이디어를 쓰도록 한다. 이러한 방법으로 5분간 발상을 6회 반복하게 된다. 다음 사례는 쓰기를 통해 집단 사고를 하는 브레인라이팅의 특성을 명확하게 보여 주는 지점이다. 이러한 활동 과정에서 보여 준 구체적인 내용은 다음과 같다.

사례

브레인라이팅 활동 예시

① A학생부터 → B학생 순	② B학생부터 → C학생 순
다른 사람의 말을 경청하고 있다. 기분 좋은 말을 듣고 있다. 기분 좋은 말의 특징은 무엇인가? 따뜻함을 지닌 말이다. 경청은 기분 좋은 말을 들을 때만 이루어지는 것일까? 안 좋은 말을 경청하도록 하기 위해서는 어떻게 하는 것일 좋을까? 안 좋은 말을 겉만 포장하는 것보다 스스로 내면의 힘을 키워 그런 말들로부터 오는 유해함을 방어할 수 있도록 해야 한다. 그런 강인함으로부터 '경청'이 시작된다고 생각한다.	나무는 지구를 지켜 준다. 아낌없이 주는 나무처럼 도움을 주기 위해 경청한다. 도움이 필요한 사람의 말을 듣고 있다. 아낌없이 주는 나무는 세상의 소리를 듣는다. 세월의 소리.... 사람이 아닌 생물, 혹은 무생물도 경청을 할 수 있을까? 그렇다면 그들은 어떤 방식으로 경청을 해 오는 걸까? 사람 이외의 사유할 수 있는 동물은 없을 것이다. 그럼, 동물에게 말하는 사람들은 무슨 생각으로 하는 걸까? 개에게 '기다려, 손' 이런 명령과 같은 단순의 사소통도 '경청'에 포함할 수 있을까?
③ C학생부터 → D학생 순	**④ D학생부터 → A학생 순**
다른 사람의 말 잘 듣기 잘하고 있나 성찰해 봅시다. 경청을 잘하는 것은 무엇인지 고민해 봐야 한다. 그 전에 상대방의 마음을 이해해야 한다. 마음이란 뭘까? 결국 마음으로부터 소통이 시작되는 것이다. 마음으로부터의 소통을 정의 내린다면 어떻게 할 수 있는 것일까? 교감이 가장 필요하지 않을까 생각한다. 감정만큼 크게 다가오는 것이 없을 테니까.	듣기 위해서는 청각 이외의 감각은 필요 없다. 귀로만 하는 것이 아니라 마음으로도 하는 것이다. 경청은 눈 마주침과도 밀접한 관련이 있다. 나는 마음에도 눈이 있다고 생각한다. 청각만으로만 한다는 생각에서 벗어나 눈도 포함하기로 정정한다. 다른 이의 말을 잘 수용하시는군요. 경청이 이런 걸까요?

출처: 국어과 예비교사의 작문 수업 활동을 위한 지도의 실제– 브레인라이팅 전략을 중심으로. 영주어문학회지, 51, 265–290.

② 장단점

브레인스토밍은 자칫 목소리가 큰 사람이나 발언이 많은 사람에게 이끌려 갈 가능성이 크다. 그러나 브레인라이팅은 자기주장을 내세우기 꺼려 하는 사람들의 아이디어도 취합할 수 있다는 장점이 있다. 또한, 지위와 성격 차이에 상관없이, 모든 사람이 평등하게 발상할 수 있으며, 또 서로의 아이디어에 자극을 줄 수 있다. 첫 대면하는 동료와 팀을 만들어야 할 때, 서로 모르는 사람끼리 갑자기 발상 회의를 시작할 때 브레인라이팅이 효과적이며, 그리고 회의를 진행하는 사람이 미숙할 때나 팀원을 강하게 이끌어 가기 힘든 경우에 유용하다. 우리나라의 경우, 토의문화가 발달하지 못한 집단토의에서는 브레인스토밍보다 브레인라이팅이 더 효과적인 경우가 많은 것으로 복지 QC활동에서 활용된 바 있다(박경일, 2000). 브레인라이팅의 장점을 정리하면 다음과 같다(高橋誠, 2010: 23-26).

브레인라이팅의 장점

① 전원이 평등하게 발상할 수 있다.
② 지위나 입장이 달라도 눈치를 보지 않고 발표할 수 있다.
③ 처음 만나는 사람들과도 얼마든지 가능하다.
④ 다른 사람의 발언으로 사고가 방해받는 것을 막아 준다.
⑤ 정확한 기록을 남길 수 있다.
⑥ 혼자서도 할 수 있다.
⑦ 몇 천 명이 있어도 가능하다.
⑧ 시간 관리를 완벽하게 할 수 있다.
⑨ 구성원 전원이 참여한다.
⑩ 한자리에 모이지 않고 인터넷으로도 가능하다. (e-브레인라이팅)

그러나 브레인스토밍과 달리 팀 전체가 고조되어서 서로 자극하는 상승효과를 기대할 수 없다는 단점이 있다(야마기와 아리부미, 1995: 151).

사례

주제: 건강한 위탁가정 만들기 프로젝트

	A 위탁부모의 역량강화	B 가족관계 강화 프로그램	C 위탁아동의 정서적 안정감 증대
1	위탁부모 양육능력 강화교육을 실시한다.	가족캠프를 실시한다.	놀이치료를 한다.
2	성격검사(MBTI) 실시	가족장기자랑 대회	부모와 함께하는 놀이를 구성한다.
3	푸드테라피 강습	역할극을 해 본다.	부모와 함께하는 요리교실
4	영화를 통한 사춘기의 특성 익히기	의사소통기술 익히기	나의 미래 탐색하기
5			
6			

(3) 마인드맵(mind map)

① 개념

마인드맵은 1970년대에 영국의 토니 부잔(Tony Buzan)이 개발한 것으로 시각적 형태와 그림을 통해서 개념을 조작화하는 창의적인 방법이다. 마인드맵은 특정 주제를 중심으로 제시된 어휘와 관련될 수 있는 다른 어휘를 계속해서 연상하는 것으로, 이미 내재화시킨 어휘와 새로운 어휘를 관련지어 나가면서 이를 이해하고 습득해 나가는 방법이다(Michael Gelb, 1995: 김태건 · 임경원, 2018). 또한 언어로 자신의 의견과 생각을 원활하게 표현하기 힘든 사람들에게 하나의 매개체로서 자신의 이야기를 보다 쉽게 할 수 있도록 돕는 방법이다.

② 장점

다양한 분야에서 사용되고 있는 마인드맵은 필요한 단어만을 기록함으로써 많은 시간을 절약할 수 있으며, 자유로운 연상을 통해 어휘와 사고력을 향상시킬 수 있다. 또한, 그림, 기호, 색 등을 사용함으로써 전체 내용의 형태를 보다 선명하게 하여 기억에 오래 남을 수 있는 장점이 있다.

③ 절차

마인드맵은 마치 지도를 그리듯이 자신이 여태까지 배웠던 내용이나 자기 관리 등을 할 수 있는 방법이다. 마인드맵을 작성할 때에는 다음의 순서를 따르면 된다(Buzan, 2006: 33–34).

먼저 가로로 된 종이의 중심에서 시작을 한다. 이때 중심생각을 나타내기 위해 이미지나 사진을 이용하는 것도 좋다. 다음으로 중심이미지에서 주가지로 연결을 한 다음 주가지에서 부가지, 부가지에서 세부가지로 연결을 한다. 가지 연결을 할 때 구부리고 흐름 있게 가지를 만들며, 각 가지당 하나의 키워드만을 사용해야 된다. 그림 8-1 은 '직장인으로 살아가는 발달장애인의 삶'에 대한 이해와 직장인으로 삶의 질을 유지하는 데 필요한 지원요소를 파악하기 위해 마인드맵을 활용한 개별면담을 실시한 사례이다.

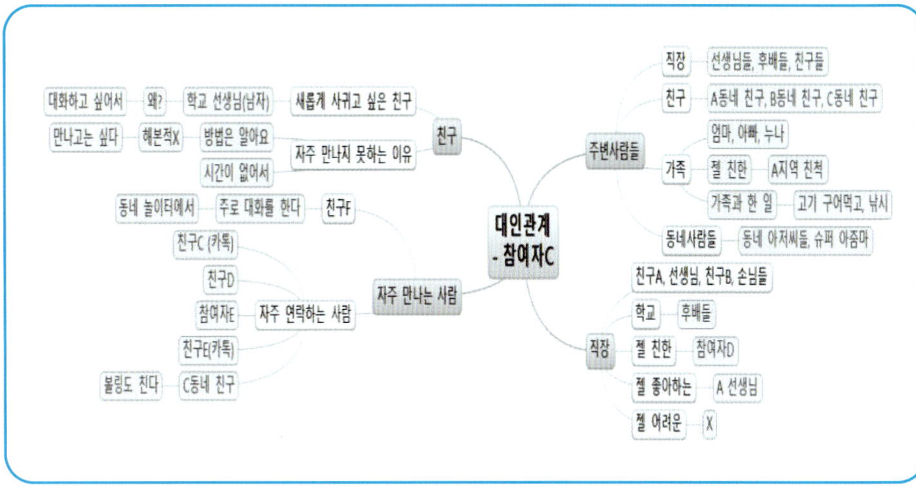

그림 8-1 '직장인으로 살아가는 발달장애인의 삶'의 마인드맵

출처: 직장인으로 살아가는 발달장애인의 삶: 포토보이스와 마인드맵으로 들어본 이야기. 특수교육학연구, 53(3), 67-96.

2) 대안선택의 방법

프로그램을 구성하는 많은 대안 중 프로그램의 목적 및 목표 달성에 가장 적합한 대안을 선택하는 것은 쉬운 일이 아니다. 하지만 프로그램의 실행을 위해서는 이러한 작업이 반드시 필요하다. 보통 대안선택의 과학적인 방법으로는 의사결정나무분석, 로직트리, 다속성 효용성 검토기법(MAUT) 등이 있다. 그중에서 의사결정나무분석과 로직트리는 상당히 유사한 점이 많아 많은 부분에서 개념이 혼동이 되어 사용되기도 한다. 하지만 의사결정나무분석은 대안을 제시하기 위해 사용하는 반면, 로직트리는 대안선택과 더불어 문제를 분석하는 데에도 많이 사용된다는 점에서 차이가 있다.

(1) 의사결정나무분석(Decision Tree Analysis)

① 개념

의사결정나무(decision tree)라 함은 나무의 줄기에서 가지로 펼쳐지듯이 의사결정에서 하나의 목표달성을 위한 모든 가능한 대안이 2~3개로 뻗어 나가 최종적인 의사결정을 하는 불확실한 상황에서의 의사결정 분석방법이다. 이것은 프로그램 개발자가 목적과 목표달성의 장애요인을 검토한 후 구체적 대응방안 또는 개입 전략과 방법을 모색하는 사고 과정을 체계화하는 데 도움을 주며(황성철, 2022: 200), 목표와 상황과의 상호 관련성을 나타낸다. 즉, 프로그램 개발자의 과거의 경험적 데이터, 주관적 판단, 전문가의 견해 등을 토대로 최적의 대안을 선택하는 논리적 구조를 이용해 의사결정을 하는 방법이다.

② 절차

- 목적과 목표를 분명히 한다.
- 대안을 마련한다.
- 각 대안의 장단점을 비교한다.
- 최선의 대안으로 의사결정한다.

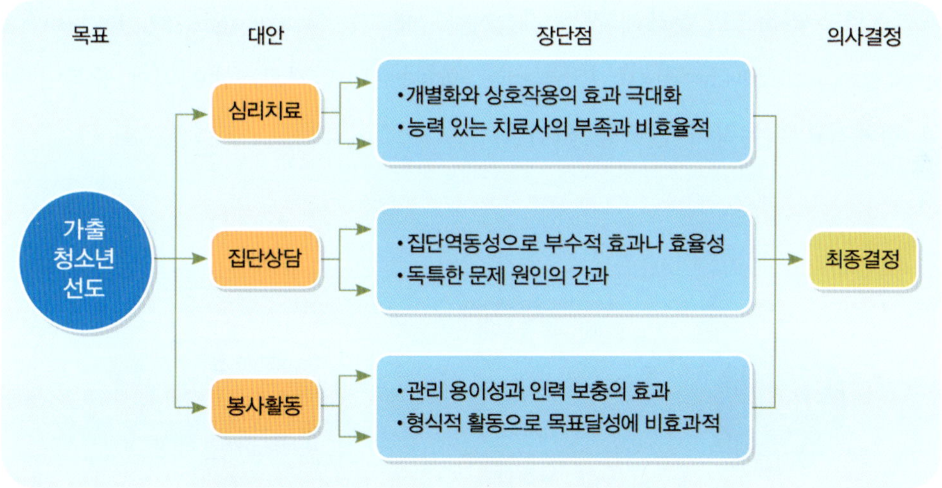

그림 8-2 **비행청소년 선도의 의사결정계통분석 실례**

출처: 황성철(2022). 사회복지 프로그램 개발과 평가. 공동체. p.201.

그림 8-2 는 '가출청소년 선도'라는 프로그램의 목표를 설정했을 때 가능한 개입 전략을 생각하고 각 개입 전략과 서비스 제공방법의 장단점을 비교한 후 최종적 대안을 결정하는 과정을 의사결정계통분석으로 접근한 실례를 나타내 준다.

(2) 로직트리(Logic Tree)

로직트리는 맥킨지 컨설팅의 문제분석 기법의 한 과정으로, 어떤 문제를 파악하거나 해결하기 위해서 그 특정 문제(이슈)를 나뭇가지의 형태로 만들어 계층적으로 도식화하는 분석 기법이다. 나뭇가지 형태 등과 같이 의사결정나무분석과 유사한 점이 상당히 많아 혼동이 되어 사용되기도 하지만 로직트리는 대안선택과 더불어 문제를 분석하는 데에도 많이 사용된다는 점에서 차이가 있다. 특히 로직트리는 특정 이슈를 풀어 나가는 데 많이 이용하기 때문에 이슈 트리(Issue Tree)라고도 한다(김재문, 2004). 즉, 로직트리는 문제를 분석하여 문제의 원인인 나무의 뿌리를 찾아 해결방안을 도출하게 된다.

① 로직트리의 MECE

로직트리는 주요한 이슈를 MECE의 사고방식에 기초하여서 상위의 개념을 하위의 개념으로 논리적으로 분해해 가는 기술이다. MECE는 Mutually(상호 간에), Exclusive(중복되지 않고), Collectively(전체로서), Exhaustive(누락이 없이)의 약자로, '상호 간에 중복이 없고 전체적으로 누락이 없이'를 의미한다.

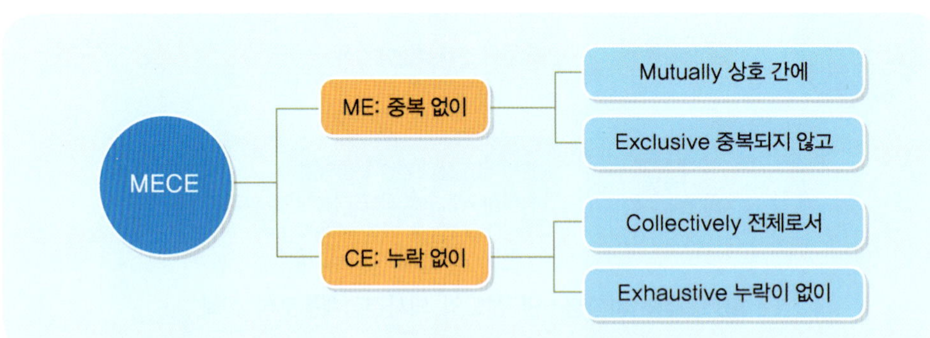

그림 8-3 MECE

출처: 김재문(2004). 프로기획자의 전략적 사고. 새로운 제안. p.134.

② 초기 질문/이슈

초기 질문은 보통 What(무엇을), Why(왜), How(어떻게)의 세 가지 종류로 쓴다. 첫째, What Tree는 '~을 무엇을 해야 하나?'로 쓰이며, 과제의 전체 구성요소를 알아보거나 체크리스트를 작성할 때에 사용한다. 둘째, Why Tree는 '~를 왜 해야 하나?'이며, 과제나 문제의 원인이나 이유를 찾을 때 사용한다. 셋째, How Tree는 과제나 문제에 대해서 해결 대안을 찾을 때 사용한다. '~을 해결하기 위해서는 어떻게 해야 하나?', '~을 높이기 위해서는 어떻게 해야 하나?'로 쓴다(이호철, 2009: 16-20).

그림 8-4는 보육원 입소아동의 자립심을 강화시키기 위한 프로그램의 로직트리로, 어떻게 자립심을 강화시킬 것인지에 대한 대안을 작성하였으므로 How Tree에 속하게 된다. 그러한 초기 질문에 대해 1차적으로 자립훈련 프로그램과 진로 선택으로 전개되었고, 2차 전개로 자립훈련 프로그램은 요리 프로그램과 안전교육 프로그램을 시행하고자 하였다. 2차 전개에 이어 3차 전개에서는 김장 담그기, 밑반찬 요리교실과 같이 더 세부적인 대안이 작성되어 있다.

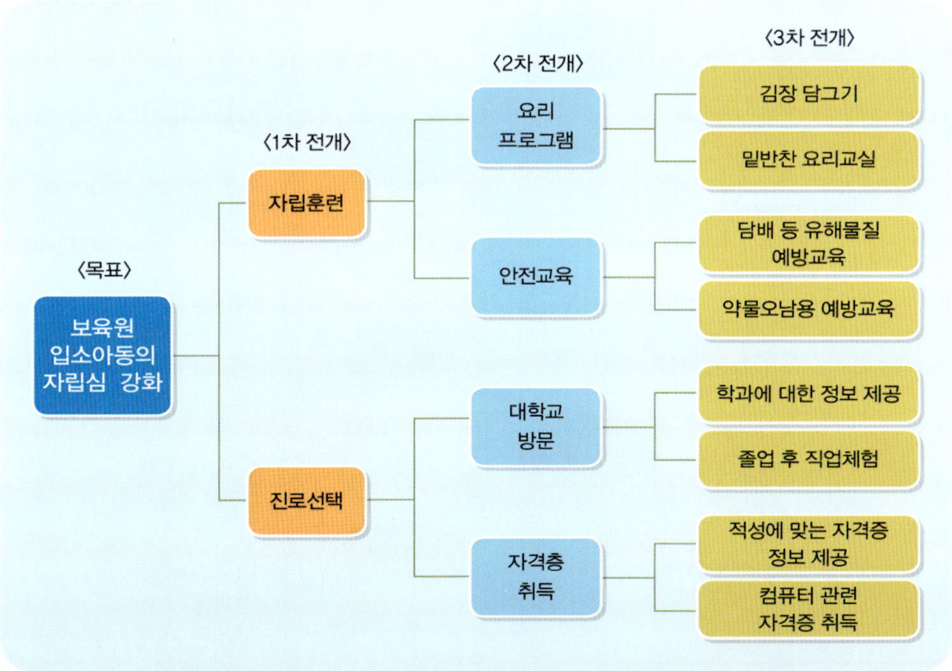

그림 8-4 보육원 입소아동의 자립심 강화 프로그램의 로직트리

③ 장점

- 누락이나 중복을 미연에 확인할 수 있다.
- 원인이나 해결책을 구체적으로 찾아낼 수 있다.
- 각 내용의 인과관계를 분명히 할 수 있어, 우선순위 판단도 용이하다.
- 체계적이고 간결한 구조로 정리하여 이해가 쉽고, 오랜 기간 기억이 될 수 있다.

다음 사례는 '더불어 안심하는 지역교육 복지네트워크'로 낮은 교육적 관심과 방치되는 저소득 가정 아동·청소년의 건강한 성장을 위한 인식 프로그램의 로직트리로, 어떻게 성장 나눔활동을 인식할 것인지에 대한 대안을 작성하였다.

사례

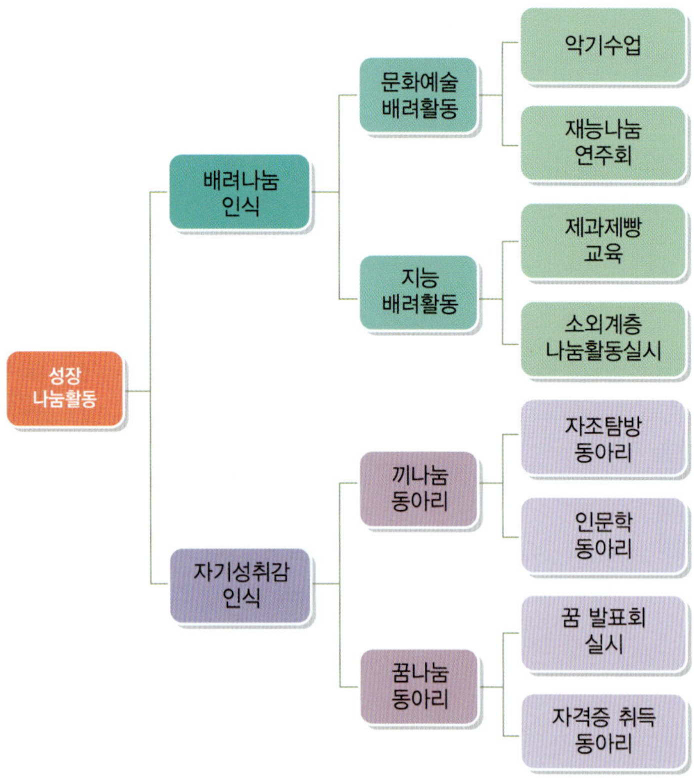

(3) 다속성 효용성 검토기법(MAUT)

다속성 효용성(MAU)는 노이만과 모르겐스턴(Neumann & Morgenstern, 1947)의 효용이론에 기반을 두고 있으면 키니와 라이파(Keeney & Raiffa, 1976)에 의해 구체적인 기법과 적용절차가 제시되었다. 다속성 효용성은 인간은 자신의 효용을 극대화하는 선택을 한다는 형태적 가정에 기반을 두며, 선택된 속성들에 대한 효용 특히 개인의 주관적 의사결정 모형 속에서 어떻게 선형적으로 결합되어 있는가이다(심준섭, 2004: 1-13). 다속성 효용성은 복잡한 의사결정과정에 대한 통찰력을 얻는 데 유용하게 사용되는 방법으로 통계적 의사결정 이론으로부터 개념적인 구조를 도입하고 있으며, 심리학, 경영과학 등에서 개발된 응용기법과 실증경험을 의사결정과정에 포함한 기법이다. 다속성 효용성 검토기법(Multiple Attribute Utility: MAUT)은 대안선택의 과학적인 방법으로서 제안된 서비스나 세부 프로그램들을 선택해 볼 수 있다. 다음은 청소년 캠프 프로그램의 대안선택 사례이다.

사례

프로그램 선택 기준 (가 치)	기준가중치 (중요도)	선택안		
		상담	캠프	문화행사
심리적 문제해결	3	8	6	4
개인적 경험 확대	2	5	8	5
비행 행동 방지	2	4	5	5
가치 규범 수용	1	5	7	8

출처: 이창호(1991). 사회복지 프로그램 개발 및 평가. 사회복지법인 자광재단. p.51.

다속성 효용성 검토기법은 다음의 순서에 따라 진행된다(이창호, 1991: 51).

① 의사결정의 기준(criteria) 합의, 결정

② 각 기준에 가중치(weight) 부과(합의)

③ 각 가능한 프로그램을 기준에 맞춰 예상되는 효용성 평가(1~10척도)

④ 각 평가합산, 전체 효용성 비교 · 결정($U_i = \Sigma_j w_j u_{ij}$)

- 효용성 계산
  - 청소년 상담: 3+2+2+1=47
  - 청소년 캠프: 3+2+2+1=51
  - 청소년 문화행사: 3+2+2+1=40
- 결정: 청소년 캠프 프로그램을 선택

참고문헌

김민성(2021). 노인의 노인복지관 건강증진프로그램 참여가 삶의 만족도에 미치는 영향. 조선대학교 석사학위논문.

김재문(2004). **프로기획자의 전략적 사고**. 서울: 새로운 제안.

김태건, 임경원(2018). 직장인으로 살아가는 발달장애인의 삶: 포토보이스와 마인드맵으로 들어본 이야기. **특수교육학연구, 53**(3), 67-96.

박경일(2000). 사회복지서비스의 질적 향상을 위한 관리기법으로서의 복지 QC 활동에 관한 사례연구. **한국사회복지학**, 40, 97-130.

박정임(2012). 사회복지사를 위한 근거중심 사회복지실천교육 및 훈련프로그램의 개발 및 효과성에 관한 연구: 종합사회복지관 사회복지사를 중심으로. **보건사회연구, 32**(3), 221-271.

박종익, 전선(2014). 자살예방 프로그램 인증 체계. **한국정신보건사회복지학회 학술대회**, 2014: 445-447.

서인해, 공계순(2014). 사회복지 프로그램 차원의 증거기반 활동에 대한 이해: 증거확보, 증거인증, 증거전파의 통합적인 접근 중심으로. **사회복지연구, 45**(4), 55-87.

송현정(2022). 국어과 예비교사의 작문 수업 활동을 위한 지도의 실제- 브레인라이팅(brainwriting) 전략을 중심으로. **영주어문학회지**, 51, 265-290.

신복기, 박경일, 이명현(2009, 2010). **사회복지행정론**. 경기: 공동체.

신복기, 박경일, 이명현(2013). **사회복지행정론(전정판)**. 경기: 공동체.

심준섭(2004). 판단분석(Judgment Analysis) 기법의 활용. **한국정책분석평가학회 학술대회발표논문집, 2004**, 1-13.

심혜정(2015). 사회복지사의 증거기반 실천 태도에 영향을 미치는 요인. 이화여자대학교 석사논문.

이민홍, 정병오(2012). **사회복지 프로그램 개발과 평가 이론 및 실제**. 서울: 나눔의집.

이창호(1991). **사회복지 프로그램 개발 및 평가**. 서울: 자광재단.

이호철(2009). **맥킨지식 문제해결 로직트리**. 서울: 어드북스.

임혜수(2022). 전통놀이 연구의 동향 분석. **인문사회 21, 13**(3), 1435-1448.

임혜수, 박준언(2022). 전통놀이프로그램이 지역아동센터 아동의 정서지능, 사회적 능력과 자아존중감에 미치는 효과. **한국문화와 융합, 13**(2), 531-546.

정무성(2013). **사회복지 프로그램 개발론**. 경기: 학현사.

중앙자살예방센터(2017). 2016 연간보고서. http://www.spckorea.or.kr.

최상미(2018). 이용자중심적 접근에 기반한 정서적 자활 프로그램Ⅱ 증거기반실천과 효과성. **한국사회복지행정학**, 20(3), 161-184.

홍혜전(2020). 장애무용교육프로그램 참여가 발달장애아동의 문제행동과 사회성 및 정서지능에 미치는 효과. **한국무용학회지**, 20(1), 1-11.

황성동(2015). **알기 쉬운 사회복지조사방법론**. 서울: 학지사.

황성철(2022). **사회복지 프로그램 개발과 평가**. 경기: 공동체.

高橋誠(2010). **브레인라이팅**. [ブレインライティング] (송수영 역). 서울: 이아소(원저출간: 2007).

堀公俊(2015). **(핵심정리)비즈니스 프레임워크 69**. [ビジュアルビジネス・フレームワーク] (오시연 역). 경기: 위키미디어(원저출간: 2013).

Barber, J. (1996). Science and Social Work: Are They Compatible. *Research on Social Work Practice, 6,* 379-388.

Buzan, T., & Buzan, B. (2006). *The mind map book.* London, UK: Pearson Education.

Cournoyer, B. (2004). *Evidence-Based Practice.* Boston: Skills Book.

Gelb, M. H., Jain, M. K., Hanel, A. M., & Berg, O. G. (1995). Interfacial enzymology of glycerolipid hydrolases: lessons from secreted phospholipases A2. *Annual review of biochemistry, 64*(1), 653-688.

Keeney, R. L., & Raiffa, H. (1976). *Decision analysis with multiple conflicting objectives.* New York: Wiley & Sons.

Michelle, J., & Austin, M. J. (2006). Evidence-Based Practice in the Social Services: Implications for Organizational Change. *Administration in Social Work, 30*(3), 75-111.

Napier, R., & Gershenfeld, M. (1981). *Groups: Theory and Experience* (2nd ed.), Boston, MA: Houghton Mifflin.

Richard, J. P., & Olga, K. W. (2005). Evidence-Based Complementary Altern. *Med, 2*, 49.

Small, A., Cooney, S., & O'Connor, C. (2009). Evidence-Informed Program Improvement: Using Principles of Effectiveness to Enhance the Quality and Impact of Family-Based Prevention Programs. *Family Relations, 58,* 1-13.

Von Neumann, J., & Morgenstern, O. (1947). *Theory of games and economic behaviour* (2nd ed.). Princeton, NJ: Princeton University Press.

오늘날 우리는 일상생활 속에서 자율주행 자동차, AI 고객센터, 식당에서의 서빙 로봇 등 인공지능(AI)의 영향을 절대적으로 받고 있다. AI 기술은 앞으로 더욱 발전하여 우리의 일상생활 더 깊숙이 자리 잡을 것으로 예상되는데, 사회복지 분야도 예외는 아니다. 아래는 사회복지 분야 AI 활용 사례에 대한 신문기사를 일부 발췌한 내용이다.

BUSINESS watch

'복지 사각지대 해소'…KT가 만든 AI 복지사 만나보니

최형균 기자 chg@bizwatch.co.kr
2021.02.25(목) 13:46

광주광역시, 인공지능으로 돌봄 서비스
안부 전화 걸고 대화 내용 문서로 전환
사회복지사 단순업무 해방, 업무효율↑

"어르신 잘 지내시는지 연락드렸습니다. 통화 가능하세요?"

지난 24일 광주광역시 서구에 사는 장모(75)씨 집에 특별한(?) 전화가 걸려왔다. 장씨는 구청으로부터 돌봄 서비스를 받는 노인이다. 보통 담당 사회복지사가 방문하거나 전화로 안부를 묻곤 하는데 이날은 사람이 아닌 인공지능(AI)이 활약했다.

"어르신을 학대하는 사람이 있나요?", "빨래가 힘드신가요?" 질문이 이어졌다. 장씨는 마치 손녀와 대화를 나누듯 해해 웃으며 "예", "아니요"라고 답했다. 상대방이 AI인 것을 알면서도 정답게 대화를 나누는 모습이 눈길을 끌었다.

장씨에게 안부 전화를 건 AI복지사는 통신기업 KT의 관련 기술이 사회복지에 적용된 첫 사례다. 사람의 목소리와 분간할 수 없을 정도로 완성도가 높다. 사회복지사 단순 업무를 줄여주기 때문에 더 세심한 복지 서비스를 가능케 한다. 따뜻한 기술이 "복지 사각지대"를 줄일 것이란 기대가 나온다.

광주광역시 서구청 AI 복지사 관제센터

KT는 광주광역시 서구청과 손잡고 지난달 부터 돌봄 대상자 8000명을 대상으로 AI 복지사 서비스를 테스트하고 있다.

마침 광주시는 비대면 복지 시스템을 체계화하려 했다. KT는 ESG(환경·사회·지배구조) 경영 일환으로 인공지능 콘택트센터(AICC) 활용 방안을 고민했다. 이들 기관과 기업의 요구가 맞아 떨어져 AI 복지사가 탄생한 것이다.

AI 복지사 활약은 기대 이상이다. 우선 사람의 업무 부담을 줄여준다. 장씨 사례처럼 AI 복지사는 돌봄 대상자를 챙기는 작업을 자동으로 한다. AI가 직접 전화를 걸어 안부를 묻고 대화 내용을 꼼꼼히 텍스트로 전환해 저장한다. 사회복지사의 업무 효율성이 높아질 수 밖에 없다.

단순 업무에서 자유로워지다 보니 사회복지사들은 사람의 손길이 꼭 필요한 곳에 맞춤형 돌봄 서비스를 할 수 있다. 기존에는 복지사 한명이 하루에 방문할 수 있는 돌봄 대상자가 많아봤자 7명에 불과했다. 그마저도 코로나19로 인한 사회적 거리두기에 따라 제한적으로 진행됐다는 설명이다.

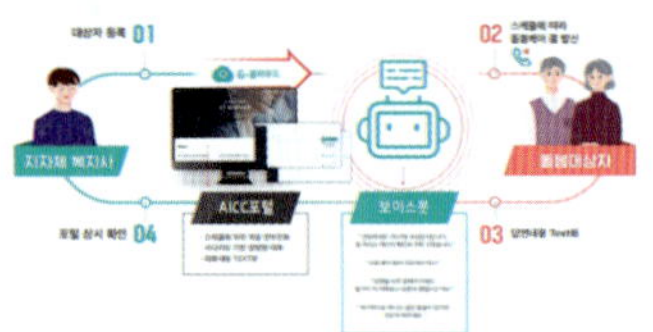

광주광역시 서구청 AI 복지사 서비스 개요도

AI 복지사는 기대 이상으로 똑똑하다. 기계적이고 어색하지 않다. 사람 말을 잘 알아듣고 맥락에 맞게 대화를 이어 나간다. KT가 인공지능콘택트센터(AICC)에서 축적한 막대한 데이터를 활용했기 때문에 가능하다는 설명이다.

KT는 통신 서비스 상담 업무를 맡고 있는 콜센터를 자체적으로 운영하고 있다. 이 곳에는 유·무선 일평균 46만콜의 전화가 처리된다. KT의 인공지능 서비스 '기가지니'의 270만 가입자들의 데이터를 활용했기 때문에 '똑똑한 AI'가 구현됐다.

KT는 내달부터 AI 상담사가 돌봄 대상자와 소소한 일상 이야기를 나누는 '말벗' 기능도 제공할 예정이다.

서대석 광주광역시 서구청장은 "AI 복지사를 대폭 확대해 하나의 복지 모델로 제시할 수 있도록 노력하겠다"고 강조했다.

서창석 KT 전남·전북광역본부장 전무는 "보이스봇을 활용한 최첨단 AI 기술이 일손이 부족한 사회복지사를 보조해 복지 공백을 최소화하고 돌봄의 질 향상에 많은 도움이 될 것으로 기대한다"고 밝혔다.

출처: 비즈니스워치(2021.2.25.).

Chapter 09

실천계획의 묘사

키워드

실천계획, 세부 사업 내용, 항목(품목)별 예산, 성과주의 예산, 5W1H 체크리스트, 간트 도표, PERT, 월별활동 계획카드

09 실천계획의 묘사

01 정의 및 필요성

관련 자료가 수집되고 우선순위에 의해 대안서비스들이 설정되고 나면 이를 달성하기 위한 구체적인 실천계획이 수립되어야 한다. 실천계획의 수립은 결국 목표를 달성할 수 있는 체계를 창출하는 과정이며, 선택된 대안서비스들이 구체적으로 작성되는 과정이라고 할 수 있다. 이와 같은 프로그램 실천계획의 수립은 프로그램 목적 및 목표의 설정, 내용의 선정과 조직, 프로그램의 실행과 관리에 관한 기본계획을 포함하며 프로그램을 개발하여 실행하기에 앞서 반드시 선행되어야 하는 작업이다.

프로그램 실천계획의 묘사는 다음과 같은 의의를 가진다.

첫째, 치밀한 설계는 프로그램의 목적을 최대로 충족시킬 수 있다.

둘째, 프로그램 실행에 영향을 주는 여러 요인들을 차근차근 고려할 수 있다.

셋째, 프로그램의 질을 높일 수 있다. 즉, 세부단위 프로그램 간의 내용 및 실시방법을 관련시켜 효율성과 능률성을 추구할 수 있으며, 변화와 역동적인 조건하에서 프로그램의 조정기능이 양호해진다.

도 하고 활동의 진전에 따라 여러 가지 방법을 조합하여 전체적인 성과를 높일 수 있는 방법으로 선택이 이루어져야 한다. 따라서 서비스 제공의 모든 방법에는 자발성의 원칙이 적용되어야 한다(정무성, 2011: 262; 한국청소년개발원, 1997).

(3) 프로그램 내용 조직의 원리

프로그램의 목표를 달성하기 위해 수단으로서 선정된 내용을 어떻게 조직하고 체계를 세우느냐 하는 문제를 살펴보고자 한다. 조직은 내용 전체를 어떻게 구성할 것인가 하는 전체 구조에서부터 프로그램 유형의 문제, 시간배당의 문제, 각 활동 영역의 고조화 문제 등을 포함한다. 여기서는 조직의 구체적인 문제보다는 원리를 중심으로 살펴보고자 한다(정무성, 2011: 265).

① 연속성의 원리

내용의 종적 조직에 관한 사항으로서 프로그램 내용을 조직할 때 중요한 내용은 한 번에 끝내지 말고 계속 반복되어야 한다. 즉, 프로그램의 목표가 설정되고 있는 지식이나 과정, 행동양식이 어느 정도 계속해서 반복되어야 한다는 것이다.

② 계열성의 원리

선정된 프로그램의 내용을 그들 간의 단계성과 상호 관련성을 고려하여 학습자들이 내용을 단계적으로 체험할 수 있도록 조직하는 원리이다. 이는 선행경험 혹은 내용을 기초로 하여 다음 경험 혹은 내용을 전개함에 따라 점차적으로 깊이와 넓이를 더해 갈 수 있도록 조직하는 것을 의미한다.

이러한 프로그램을 효율적으로 조직하여 계열성을 보장하기 위해서는, ⓐ 활동 내용 상호 간에 밀접한 연결망을 형성하고, ⓑ 단순하고 구체적인 것에서 복잡하고 추상적인 것으로, ⓒ 쉬운 것에서 어려운 것으로, ⓓ 가까운 주변에서 먼 곳으로, ⓔ 전체에서 부분으로 관련짓는 것이 매우 중요하다.

③ 통합성의 원리

프로그램을 조직할 때 분류되어 제시되는 소주제들은 서로 분리/독립된 것이 아니라 보다 넓은 범주나 다른 주제와 함께 통합된 성격을 가지고 있다. 통합성의 원리는 지식, 이해, 기능, 태도 등이 각종의 다양한 프로그램의 장면에서 의미 있게 통합되어 보다 높은 공통목표를 성취하는 데 기여해야 한다는 것에 주안점을 두고 조직하는 횡적 원리이다.

2) 프로그램 활동 내용의 구체적 서술

프로그램은 전문가에 의해 수행되는 활동으로 구체적인 장소나 환경, 시간, 서비스의 양과 질, 수행방법, 사용될 장비와 도구, 수행인력, 참여인원 등에 대한 구체적인 설명과 고려점이 담겨 있어야 한다. 2018년도 이전의 사회복지공동모금회 프로포절 양식에서는 이러한 활동 내용을, 5. 사업내용에 1) 세부 사업 내용, 2) 목표에 대한 평가방법, 3) 담당인력 구성(사업 주 담당자와 수퍼바이저만 기재), 4) 사업진행 일정, 5) 홍보 및 지역자원 활용계획 등을 작성하도록 하였다. 그러나 2018년 새롭게 변경된 프로포절 양식에서는 2. 사업 내용 및 추진 전략의 2) 사업 내용 및 사업 집행 전략에서 세부 사업별 시행방법이나 시행 시기 및 횟수, 사업 진행 일정 등의 구체적인 정보를 담아 자유롭게 서술하도록 되어 있다. 본 장에서는 세부 사업 내용, 프로그램 담당인력, 프로그램 진행일정, 홍보계획 및 지역자원 활용계획 등에 대해 구체적인 내용과 작성방법을 살펴보고자 한다.

(1) 세부 사업 내용

세부 사업 내용은 프로그램에서 실제 사용하게 될 실행활동이 무엇인지 보여 주어야 하는 부분으로 이론 및 경험적 기반에 의해 각 목표별 프로그램 내용을 서술하고, 기술적 기반에 근거해 수행방법을 구체적으로 기술하여야 한다. 또한 이러한 프로그램 내용과 수행을 위한 사회복지사의 역할과 클라이언트의 역할을 구체적으로 명시하여야 한다.

① 형태 및 구조

이 부분은 프로그램 내용을 시행하는 데 적합한 프로그램 형태가 무엇인지 논하는 항목으로, 프로그램이 시행되어야 할 기간, 소요시간, 간격, 그리고 프로그램 크기, 장소 등에 대해서도 언급한다.

② 프로그램의 매개체(수행방법)

프로그램에 활용될 매개체(역할놀이, 시범, 강의, 토의, 설문지, 지침서, 시청각 기재 등)로 어떤 것들이 적합한지 서술한다(김희성, 2012: 92-93).

③ 담당자의 역할 및 과업

전체 프로그램에 있어서 세부적으로 해야 할 일에 대해 각자의 맡은 바 과업을 할당하는 것이다. 즉, 장비를 준비하고 교육을 누가 담당하며, 누가 욕구조사를 하고, 세부 프로그램을 준비하고 하는 등 각자의 업무를 분담하는 것이다. 그래야만 일이 효율적으로 진행되고 프로그램 관계자들 간의 업무 중복이나 비효율성을 사전에 예방하고 프로그램 계획서에 입각하여 책임감 있게 프로그램이 진행될 수 있다. 따라서 각 세부 프로그램별로 담당자가 해야 할 역할과 프로그램에서 해야 하는 과업을 구체적으로 기술하여야 한다. 때로는 프로그램에 참여하는 클라이언트가 변화를 이해하고 스스로 어떤 노력을 기울여야 하는지, 그리고 변화를 위한 구체적 과업은 무엇인지 서술할 필요가 있다(김희성, 2012: 92-93).

사례

아래 표는 사회복지공동모금회 「2023 배분사업 안내」 성과중심 프로그램 사례의 "이웃이 이웃을 돕는 나눔문화공동체 문화 확산을 위한 의 · 식 · 주 UP! 프로젝트-00 마을 윗(With · 이웃) 공동체" 프로그램 중 사업내용에 관한 부분을 발췌한 것이다.

ㅇ 사업 내용

성과목표	세부 사업명	활동(수행방법)			
		프로그램명	시행 시기	시행횟수/시간	내 용
의 · 식 · 주 공동체 조직 및 역량 강화 : 모임/배움	의복 공동체	새활용 교육	4~10월	14회기 (월2회)	• 대상: 의복 공동체 모임 6명 • 수행인력: 00연대, 00업사이클센터, 담당자 - 00연대: 수선 교육 진행 - 00업사이클센터: 업사이클링 교육 진행 • 수행방법 - 바느질 및 업사이클링 교육 진행 • 진행내용: 수선에 대한 이해, 자원선순환/업사이클링 이해하기, 업사이클링 기본과정(천, 옷 등), 업사이클링 심화과정
	식사 공동체	집밥 교육	4~11월	14회기 (월2회)	• 대상: 식사 공동체 모임 8명 • 수행인력: 외부강사, 담당자 • 수행방법 - 요리교육 전 필수 이론교육 진행 - 집밥 배우기 교육(회기당 2H/국, 찌개, 반찬, 등) • 진행내용: 식생활 교육, 위생 · 영양 교육, 요리수업 및 실습(기본/심화)
	주거 공동체	정리 · 수납 교육	4~6월	12회기 (주1회)	• 대상: 주거 공동체 모임 10명 • 수행인력: 외부강사, 담당자 • 수행방법 - 정리 · 수납 전문가 양성교육 진행 - 세대 방문을 통한 현장실습 활동 진행 • 진행내용: 수납의 이해, 주방 정리 · 수납, 침구 · 의류 정리 · 수납, 현장실습 I, 냉장고 정리 · 수납, 재활용품 DIY, 거실, 서재, 아이방, 현관, 신발장, 욕실, 베란다, 세대 방문 현장실습 II, 과제물 발표 및 수료
이웃과의 교류 및 유대감 증진 : 활동/관계	의복 공동체	정기 모임	4~11월	14회기 (월2회)	• 대상: 의복 공동체 모임 6명 • 수행방법 - 모임활동에 대한 의견 수렴 및 조율(퍼실리테이션) - 새활용 교육 내용 연습 및 복습 • 진행내용: 수선 활동, 체험활동 계획, 새활용 교육 복습

성과목표	세부 사업명	활동(수행방법)			
		프로그램명	시행 시기	시행횟수/시간	내 용
		마을 수선소	6~11월	5회기 (월1회)	• 대상: 수선을 희망하는 지역주민 누구나 • 수행인력: 의복 공동체 모임 6명 • 수행방법 – 복지관 온 · 오프라인을 활용한 홍보 진행 – 복지관 1층 P · G실을 활용한 의복 수거 및 수선 • 진행내용 – 수거DAY: 수거기간 안내, 부스 설치 및 의류 수거 진행, 수선가능 여부 확인 및 개별 접수 명단 작성 – 수선DAY: 수거된 의류 수선 진행, 수선 완료 안내
	식사 공동체	집밥 모임	4~11월	8회기 (월1회)	• 대상: 식사 공동체 모임 8명(1모임당 4명) • 수행인력: 1모임 · 2모임 각 1명씩 • 수행방법 – 각 모임이 돌아가면서 자기 집에 조원들을 초대해 함께하는 식사 모임 진행(2조가 각각 따로 진행) – 두 모임이 함께 도시락을 싸서 떠나는 집밥 캠핑
		텃밭 가꿈	4~11월	8회기 (월1회)	• 대상: 식사 공동체 모임 8명(1모임당 4명) • 수행방법 – 각 모임별 텃밭 배분, 작물 재배 및 수확, 텃밭 관리 – 수확한 작물을 집밥 모임 또는 간식나눔에 활용 • 진행내용: 작물 심기, 작물 재배 및 수확
	주거 공동체	정기 회의	4~11월	7회기 (월1회)	• 대상: 주거 공동체 모임 10명 • 수행방법 – 사례관리팀과의 연계를 통한 지역 내 저장강박세대 발굴 및 마을 청소 필요구역 확인 – 주민교육 진행을 위한 교육자료 및 교안 제작
		마을 청소	7, 9, 11월	3회기	• 대상: 정리 · 수납에 관심 있는 지역주민 누구나 • 수행인력: 주거 공동체 모임 10명 • 수행방법 – 정리 · 수납 방법이 수록된 팜플렛 제작 – 팜플렛 배포 및 마을정화 활동을 통한 지역주민 인식 개선 캠페인 실시

<table>
<tr><th rowspan="2">성과목표</th><th rowspan="2">세부
사업명</th><th colspan="4">활동(수행방법)</th></tr>
<tr><th>프로그램명</th><th>시행
시기</th><th>시행횟수/
시간</th><th>내 용</th></tr>
<tr><td></td><td></td><td></td><td></td><td></td><td>• 진행내용: 정리 · 수납 팜플렛 제작/배포, 마을청소 캠페인 실시, 마을 청소</td></tr>
<tr><td rowspan="5">나눔문화 확산 및 공동체 의식 함양: 나눔/공유</td><td>의복 공동체</td><td>새활용 나눔교육</td><td>11~12월</td><td>4회기</td><td>• 대상: 새활용에 관심 있는 지역주민 6명
• 수행인력: 의복 공동체 모임 6명
• 수행방법
– 복지관 온 · 오프라인을 활용한 홍보 및 참여자 모집
– 의복 공동체 주민이 직접 지역주민을 대상으로 수선 · 업사이클링 교육 진행(교육내용도 직접 계획)
• 진행내용: 수선, 업사이클링에 대한 기본 이해, 수선, 업사이클링 활동하기</td></tr>
<tr><td>의복 공동체</td><td>새활용 프리마켓</td><td>6월, 10월</td><td>2회기</td><td>• 대상: 지역주민
• 수행인력: 의복 공동체 모임 6명
• 수행방법
– 모임활동을 통하여 만든 업사이클링 제품 판매활동
– 발생된 수익금의 경우 지역사회 기부 예정
• 진행내용: 업사이클링 제품 판매 및 전시활동</td></tr>
<tr><td>식사 공동체</td><td>집밥 나눔</td><td>5, 9, 11월</td><td>3회기</td><td>• 대상: 지역 내 소외된 이웃 12명
• 수행인력: 식사 공동체 모임 8명(1모임당 4명)
• 수행방법
– 각 모임별로 집밥(밑반찬)을 직접 조리
– 2명의 이웃을 찾아가 한 끼 함께 나눔(말벗)</td></tr>
<tr><td rowspan="2">주거 공동체</td><td>정리 · 수납 컨설팅</td><td>7, 9, 11월</td><td>3회기</td><td>• 대상: 저장강박세대 3가구
• 수행인력: 주거 공동체 모임 10명
• 수행방법
– 직접 세대 발굴 및 사례관리팀 추천을 통한 저장강박세대 3가구 선정
– 세대 방문을 통한 정리 · 수납 계획 수립
– 정리 · 수납 기술을 활용한 컨설팅 진행</td></tr>
<tr><td>주민 교육</td><td>8월</td><td>1회기</td><td>• 대상: 지역 내 주민 50명
• 수행인력: 주거 공동체 모임 10명
• 수행방법: 실생활에 필요한 정리 · 수납 기술 교육 진행</td></tr>
</table>

출처: 사회복지공동모금회(2023). 2023 배분사업 안내. pp.30–32.

(2) 프로그램 담당인력

프로그램의 담당인력에 대해 기술해야 하는 이유는 프로그램 수행에 필요한 전문 인력이 투입되어 이루어진다는 것을 보여 주는 것이 가장 중요한 점이기 때문이다. 그러므로 프로그램 수행능력에 따라 프로그램의 효과가 좌우될 수 있으므로, 프로그램 수행 역할에 관련된 경력이나 훈련을 구체적으로 명시하여야 한다. 할당시간의 경우, 주 단위의 전체 시간 중에서 담당자가 신청 프로그램에 투여하는 시간을 명시하여야 한다. 또한 대부분의 프로그램 담당인력에는 프로그램 수행역할에 대해 총괄, 조정, 협조 등으로만 명시하고 있는데, 좀 더 구체적으로 프로그램에서 담당하는 역할을 명시하는 것이 좋다. 프로그램 담당인력을 계획할 때 주의해야 할 점은 수행인력을 필요 이상으로 너무 많이 배정하거나, 프로그램이 규모에 비해 실무진이 과도하게 배치되거나, 외부 인력이 필요 이상으로 많이 배정된 경우 실제 프로그램 수행인력이라고 보기 어렵기 때문에 프로포절 심사에 마이너스 요인이 될 수 있음을 주의해야 한다. 2018년도부터 사회복지모금회 사업계획서 표준 양식이 변경되면서 담당인력 기재부분이 삭제되기는 하였지만 타 기관 프로그램 공모전에 사업계획서를 제출하는 경우 담당인력 기재란이 있을 수 있으며, 공모전이 아니더라도 사회복지기관에서 프로그램 기획 시에는 프로그램의 담당인력에 대한 부분은 반드시 고려해야 하는 중요한 사항이다.

(3) 프로그램 진행일정

프로그램 역할분담이 정해지면 그 프로젝트를 시작해서 완성하는 데까지 걸리는 시간을 추산하여 프로그램의 진행 일정을 계획하여야 한다. 이것은 주로 일정별 시간 순서에 따라 서술해 나가는데 과제 수행을 위한 시간 계산과 일정을 나타내는 방식으로는 PERT, Gantt, Sched-U Graph 등을 활용해 볼 수 있다.

사례

아래 표는 사회복지공동모금회 「2023 배분사업 안내」 성과중심 프로그램 사례의 "이웃이 이웃을 돕는 나눔문화공동체 문화 확산을 위한 의·식·주 UP! 프로젝트-00 마을 윗(With·이웃) 공동체" 프로그램 중 사업 진행 일정에 관한 부분을 발췌한 것이다.

주요내용 \ 기간		1월	2월	3월	4월	5월	6월	7월	8월	9월	10월	11월	12월
의복 공동체	새활용 교육					전시회 관람							
	정기모임												
	마을 수선소												
	새활용 나눔교육												
	플리마켓 참여												
식사 공동체	집밥 교육				선진지 견학								
	집밥 모임						집밥 캠핑						
	텃밭 가꿈												
	집밥 나눔												
주거 공동체	정리·수납 교육												
	정기회의												
	마을청소							자료집 발간					
	정리·수납 컨설팅												
	주민교육												

출처: 사회복지공동모금회(2023). 2023 배분사업 안내. p.33.

(4) 홍보계획 및 지역자원 활용계획

프로그램의 세부계획을 수립할 때 홍보계획 및 지역자원 활용계획을 수립할 필요가 있다. 먼저, 홍보계획은 프로그램을 어떻게 홍보할 것인지에 대한 계획으로서 홍보대상, 홍보방법 및 횟수, 활용매체 등 구체적인 홍보계획을 기술한다. 여기서 홍보대상은 지역의 지역주민을 중심으로 타 복지기관 및 지방자치단체 등 다양하게 둘 수 있다. 2018년도부터 사회복지모금회 사업계획서 표준 양식이 변경되면서 홍보계획은 2. 사업 내용 및 추진전략의 1) 사업 참여자 모집전략에서 작성하도록 되어 있다(제6장 pp.132-133 참고).

다음으로 지역자원 활용계획은 프로그램 수행 시 지역사회 자원을 어떻게 활용할 것인가에 대한 계획이다. 지역자원의 동원 여부는 프로그램 성공에 지대한 영향을 미치므로 사회복지사는 프로그램 수행 시 어떠한 지역자원을 연계하고 활용할 것인지 계획을 잘 수립하여야 한다. 또한 프로그램 수행 시 지역자원을 잘 활용하면 예산 절감 효과가 있어 한정된 재원으로 프로그램을 수행해야 하는 사회복지기관에서 지역자원 활용계획은 더욱 중요하다(제6장 p.134 참고).

3) 예산 수립

아무리 좋은 프로그램을 계획하였더라도 프로그램을 수행할 예산이 확보되지 않으면 그 프로그램은 실행될 수 없다. 따라서 프로그램 내용을 수행하기 위해서는 자원이 필요하며, 이러한 자원이 얼마나 필요한지를 금전적으로 표시하는 것을 예산이라고 한다. 프로그램 예산은 프로그램이 실제적으로 시행되기 위해 필요한 수입과 지출을 구체화한 재정계획이라 할 수 있다(이민홍 · 정병오, 2013: 155-156; 황성철, 2011).

그리고 프로그램 예산 수립은 재정계획을 세우고 재원을 조달하여 여러 가지 목적에 따라 할당하는 과정을 말한다. 즉, 프로그램을 구상할 때, ① 그 프로그램 수행을 뒷받침할 재정 상태를 검토, ② 계획된 프로그램에 재원이 충분히 제공될 수 있는지를 평가하는 재정계획 수립, ③ 계획된 재정을 조달할 수 있는 방안을 마련하는 재원조달의 과정을 거쳐 적절하게 할당하는 과정을 포함한다.

프로그램 예산은 프로그램 수행을 위해 일정 동안 사용할 지출을 어떻게 배분할 것인지에 초점을 두는 협의적 개념과 예산을 어떻게 확보할 것인가에 대한 조달계획 수립도 포함된 광의적 개념으로 구분된다(이민홍 · 정병오, 2013: 156; 이봉주 · 김기덕, 2008 재구성). 따라서 본서에서는 프로그램 예산을 자금조달계획까지 포함하는 광의적 관점으로 보고 프로그램 예산과 자금조달계획에 포함되어야 할 내용을 구체적으로 살펴보고자 한다. 그 내용은 다음과 같다.

(1) 프로그램 예산

프로그램의 총예산을 인건비, 관리비, 기자재 및 집기 구입비, 수용비, 사업비 등의 항목으로 나누어 각 항목의 산출근거를 구체적으로 제시한다. '직접 경비'는 신규시설, 신규인력 등 신청 프로그램을 위해 직접 현금으로 새롭게 지출되는 경비이다. 반면에 '간접경비'는 프로그램을 위해 쓰여질 부분, 또는 기관의 기존 시설(예: 사무실, 집기 등)이나 인원(관장, 기존 사회사업가 등) 중 프로그램에 활용될 부분이다. 기존 인력 및 시설을 활용하는 경우는 이들이 프로그램에 할당되는 비율을 근거로 간접경비를 계산하고, 자원봉사자나 물품기증의 경우는 시장가격을 근거로 간접경비를 계산한다(정무성, 1999: 82).

(2) 자금조달계획

예산항목별 자금조달계획을 알 수 있도록 프로그램의 총예산의 산출 근거를 구체적으로 제시하여야 하며 부담주체에 따라 기부금, 봉사자 자신의 부담금, 보조금 등으로 나누어 조달방법을 기재한다.

① 예산 수립의 특성

프로그램 개발자는 예산 수립이 객관화 · 수량화된 형태로 진행되기 때문에 매우 명확하고 분명한 활동으로 간주하지만, 예산의 수립 과정은 개발자에게 복잡한 의사결정을 요구하는 정치적 결정 과정이다. 일반적으로 프로그램 예산 수립 과정은 다섯 가지 주요한 특성을 갖고 있다고 설명되고 있다. 첫째, 예산 수립은 정치적 과정이다. 예산 수립은 명확하게 설정된 절차에 따라 투명하게 진행되는 과업이 아니라 정치적 성격을 내포하고 있다. 예산 수립에 프로그램 내용을 수행하기 위해 어느 정도의 예산을 어디에 어떻게 분배할 것인가에 대해서 다양한 관련 집단들로부터 여러 가지 의견들이 존재할 수 있기 때문에 이러한 이해집단들끼리 갈등과 알력이 존재하게 된다(이민홍 · 정병오, 2013: 156; 이봉주 · 김기덕, 2008). 따라서 프로그램 개발자는 다양한 의견들의 조정과 협력을 이루어 나갈 수 있어야 한다. 둘째, 예산 수립은 프로그램 기획 및 설계의 과정이다. 예산 수립은 프로그램의 목적을 달성하기 위해 목표 설정, 대안 개발 및 기대효과분석, 효과성 평가기준 설정 등의 프로그램 기획 절차와 동시에 진행되기 때문에 프로그램의 기획 및 설계 과정이라 할 수 있다. 프로그램 기획에서 예산 수립 과정은 프로그램의 목적 및 목표를 달성하기 위해 수행해야 할 활동들에 대해 예산 범위 내에서 모색하게 된다(이민홍 · 정병오, 2013: 156; 이봉주 · 김기덕, 2008). 셋째, 예산 수립은 프로그램 관리 과정이다. 예산 수립은 사회복지조직의 관리자가 조직 각 단위의 프로그램 활동과 시행일정 등을 검토할 수 있게 하므로 프로그램 관리 과정으로 볼 수 있다(이민홍 · 정병오, 2013: 156; 황성철, 2011). 예를 들어, 예산이 계획대로 적절하게 집행되지 않았다면 프로그램의 내용이 원활하게 진행되지 않은 것이고, 예산과 달리 과도하게 사용되고 있다면 프로그램 진행상에 뭔가 잘못이 있음을 보여 주게 된다(이민홍 · 정병오, 2013: 156; 이봉주 · 김기덕, 2008). 넷째, 예산 수립은 인간적인 과정이다. 예산은 프로그램 수행인력은 물론 참여하게 되는 개인이나 지역사회주민에게 직접적인 영향을 미치게 되므로 예산 수립을 하기 위해 이들과 접촉하여 대화하는 기회를 가진다는 점에서 인간적인 과정이라 할 수 있다(이민홍 · 정병오, 2013: 156; 황성철, 2011). 이봉주와 김기덕(2008)은 예산 수립 과정을 자신만의 가치와 의미를 지향하는 살아 있는 인간들의 상호작용 과정이고 인간의 변화나 행복을 지향하는 것으로 설명하였다.

다섯째, 예산 수립은 미래 지향적이다. 예산은 장래의 활동계획에 따른 성격을 갖는 재정계획으로 미래의 목표를 새로 설정하고 이를 달성하기 위한 활동을 할 수 있도록 예산 수립이 되므로 미래를 변화시키는 과정으로 볼 수 있다.

② 예산 수립의 유형

예산 수립의 방식으로는 항목(품목)별 예산, 기획예산, 영기준 예산, 성과주의 예산의 네 가지가 있으나 가장 많이 쓰이는 것이 항목별 예산과 성과주의 예산이므로 이들에 대해 살펴보고자 한다.

가. 항목(품목)별 예산(LIB: Line-Item Budget)

항목별 예산은 현재 정부, 민간기업, 사회복지기관 등에서 가장 일반적으로 사용되고 있는 예산 수립체계이다. 항목별 예산 수립방법은 구입하거나 지출하고자 하는 항목별로 수입과 지출을 기재하는 방법이다(이민홍 · 정병오, 2013: 156; 황성철, 2005). 항목별 예산을 수립하는 절차는 표준화된 항목별 예산형식의 설계, 예산정의 및 용어의 개발, 모든 수입과 지출의 규명, 예산결산 순이다(이민홍 · 정병오, 2013: 156; Kettner et al., 1999).

표준화된 항목별 예산형식의 설계에서는 수입과 지출 항목들의 분류가 서로 배타적이며, 상쇄되도록 설계해야 한다. 예산의 정의 및 용어의 개발에서는 각각의 수입 및 지출 범주는 일관성이 있도록 용어를 제시한다. 모든 수입 및 지출의 구체적 액수를 항목별로 제시해야 한다. 여기서 수입이 최소한 지출과 동일하거나 커야 한다. 마지막으로 예산결산에서는 항목별로 예산을 삭감이나 증감해야 하는지와 추가적으로 발생하는 수입이나 지출 항목을 결정하게 된다(이민홍 · 정병오, 2013: 156; Kettner et al., 1999).

표 9-1 항목별 예산 예시

(단위: 천 원)

구분	2000년 예산	2000년 추경	증감액	증감률
급 여	168,708	183,684	14,976	8.88
상여금	73,956	80,492	6,536	8.84
일용잡급	38,400	28,800	−9,600	−25.00
제수당	156,443	163,105	6,662	4.26
의료보험료	5,051	5,051	–	–
고용보험료	3,938	4,105	167	4.24
산재보험부담금	2,626	2,737	111	4.23
국민연금부담금	17,823	17,823	–	–
기타후생경비	9,450	9,450	–	–
기관운영판공비	7,080	7,080	–	–
직책보조비	6,000	6,000	–	–
회의비	2,640	2,640	–	–
여 비	1,420	1,420	–	–
수용비 및 수수료	24,000	30,000	6,000	25.00
심리진단	1,375	1,375	–	–
개별언어치료	19,008	19,008	–	–
수중운동치료	432	432	–	–
총 계	538,350	563,202	24,852	30.45

*부산광역시 A 복지관의 세입세출 총괄표의 일부를 참조로 하여 재구성함.

출처: 신복기, 박경일, 이명현, 윤기혁, 권진아(2019). 사회복지행정론. 공동체. p.268.

나. 성과주의 예산(Performance Budget)

성과주의 예산은 사회복지조직이 성취하고자 하는 목표를 세부 프로그램 및 활동으로 나누어 각 프로그램이나 활동의 단위원가와 업무량을 고려하여 예산을 수립하는 방법이다(이민홍 · 정병오, 2013: 158; 황성철, 2011). 성과주의 예산에서는 프로그램에서 필요한 항목별 예산이 아니라, 프로그램이 의도한 목표를 달성하기 위하여 비용이 얼마나 소요되는지에 초점을 두고 있다. 성과주의 예산은 프로그램 예산 또는 기능주의 예산이라고 불리는데 프로그램 예산과 행정비용을 분리하여 기관의 목적과 주요 사업을 이해하여 실적평가에 용이하기 때문이다(이민홍 · 정병오, 2013: 158; 황성철, 2011).

성과주의 예산은 새로운 서비스를 제공하기 위해서 현행 프로그램을 수정하는 비용을 사정하는 데 유용하다. 대부분의 비영리 사회복지서비스 조직은 성과주의 예산을 사용한다. 조직이 그들의 비용과 세입 항목을 설명하고 왜 더 많은 자금이 필요한지를 설명할 수 있어야 한다.

성과주의 예산에서는 소위 세부 사업별로 단가계산을 하는 방식을 취하고 있다. 예를 들어, 주간보호 프로그램의 한달 예산이 20,000,000원이었는데, 50명의 장기요양보호노인에게 서비스를 제공했다면 클라이언트 1인당 비용은 400,000원이 되는 것이다. 이렇게 성과주의 예산은 프로그램의 성과에 대한 단가계산을 취할 수 있기 때문에 기관별로 제공하는 서비스를 상호 비교할 수 있게 해 준다(이민홍 · 정병오, 2013: 159).

표 9-2 성과주의 예산 예시

팀	사업명	세입	세출
기 획	• 지역사회자원 개발 및 관리 일반후원: 26,864원×60명×12회=19,342,000 결연후원: 14,800원×80명×12회=14,208,000	33,550,000	3,063,000
상담지도	• 청소년집단상담 참가비: 50,000원×7명=350,000	350,000	200,000
	• 열린 전화 상담원교육참가비: 30,000원×30명=900,000	900,000	3,320,000
	• 심리치료 이용료: 8,000원×11월×80%=7,040,000	7,040,000	1,400,000
	• 심리진단 5,000원×25명×11월=1,375,000	1,375,000	800,000
총 계		43,215,000	8,783,000

*부산광역시 B복지관의 세입세출 총괄표의 일부를 참조로 하여 재구성함.

출처: 신복기, 박경일, 이명현, 윤기혁, 권진아(2019). 사회복지행정론. 공동체. p.269.

(3) 프로그램 제안서의 예산편성

사회복지 프로그램 제안서를 위한 예산편성은 프로그램이 총예산을 인건비, 사업비, 관리운영비 등 '목'으로 분리한다. 이 세 가지의 '목'은 다시 '세목'으로 각각 구분하여 각 세목의 산출근거(실제 단가, 수량, 인원수, 건수, 횟수 등)를 구체적으로 제시하는 방법을 사용하고 있다. 사회복지공동모금회의 경우에는 사업비의 비중을 50% 이상으로 책정할 것을 규정화하고 있다(사회복지공동모금회, 2016). 특히 공동모금회는 예산조달 계획을 신청금액과 자부담으로 구분하여 작성하게 하고 있다. 다음의 사례는 사회복지공동모금회의 2023년 성과중심 프로그램 제시 사례 중 일부를 발췌한 예산계획 양식이다. 프로그램 제안서를 공동모금회에 제출하는 사회복지기관들은 자부담의 비율은 일반적으로 20~30%로 설정하고 있다. 사회복지 프로그램을 위해 예산을 지원해 주는 공공 및 민간기관에서 프로그램을 수행하고자 하는 기관의 의지를 높이기 위한 방안으로 배합자금으로 재원을 조성하는 사례가 증가하고 있다. 배합자금은 프로그램 수행을 위해서 신청기관이 지불하는 자부담과 프로그램 비용을 지급하는 기관의 지원금으로 구성된다. 최근 들어서는 중앙정부와 지방정부가 배합자금을 조성하여 사회문제 및 욕구를 해결하기 위한 사업을 추진하고 있다(이민홍 · 정병오, 2017).

사례

아래 표는 사회복지공동모금회의 성과중심 프로그램 사례 중 “마을리더 양성을 통한 주민주도형 노인단독가구 돌봄지원사업(부제: 가치돌봄 프로젝트)”의 예산에 관한 부분을 발췌한 것이다.

(단위: 원)

목	세목	세세목	계	산출근거	예산조달 계획				
					신청금액	비율(%)	자부담	비율(%)	자부담 재원
총 계			30,000,000		30,000,000				
	사업 홍보 및 참여자 모집	홍보	1,965,000	리플렛 제작 250,000×1회 현수막 제작 50,000×3회 홍보물품 제작 7,000×145개 온라인 홍보 이벤트 550,000×1회	1,965,000	6.5			
	사전계획	돌봄회의	180,000	다과비 3,000×6명×10회	180,000	0.6			
사업비	안심 대면 돌봄	안심 대면 돌봄	5,500,000	방문진료 및 간호 연계 80,000×5명 월 1회×5개월 맞춤형 식사지원 15,000×5명×월 4회×5개월 주거환경개선 200,000×10명	5,500,000	18.3			
	안심 비대면 돌봄	보듬이 설치지원	10,560,000	보듬이 구입 264,000×40개	10,560,000	35.2			
		‘효돌’ 관리비 (계약금)	2,970,000	‘효돌’ 관리비 99,000×30대	2,970,000	9.9			
	마을리더 양성교육	양성교육	1,625,000	강사비(2급, 2시간 기준) 350,000×1명×4회 다과비 7,500×10명×3회	1,625,000	5.4			
	역량강화 교육	역량강화 교육	850,000	강사비(2급, 2시간 기준) 350,000×1명×2회 다과비 7,500×10명×2회	850,000	2.8			
		비대면 돌봄보듬이 활용 교육	300,000	다과비 7,500원 ×40명×1회	300,000	1.0			
	마을리더 활동	활동비	5,000,000	활동비 50,000×10명×10개월	5,000,000	16.7			
	간담회 및 평가회의	간담회	525,000	다과비 7,500×10명×7회	525,000	1.8			
		평가회의	525,000	(마을리더) 다과비 7,500원×10명×1회 (생활지원사) 다과비 7,500원×40명×1회 (협력 기관 담당자) 식사비 15,000×10명×1회	525,000	1.8			
	소 계		30,000,000		30,000,000	100			

4) 향후 운영계획

프로그램의 실천계획을 수립하는 데 있어서 프로그램의 세부 사업 내용, 프로그램 담당인력, 프로그램 진행일정, 홍보 및 지역자원 활용계획 등의 프로그램 활동 내용을 구체적으로 서술하고 예산을 수립하는 절차도 중요하지만 향후 운영계획은 프로그램 실천계획 수립의 마지막 단계로서 프로그램의 지속성 여부와 관련한 그 프로그램의 전체 장래추진계획이므로 가장 중요하다고 볼 수 있을 것이다.

향후 운영계획이란 수립된 실천계획에 따라 프로그램이 시행되고 향후에 그 프로그램을 어떻게 운영해 나갈 것인가에 대한 계획, 지원이 종료되었을 경우 사업을 지속시키기 위해 어떤 방안을 계획하고 있는지, 예산과 인력을 어떻게 확보해 나갈 것인지 등을 기술하는 것을 말한다. 즉, 내년도 예산을 확대하여 프로그램을 지속시킬 것인지, 아니면 사업 결과에 따라 사업을 축소하거나 폐지할 것인지와 그것의 결정방법을 서비스 욕구조사를 통해 결정할 것인지 등에 대해서 사전에 계획을 세워 두는 것을 말한다. 이는 차년도 사업계획에 영향을 미칠 수 있는 부분이므로 실천계획 수립에 있어서 중요한 단계를 차지하고 있다. 사회복지공동모금회의 2018년도 이전의 배분사업 안내를 살펴보면 사업계획서의 마지막 부분에 향후 운영계획에 대하여 서술하게 되어 있었다. 2018년부터 새롭게 변경된 프로포절 양식에서도 마찬가지로 사업계획서의 마지막에 이와 같은 내용을 작성하도록 되어 있으나 6. 사업종료 후 지향점에서 1) 사업 수행으로 인한 기대 효과, 2) 사업 결과의 활용 계획으로 나누어 작성하도록 변경되었다.

사례

본 사례는 사회복지공동모금회의 성과중심 프로그램 사례 중 "마을리더 양성을 통한 주민주도형 노인단독가구 돌봄지원사업(부제: 가치돌봄 프로젝트)"의 사업종료 후 지향점에 관한 부분을 발췌한 것이다.

6. 사업종료 후 지향점
   1) 사업 수행으로 인한 기대효과
      - 비대면 안전망 확충을 통한 노인 단독가구 고독사 방지
      - 사회적 관계망 구축을 통한 돌봄 공백에 대한 불안감 해소

   2) 사업 결과의 활용계획
      - 지역주민과 지역사회 네트워크를 통한 마을 공동체 형성

본 사업 실행을 통해 노인 단독가구 돌봄 공백 해소를 위해 복지관뿐만 아니라 지역주민, 지역사회 내 유관기관, 공공 · 민간기관 간의 협력 필요성을 제시하고자 한다. 이를 통해 주민주도형 활동을 도모하여 지역사회 내 돌봄이 필요한 참여자를 지역주민이 발굴하고 직접 돌봄을 제공하면서 지역사회 변화를 이끌어 나갈 수 있도록 마을 공동체를 형성하고자 한다. 또한 지역사회 내 다양한 공공기관과 민관기관의 네트워크를 구축하여 지역사회 내의 노인이 시설 입소 없이 살던 곳에서 노후를 보낼 수 있는 기간을 연장하고 돌봄 사각지대 문제 해소와 돌봄 공백을 최소화하고자 한다.

출처: 사회복지공동모금회 온라인배분신청 공식누리집(http://proposal.chest.or.kr).

03 활용기법 및 사례

1) 5W1H 체크리스트

(1) 개념

5W1H 체크리스트는 일의 여러 가지 분야에서 활용할 수 있는 편리한 체크법이다. 예를 들면, 사람에게 이야기를 하거나 사람의 이야기를 듣는 등 커뮤니케이션의 경우나 명령·보고를 하는 경우, 주간예정 등의 계획을 세우는 경우에 쓸 수 있다(김영국 역, 1995: 170–171).

(2) 작성방법

5W1H 체크리스트란 5W1H(who, what, when, where, why, how)의 여섯 가지 관점에서 업무를 체크하고 업무누락을 발견 또는 방지하는 방법이다. 커뮤니케이션이나 계획 내용에 누락이 없는지 어떤지 체크하기 위해서 작성된다(김영국 역, 1995: 170–171).

표 9-3 실행계획 수립과 실행 과정별 문제확인을 위한 5W1H 체크리스트

5W1H	실행계획 수립과 주요 요소	실행과정에서의 문제 확인 요소
1. Who (누가)	◎ 누가 프로그램을 실행하는가 1) 프로그램의 주최자와 주관자는 누구인가 2) 프로그램 실행을 준비하는 사람은 누구인가 3) 프로그램 담당자, 외부전문가, 자원봉사자는 누구인가	◎ 실행주체와 관련된 문제 1) 현재 실행하는 사람은 누구인가 2) 그 밖에 실행할 수 있는 사람은 누구인가 3) 반드시 실행에 참여해야 할 사람은 누구인가 4) 무리하게 무관하게 일관성 없이 참여하는 사람은 없는가
2. When (언제)	◎ 언제 프로그램을 실행하는가 1) 프로그램 실행의 예정 일시 2) 프로그램 실행의 기간	◎ 실행시기와 기간과 관련된 문제 1) 언제 실행하는 것이 바람직한가 2) 정해진 시기와 기간 외에 할 수는 없는가 3) 실행시기가 무리하게 정해지지 않았는가

5W1H	실행계획 수립과 주요 요소	실행과정에서의 문제 확인 요소
3. Where (어디서)	◎ 어디서 프로그램을 실행하는가 1) 가장 적합한 장소 2) 차선으로 간주되는 장소	◎ 실행장소 및 주변 여건과 관련된 문제 1) 여기서 실행하는 것이 좋은가 2) 그 밖에 다른 장소는 없는가 3) 실행장소가 무리하게 정해지지 않았는가
4. What (무엇을)	◎ 무슨 프로그램을 실행하는가 1) 프로그램 형태와 제목 2) 프로그램의 핵심 요소	◎ 실행 활동과 관련된 문제 1) 무슨 어떤 활동이 실행되고 있는가 2) 다른 활동으로 필요한 것은 없는가 3) 무관하게 이루어지는 활동은 없는가
5. Why (왜)	◎ 왜 어떤 목적으로 이 프로그램을 시행하는가 1) 프로그램의 목적은 무엇인가 2) 프로그램의 주제는 무엇인가 3) 프로그램에서 강조점은 무엇인가	◎ 실행목적 달성과 관련된 문제 1) 왜 그 사람이 그 활동을 하는가 2) 왜 그 시간과 장소에서 하는가 3) 왜 그 방법으로 활동을 하는가 4) 목적달성에서 무리, 무관성, 무일관성은 없는가
6. How (어떻게)	◎ 어떻게 프로그램이 실행되는가 1) 프로그램의 구조와 절차 2) 예산과 인력의 준비 3) 홍보와 프로그램 수단	◎ 실행방법과 관련된 문제 1) 어떤 방법으로 실행되고 있는가 2) 다른 방법은 없는가 3) 방법상의 일관성은 유지되는가

출처: 황성철(2011). 사회복지 프로그램 개발론. 학현사. p.207.

(3) 장단점

장점은 문제를 빠짐없이 골라 낼 수 있고 업종, 직종에 관계없이 그대로 적용할 수 있다는 것이다. 반면 단점은 단순한 체크로 끝나고 소홀하게 되기 쉽다는 것이다(김영국 역, 1995: 170-171).

(4) 활용 분야

5W1H 체크리스트 프로그램 개발 7단계 중 5단계 실천계획의 묘사에서 프로그램을 실행하고자 계획을 수립할 때 활용될 수 있는 기법 중 하나이다.

사례

아래의 표는 중·고생 자원봉사활동의 복지QC 활동을 진행하면서 문제에 대한 목표 설정과 각 멤버들이 해야 할 역할과 담당자 및 일자에 대해 5W1H에 입각한 체크시트이다.

순위	목표 설정	대책안	when	who	where	what
1	봉사자가 (점수보다는) 활동 자체에 관심을 가질 수 있도록 한다.	1. 자원봉사인식 프로그램 개발 (의식교육 강화)	23일	관장, B워커	강당	시청각 (봉사하며 배운다)
		2. 흥미를 유발할 수 있는 프로그램의 기획 1) 폐식용유를 이용한 재활용 비누 제작(수거 → 제작 → 판매(환경단체기증) → 평가까지)(판매 보류) 2) 도서 수거 3) 장애 체험 프로그램	1), 2) 24, 26, 28일 3) 29일	실습생 (담당자) B워커	동래구일대 (안락 2동 멕시칸 치킨) 복지관	아파트 및 주택-폐식용유 수거, 제작, 판매 휠체어 체험 (흰지팡이, 목발)
2	기관 내 직원들의 자원봉사자에 대한 인식을 쇄신한다.	1. 직원의 자원봉사자 교육에의 투입: 관장님, 어린이집 교사(원감)(관장님만 투입)	23일 13:00	관장님	강당	격려사
		2. 자원봉사 프로그램의 공동 진행: 인솔, 자료집 제작, 홍보 및 조별 활동지도 등의 프로그램 전반	12월 7일~12일	B워커 N워커 L워커	동래구 일대	전단지 배부
3	사전 준비를 철저히 한다.	1. 준비기간을 충분히 둔다.	9월~12월 22일 (약 3개월)	담당자	복지관	프로그램기획
		2. 담당자와 별도의 준비팀 구성	12월 14일~	실습생 8명 복지 QC팀	복지관	자료집 제작 인솔, 관리 등
4	단기 봉사활동 프로그램을 마련한다.	1. 1주 미만의 단기 봉사활동	12월 23~30일 (6일간)	청소년 봉사자	복지관 지역 복지 기관	봉사교육 및 활동
		2. 1박 2일 캠프식 프로그램 (시설방문봉사): 방문시설 및 참가비 등이 문제됨(캠프 유보, 시설방문만).	12월 29일	청소년 봉사자 실습생	애광 양로원, 성애원	방문봉사 및 물품 기증
5	대학생 자원 봉사자를 투입한다.	1. 학생 8~10명당 1인의 대학생 봉사자를 배치 2. 대학생 봉사자에 대한 사전 모임 및 교육을 실시	21일	실습생 8명	자원 봉사 자실	자원봉사 사전교육

출처: 박경일(2000). 서비스의 질적 향상을위한 관리기법으로서 복지 QC활동에 관한 사례 연구. 한국사회복지학, 40, 122.

2) 간트 도표

(1) 개념

간트 도표(Gantt Chart)는 1910년 간트(Gantt, H.)라는 미국의 사업가가 고안해 낸 것이다. 간트 도표는 근로자의 생산 활동과 시간을 통제할 수 있는 도구로서 작업단위와 작업시간의 분석을 통해 하나의 작업이 완성된 후에 다음 단계로 넘어갈 수 있는 작업, 하나의 작업이 진행되는 중간에 시작되는 작업, 동시에 시작할 수 있는 작업으로 구분하여 시간을 통제함으로써 하나의 프로젝트가 정해진 시간에 완성될 수 있도록 하는 관리기법이다(신복기 · 박경일 · 이명현 · 윤기혁 · 권진아, 2019: 188). 또한 간트 도표(Gantt Chart)는 프로젝트의 과정을 그래픽으로 보여 줄 수 있는 방법이다. 프로젝트의 과정을 관리 가능한 소규모 항목으로 볼 수 있을 경우, 의존성(dependency)이 시각적으로 설명되고 유사한 과정이 발견되며 전체 처리 시간이 확인되고 과정이 추적되어, 프로젝트 관리가 더 쉬워진다(http://documentation.openoffice.org).

즉, 간트 도표는 작업의 계획이나 진척도를 나타내는 관리도표를 말하며, 이러한 도표를 이용하면 작업의 진척 상황을 한눈에 알 수 있고, 그리고 작업의 진척 정도에 따라 작업 간에 인력과 장비와 같은 자원을 재할당할 수 있다.

이러한 간트 도표는 세로축에 활동이, 가로축에 활동기간(월, 주)이 표시되며 이 도표를 통해 활동이 언제 시작되고 끝나는지를 알 수 있다. 또한 전체적인 프로그램에 필요한 활동을 확인하고 특정 활동을 완수하는 날짜를 추적해 낼 수도 있다.

(2) 작성방법

간트 도표의 작성에는 네 가지 절차가 필요하다. 첫째 절차는 목표 달성에 필요한 작업을 단계별로 분류하는 것이다. 둘째, 작업 단계별로 분류된 각 작업을 완성하는 데 필요한 시간을 산정한다. 셋째, 한 작업이 끝난 후 이어서 시작되는 작업, 동시에 진행되어도 무방한 작업, 진행 중에 시작할 수 있는 작업을 찾아낸다. 넷째, 작업단계와 시간을 결합시켜 도표를 만든다. 도표의 가로축(X)은 작업구분이 표시되고 세로축(Y)에는 작업시간(월, 주)이 표시된다(신복기 · 박경일 · 이명현 · 윤기혁 · 권진아, 2019: 188).

(3) 장단점

간트 도표에 대한 이해가 없을 경우 분업에 의한 개별 작업의 완성에만 집중하지만 간트 도표에 의한 관리를 하면 시간에 대비한 전체 작업의 진행 상황을 점검할 수 있고 과업완성 시간의 단축과 여유시간 관리가 가능하다.

또한 활동이 언제 시작되고 끝나는지 알 수 있어 전체적인 프로그램에 필요한 활동을 확인하고 특정 활동을 완수하는 날짜를 추적할 수 있다. 그리고 무엇보다 작성하기가 쉽다는 가장 큰 장점이 있다.

반면 간트 도표는 세부적인 활동 사이의 관계를 파악하기 어렵다는 단점을 가지고 있다.

사례

아래 간트 도표는 D대학 대학생들이 직접 개발한 사회복지 프로그램인 "독거노인의 우울증 예방을 위한 자아존중감 향상 및 정서적 지지 프로그램(경주시 사랑구 행복동)" 중 간트 도표를 발췌한 것이다.

독거노인의 우울증 예방을 위한 자아존중감 향상 및 정서적 지지 프로그램

내용 \ 기간		1월	2월	3월	4월	5월	6월	7월	8월	9월	10월	11월	12월
준비단계	프로그램 홍보	→	→										
	대상자 모집		→										
실행단계	뿌리 깊은 나무			→	→	→	→	→	→	→	→	→	
	시간을 거슬러			→	→	→	→						
	누리이야기			→	→	→	→	→	→	→	→	→	
	일석이조			→	→	→	→	→	→	→	→	→	
	내마음의 풍금				→	→				→	→		
	내마음이 들리니			→	→	→	→	→	→	→	→	→	
	강아지를 부탁해			→	→	→	→	→	→	→	→	→	
	허브 아일랜드			→	→	→	→	→	→	→	→	→	
종결단계	프로그램 평가												→
	보고서 작성												→

(4) 활용 분야

간트 도표는 프로그램 개발 7단계 중 5단계 실천계획의 묘사 단계의 세부 프로그램 절차 개발 과정 중 과제수행을 위한 시간계산 기법으로 활용된다.

3) 프로그램 평가 검토기법(PERT)

(1) 개념

1950년대에 미 해군의 핵잠수함 건축 과정에서 고안된 것이다. 목표 달성의 기한을 정해 놓고 목표 달성을 위하여 설정된 주요 목표 또는 활동의 상호 관계와 시간계획을 연결시켜 도표로 나타내는 것이다. PERT는 명확한 목표를 가진 프로그램을 조직화하고 진행 시간표를 작성하고 예산을 세우고 프로그램 진행 사항을 추적해 가는 데 매우 유용한 관리기법이다(박경일, 2010: 236).

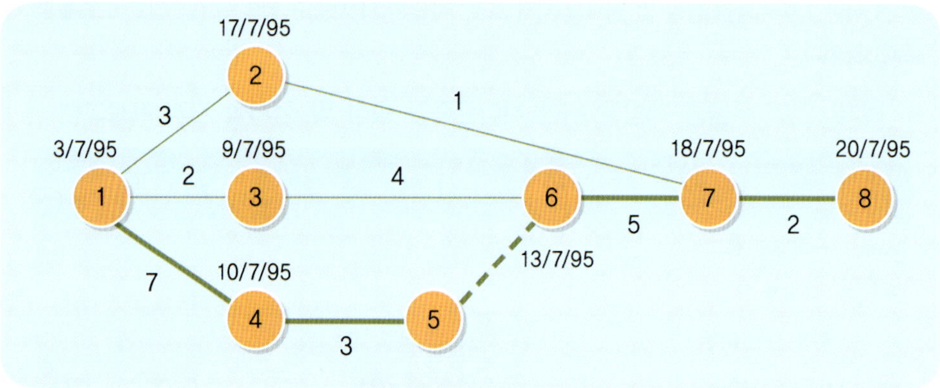

그림 9-1 퍼트 차트

출처: http://www.doc.mmu.ac.uk/online/SAD/T04/projman.htm

또한 간트 도표의 몇 가지 단점들은 PERT(프로그램 평가 및 검토 기법) 차트에서 해결되는데 PERT 차트는 일련의 연결된 노드(node)를 사용하여 업무 사이의 의존성을 명료하게 만들 뿐만 아니라 좌측에서 우측으로 연결의 흐름에 따라 업무의 순서가 제시된다. 그러나 수평 축은 반드시 시간상으로 선형적으로만 이루어지는 것은 아니다(그림 9-1 참조).

그림 9-1 에서 노드(node)[1]는 행사(event)(여기서 1~8로 숫자가 매겨진다)이며, 이는 업무 완

1) 노드(node)는 공학 용어로서 통신망(telecommunications network)에서의 노드(근거리 통신망), 전기/전자공학(electrical)

료 시 발생한다. 행사를 연결하는 선은 업무(활동)이며, 기간(시간이나 날짜)이 표시되어 있다. 굵은 선은 핵심경로를 보여 준다(http://studentweb.tulane.edu/~mtruill/dev-pert.html).

(2) 작성방법

퍼트 작성 절차는, 첫째, 프로그램 목표를 확인한다. 둘째, 수행될 활동들을 점검, 순서 결정, 각 활동에 드는 시간, 요구되는 자원을 확인한다. 셋째, 활동들 간의 관계, 목표와 활동들의 관계를 네트워크로 연결한 그림으로 표기한다. 이때 어떤 행사(event)를 나타내는 원 표시와 행사(activities) 간의 활동과 관계는 화살표로 나타내며, 원 표시 안의 행사는 어떤 과업의 출발이나 완료를 말하며 각 화살표에는 그 활동에 소요되는 예상시간을 표시해야 한다.

사례

독거노인 도시락 배달계획과 관련된 직무분류표

과 업	기 간(분)	수행자
1. 시작	0	
2. 도시락 준비	15	철수
3. 인원 배정	10	수정
4. 식수 준비	2	수정
5. 바구니 준비	2	수정
6. 약도 준비	2	철수
7. 청소도구 준비	3	수정
8. 차에 운반하기	4	철수
9. 기름 넣기	6	철수
10. 장소로 이동	20	수정
11. 끝	0	

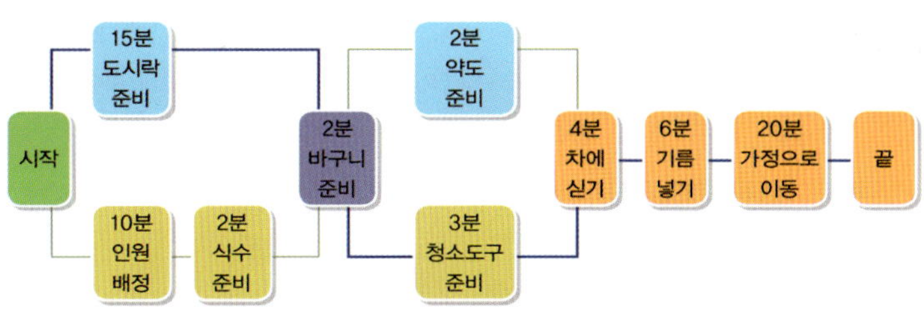

그림 9-2 도시락 배달계획에 대한 PERT의 보기

* — 주요 경로.
출처: 신복기, 박경일, 이명현, 윤기혁, 권진아(2019). 사회복지행정론. 공동체. p.190.

의 회로이론에서 노드(회로)라는 용어로 사용된다. 그러나 여기서는 로직트리(logic tree)와 같은(본서 8장 2절 참조) 트리를 구성하는 기본 요소를 의미함.

위쪽 경로 '도시락 준비'는 마치는 데 15분이 걸리는 반면, '인원 배정'과 '식수 준비' 두 개의 과업으로 구성되는 아래쪽 경로는 12분 안에 끝마칠 수 있다. 즉, '시작'에서 '바구니 준비'까지의 최장시간은 15분이다. 여기에서 우리는 아래쪽 경로가 3분 지연됨을 알 수 있다. 주요 경로는 항상 끝마치는 데 가장 오래 걸리는 경로이므로 지연이 전혀 없다.

이 프로젝트를 마치는 데 드는 시간은 50분(15+2+3+4+6+20)이다. 여기에서 우리는 '늦게 시작해도 좋은 시각'을 알 수 있다. 즉, 바구니 준비까지는 17분 걸리므로 인원 배정과 식수 준비를 하는 사람은 도시락 준비하는 사람보다 3분 늦게 시작해도 좋지만, 4분 늦게 시작하게 되면 전체 일정은 1분 지연된다는 것을 알 수 있다. 이와 같이 검토해 본다면, 상기 프로젝트 전체에서 허용되는 늦게 시작해도 좋은 지연시간은 7분(인원 배정 3분, 식수 준비 3분, 약도 준비 1분)이라는 것을 알 수 있다(신복기 · 박경일 · 이명현 · 윤기혁 · 권진아, 2019: 190–191).

아래 퍼트는 D대학 대학생들이 직접 개발한 사회복지 프로그램인 "경주시 저소득층 아동을 위한 토요프로그램–드림하이 프로젝트" 중 퍼트 부분을 발췌한 것이다.

프로그램명: 경주시 저소득층 아동을 위한 토요프로그램–드림하이 프로젝트

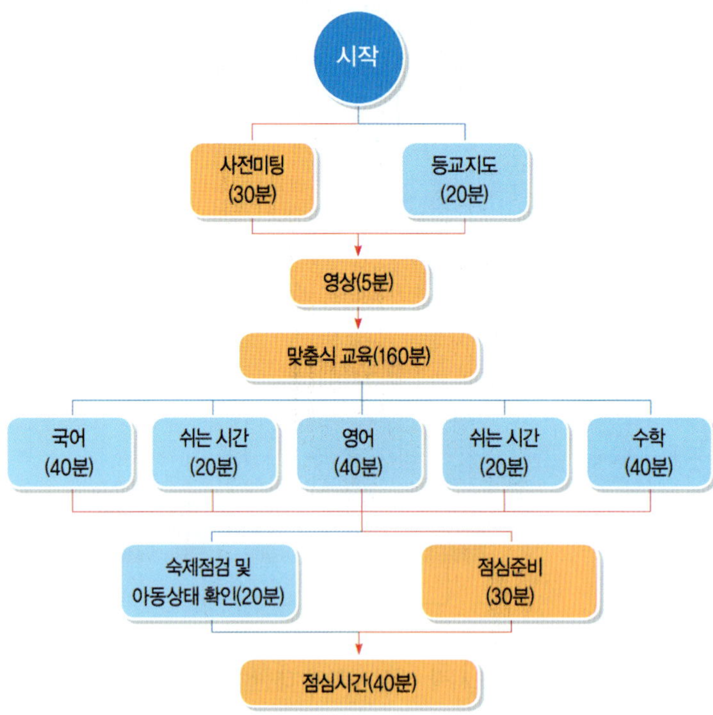

*주요경로(임계통로)=30+5+160+30+40=265(분) 총 4시간 25분

해내리 교실

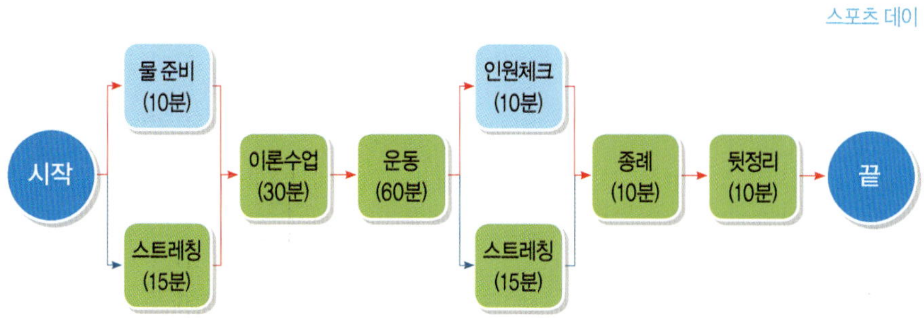

*주요 경로(임계통로)=15+30+60+15+10+10=140(분) 총 2시간 20분

(3) 장단점

퍼트와 간트 도표는 둘 다 작업진행 상황을 파악하여 시간 관리를 하기 위한 수단으로 개발되었으나 간트 도표(시간계산)는 활동만을 나타내고 활동과 활동 사이의 상관관계를 나타내지 않아 전반적인 계획을 잘 이해하기 힘든 점이 있는데 퍼트(활동계산)는 이러한 단점을 해결해 주고 활동에 기대되는 시간까지 나타내 주기 때문에 아주 유용한 기획기법이다. 즉, 퍼트는 활동과 활동 사이의 상관관계를 알 수 있다는 이점을 가지며 가장 길게 걸리는 시간 주요 경로(임계통로)를 알 수 있어 여유시간과 단축시간을 알 수 있다(신복기 · 박경일 · 이명현 · 윤기혁 · 권진아, 2019: 189).

(4) 활용 분야

퍼트는 프로그램 개발 7단계 중 5단계 실천계획의 묘사 단계의 세부 프로그램 절차 개발 과정 중 과제수행을 위한 활동계산 기법으로 활용된다.

4) 월별 활동계획 카드(Sched-U Graph)

(1) 개념

이 기법은 미국의 Remington-Rand라는 회사에서 고안해 낸 것인데 간트 도표와 비슷한 성격을 가지고 있다.

(2) 작성방법

원래 개발된 모양은 24"×42"(61×107) 크기의 바탕종이에 3"×5"(8×13) 크기의 카드를 꽂을 수 있는 주머니가 되어 있고 특정 활동이나 업무를 조그만 카드에 기입하여 월별 아래 공간에 삽입하거나 붙인다.

(3) 장단점

이 카드는 업무의 시간에 따라 변경하여 이동시키는 데는 편하지만 간트 도표에서와 같이 과업과 완성된 행사들 간의 상관관계를 잘 알 수 없다.

(4) 활용 분야

월별 활동계획 카드는 프로그램 개발 7단계 중 5단계 실천계획의 묘사 단계의 세부 프로그램 절차 개발 과정 중 과제수행을 위한 기법으로 활용된다.

사례

〈월별 활동계획 카드의 보기〉

○○기관 노인 교통봉사대 프로그램 활동계획

7월	8월	9월	10월	11월
회원모집 및 관리	베스트 드라이버단 홍보	회원등록업체 발굴 및 관리	베스트 드라이버 회원 파견	교통안전자 및 운전자 소양교육실시 평가회 실시

출처: 신복기, 박경일, 이명현, 윤기혁, 권진아(2019). 사회복지행정론. 공동체. p.192.

참고문헌

김희성(2012). **사회복지 프로포절 작성법**. 경기: 공동체.

박경일(2000). 사회복지서비스의 질적 향상을 위한 관리기법으로서의 복지 QC 활동에 관한 사례연구. **한국사회복지학**, 40, 122.

사회복지공동모금회(2023). 2023 배분사업 안내.

신복기, 박경일, 이명현, 윤기혁, 권진아(2019). **사회복지행정론**. 경기: 공동체.

이민홍, 정병오(2013). **사회복지 프로그램 개발과 평가**. 서울: 나눔의집.

이민홍, 정병오(2017). **사회복지 프로그램 개발과 평가**. 서울: 나눔의집.

이봉주, 김기덕(2008). **사회복지 프로그램 기획의 이해와 적용**. 서울: 신정.

정무성(1999). 사회복지조직의 책임성. 한국사회복지행정학회 1999년 추계학술대회자료집. 사회복지 책임성과 사회복지조직의 변화.

정무성(2011). **사회복지 프로그램 개발론**. 경기: 학현사.

정지웅, 김지자(1986). **사회교육학개론**. 서울: 서울대학교출판부.

한국청소년개발원(1997). 프로그램 개발과 운영.

황성철(2011). **사회복지 프로그램 개발론**. 경기: 학현사.

Kettner, P. M., Moroney, R. M., & Matin, L. L. (1999). *Designing and Managing Problems: an Effectiveness-based Approaches*. Thousand Oaks, CA: Sage Publication.

사이트

http://documentation.openoffice.org

http://proposal.chest.or.kr

http://studentweb.tulane.edu/~mtruill/dev-pert.html

http://www.doc.mmu.ac.uk/online/SAD/T04/projman.htm

매력적인 입술을 갖고 싶다면 친절한 말을 하라.

사랑스러운 눈을 갖고 싶다면 다른 사람의 좋은 점을 발견하라.

날씬한 몸매를 원하거든 너의 음식을 배고픈 사람에게 나누어라.

아름다운 머리카락을 갖고 싶으면 하루에 한 번 어린이가 손가락으로 너의 머리를 쓰다듬게 하라.

아름다운 자세를 갖고 싶으면 결코 너 자신이 혼자 걷고 있지 않음을 명심해서 걸어라.

〈중략〉

기억하라 만약 내가 도움을 주는 손이 필요하다면 너의 팔 끝에 있는 너의 손을 이용하면 된다.

더 나이가 들면 손이 두 개라는 것을 발견하게 될 것이다.

한 손은 너 자신을 돕는 손이고, 다른 한 손은 다른 사람을 돕는 손이다.

-오드리 햅번-

Chapter 10

실천 활동과 실행

키워드

프로그램 실행, 프로그램 실행의 원리, 프로그램의 실행을 위한 구성요소, 프로그램 실행 활용기법, 총괄진행도(Flow Chart), 프로그램 모니터링, 사례관리, 수퍼비전, 자원봉사자

10 실천 활동과 실행[1)]

01 프로그램 실행의 정의와 개념

프로그램 실행이란 앞서 고려한 사항들을 염두에 두고 정해진 시간 내에 계획한 서비스를 실시하는 것을 말한다. 프로그램을 실행하면서 특히 유의할 것은 프로그램 계획에 지나치게 얽매여서 목표전치가 발생하지 않도록 한다. 프로그램은 효율적이고 효과적인 서비스를 제공하기 위한 도구이지 그 자체가 목적은 아니다. 따라서 프로그램 실행에는 탄력적으로 운영을 할 수 있는 융통성이 필요한 것이며 때로는 목적달성을 위하여 프로그램의 실행계획이 수정될 수도 있는 것이다.

한편 매일매일의 프로그램을 끝마치고 프로그램 관계자들은 프로그램관리자나 수퍼바이저와 함께 그날의 일들을 토의하거나 조언을 듣는다. 이러한 수퍼비전은 프로그램이 진행되는 동안 중간 과정의 형성평가에 해당되는 활동이다(박경일, 2008: 463). 즉, 프로그램 실행단계는 프로그램의 실행뿐만 아니라 예정된 계획대로 진행되는지 점검, 관리하는 단계라고 말할 수 있다. 또한 프로그램 운영자들은 예기치 않은 변화에 융통성 있게 상황에 대처해야 할 것이다.

프로그램 실행을 광의와 협의의 개념을 구분하여 설명하면 다음과 같다.

---

1) 본 장은 박경일 외(2019). 사회복지프로그램과 개발. 양성원. 10장의 내용을 중심으로 일부 내용을 수정 보완하였음.

1) 광의의 개념

계획된 프로그램을 실제적으로 실행하기 위한 운영조직을 편성하는 것에서부터 실제의 프로그램 활동을 실천하고, 그 결과를 기록하는 것이다. 프로그램 실행의 의미를 넓은 의미에서 살펴보면, 계획된 프로그램을 실제적으로 실행하기 위한 운영 조직을 기록 · 정리하여 평가 활동에 이르기까지의 일련의 과정을 포함하는 것으로 개념화된다. 따라서 이 경우에는 구체적인 대상자의 모집을 위한 홍보, 선정된 활동 내용의 편성 및 실행, 활동결과의 기록 및 정리, 활동 실행 후의 평가 및 그 자료의 작성 · 정리까지를 포함한다(김영숙 외, 2002).

2) 협의의 개념

프로그램의 실행의 의미를 협의의 개념으로 보면, 프로그램의 실제적인 전개를 위한 도입 과정에서 정리단계에 이르기까지의 과정을 의미한다(한국청소년개발원, 1997; 오현숙 · 최호윤, 2010). 어떤 면에서는 프로그램의 개발과 실행이 동시에 이루어져야 한다고 볼 수 있다. 김영숙 등 공동연구자(2002)에 의하면 프로그램 실행은 그 목적과 목표를 달성하기 위한 계획을 토대로, 사회복지사가 실제의 지도 활동을 전개함으로써 참여자들의 경험이 축적되어 가는 과정으로서 프로그램 개발과정 가운데 가장 핵심적인 단계에 해당된다. 프로그램 실행은 목적과 목표 실현의 장으로서 지도자의 능력과 자질에 크게 좌우된다고 볼 수 있다. 따라서 사회복지사는 이론적인 지식을 축적하는 것은 물론 다양한 기술을 터득해야 할 필요가 있다. 무엇보다도 프로그램이 지향하는 가치와 사회복지의 이념과 가치가 포함되어야 하는 것은 물론 사회복지가 윤리강령을 준수하여 실행해야 한다는 것을 강조한다. 따라서 사회복지사는 참여자들에게 동기부여는 물론 체계적이고 계획적인 이해와 실행에 대한 효과적인 지식과 기술을 활용하여 효과적으로 프로그램이 실행되도록 최선을 다해야 한다.

02 프로그램 실행의 원리

프로그램의 실행은 사회복지기관이 프로그램을 기획하고 실행하고자 하는 프로그램의 가치와 정책 이념에 따라 그리고 사회복지사의 능력과 자질에 의하여 영향을 받게 되는데, 그 내용이 무엇이 되든 프로그램에 참여하는 서비스 이용자들로 하여금 바람직한 행동의 변화를 유도하기 위해 전문사회복지사로서의 이론과 지식 및 사회복지실천기술을 토대로 그들이 정한 목표에 따라 영향을 주어 프로그램 실행이 제대로 이루어지도록 해야 한다. 프로그램이 제대로 실행되기 위해서는 다음과 같은 기본적인 원리들이 잘 준수되어야 한다.

첫째, 전문사회복지사로서 프로그램 담당자는 기획된 프로그램을 실행하는 데 필요한 제반 여건을 확보 · 정비하는 데 있어 다양한 기법과 전략을 마련하여 활용하여야 한다.

둘째, 프로그램 실행이 보다 효과적으로 진행될 수 있도록 필요한 인적자원을 확보 · 조직하여 명확한 업무분담과 동시에, 그 역할 수행 활성화를 위한 제반 노력을 강구하여야 한다.

셋째, 기획된 프로그램의 실행이 보다 효과적으로 이루어질 수 있도록 필요한 인적 · 물적자원을 확인하고 이를 발전적으로 이용하는 것은 물론 실행 과정을 필요에 따라 적절히 조정할 수 있어야 한다.

넷째, 프로그램 실행 과정에 있어서 전문사회복지사는 참여자들에게 동기부여를 불러일으킬 수 있도록 계속적인 강화요인을 제공해야 한다.

다섯째, 프로그램 실행 과정에 있어서 참여자들의 경험을 증대시키고 참가자의 반응에 기꺼이 수용할 수 있어야 함은 물론 재조정이 이루어지도록 해야 할 필요가 있다.

03 프로그램의 실행을 위한 구성요소

하젠펠드(Hasenfeld, 1979)는 프로그램이 실행되기 위하여 필요한 행동으로 다음의 요소들을 강조하였다(지은구, 2006 재인용).

- 안정성 있는 재정기금을 찾는다.
- 서비스를 위한 서비스 이용자 또는 소비자를 찾는다.
- 프로그램을 작동시키기 위한 적절한 자원들을 확보한다.
- 적절한 자격기준과 혜택수준을 정한다.
- 제휴와 협동에 관여할 수 있는 지역조직들을 확보한다.
- 프로그램에 대한 대중의 지지와 정당성을 확보한다.
- 직원들에게 적당한 업무를 배분하고 권위와 책임을 명확히 한다.
- 프로그램을 효과적으로 전달하기 위한 필요한 행동들을 작성한다.
- 프로그램의 감독, 평가, 환류를 위한 체계를 만든다.
- 직원들이 자신들의 업무를 적절히 수행하도록 보장한다.

프로그램이 효과적으로 이루어지도록 하기 위해 서비스 이용자들의 반응을 살피고 변화되는 과정을 잘 감지하는 것은 물론 자원 확보와 서비스 이용자들의 만족이라는 조건을 충분히 고려해야 한다. 보다 효율적인 자금운용은 프로그램을 실행하는 과정에서 최종 대상자로 선정된 서비스 이용자는 물론 다음 대상자 그룹인 표적집단에게도 혜택을 줄 수 있는 방안을 찾기 위한 것이다. 프로그램을 실행하는 과정에서 발생하는 딜레마를 최소화하는 것이 중요한데, 이것은 서비스 이용자들의 접근성을 높이는 데 큰 효과가 있다. 프로그램의 적절성과 형평성 그리고 서비스 이용자들의 역량강화에 대한 사회복지의 이념과 가치가 얼마나 균형적으로 이루어지고 있는지 점검할 수 있는 기준이 되기도 한다. 따라서 길버트와 테렐(Gilbert & Terrel, 1998)은 프로그램을 실행하는 사회복지기관들의 재정 확보와 정보에 대한 접근성이 얼마나 중요한 것인가에 대하여 당위성을 설명하고 있다.

따라서 이들은 프로그램 서비스 전달에서 서비스 이용자들을 어떻게 지지할 것인지? 그리고 프로그램 진행에서 발생하게 되는 문제들을 어떻게 조정 가능한지? 프로그램 진행 중에 시민 참여가 서비스를 전달하기 위해 이전 서비스를 받았던 서비스 이용자들을 활용하는 방안은 물론 서비스 신청자격에 대한 소득 관련을 제하는 것 등을 주장하고 있다. 프로그램 진행자는 전 과정을 수시로 지도 감독하는 것은 물론 진행되는 과정에서 적절한 개입과 조치를 취해야 한다.

04 프로그램 실행 활용기법

프로그램을 효과적 · 효율적으로 운영하기 위해서는 관리기법을 잘 활용하여 사용해야 한다. 또한 각각의 기법은 장단점이 있으므로 현실에서는 둘 이상의 기법을 상호 보완적으로 함께 사용하는 것이 좋다. 프로그램 관리기법들의 세부적인 활용기법 및 사례 등은 앞 장인 실천계획의 묘사에 이미 설명하였다. 여기서는 프로그램 실행에 중점적으로 해당되는 총괄진행도(Flow Chart)에 대하여 설명하고자 한다.

1) 총괄진행도(Flow Chart)

실천계획을 묘사함에 있어서 프로그램의 단위서비스(세부 프로그램) 제공 과정을 한눈에 볼 수 있도록 총괄진행도 혹은 업무 흐름도를 작성할 수도 있다. 총괄진행도는 관리해야 할 프로그램의 설계, 분석하는 과정에서 사용되는 흐름도로서 작업이나 사무처리의 단계를 통일된 기호와 도형을 사용해서 도식화하고 화살표로 연결하여 그 순서를 설명한다(Sevocab, 2008). 이러한 총괄진행도를 활용함으로써 관리대상과 관련되는 부문의 역할분담 관계를 명확히 할 수 있고, 각 기능별 업무수행 절차를 명확히 함으로써 기능별 관리체계를 확립하고 해당 기능이 원활하게 수행되도록 관리할 수 있다(박경일, 2000).

D대학교에서 실시한 지역사회 대학생과 중·고교생의 자원봉사 연계 프로그램인 참사람 봉사스쿨의 총괄진행도를 보면 그림 10-1과 같다.

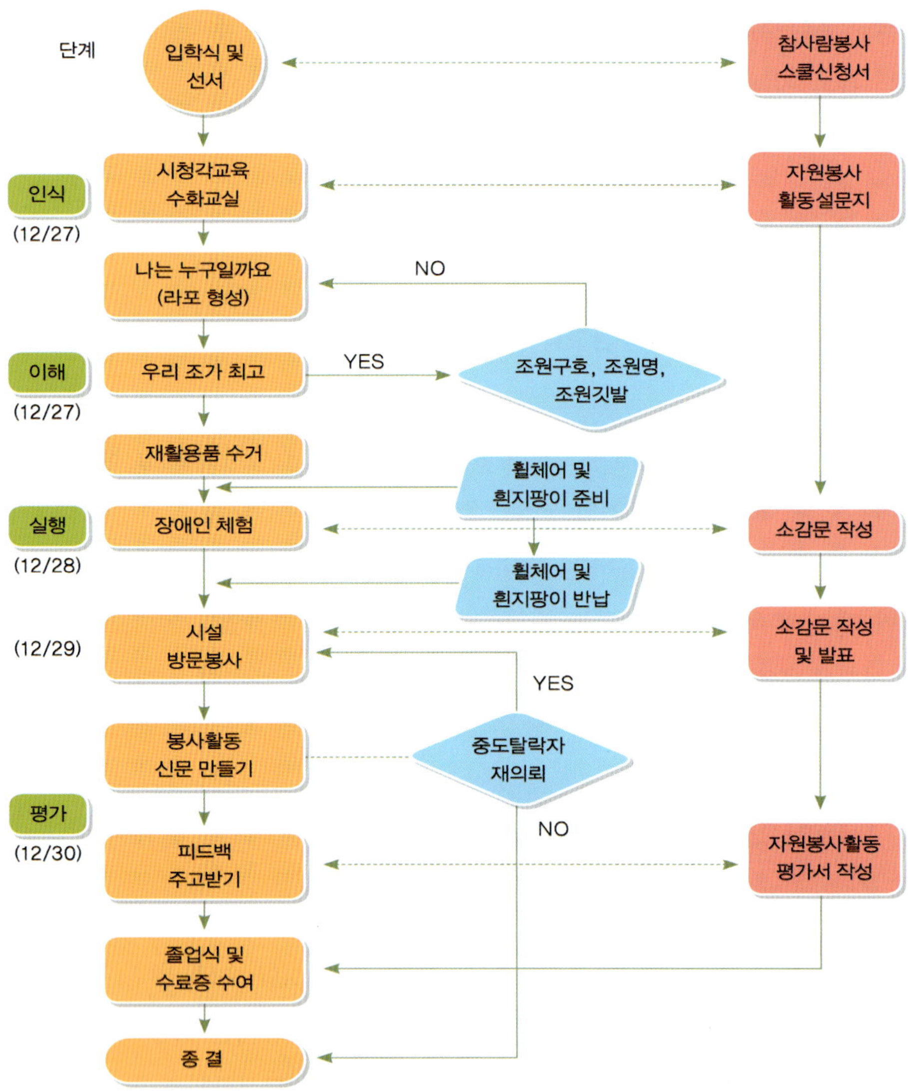

그림 10-1 참사람 봉사스쿨 총괄진행도

출처: 김종명 외(2014). 사회복지 프로그램 개발과 평가. 양서원. pp.250-252.

총괄진행도의 활동을 표시하는 기호들을 살펴보면 그림 10-2 와 같다. 프로그램 관리자는 다음의 표시들을 활용하여 다양한 총괄진행도를 작성할 수 있을 것이다.

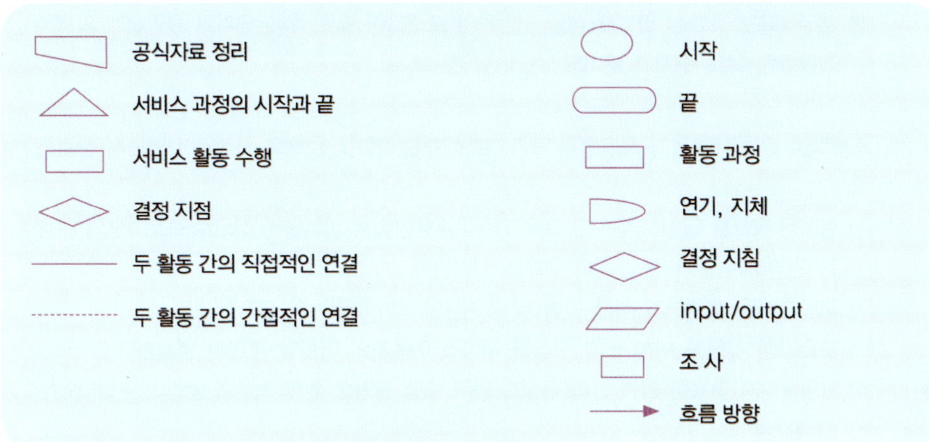

그림 10-2 총괄진행도 기호

출처: Richardson(1997). Total Quality Management. Delma Publishers. p.298.

프로그램 실행 점검표

1. 기획된 프로그램이 기관의 정책과 이념에 부합하는가?
   (1) 표지에 기재된 모든 내용을 적절히 고려하여 프로그램을 기획하였는가?
   (2) 정책결정자 입장에서만 프로그램을 기획한 것인지 서비스 이용자들의 욕구해결 중심으로 기획되었는지 점검한다.

2. 프로그램을 기획할 때 사회문제와 서비스 이용자들의 문제분석이 합리적으로 이루어졌는지를 점검한다.
   (1) 문제의 심각성에 따라 프로그램의 지원 당위성이 높기 때문에 문제의 실체를 파악 및 체계적 욕구조사가 이루어졌는지 검토한다.
   (2) 객관적인 자료를 수집하였는지의 여부를 검토한다.

3. 대상자 선정에서 위계적 특성에 따라 서비스 이용자를 선정하였는지의 여부를 검토한다.
   (1) 서비스 대상자 선정의 원칙을 준수하였는가 확인한다.
   (2) 표적대상자에서 우선순위를 선하여 선정하였는지의 여부를 점검한다.
   (3) 표적대상은 프로그램 제공을 통해 문제해결의 대상으로 삼는 인구집단을 의미하는 것으로 다음 대상자로 확보할 수 있도록 여부를 점검한다.

4. 사업의 목적 및 목표 설정이 서비스 이용자 중심에서 이루어졌는지의 여부를 점검한다.
   (1) 전문사회복지사가 기관의 입장에서만 목적과 목표를 설정한 것은 아닌지 재점검한다.
   (2) 구체적인 방향성을 제시하기 위한 목표가 세부목표로 진술되었는지 확인한다.
   (3) 세부목표는 효과성 및 효율성을 감안하여 프로그램 종료 후에 평가가 원만하게 되도록 계량화된 목표 수치가 준비되었는지 점검한다.

5. 프로그램 활동 내용은 프로그램의 구조, 담당인력, 일정표 등으로 구성되어 있는지 점검한다.
   (1) 설정된 목표를 달성하기 위한 프로그램의 수행방법을 설명하는 것으로 프로그램의 내용은 완벽하게 준비되었는지의 여부를 점검한다.
   (2) 프로그램을 실행하기 위한 방법 및 매개물을 확보하였는지 점검한다.
   (3) 프로그램 실행을 위한 인력 구성과 서비스 이용자의 역할을 분명히 명시한다.
   (4) 자원봉사자 활용을 위한 인력 구성과 능력 수행 평가를 위한 기준과 방법이 준비되었는지 확인한다.

6. 프로그램 실행 요건을 확인한다.
   (1) 서비스 이용자의 변화 결과, 효과성, 효율성과 자원 획득을 위한 분명한 프로그램 진행에 대한 세부 사항 설명과 기준들이 있는지 확인한다.
   (2) 전문사회복지사를 포함하여 인력 구성에 불만은 없는가?
   (3) 각 담당자는 자신들의 임무에 대하여 준비가 완료되었는가?
   (4) 프로그램은 서비스 이용자들의 욕구가 충분히 반영되어 있는가?

7. 프로그램이 지역사회 내에 존재하는 문제해결에 초점을 두고 설계가 이루어졌는가?
   (1) 지역사회 주민들의 욕구가 충분히 반영되었는지의 여부, 그들은 문제해결에 적극적인지 어떠한 경험을 하였는가를 파악하였는지?
   (2) 지역사회 내에 존재하는 서비스 이용자들이 자신들의 문제해결을 위하여 얼마나 적극성을 띠고 있는지?
   (3) 프로그램 진행 시 발생하게 될 제반 사항과 문제에 대한 대비책은 준비되었는지 점검한다.

8. 프로그램에 의해 사용된 개입 전략은 적절하게 준비되었는지 점검한다.
   (1) 서비스 이용자와 집단을 위한 개입 전략이 적절한가?
   (2) 전문가는 개입 전략을 숙지하고 있는가?

출처: 김종명 외(2011). 사회복지 프로그램 개발과 평가. 양서원. pp.264-265.

05 프로그램 모니터링

1) 프로그램 모니터링의 정의 및 개념

프로그램 모니터링이란 프로그램이 원래 의도한 표적집단을 어느 정도 커버(클라이언트의의 적정성과 참여율)하고 있는지에 관한 프로그램 적용대상자 점검과 아울러 서비스 제공이 실제로 의도한 바와 일치하는지에 관한 프로그램 과정을 측정하기 위한 체계적 노력이다(Rossi & Freeman, 1993). 이러한 점검 활동을 수행하기 위해서 관리자는 클라이언트 및 서비스 제공자와 지속적으로 접촉할 필요가 있다. 이것은 적절하고 효과적인 서비스가 적시에 제공될 수 있도록 보장한다. 서비스를 제공하는 사람들은 때때로 그들의 책임을 제대로 수행하지 못하는 경우가 있으며, 클라이언트도 자기보호의 노력이나 욕구 충족과 변화에 대한 동기가 감소되는 경우가 있다. 그러므로 클라이언트와 서비스 제공자와의 지속적인 접촉은 클라이언트로 하여금 동기를 고양시키고 서비스 제공자의 책임을 상기시켜 자신들의 과업을 완수할 가능성을 증가시키며, 환류를 촉진하고 관계를 개선하는 훌륭한 수단이 된다(Rubin, 1987). 따라서 사회복지 프로그램 모니터링은 프로그램이 궁극적으로 원하는 성과를 얻기 위해 프로그램을 점검하는 일관되고 체계적인 과정이라고 할 수 있다.

또한, 스미스(Smith, 1990)에 따르면 모니터링은 다음과 같은 특징을 갖는다고 한다.

첫째, 프로그램 평가에 있어 목적과 목표를 확인하는 것보다 훨씬 간편하고 손쉽게 그리고 직접적으로 프로그램에 대한 질문을 할 수 있다. 둘째, 프로그램을 평가하는 데 있어 덜 공식적인 조사설계 방법을 사용할 수 있다. 셋째, 프로그램에 관련한 아주 기본적인 사실들을 분석하기 용이하다. 넷째, 프로그램모니터링의 결과가 보다 쉽게 피드백되어 프로그램으로 다시 돌아갈 수 있다(지은구, 2008).

2) 프로그램 모니터링 유형

사회복지 프로그램 모니터링을 수행하는 주체는 사회복지기관 내부와 외부로 구분할 수 있다. 사회복지기관 내부적으로 프로그램 담당자 및 관리자에 의해 수행될 수 있고, 외부적으로는 자문위원이나 전문가 집단을 통해 가능하다. 프로그램을 관리하기 위해서 모니터링은 경영자적인 입장을 취하게 된다. 따라서 사회복지 프로그램 진행 과정에 대해서 담당자에게 다음과 같은 질문을 제시할 수 있다(Kettner et al., 1999).

- 프로그램이 원래 의도한 기획 및 설계대로 실행되고 있는가?
- 프로그램이 지역사회 욕구를 어느 정도 충족시키는가?
- 프로그램을 통해 적합한 대상집단의 클라이언트에게만 서비스가 제공되고 있는가?
- 프로그램을 통해 제공되는 서비스의 양이 적절한가?
- 프로그램이 재원을 제공한 정부 및 민간재단에서 제시한 기준에 부합하고 있는가?

프로그램 개발자는 모니터링을 프로그램 기획, 설계부터 실행단계에 포함될 수 있도록 해야 한다. 프로그램을 모니터링을 수행하는 구체적인 방법은 프로그램 모니터 유형으로 설명할 수 있다. 프로그램 모니터링의 유형은 관리정보 시스템을 통한 모니터링, 성과측정을 통한 모니터링, 과정평가를 통한 모니터링의 세 가지로 나누어 설명된다(황성철, 2005: 235).

- 관리정보 시스템: 사회복지 프로그램에 참여하는 클라이언트의 특성과 참여인원에 대한 정보를 통해 모니터링한다.
- 성과측정을 위한 모니터링: 책무성에 대한 프로그램 산출과 성과의 양과 질에 관한 종합적 점검에 초점을 두고 모니터링한다.
- 과정평가를 통한 모니터링: 프로그램이 실제 의도한 서비스가 클라이언트 체계에 전달되고 있는지에 관해서 전반적인 프로그램 운영과 서비스 전달에 비

추어 점검 또는 검토하며 주요 방법으로 프로그램 감사, 적용대상 측정, 과정 분석 등이 있다.

한편 조성우 등(2018)은 프로그램 모니터링을 논리모형에 따른 모니터링, 수퍼비전을 통한 모니터링, 개입의 효과성을 위한 모니터링 등을 제시하였다. 논리모형은 프로그램의 진행과정을 투입, 전환, 산출, 성과로 체계이론의 행동적 특성을 반영한 것이다. 투입, 전환, 산출, 성과로 프로그램이 명확하게 진행되었는가와 네 가지 단계의 주요지표가 달성되었는지 확인한다. 사회복지 프로그램의 모니터링 방법으로 수퍼비전을 통한 모니터링을 통해 프로그램의 효율적 실행과 서비스 질 관리를 하는 방법이 사용된다. 개입의 효과성을 위한 모니터링은 사회복지사가 프로그램 실행과정에서 의사결정이 효과성을 토대로 이루어졌는지 확인한다. 프로그램 모니터링 방법과 주요내용은 표 10-1 과 같다.

표 10-1 프로그램 모니터링 방법과 주요내용

모니터링 방법	주요내용
논리모형 모니터링	• 프로그램 계획 시 수립한 투입, 활동, 산출, 성과의 논리모형에 따라 프로그램의 진행 여부 점검 • 예산, 인력, 기간, 장소, 재정, 필요물품, 협력기관 등이 계획대로 투입했는지 확인 상담, 교육, 치료, 정보제공 등 계획한 서비스로 전환되었는지 확인 • 서비스 횟수와 이용자 수가 계획한 산출량과의 비율 • 클라이언트 집단에 의도한 성과가 발생했는지 확인
수퍼비전 모니터링	• 업무의 처리 적합성과 업무 수행 관련 능력과 기술이 있는지에 대한 판단 • 행정절차에 부합되는 방법과 시간에 맞추어 프로그램이 진행되었는지 관찰 • 모니터링 내용: 구두보고, 청취, 기록물 읽기, 통계적 보고 • 프로그램 진행 과정 의사결정의 적합성 판단 • 개별, 집단, 동료 수퍼비전 제공
개입 효과성 모니터링	• 프로그램이 예측하지 못한 방향으로 가거나, 실행과정에서 문제점과 장애요인이 나타날 때 프로그램 재설계 필요: 아래의 상항에서 효과성을 토대로 의사결정하도록 모니터링 – 프로그램 실행 시 나타날 수 있는 문제들에 대한 대처방안 – 재설계가 필요한 수정전략 – 개입방법과 전략의 현실적 적용 가능성 – 클라이언트와 상황에 맞는 개입의 적절성 – 개입절차의 적절성 – 클라이언트에게 나타나고 있는 성과

출처: 조성우 외(2018), 이민홍, 정병오(2020: 160).

또한 사회복지공동모금회 프로그램 배분사업에서는 중간결과보고서 제출을 의무화하여 프로그램 배분사업 중간평가를 실시하고 있다. 이 또한 프로그램 모니터링 유형 중 하나라고 할 수 있다.

다음은 사회복지공동모금회의 2019년 신청사업 중간보고서 양식이다. 보고서의 자체평가 항목은 제12장 사회복지 프로그램 평가의 기준과 도구(p.311-312)에서 자세히 설명되어 있다.

사례

일반형(성과중심) 중간보고서 양식

<table>
<tr><td>기 관 명</td><td colspan="3"></td><td colspan="2">대 표 자</td><td colspan="3"></td></tr>
<tr><td rowspan="2">주 소</td><td colspan="3" rowspan="2"></td><td colspan="2">전화번호</td><td colspan="3"></td></tr>
<tr><td colspan="2">Fax</td><td colspan="3"></td></tr>
<tr><td>사 업 명</td><td colspan="8"></td></tr>
<tr><td>총 지원액</td><td></td><td>현재까지 지원액 (이자수입 포함)</td><td></td><td colspan="2">집행금액</td><td></td><td>집행률</td><td></td></tr>
<tr><td>총 사업기간</td><td colspan="3"></td><td colspan="2">사업보고기간</td><td colspan="3"></td></tr>
<tr><td rowspan="2">작성자 (담당자)</td><td colspan="3" rowspan="2"></td><td rowspan="2">작성자 연락처</td><td>e-mail</td><td colspan="3"></td></tr>
<tr><td>휴대전화</td><td colspan="3"></td></tr>
</table>

1. 사업 추진내용
   1) 사업 참여자
      (1) 참여대상 및 인원
      (2) 선정기준 및 모집방법
   2) 세부 사업별 추진 내용
      (1) 계획 대비 추진결과
      (2) 일정별 수행현황
   3) 기관 연계협력
   4) 계획대비 차이와 원인

2. 예산집행 실적

3. 목표 및 평가
  1) 산출목표
  2) 성과목표

4. 향후 계획

5. 사업 및 예산변경 현황

6. 기타 의견

7. 자체평가 항목

3) 프로그램 모니터링 영역과 특성

모니터링이 프로그램을 위해 재정지원을 하는 재정후원조직들이나 프로그램 운영에 책임이 있는 감독기관에 의해 일반적으로 수행되는 측면이 강하다. 이는 자원의존성이 강한 사회복지조직의 특성으로 볼 때 모니터링은 프로그램 자체의 평가적인 의미와 함께 사회적 책임성의 실현을 위한 수단도 된다는 점에서 의미를 찾을 수 있다. 따라서 모니터링을 통해 수집된 자료는 프로그램에서 어떤 일이 진행되고 있는지에 대한 중요한 자료라고 할 수 있다. 드포이와 길슨(DePoy & Gilson, 2004)은 다음의 다섯 영역에서 주로 모니터링이 수행된다고 한다(지은구, 2008 재인용).

첫째, 행정 영역에 대한 모니터링이다. 행정 영역에 대한 모니터링은 주로 개입행동이나 프로그램의 상호 행동적 그리고 내적 기능을 관리하기 위한 구조를 제공하는 기관의 정책이나 절차, 행동들에 대해 모니터링하는 것이다. 둘째, 직접적 서비스 영역에 대한 모니터링이다. 직접적 서비스 영역에 대한 모니터링은 직접적으로 개입의 대상이 되는 표적집단, 즉, 클라이언트를 위한 개입행동 또는 프로그램을 전달하는 과정을 모니터링하는 것이다. 셋째, 간접적 서비스 영역에 대한 모니터링이다. 간접적 서비스 영역에 대한 모니터링은 표적집단인 클라이언트들이 직접적으로 참여하지 않으면서도 그들에게 영향을 주는 활동 과정을 모니터링하는 것이다. 넷째, 직원개발 영역에 대한 모니터링이다. 직원개발 영역에 대한 모니터링은 개입행동이나 프로그램에 있어서 직원들의 기술과 지식을 발전시키기 위한 교육적 과정을 모니터링하는 것이다. 다섯째, 체계적 상호 행동 영역에 대한 모니터링이다. 체계적 상호 행동 영역에 대한 모니터링은 기관, 개입구조, 집단, 개인이 개입계획의 기획, 발전, 실행 그리고 성과에 영향을 미치는 체계와 과정을 모니터링하는 것이다.

이상과 같은 프로그램 모니터링의 특성은 세 가지로 정리될 수 있다.

첫째, 평가의 연속성으로 모니터링은 한 시점에서 이루어지는 다른 평가와 구분된다는 것이다. 모니터링은 프로그램 전반에 걸쳐 이루어지는 일련의 과정이 다. 즉, 모니터링은 단순한 시점의 차원을 넘어 프로그램의 연속선상에서 거시적인 분석을 가능하게 하는 평가기법으로 이해할 수 있다.

둘째, 논리 주도적 점검의 기능이라는 것이다. 이것은 모니터링이 점검의 특성을 지녔다는 것으로 계획이 제대로 실시되었는지를 측정하는 등의 전반적인 프로그램을 논리기반으로 평가하는 특성을 지니고 있다.

셋째, 형성적 기능으로 모니터링 활동을 통해 획득한 정보는 추후 의사결정에 좋은 기초자료를 제공한다는 것이다. 특히 프로그램의 지속, 수정, 폐지 여부를 결정하는 데 유용한 정보를 제공한다는 측면에서 형성적 기능이 강조된 평가기법이다.

이러한 특성을 가진 모니터링은 실행 가능성이 높고 실용적이며 논리 주도성을 지니고 있다고 정리할 수 있다. 그리고 이러한 모니터링의 특성은 프로그램의 기획과 개발단계에서부터 마지막 결과평가에 이르기까지 프로그램의 핵심적인 정보를 수집하게 된다. 아울러 프로그램을 수행하는 조직의 정보수집 능력과 구성원의 프로그램 수행능력 향상을 위한 다양한 정보를 제공한다는 점에서 조직수행력에도 영향을 끼친다고 할 수 있다(박진필, 2010: 34-36).

06 프로그램 수퍼비전

1) 수퍼비전의 정의

카두신(Kadushin, 1979)은 수퍼비전을 "사회사업 수퍼바이저는 일정한 업무수행의 책임을 맡은 수퍼바이저의 현장에서의 업무수행을 지지, 조정, 강화 그리고 평가하도록 권위를 위임받은 기관 행정직원의 일원이다. 이러한 책임을 실제로 적용하기 위해서 수퍼바이저는 긍정적 관계의 상황 속에서 수퍼바이지와 상호작용함으로써 행정적 · 교육적 · 지지적 기능을 수행해야 한다. 이러한 수퍼바이지의 궁극적인 목표는 기관의 정책과 절차에 따라 질적 · 양적으로 최선의 가능한 서비스를 클라이언트에게 전달하는 데 있다."라고 정의하고 있다(조휘일, 2005: 63 재인용). 양옥경 등(2011)은 수퍼비전을 "행정적, 교육적, 지지적 기능들과 각 기능의 고유 역할과 과제 및 활동들을 윤리강령에 입각하여 수행함으로써 수퍼바이저가 수퍼바이지의 업무수행을 지시, 조정, 향상시키고 평가하는 의무적이고 구조화되어 있으며, 정규적이고 일관성 있는 상호작용 과정"으로 설명하였다. 또한 사회복지 수퍼비전은 수퍼바이지에 대해서는 직접적이지만 클라이언트에 대해서는 간접적인 전문적인 서비스라 하였다.

수퍼비전은 사회복지실천에 있어 핵심적이며 중요한 과정이다. 수퍼비전 없이는 급변하는 사회 속에서 사회복지사들의 전문직으로서의 정체성 확립 및 어려운 상황에 있는 클라이언트를 돕는 데 있어 효과성을 지속적으로 창출하는 데 어려움이 있을 수 있다. 사회복지기관은 조직의 운영을 위한 재원이 국가 및 지역사회 등 외부로부터 지원되는 조직으로 지역사회 주민의 복지증진을 위해 사회복지서비스를 제공하도록 사회로부터 그 권한을 위임받은 기관이다. 그러므로 사회복지기관은 공공의 지원에 대한 책임감과 책무성을 가진다. 사회복지 분야에서 책무성은 조직의 목표달성을 위한 사회복지사의 의지 및 노력, 성과에 대한 평가 및 검증 등의 내용이 포함되어 있다(박현주, 2013: 14).

2) 수퍼비전의 기능

수퍼바이저는 카두신(1972)이 범주화한 수퍼비전의 기능인 행정적, 교육적, 지지적 기능을 수행하여야 한다. 행정적 기능은 조직이 체계 내에서 조직의 목적 달성을 위해 상부와 하부 구성원의 중간관리자로서 개별 구성원 간이나 구성원 집단 간 그리고 상부와 하부 구성원 간의 의사소통과 협력적인 의사결정을 창출하는 노력을 말한다. 따라서 올바르고 효과적인 기관정책과 절차 이행 과정을 이해하고, 이를 수행하는 절차와 방법을 정확하게 숙지하는 것이다. 교육적 기능은 수퍼바이지의 업무능력 개선에 목표를 두고 업무에 필요한 지식과 기술을 제공하는 것으로 직무를 수행하는 데 필요한 지식과 기술을 향상시키는 것이다. 지지적 기능은 업무에서의 만족감을 고취시키는 것으로 효과적인 업무수행을 위한 심리적 자원을 제공하여 수퍼바이지의 사기와 스트레스와 불안, 소진을 다룰 수 있도록 하는 것이다.

이상의 수퍼비전 기능을 통해 클라이언트에게 최대한 효과적이고 질적인 서비스를 제공할 수 있는 전문적 실천과 직원 및 기관의 책무성을 실현하도록 하는 것이 목적이다.

3) 프로그램 실천 수퍼비전

수퍼바이저는 수퍼비전을 통하여 수퍼바이지에게 사회복지 관련 지식과 기술을 전달하기 때문에, 수퍼비전은 전문가로서의 성장을 촉진시키는 교육방법으로 핵심적인 역할을 해 왔다(정상원 · 한은영, 2013: 100). 수퍼비전은 상호작용 과정으로 수퍼비전을 전달하는 방식, 수퍼비전에서 다루는 내용, 수퍼비전을 진행하고 운영하는 방식, 수퍼비전 관계, 수퍼바이저의 특성, 수퍼바이저의 역량에 따라 영향을 받으므로 수퍼바이저와 수퍼바이지 간의 관계와 전문성이 중요함을 알 수 있다(소수연, 2012: 127-129).

사회복지기관은 지역주민의 다양한 욕구에 따라 문제를 해결함으로써 주민 상호

간의 연대감 조성을 통해 지역사회문제를 예방·치료하는 매체로서 주민의 복지증진을 위한 역할을 수행함을 목표로 하고 있다. 이와 같은 기관의 운영목적과 역할을 수행하기 위한 실천적 방법이 프로그램인 것이다. 사회복지 프로그램을 실천함에 있어 수퍼바이지가 자신의 부족 부분을 수퍼비전을 통해 수정·보완함으로써 클라이언트에게 양질의 서비스를 제공할 수 있다. 이러한 관점으로 볼 때 사회복지사가 전문가로 성장·발전하고, 업무수행 중 사업의 목표달성, 서비스의 질, 프로그램의 평가, 윤리적 딜레마에 대한 대처, 지지, 격려, 인정에 이르기까지 모든 과정에서 상호작용을 통한 수퍼비전이 요구되며 보다 전문적이고 효과적으로 수행되어야 한다.

먼저, 프로그램 개발 및 실천 과정에 있어서의 행정적 수퍼비전의 측면에서 프로그램 개발 과정에서 담당자의 작업환경을 조성해 주어야 하는데 담당자의 역량과 경험을 고려하여 배치하고 기관의 목적 부합성과 프로그램 실천에 요구되는 자원에 대한 정보를 제공하여야 한다. 또 프로그램의 특성과 상황에 따라서는 빠른 의사결정을 돕기 위한 구조를 결정해 주어야 하며, 프로그램을 진행하는 중 확인된 담당 사회복지사와 클라이언트 간의 갈등 중재, 담당 사회복지사와 기관 간의 완충적 역할도 필요하다. 교육적 수퍼비전의 측면에서는 프로그램이 진행되는 과정에서 과정기록 검토를 통해 일정과 세부 내용, 예산 범위 및 예산 집행에 대한 규정, 효과성 평가를 위한 기록관리 등을 상시 안내하고 업무량 수준과 클라이언트에 대한 객관성 유지와 반응에 대한 점검, 전문적 업무수행을 위한 가르침과 정보 제공, 이전의 경험 나누기 등의 수퍼비전이 제공되어야 한다. 이와 같은 수퍼비전은 수시로 제공되기도 하고, 연간 수퍼비전 계획에 반영하여 정기적으로 제공되기도 한다. 실천 과정에서 무엇보다 가치와 윤리기반을 발전시키도록 돕는 것이 중요하다. 더불어 지지적 수퍼비전의 측면으로 프로그램 수퍼비전 과정에서 업무수행을 방해하는 긴장 및 갈등 상황과 스트레스 요인을 파악하여 감소시키는 노력을 기울이며 담당자의 생각과 의견, 경험을 나눌 수 있는 관심과 배려가 필요하며 이와 같은 수퍼비전 과정을 통해 프로그램의 효율성과 효과성을 극대화하여 성과목표를 충분히 달성할 수 있도록 도와야 한다.

일례로 낙동종합사회복지관의 지역조직팀의 고독사 예방 및 복지사각지대 발굴 사업(이웃의 재발견)의 내부 행정적, 교육적 수퍼비전과 사례관리 업무 수행 시 지지적 수퍼비전 사례는 표 10-2 와 같다.

표 10-2 사회복지 프로그램 내부 수퍼비전 사례

수퍼비전 내용	수퍼비전
1. 주민발굴단 대상 역량강화교육 일정에 대한 수퍼비전	• 교육 일정 전반적인 부분에 대한 수퍼비전 복지관에 와서 좋은 강사에게 양질의 강의를 듣고 가는 것도 중요하지만, 주민발굴단에 지원한 지역주민들이 복지관에 오는 것이 무겁게 느껴지지 않도록 즐거움을 느낄 수 있는 요소 등을 각 회기별로 포함시켜 복지관과 함께하는 동행자로서 설렘을 느낄 수 있도록 구성하는 것이 좋겠음. – 현재 2시간씩 4회기로 구성되어 있는데 이를 3시간씩 3회기 정도 진행하는 방법으로 생각해 보는 등 회기 구성 및 회기당 교육시간을 충분한 논의를 바탕으로 정할 필요가 있음. – 위촉장 및 명예사원증의 경우 교육을 모두 수강한 후 전달할 것인지, 교육 전 발대식 때 전달할 것인지 고민해 볼 필요가 있음.
2. 강사 선정에 대한 수퍼비전	• 타 복지관 사례 조사 필요 조사한 강사 목록으로도 충분할 수 있지만 본 사업을 이미 시작한 타 복지관의 교육 사례를 조사해 본다면 벤치마킹할 만한 교육주제 및 강사를 파악할 수 있을 것이라고 생각됨. 이에 타 복지관들의 교육 사례, 강사, 회기 및 회기별 시간 구성 등을 파악해 보기를 권함.
3. 홍보지 구성에 대한 수퍼비전	• 강조할 부분 – 홍보지 앞면 상단 '우리 동네 복지사각지대를 찾아라!' 문구가 본 사업 및 홍보지의 핵심 내용이므로 진하게 강조할 필요가 있음. • 활용된 단어의 적절성에 대한 수퍼비전 – '다정한 술래'라는 타이틀은 좋은 것 같음. 다만 '술래'라는 단어가 모든 세대를 아우르는 단어인지 확인할 필요가 있음.
4. 사례관리 업무 수행 시 고충에 따른 수퍼비전	• 사례관리 당사자와의 관계 형성 당사자가 사례관리 대상자와의 관계 형성 시, 어느 정도 관계가 형성이 되었고 개입도 진행되고 있는데 당사자 연락이나 만남을 기피하는 경우 어려움이 있음. – 당사자가 사례관리 담당자나 복지서비스로부터 거리를 두려고 하는 것이 꼭 나쁜 것은 아니라고 보는 시각도 필요함. 당사자와 소원해지는 것도 하나의 과정일 수 있음. – 만성적 어려움이 있는 당사자의 모든 문제를 모두 사례관리 서비스를 통해 해결할 수는 없음. 때로는 담당자의 안부확인 및 건강상태 확인 등의 작은 관심의 표현과 같은 실천이 당사자에게는 큰 도움이 될 수 있음.

출처: 낙동종합사회복지관(2022). 고독사 예방 및 복지사각지대 발굴 사업 및 사례관리 수퍼비전.

한편 2022년 사회복지시설평가 사회복지관 평가지침(보건복지부, 2022)에 프로그램 수행과정에 전문인력(프로그램 진행자, 자원봉사자, 수퍼바이저 등)이 적절히 활용되고 있는지를 평가하는 항목이 설정되어 있다. 프로그램 계획서와 수행과정상 필요한 전문적인 자격(관련 경력, 관련 교육 이수, 수행과정에 관한 기록 능력, 자원동원 및 개발 활용 정도 등)을 갖추고 있는 자가 진행한 경우 점수로 인정이 된다. 그리고 전문자원봉사자 활용, 수퍼비전 계획서에 의한 정기적인 내부 수퍼비전이나 외부자문을 통한 사업수행의 전문성을 높이기 위한 인력이 활용된 경우 점수가 인정이 된다(보건복지부, 2022: 86). 또한 지역조직화 실행체계 영역에 지역조직화 사업의 내·외부 수퍼바이저를 통한 정기적인 수퍼비전 실시 여부 평가 항목도 제시가 되어 있다.

지역조직화 사업의 내·외부 수퍼바이저를 통한 정기적인 수퍼비전 실시 여부

- 평가항목: C3-1-③ 내·외부 수퍼바이저를 통해 정기적인 수퍼비전을 받고 있는지 내용 확인
- 인정범위
  - 다양한 수퍼비전체계를 활용하여 실시하는 정기적인 내부 수퍼비전이나 외부자문을 통한 사업수행의 전문성을 높이기 위한 인력이 활용된 경우 인정, 그 내용이 단순 지시사항, 업무내용, 회의안건 중심 등으로 기록되어 수퍼비전 내용을 확인할 수 없을 경우 미인정
  - 조직화사업의 내부 수퍼바이저 인정 범위는 지역조직화 주 경력 2년을 포함하여 사회복지관 경력 5년 이상인 자를 의미함
  - 정기적이란 내부 수퍼바이저는 월 1회 이상, 외부 수퍼바이저는 연 2회 이상을 의미함
- 평가자료: 수퍼비전 계획서, 수퍼비전 기록지, 계획서 및 결과서, 과정기록지, 자문회의록, 관련 공문

출처: 보건복지부(2022). 2022년 사회복지시설평가 사회복지관 평가지침. p.86.

4) 자원봉사자를 위한 수퍼비전

사회복지 프로그램 실천 시 중요한 인적자원이 자원봉사자이다. 특히 최근에는 자원봉사활동의 필요성이 사회적으로 더욱 더 요청되고 그 중요성이 널리 인식됨에 따라 자원봉사활동 관리의 필요성 및 중요성이 부각되고 있다(류기형, 2016: 11). 따

라서 사회복지사는 자원봉사자 관리를 위해서 다양한 기술을 활용해야 할 뿐만 아니라 자원봉사자에게 적절한 수퍼비전을 제공해 주어야 한다.

스테푸타트(Stepputat, 1995: 177)는 자원봉사자 수퍼비전을 위해 다음과 같은 열 가지 지침을 제시하고 있다(류기형, 2016: 159-160).

① 자원봉사자가 과업 또는 역할이 무엇을 포함하는지 그리고 왜 그것이 중요한지를 확실하게 이해하게 하라.

② 긍정적이고 정확한 피드백을 제공하라.

③ 자원봉사자를 직접적으로 과업과 관련된 계획과 결정을 하는 데 참여시켜라.

④ 직원, 자원봉사자, 그리고 클라이언트와의 파트너십 환경을 창조하라.

⑤ 자원봉사자에게 궁극적인 책임이 아닌 권한을 제공하라.

⑥ 자원봉사자들의 투입을 경청하고 존중하라.

⑦ 자원봉사자들이 쉽게 접근할 수 있도록 하라. 만약 필요하다면 자원봉사자들에게 수퍼바이저와 접촉하기 위한 정보를 제공하라.

⑧ 문제를 예상하고 해결을 위한 계획을 하라.

⑨ 성취한 것을 인정하고 감사하라.

⑩ 자원봉사자들의 시간을 결코 낭비하지 마라.

맥컬리와 린치(McCurley & Lynch, 1996)는 자원봉사자에게 수퍼비전을 제공하기 위해 수퍼바이저가 다음과 같은 과업을 수행해야 한다고 제시하고 있다(류기형, 2016: 161-162).

① 동기부여 환경 조성

② 네 가지 관리감독 수준별로 자원봉사자를 분류하여 권한부여:

레벨 1. 자기과업을 위한 권한(모든 권한 가짐),

레벨 2. 보스가 진행(progress)에 관해서는 조언을 하는 자기과업을 위한 권한,

레벨 3. 자기과업을 추천하는 권한,

레벨 4. 과업을 위한 권한 없음(주어진 일만 함)의 네 수준으로 분류하여 권한을 부여함.

③ **권한의 사다리를 이동하게 함:** 직무에 관해 충분히 배우면 레벨 4에서 레벨 3으로 이동하게 된다.

④ **효과적인 위임:** 자원봉사자에게 과업을 위임할 때는 과업을 규정하기, 관리 통제수준을 규정하기, 가이드라인 전달, 이용 가능한 자원 알림, 성공기준 결정, 체크포인트 설정 등 여섯 가지 요소들을 포함한다.

⑤ **의사소통 유지:** 수퍼바이저의 자원봉사자를 위한 이용 가능성과 동등한 지위와 참여 요소를 바탕으로 한 자원봉사자를 위한 지속적인 의사소통을 유지해 나간다.

참고문헌

고재욱, 장지훈(2012). 어린이집의 위험관리 실태요인 분석과 시사점. **유아교육·보육복지연구**, 16(4), 57-75.

김영숙, 김욱, 엄기욱, 오만록, 정태신(2002). **사회복지 프로그램 개발과 평가**. 서울: 교육과학사.

김영종(2010). **사회복지행정론**. 서울: 학지사.

김종명, 구재관, 김성철, 김재원, 신기원, 윤춘모(2014). **사회복지 프로그램 개발과 평가**. 경기: 양서원.

낙동종합사회복지관(2022). 고독사 예방 및 복지사각지대 발굴 사업.

류기형(2016). **자원봉사관리론**. 경기: 공동체.

박경일(2009). **사회복지행정론**. 경기: 공동체.

박경일, 윤기혁(2014). 노인요양시설의 리스크매니지먼트 시스템 구축과 수행활동에 관한 사례연구. **한국사회복지행정학**. 16(3), 181-208.

박현주(2013). 사회복지조직의 수퍼비전 기능이 사회복지사의 책무성이 미치는 영향 백석대학교 기독전문대학원 박사학위논문.

보건복지부(2022). 2022년 사회복지시설평가 사회복지관 평가지침.

사회복지공동모금회(2015). 2016년 배분사업안내.

소수연(2012). 수퍼바이저의 효과적인 수퍼비전 요소 탐색과 수퍼비전 수행 척도 개발에 관한 연구. 가톨릭대학교 대학원 박사학위논문.

여성가족부(2021). 청소년활동 종합 안전 매뉴얼(활동안전관리편).

양옥경, 이기연, 최소연, 현진희(2011). **사회복지지도감독론**. 경기: 양서원.

윤기혁(2021). 노인일자리 전담기관 위험관리매뉴얼. 부산광역시장노년일자리지원센터.

윤기혁, 박경일(2015). 노인요양시설의 위험요인 확인과 분석 및 평가 기법에 관한 사례 연구. **한국사회복지행정학**, 17(3), 255-283.

이민홍, 정병오(2020). **사회복지 프로그램 개발과 평가**. 경기: 양서원.

정무성(2001). **사회복지 프로그램 개발과 평가**. 서울: 양서원.

정상원, 한은영(2013). 사회복지전공생의 자원봉사와 사회복지 실천역량에 관한 연구: 수퍼비전의 조절효과. **한국사회복지교육**, 23, 93-120.

조성우, 안정선, 최승희, 김상곤(2018). **사회복지 프로그램 개발과 평가**. 서울: 학지사.

조휘일(2005). 한국 사회복지기관 수퍼비전 실천 모델 개발의 지침에 관한 연구. **사회과학총론**, 12, 59-81.

지은구(2006). **사회복지 프로그램 개발과 평가**. 서울: 학지사.

진은설, 이혜경, 김도영(2022). **청소년프로그램 개발과 평가**. 서울: 학지사.

최선화(2004). 외부전문가 프로그램 수퍼비전 사례. 한국사회복지행정학회 2004년 춘계학술대회 및 Workshop, 99-107.

황성철(2009). **사회복지 프로그램 개발과 평가**. 경기: 공동체.

Hasenfeld, Y. (1979). Program development. In F. Cox, J. Erlich, J. Rothman, & J. Tropman(Eds.), *Strategies of Community Organization* (3rd ed.), Itasca, IL: Peacock.

Kettner, P., Moroney, R. & Martin, L. (1999). *Designing and Managing Programs: An Effectiveness - Based Approach.* Thousand Oaks, CA: Sage.

McCurley, S. & Lynch, R. (1996). *Volunteer Management: Mobilizing All the Resources of the. Community.* Downers Grove, Illinois: Heritage. Arts Publishing.

Richardson, T. (1997). *Total Quality Management.* New York: Delmar Publishers.

Rossi, H. A., & Freeman, H. E. (1993). *Evaluation: a Systematic Approach* (5th ed.), Newbury Park, CA: Sage.

Rubin, A. (1987). Case Management. In A. Minahan et al., *Encyclopedia of Social Work* (18th ed.), Vol. 1. Silver Spring, MD: National Association of Social workers, Inc.

SEVOCAB(2008). Software Systems Engineering Vocabulary, Term: Flow chart, Retrieved 31 July 2008.

Stepputat, A. (1995). Administration of Volunteer Programs. In T. D. Connors (ed.), *The Volunteer Management Handbook* (pp. 156-186). Hoboken, NJ: John Wiley & Sons, Inc.

라피끄(Rafik)라는 말 아세요?

예전에 영국의 한 신문사에서 퀴즈를 냈더랍니다.
"런던에서 맨체스터로 가장 빨리 가는 방법은 무엇인가?"
두둑한 상금이 걸려 상금욕심에 많은 사람이 응모에 나섰답니다.
물리학자, 수학자, 설계사, 회사원, 학생 등등이 저마다 기발한 해답을 제시했습니다.
하지만 그 수많은 경쟁자(競爭者)를 제치고 1등을 차지한 답은,

"좋은 친구와 함께 가는 것"이었답니다.

사람이 가야 하는 인생길은 그 어디로 가는 길보다 훨씬 멀고 험난합니다.
비바람이 불고 천둥이 치는 날들이 숱할 것이기 때문입니다.
그 길을 무사히, 행복(幸福)하게 가자면 가족, 친구, 동료와 같은 여행(旅行)의
동반자(同伴者)가 있어야 수월할 것입니다.

라피끄(Rafik)라는 말은
"먼 길을 함께할 동반자(同伴者)"라는 뜻을 지닌 아랍어입니다.
먼 길을 함께할 "좋은 동반자(同伴者)"란 어떤 사람일까요?
"서로 간에 모든 것을 공감"하는 사람입니다.

Chapter 11

사회복지 프로그램의 측정 및 평가 개념과 의의

키워드

형성평가, 총괄평가, 통합평가, 프로그램 평가, 기관평가

11 사회복지 프로그램의 측정 및 평가 개념과 의의[1)]

01 사회복지 프로그램의 측정 및 평가의 개념과 목적

현재 사회복지서비스 분야는 국가 사회복지정책의 중요한 부분으로 역할을 하고 있다. 사회복지 조직은 국가로부터의 보조금, 사회로부터의 기부금 등을 받아 운영된다. 이러한 과정에서 투입된 예산에 대한 투명한 집행과 책임성에 대한 요구는 끊임없이 제기되어 왔다. 이러한 요구는 프로그램 행정가들로 하여금 최적의 자원을 가지고 사회문제를 얼마나 어느 정도 감소시켰는지 입증할 책임을 부여하였다. 한국사회복지사협회는 "서비스의 효율성과 효과성의 증진을 위한 노력"과 "클라이언트에게 최상의 서비스를 제공하기 위해, 지식과 기술을 개발하는 데 최선을 다하며 이를 활용하고 전파할 책임"을 사회복지사가 준수해야 할 윤리강령으로 채택함으로써, 개별 서비스 및 프로그램에 대한 평가와 연구에 대해 명시하고 있다. 결국 책임성은 프로그램의 정당성을 입증하고 필요한 자원이 적절하게 사용되었는지, 프로그램의 목적과 목표가 어느 정도 달성되었는지를 객관적으로 입증할 필요가 제기된다. 이렇듯 프로그램에 대한 평가 및 관련 연구작업은 사회복지사들이 일상

1) 본 장은 박경일 외(2019). 사회복지프로그램과 개발. 양성원. 11장의 내용을 중심으로 일부 내용을 수정 보완하였음.

적으로 수행하고 있거나, 수행해야 하는 과업의 일부일 뿐만 아니라, 전문 실천분야로서 사회복지분야의 형성 및 발전, 그리고 궁극적으로는 클라이언트의 복지를 증진하기 위한 전제이자 필수적인 과업이라 할 수 있다(김진석, 2014: 519-451). 본서에서는 사회복지공동모금회의 프러포절 작성 시 5. 목표 및 평가에서 작성하도록 되어 있는 산출목표 및 성과목표에 대한 평가방법을 사회복지 프로그램 평가 영역으로서 따로 구분하여 자세하게 서술하고자 한다.

1) 프로그램 측정 및 평가의 개념

평가란 한 기관의 전체 또는 선별된 프로그램의 효율, 효과 및 적절성을 철저하게 그리고 비평적으로 검토하는 과정으로 분명한 목적을 가지고 진행하게 된다(김형식, 1999). 평가는 결정권자로 하여금 합리적인 결정을 내릴 수 있도록 객관적인 정보를 제공한다. 따라서 사회복지실천에 있어 평가는 중요한 의미를 가진다. 사회적 자원을 할당받아 활동하는 사회복지 조직은 그에 따른 정당성과 책임성을 제시해야 하는 의무를 가지고 있기 때문이다. 그리고 프로그램의 목표달성 정도를 평가하기 위해서는 평가지표가 필요하다. 평가지표가 곧 척도(Measure)이며, 평가의 기준이 된다. 프로그램 평가에서 자주 활용되고 있는 척도로서는 성취목표를 확인하기 위한 목표달성 척도(Goal Attainment Scale: GAS), 클라이언트 만족도, 노력성, 서비스 질, 형평성, 적절성 등의 평가도구가 있다. 평가지표에 관한 상세한 내용은 12장에서 다루게 된다. 그러면 프로그램 평가란 무엇인가?

프로그램 평가는 사회과학적 조사방법을 사용해서 사회 프로그램이 성취하려는 목적을 성취하였는지를 그 프로그램이 소속되어 있는 정치, 사회, 경제적 조건하에서 체계적으로 조사하는 것이라 정의하였다(지은구, 2005: 261). 프로그램 평가를 프로그램이나 정책의 향상을 위해 명백하게 또는 암묵적으로 제시된 기준과 비교하여 프로그램이나 정책의 운영과 결과에 대해 체계적으로 평가하는 것이라 정의하기도 한다(Weiss, 1998: 4). 또한 프로그램 평가는 일반적으로 "사회복지에서 프로그램 평가의 미션은 사회적 프로그램을 향상시키는 데 유용한 정보를 제공하는 데 있다"라고 할 수 있다(Tripodi, 1987). 그리고 프로그램 평가는 프로그램 활동, 특성 그리고 프로그램 결과에 대한 정보를 체계적으로 수집하고 향후 프로그램을 기획할 때 의사결정에 관한 이해를 증진시키고 효과성을 높이기 위한 활동이다(Patton, 2008: 39). 즉, 프로그램 평가는 프로그램의 효과성을 입증하는 것으로써 프로그램에 대한 지지와 이해 그리고 개선을 위한 중요한 정보를 제공해 줄 수 있다는 것이다. 그리고 평가의 결과는 세 가지 방법으로 활용될 수 있다. ① 프로그램의 달성 정도를 평가하고, ② 프로그램의 개선을 위한 활동을 촉진하고, ③ 프로그램 활동에 대한 지식을 축적하여 활용할 수 있다. 이러한 평가의 결과는 프로그램의 모델에 대한 이론적 근거와 정책적 시사점을 제공한다.

2) 프로그램 측정 및 평가의 목적

프로그램의 평가는 프로그램 운영의 성공 여부를 판단하는 과정이며 프로그램의 중단, 지속, 확대 등의 의사결정을 하는 데 실질적인 도움을 주는 것이 그 목적이다. 프로그램 책임성의 구현을 목적으로 하는 프로그램 평가는 결국 결과적으로 프로그램이 애초에 의도한 구체적 목적과 목표를 효과적으로 달성하였는지 여부, 그리고 달성하였다면 그 달성과정이 얼마나 효율적이었는가를 주요한 질문으로 하며 대부분 총괄평가(summative evaluation)의 형식을 띠게 된다. 이러한 목적의 총괄평가에는 성과평가(outcome evaluation), 비용효과성 평가(cost-effectiveness analysis), 메타분석(meta analysis) 등의 방법이 동원될 수 있다(김진석, 2014: 519-541). 또한 프로그램 평가는 일반적으로 "사회복지에서 프로그램 평가의 미션은 사회적 프로그램을 향상시키는 데 유용한 정보를 제공하는 데 있다"라고 할 수 있다(Tripodi, 1987). 즉, 프로그램의 효과성을 분석하여 프로그램의 가치를 부여하는 과정이라 할 수 있다. 욕구를 가진 사람들에게 제공된 서비스의 질이 적절했는지, 프로그램의 효과성과 효율성 측정을 통한 목표달성의 여부를 확인하는 것이다. 따라서 평가 목적을 달성하기 위해서는 프로그램이 추구하는 구체적인 목표가 무엇인지, 평가하고자 하는 목적과 상황에 맞게 평가를 실시하여야 한다. 성규탁(1994: 187)은 평가의 목적을 프로그램 과정상의 환류를 위해서, 프로그램 담당자의 책임성의 이행을 위해, 그리고 프로그램 속에 내재된 변수들 간의 인과관계를 검증하여 이론 형성에 기여하기 위함이라 하였다. 프로그램의 평가는 사회문제 해결에 초점을 둔 사회복지적 개입방법과 실천방법의 효과성을 확인하여 사회복지실천에 관한 지식 기반의 확충에 공헌한다(황성철, 2022: 279). 사회복지 프로그램은 사회복지실천이론과 기법을 포함하기 때문에 프로그램 평가는 사회복지실천이론과 기법의 개발에도 크게 기여한다. 또한 프로그램의 활동의 전반적인 검토를 통해서 타당성이 있는 가설들은 이론으로 발전되고, 그렇지 못한 경우는 이론을 수정하는 데 기여하게 된다(김영숙 외, 2002: 301).

이러한 평가의 목적을 구체적으로 살펴보면 다음과 같다.

첫째, 프로그램의 효과성과 효율성에 대한 평가를 통해 관리자로 하여금 프로그램의 유지 · 확대 또는 중단 · 축소에 대한 의사결정의 정보를 제공한다.

둘째, 프로그램 평가는 사회복지 조직이 책임성을 발휘하고 있는지를 평가할 수 있는 중요한 자료가 된다. 이러한 평가는 사회복지 조직의 이사회, 재정 지원 기관뿐만 아니라 서비스 수혜자에게도 보고되어 그 기관이 어느 정도 책임성 있게 활동하고 있는지를 증명하는 주요한 근거가 된다.

셋째, 프로그램 평가는 사회복지 이론의 형성에도 기여하는 목적을 갖는다.

02 사회복지 프로그램 측정 및 평가의 필요성

'사회복지 프로그램 평가는 어떤 이유로 수행하는가?'에 대한 답을 구하는 것은 프로그램 평가를 이해하는 데 도움을 줄 것이다. 프로그램 평가를 통해 프로그램이 추구하고자 하는 목적을 달성했는지? 프로그램 진행 과정에서 개선 사항은 없었는지? 프로그램 기획과 개발에 필요한 정보를 제공하는지 등을 판정하게 된다. 즉, 프로그램의 결과에 대한 실증적 자료를 제시해 줌으로써 프로그램의 중단, 지속, 확대 등 현재 또는 미래의 방향에 대한 결정을 내리는 활동으로 분명한 목적을 가지고 진행된다. 객관적이고 과학적인 평가의 결과를 얻기 위해서는 평가의 기준을 명확히 할 필요가 있다. 평가 기준은 평가지표로 구성되는데, 평가의 종류에 따라서 측정방법과 도구를 다르게 활용하여야 한다. 이미 검증된 측정도구를 사용할 것인지, 일부 수정 · 보완하여 사용할 것인지 또는 새로운 측정도구를 사용할 것인지를 결정하여야 한다. 그리고 평가도구의 작성 절차는 우선 평가 영역을 확정하고 세부항목에 따른 지표수와 배점을 부여하여 평가의 목적에 부합하도록 제작되어야 한다. 평가란 어떤 프로그램에 대한 심판이며 장점, 유용성, 가치 등을 결정하는 과정이다. 전문적인 활동에 대한 서술, 전문적인 활동의 결과에 대한 조사, 새로운 치료개입 형태에 관한 실험 및 보다 효과적인 개입방법을 개발하기 위하여 설계된 조사를 의미한다(오현숙 · 최호윤, 2010: 215). 따라서 프로그램 평가를 수행하는 목적은 프로그램의 개선이나 유지 그리고 확대에 책임 있는 사람들에게 프로그램에 관한 유효한 정보를 제공하기 위한 것이다.

03 사회복지 프로그램 평가의 유형

프로그램 평가는 프로그램의 목적과 목표를 측정하는 방법으로 프로그램의 평가 유형은 무엇을 강조하느냐에 따라 다양한 유형으로 나누어진다. 사회복지 프로그램 평가는 평가를 하는 시점과 목적에 따라서 형성평가와 총괄평가로 나누어진다. 평가주체에 따라서 내부평가와 외부평가로 나누어지고 평가대상에 따라 사회복지 기관 평가와 사회복지 프로그램 평가로 나누어진다.

(1) 기관평가

사회복지시설 기관평가는 사회복지시설이 얼마나 효율적으로 운영되고 있는지, 서비스 제공 정도는 어떠한지 등을 판단하는 평가이다. 기관평가를 통해서 먼저 이용자의 인권을 보호하고 지역사회와의 긴밀한 연계 속에서 운영이 이루어질 수 있도록 기반을 구축하는 데 의미가 있다. 평가를 통한 시설의 효율성을 향상시키며 사회복지시설 서비스의 수준을 향상시키는 데 목적이 있다.

(2) 프로그램 평가

프로그램 평가에서는 프로그램의 효과성, 효율성, 만족도에 주된 관심을 가진다. 프로그램 평가는 사회과학적인 조사방법론을 사용해서 프로그램이 성취하고자 하는 목적을 달성했는지, 서비스가 계획대로 제공되었는지, 그리고 서비스가 합리적인 비용으로 욕구를 가진 사람들의 문제를 해결하는 데 도움이 되었는지를 체계적으로 조사하는 것이다.

표 11-1 평가의 유형

구분	세부유형	내용
평가목적	형성평가	• 프로그램 운영과정에서 이루어지는 평가 • 프로그램이 형성되는 과정에 중점을 둔 평가 • 서비스 전달체계 및 서비스 효율성 향상을 위한 평가
	총괄평가	• 프로그램 종료 시점에 이루어지는 평가 • 프로그램의 중단, 축소, 유지, 확대 등을 결정하기 위한 평가
	통합평가	• 형성평가와 총괄평가를 통합적으로 실시
평가기관	기관평가	• 프로그램 자체를 평가하고 서비스의 효과성을 평가
	개인평가	• 프로그램을 운영하는 실천가를 평가 • 자가평가, 동료평가 등이 있음
평가항목	효과성평가	• 프로그램의 목표 달성 정도를 평가
	효율성평가	• 투입과 산출을 비교 평가
	공평성평가	• 프로그램의 효과와 비용이 공평하게 배분되었는지를 평가
평가주체	자체평가	• 프로그램 담당자 스스로 하는 평가
	내부평가	• 기관 내부에서 프로그램을 담당하지 않는 인원이 평가
	외부평가	• 기관 외부에서 프로그램을 평가

출처: 임종철, 김선웅(2019). 사회복지프로그램 개발과 평가. 공동체. p.168.

04 평가의 활용과 사례 연구

1) 목표에 대한 평가방법

목표에 대한 평가방법은 사회복지공동모금회의 프러포절 작성 시 5. 목표 및 평가는 '1) 산출목표 작성으로 성과목표를 달성하기 위해 이끌어 내야 하고 모니터링해야 하는 산출목표는 무엇인가? 2) 성과목표 및 평가방법은 성과목표와 관련하여 핵심참여자의 어떤 부분을 어느 수준까지 변화시키는 것인가? 작성하고자 하는 성과목표가 이후에 기술되는 평가방법을 통해 달성여부를 알 수 있게 되는가? 양적으로 드러내기 어려운 성과목표가 있다면 무엇인가?'이다. 평가방법은 '성과목표 달성 여부와 정도를 어떻게 평가하는가? 성과목표 달성 여부와 정도를 판단하기 위해 어떤 성과지표를 설정하는가? 제시된 성과목표에 대한 평가계획은 어떠한가?'로 산출목표와 성과목표 및 평가방법을 작성하도록 되어 있다.

표 11-2 는 ○○시에 거주하는 이주배경 가족 60명을 대상으로 이주배경 아동의 돌봄환경을 위한 파트너십 프로그램에 대한 평가의 사례이다. 프로그램을 통해 다문화 수용성 향상, 사회적 지지감 향상, 돌봄환경 안전 체감도 향상, 아동권리 인식 및 지역주민의 다문화 수용성 향상에 목표를 둔 사업에 대한 평가이다. 먼저 성과목표는 성과목표를 달성하기 위해 이끌어 내야 하고 모니터링해야 하는 산출목표가 무엇인지 제시해야 한다. 성과목표와 관련하여 핵심 참여자의 어떤 부분을 어느 수준까지 변화시킬 것인지가 필요하다. 평가목표 및 평가방법은 성과목표 달성 여부와 정도를 어떻게 평가할 것인지가 필요하다.

표 11-2 목표 및 평가

1) 산출목표

세부내용		공정표		성과	달성률
		수행시기	목표		
부부교육	부부친밀감향상 프로그램	6월, 9월	총 2차 4회 24명	2차 4회 34명	100%/142%
	부부성평등 교육	6, 8, 9, 11월	총 3차 6회 36명	4차 11회 68명	130%/189%
부모교육	조부모 다함께 프로그램	7, 8, 9월	3차 18명	3차 25명	100%/125%
	학령기 부모교육	7, 10월	2차 26명	2차 29명	100%/112%
	유아기 부모교육	6, 9, 11월	2차 26명	3차 49명	150%/189%

2) 성과목표 및 평가방법

구분	평가항목	목표	결과	목표대비
부부 친밀감	다문화 부부의 관계 향상	다문화 부부의 친밀감 향상과 관련된 항목의 긍정적인 응답 75% 이상 달성 → 2차 참여자 100% 매우 만족 응답함	100%	133%
부부 성평등	다문화 부부의 성평등의식 고취	다문화 부부의 성평등 의식과 관련된 항목의 긍정적인 응답 75% 이상 달성 → 1, 4차 참여자 100% 매우 만족 응답함	100%	133%
조부모 다함께 프로그램	결혼이민자 및 배우자와 그 부모님과의 관계 향상	친밀간 향상과 관련한 항목에서 긍정적인 응답 70% 이상 달성	100%	143%
학령기 부모교육	부모역할 효능감 향상	자녀학습지도와 관련된 항목에서 긍정적인 응답 80% 이상 달성	100%	125%
유아기 부모교육	부모역할 효능감 향상	자녀의 발달이해 및 지도의 부모역할과 관련된 항목에서 긍정적인 응답 75% 이상 달성	98%	130%

사회복지공동모금회의 프러포절 양식에서는 성과목표 및 평가 방법에 대한 내용을 성과목표, 평가 도구 및 방법, 측정 시기를 작성하도록 되어 있다. 표 11-3은 사회복지공동모금회의 2022년 성과중심 프로그램 제시 사례 중 "홀로 사는 남성장애인의 건강한 자립생활을 위한 로컬푸드 요리프로그램"의 목표 및 평가에 대한 내용이다.

표 11-3 사회복 지공동모금회의 2022년 성과중심 프로그램 제시 사례 중 "홀로 사는 남성 장애인의 건강한 자립생활을 위한 로컬푸드 요리프로그램"의 목표 및 평가

성과목표	평가 도구 및 방법	측정 시기
홀로 사는 남성장애인의 올바른 식생활 도모	• 성과지표: 식습관 및 식생활 10% 향상 • 평가도구: 한국건강관리협회 식생활 체크리스트 • 평가방법: 홀로 사는 남성장애인 사전/사후 설문조사	회기별 프로그램 종료 후 사전(3월) 사후(11월)
로컬 푸드 요리활동을 통한 음식 조리기술습득	• 평가주체: 사업 담당자, 요리 전문 강사 • 성과지표: 음식 조리 기술 향상 • 평가도구: 자체 음식조리 기술 체크리스트, 프로그램 일지 • 평가방법: 홀로 사는 남성장애인 사전/사후 설문조사 대상자별 음식조리 활동 관찰 및 요리완성도	회기별 프로그램 종료 후 사전(3월) 사후(11월)
홀로 사는 남성장애인 자아 존중감 향상화	• 성과지표: 성취감 5% 및 자존감 향상 목표 향상 • 평가도구: 사회복지 척도집 자기효능감 척도 • 평가방법: 홀로 사는 남성장애인 사전 사후/설문조사	사전(3월) 사후(11월)

2) 단위사업 목표별 수행실적 예시

2018년도 이전에 사회복지공동모금회의 해당 사업에 대한 중간보고서는 활동/산출/성과 측면에서 단위사업 목표별 수행실적을 작성하도록 되어 있다. 2018년 사회복지공동모금회의 사업계획서 표준 양식에 의하면 중간보고서 양식은 전체적으로 사업계획서의 순서를 따르고 있으며, 항목별로 추가로 결과를 기재하도록 되어 있다. 표 11-4 는 2022년 일반형(성과중심) 중간보고서로서 이주배경 아동의 돌봄환경을 위한 파트너십 프로그램에 대한 중간보고서 목표 및 평가에 대한 사례이다.

표 11-4 이주배경 아동의 돌봄환경을 위한 파트너십 프로그램에 대한 중간보고서 목표 및 평가에 대한 사례

중간보고서

1. 사업 개요

사업명	이주배경아동의 돌봄환경개선을 위한 파트너십 프로그램 "함께하다"
사업목적	이주배경아동 · 비이주배경아동 가족을 1:1 매칭하여 아동사회통합프로그램, 지역사회 인식개선활동을 통해 돌봄에 대한 사회적 보호체계를 강화하고 지역사회 인식변화를 꾀함으로써 아동이 지역사회의 보호 속에서 안전하고 건강하게 성장할 수 있도록 한다.
사업기간	2021. 03. 01. ~ 2021. 06. 30. (총 3개월)

2. 사업 수행 결과

1) 사업대상

프로그램 아동 수 (실인원)	계 획	결 과	달성률
	30명	39명	130%

2) 사업내용(개입방법 및 프로그램별 주요내용)

참여인원 실인원 기준

<table>
<tr><th colspan="2">세부사업명
(프로그램명)</th><th>세부활동
(수행방법)</th><th colspan="3">계획
(시기/횟수/
참여인원)</th><th colspan="3">결과
(시기/횟수/
참여인원)</th></tr>
<tr><td rowspan="2">아동
사회통합
프로그램</td><td>친구와
'놀이하다'</td><td>• 방법
– 파트너 아동 15팀을 2그룹으로 나누어 시간대별로 프로그램 참여
(아동연령 기준을 우선하여 그룹형성)
* 그룹별 1일 2개프로그램 참여(놀이/역사)

• 진행내용
– 다 함께 몸풀기 게임, 오늘의 주장 선발
– 다양한 나라의 스포츠 규칙이해, 스포츠 활동
– 활동소감 카드 작성
– 마지막 회기에 파트너 아동의 새로운 친구를 초대하여 함께 활동(전체 초대친구 인원 2명 이내)
*7월부터 프로그램 진행</td><td>5월
~7월</td><td>5회</td><td>아동
30명</td><td>–</td><td>–</td><td>–</td></tr>
<tr><td>친구엄마나라
역사를
'이야기하다'</td><td>• 방법
– 파트너 아동 15팀을 2그룹으로 나누어 시간대별로 프로그램 참여
(아동연령 기준을 우선하여 그룹형성)
* 그룹별 1일 2개 프로그램 참여(놀이/역사)</td><td>5월
~7월</td><td>5회</td><td>아동
30명</td><td>–</td><td>–</td><td>–</td></tr>
</table>

		• 진행내용 – 그림동화 떠나는 다양한 나라의 역사여행 – 대표 유적지를 통해 알아보는 그 나라의 자랑 – 친구와 여행하고 싶은 나라의 문화체험 – 친구와 함께 만드는 역사 체험 키트 – 마지막 회기에 파트너 아동의 새로운 친구를 초대하여 함께 활동(전체 초대친구 인원 2명 이내) ***7월부터 프로그램 진행**						

3) 사업진행 일정

해당월 / 프로그램명	구분	2021년											
		1	2	3	4	5	6	7	8	9	10	11	12
홍보 및 대상자 모집	계획		○	○	○								
	결과			●	●	●							
아동사회통합프로그램	계획					○	○	○	○	○			
	결과						●						
사업평가회	계획											○	
	결과												

4) 지역사회 연대 및 자원 활용 현황(컨소시엄 기관 포함한 인적, 물적자원 활용현황)

기관명/단체명/개인	연계한 프로그램명	역할/연계/활동내용	비고
따뜻한나눔봉사단	이웃나라음식을 '요리하다'	수업진행	
지역 내 유관기관 • 동구종합사회복지관 • 화정종합사회복지관	참여자 모집 및 자원연결	참여자 모집 및 자원연결	

5) 목표 및 평가 (21. 06. 30일 기준)

세부사업명	산출목표	평가			측정도구 및 방법
		평가지표	산출결과	달성률(%)	
파트너십 프로그램	• 오리엔테이션 1회	실시횟수	1회	100	출석부 및 운영일지
	• 친구가족과 여행 1회		1회	100	출석부 및 운영일지
	• 파트너가족상시 활동 20회 이상 (월 2~3회)		4회	20%	파트너 가족밴드 게시물
	• 학교별 파트너 가족모임 2회		–	–	
	• 사업평가회 1회		–	–	

아동권리교육	• 참여아동대상 아동권리교육 1회	실시횟수	1회	100%	출석부 및 운영일지
	• 참여아동 부모대상 아동권리교육 1회		1회	100%	출석부 및 운영일지
	• 참여아동 학급친구 및 교사대상 아동권리교육1회		–	–	
아동사회통합 프로그램	• 친구와 놀이 5회	• 실시횟수 • 평균출석률 80%	–	–	
	• 친구엄마나라 역사이야기 5회		–	–	
	• 이웃나라 요리 4회		1회	25%	출석부 및 운영일지
지역사회 인식개선 프로그램	• 키트배부 200개 • 키트활용영상 30건	• 키트배부 수량 • 영상접수 건수	–	–	결과보고서
	• 다문화인식개선 영상공모전 1회	• 실시횟수 • 공모전 참가 팀수	–	–	공모전 참가신청서 결과보고서

성과목표	평가		측정도구 및 방법
	평가지표	평가 결과	
다문화수용성향상 (비이주배경아동 및 가족)	다문화수용성 10% 이상 향상	평가지표 – 프로그램 사전·후 비교검사로 프로그램 종료 후 검사로 인한 평가 결과 도출	다문화수용성 척도지
이주배경아동 사회적지지감 향상	사회적지지감 10% 이상 향상		사회적지지 척도지
이주배경아동 돌봄환경 안전체감도향상	양육스트레스 10% 이상 감소 /사회적지지망 확장 체감비율 80% 이상		양육스트레스 척도지
아동권리 인식 및 지역주민의 다문화 수용성 향상	아동권리 인식과 다문화 수용성 80% 이상	프로그램 종료 후 평가 결과 도출	• 아동권리인식 및 다문화 수용성 체크리스트 • 소감문 및 소감 영상

출처: 울산광역시 동구 가족센터(2022).

3) 목표에 따른 평가 결과 예시: 프로그램 결과보고서

결과보고서는 중간보고서의 내용과 거의 흡사하나 일부 부분이 결과보고의 내용에 맞게 구성되어 있다. 예를 들어, 중간보고서의 향후 계획이 결과보고서에는 사업의 효과 및 향후 계획으로 1) 영향력 및 기여도 2) 주요 성공 사례 3) 향후 계획 등을 더욱 구체적으로 기술하도록 되어 있다. 또한 결과보고서에는 추가적으로 중간점검 보완 요청사항 반영 정도에 대해서도 작성하도록 되어 있다.

5. 중간점검 보완요청사항 반영 정도

연번	보완요청사항	반영	미반영	결과

- (보완요청 사항) 중간점검 시 보완 요청받은 사항을 기입
- (반영/미반영) 보완요청사항에 따른 반영, 미반영 여부를 해당 항목에 '∨' 체크
- (결과) 보완요청사항 이행 결과를 기재
- 중간점검 생략 등으로 해당이 없을 경우 "해당 없음"으로 기재

출처: 사회복지공동모금회(2022). 일반형_성과중심 결과보고서 양식 및 작성가이드 중 일부 발췌.

다음 사례는 이주배경아동의 돌봄환경개선을 위한 파트너십 프로그램 "함께하다"의 중간보고서의 중간점검 사업의 효과 및 향후 계획이다.

4. 사업 효과 및 향후 계획

1) 현재까지 진행결과에 대한 자체 평가 결과 본 사업은 이주배경 아동가족과 비이주배경 아동가족의 파트너십 매칭 및 활동을 지원함으로써 코로나로 인해 더욱 심해진 이주배경 아동의 학습결손 및 학습격차, 다문화차별에 대한 인식 등을 지역사회 안에서 돌봄 환경체계를 유기적으로 개선하고자 기획된 사업임.

가. 잘된 점 – 참여자들의 높은 참여도와 유대관계 활성화

ㄱ) 6월 말 기준 파트너 가족 간 오리엔테이션, 가족체험 프로그램(쿠킹클래스), 아동 사회통합프로그램, 아동권리교육, 4개의 프로그램 운영 시 평균 출석률 95%로 높은 출석률을 나타내고 있음.

ㄴ) 파트너십 프로그램의 세부 프로그램인 가족별 모임 활동이 단순히 가족 간의 식사와 부모들 간의 커피 한 잔의 활동이 아닌 가족 간 전시회 관람, 해양경찰체험, 산책 등으로 활동하며 친밀감 형성을 위하여 파트너 가족들의 많은 노력들이 이루어지고 있음.

나. 미진한 점 및 개선방안: 사업 개시일이 지연됨에 따라 계획대비 사업 실적 미진

2) 사업보완 및 향후 수행 계획

가. 아동사회통합 프로그램 → [7월]부터 실시예정/코로나상황에 따른 비대면, 대면수업 탄력적 운영예정

비대면 - 놀이, 역사, 요리, zoom수업 진행(수업별 재료 키트제공)

대면 - 센터에서 프로그램 진행

나. 아동권리교육 → 사업참여아동 학급친구 및 교사대상 코로나단계 하향 시 학급으로 찾아가는 권리교육교실 진행예정

8월 - 찾아가는 권리교육 프로그램 참여 아동 학교 대상 홍보 및 교육일정 조율

9월 - 찾아가는 권리교육 프로그램 진행

* 코로나로 인한 학교 출입 불가시 zoom을 통한 온라인 권리교육 실시 - 대상자 모집의 어려움

4) 총괄평가의 예시

프로그램이 종결된 이후 그 결과를 평가하여 프로그램이 미친 영향을 파악하기 위한 과정이 총괄평가이며, 예시는 표 11-5 와 같다.

표 11-5 총괄평가의 예시

프로그램명 ________________________ 2015년 월 일

평가 항목	평가 요소	평가 내용	매우 우수 (90% 이상) 10~8	우수 (70~89%) 7~6	보통 (50~69%) 5~4	보통 이하 (49% 이하) 3~1
투입 (20)	자원의 적절성 (20)	① 대상자 선정의 적절성(10)				
		② 사업수행인력의 자격 및 능력(5)				
		③ 기타 투입인력의 적절성(2)				
		④ 주관 단체의 지원(3): 적절한 시설공간 확보, 비품 · 장비, 계획된 자부담 이행 여부 등				
과정 (20)	준수성 (10)	① 관련 법규, 규정, 지침의 준수(5)				
		② 사업/예산 집행의 계획성과 절차 준수(5)				
	노력성 (10)	① 지역사회 내 관련 단체 및 기관들의 연계(3)				
		② 외부자원(인적 · 물적자원) 동원 노력(4)				
		③ 목표달성을 위한 교육 및 홍보 노력(3)				
산출 (20)	참여자 만족도(10)	① 계획대비 참여 대상자 수(5)				
		② 대상자의 프로그램 만족도 혹은 대상자 변화 정도(5)				
	효율성 (10)	① 비용효과: 계획된 서비스 단가 대비 실제 서비스 단가(5)–총 프로그램 운영비/목표 달성자 수				
		② 비용편익: 수익/총 프로그램 운영비(5)				
성과 (30)	목표달성 여부 (20)	① 계획 대비 목표달성 비율(10)				
		② 달성목표의 질적 수준(5)				
		③ 달성목표의 지속 가능성(5)				
	영향력 및 기여도(10)	① 개인적 상황이나 문제해결 기여도(5)				
		② 지역사회와 주민에 대한 기여도(5)				
중간평가 결과(10)		중간평가 지적사항 반영 정도(10)				
감점요인 및 항목		보고서(분기/중간/결과보고) 제출 여부(0~–5)				
		제출기한 준수 정도(0~–5)				

평가 영역	계	투입	과정	산출	성과	중간평가 결과	가감 항목
평점 총계							
총 점							

프로그램의 목표에 대한 평가서를 작성하는 데 있어 다음 사항에 유의하면서 작성한다. 먼저, 프로그램의 평가틀이 성과목표와 적절하게 연결되었는지?, 성과지표가 구체적으로 측정 가능하도록 제시되었는지?, 자료수집 방법은 타당하게 제시되었는지?, 그리고 평가를 위한 자료수집 시기는 적절한가? 등이다.

참고문헌

김영숙, 김욱, 엄기욱, 오만록, 정태신(2002). **사회복지 프로그램 개발과 평가**. 서울: 교육과학사.

김진석(2014). 사회복지 프로그램 평가의 현황: 학술지 게재 논문을 중심으로. **한국사회복지행정학, 16**(3), 519-541.

김형식(1999). **사회복지 프로그램 평가**. 서울: 아시아미디어리서치.

사회복지공동모금회(2022). 일반형_성과중심 결과보고서 양식 및 작성가이드.

성규탁(1994). **사회복지행정론**. 서울: 법문사.

신복기, 박경일, 이명현(2010). **사회복지행정론**. 경기: 공동체.

오현숙, 최호윤(2010). **사회복지 프로그램 개발과 평가**. 경기: 21세기사.

임종철, 김선웅(2019). **사회복지프로그램 개발과 평가**. 경기: 공동체.

지은구(2005). **사회복지 프로그램 개발과 평가**. 서울: 학지사.

황성철(2022). **사회복지 프로그램의 개발과 평가**. 경기: 공동체.

Patton, M. Q. (2008). *Utilization Focused Evaluation*. Thousand Oaks, CA: Sage.

Tripodi, T. (1987). *Program evaluation. Encyclopedia of social work* (18th ed.). Silver Spring, MD: NASW.

Weiss, C. H. (1998). *Evaluation* (2nd ed.), Upper Saddle River, NJ: Prentice-Hall.

처음처럼

우리는 인생을 습관적으로 살기 쉽습니다.
어떤 일을 하거나 사람을 만날 때도
처음 대하듯이 하기가 어렵지요.

가보지 않은 곳을 처음 구경하면 신기합니다.
그래서 자세히 봅니다.
인생도 그렇게 해 보세요.
신기한 마음으로 자기 인생을 바라보세요.

어떤 일이든 처음 하듯이
새로운 마음을 내서
정성을 다해서 해봅니다.

– 법륜 스님 〈지금 이대로 좋다〉 중에서

Chapter 12

사회복지 프로그램 평가의 기준과 도구

키워드

평가기준, 노력성, 효과성, 효율성, 영향, 서비스의 질, 과정, 형평성, 평가도구, 사회복지시설 평가기준

12 사회복지 프로그램 평가의 기준과 도구[1)]

도널드슨과 스크리븐(Donaldson & Scriven, 2003)은 실제 평가실행의 측면에서 평가를 위한 포괄적 접근의 적용효과는 연구의 설계, 문제의 정의, 성공지표의 선택, 샘플링과 데이터 수집결정, 개입 전략의 개발, 차별화된 연구의 분류 그리고 훌륭한 평가를 위한 기준설정 등 전 과정의 모든 단계에 영향을 미친다고 하였다.

01 평가의 기준

평가의 기준이란 판단의 근거에 관한 것이다. 기준은 프로그램의 성공과 실패를 판정할 수 있는 잣대가 된다. 프로그램을 수행하기 이전에 평가기준이 설정되지 않으면 프로그램 평가는 무의미할 것이다. 평가의 기준은 평가대상이 되는 프로그램의 무엇을 평가하느냐의 질문에 관한 것이며, 평가설계를 결정하는 데 가장 핵심적인 영향을 미치는 요인이라 하겠다(황성철 외, 2003: 354). 왜 우리는 휴먼서비스 프로그램을 평가하는가? 그 이유는 프로그램은 행정상의 결정이 이루어질 수 있기 때문이며, 우리 프로그램이 좋은 프로그램인지를 아는 것이 중요하기 때문이다. 또한

1) 본 장은 이전 판(1판, 2판) 저자(조수경)의 내용을 중심으로 일부 수정 보완함.

프로그램 기획자는 프로그램에 대한 가설이나 질문이 생길 수 있는데, 이런 가설이나 질문은 프로그램 평가에 대한 동기를 부여하기 때문이다. 질문, 가설 어느 쪽이든지 평가를 위한 촉매제로 사용되기 때문에 실제적으로 차이가 없다. 다음 표 12-1 은 질문과 가설의 예인데 서로 유사함을 보여 주고 있다(Royse et al., 2001: 13).

표 12-1 **프로그램 평가 동기(Motivations for Program Evaluation)**

우리가 보여 주고 싶은 것(가설)	우리가 알기를 원하는 것(질문)
• 클라이언트에게 도움이 되고 있다. • 클라이언트는 우리 서비스에 만족한다. • 프로그램은 어떤 사회문제 해결에 효과적이다. • 프로그램은 가치가 있다. • 하나의 프로그램과 방법은 다른 것보다 낫다. • 이 프로그램은 추가적인 직원과 자원이 필요하다. • 그 직원은 잘 활용된다.	• 클라이언트는 도움을 받고 있습니까? • 클라이언트는 제공된 서비스에 만족하는가? • 이 프로그램은 실제 변화가 있었는가? • 프로그램은 소요경비를 받을 만한가? • 새로운 개입은 이전보다 향상되었는가? • 우리는 어떻게 이 프로그램을 개선할 수 있을까? • 직원이 자신의 시간을 효율적으로 사용할 수 있도록 하는가?

평가에서 어떤 기준을 선택하는지는 상당히 중요한데 국내외 학자들이 다양한 기준을 제시하였다. 수크먼(Suchman, 1967)은 노력성, 성과, 적절성, 효과성, 효율성, 과정 등의 6가지 기준을 제시하였으며, 요크(1982)는 노력성, 효율성, 효과성, 영향, 서비스질, 과정, 형평성의 7가지 평가기준을 제시하였다(신복기 · 박경일 · 이명헌, 2013; 이민홍 · 정병오, 2013: 230 재인용). 국내 학자 중 김영종(2013: 231-236)은 노력성, 효율성, 효과성, 영향, 질, 과정, 공평성의 7가지 기준을 강조하였고, 황성철(2005: 298-302)은 학자들에 의해 보편적으로 제시되는 평가기준을 노력성, 효과성, 효율성, 서비스 질, 영향의 5가지로 보았다. 신복기, 박경일과 이명현(2013: 338-345)은 평가기준이라는 용어보다 사회복지 프로그램 평가요소로서 노력성(투입) 평가, 효과성 평가, 효율성 평가, 서비스 질 평가, 이용자 만족도 평가의 5가지를 제시하고 있다.

표 12-2 프로그램 평가의 기준

기준	정의	평가요소의 예
노력 (effort)	프로그램 활동의 양	프로그램의 투입요소와 이의 전환과정 • 단위활동의 수 • 클라이언트의 수 • 전문지식과 기술의 소유와 활용 정도(전문인력의 수) • 프로그램 예산 및 지원 • 프로그램의 기간 및 하위 활동들의 단위기간 등 • 프로그램 활동에 대한 전문인력의 투입시간
효율성 (efficiency)	산출대비 비용 정도	서비스 단위 산출당 소요 비용 • 프로그램의 노력(위의 요소들)에 대한 비용 • 프로그램 결과에 대한 비용 등
효과성 (effectiveness)	프로그램 목표의 달성 정도	목표달성과 프로그램 노력과의 인과관계 • 클라이언트의 인지적 · 감정적 변화 • 클라이언트의 행동상의 변화 • 클라이언트군의 사회적 변화 등
영향 (impact)	사회문제나 클라이언트 욕구 변화에 미친 영향	프로그램 노력과 사회적 지표변화 간의 관계 • 위험집단과 표적집단 내에서의 변화 정도 • 사회지표상의 변화에 대한 실증적 기대 정도 등
질 (quality)	프로그램의 전문성	프로그램 제공자의 전문성 • 서비스 인력의 전문자격 소유 여부와 정도 • 프로그램에서 활용하고 있는 전문지식과 기술의 발전 상태
과정 (process)	프로그램 결과의 경로	프로그램 운영상의 매개체 • 하위목표(수단적 목표)들의 달성 정도와 연계 • 하위목표와 프로그램 결과 사이의 영향 정도의 차이 등
형평성 (equity)	프로그램 배분의 공평성	프로그램의 접근성 • 대상집단에게 동일한 접근 기회가 주어지는지의 여부와 그 정도 • 프로그램 활동이 지역 내에 균등하게 배분되는 정도 등

출처: 한동우(2001: 131)의 프로그램 평가의 기준표와 신원식, 김민주(2009: 101)의 평가의 종류와 방법을 표를 활용하여 작성.

여기에서는 요크(1982)의 평가기준인 노력성, 효과성, 효율성, 영향, 서비스 질, 과정, 형평성에 대해 살펴보고자 한다(이민홍 · 정병오, 2013: 230 재인용).

1) 노력성

노력기준은 얼마나 열심히 했는지를 보는 것이다. 노력기준의 평가는 보통 프로그램 활동에 관한 정보를 도출한다. 프로그램 참여도, 수행된 활동의 양이나 질, 투입된 자원의 정도 등이 프로그램의 노력 정보에 해당한다. 일반적으로 다음의 자료들이 노력기준의 평가에서 중요시된다(황성철, 2005: 299-300).

- 참여한 클라이언트 수: 상담 건수, 의뢰 건수, 집단활동 참여자 수 등
- 인적자원 투입 정도: 사회복지사 수, 자원봉사자 수, 참여 전문가 수 등
- 물적자원 투입 정도: 예산 지출액수, 장비투입 횟수, 시설공간의 이용률 등
- 업무수행 활동: 면접 횟수, 가정방문 수, 치료 건수, 출장 횟수, 집단활동 횟수 등

사례

학교부적응 아동 · 청소년 문제해결을 위한 지역사회 네트워크 구축사업

	계획	결과
사업 대상 수	1. 사례관리-60case 2. 멘토링사업-멘토양성 30명, 멘티 21명 3. 평화지킴이운동(시범학교)-540명	1. 사례관리-59case 2. 멘토링사업-멘토 양성 65명, 멘티 24명 3. 평화지킴이운동-930명 4. 청소년인문학교실-15명
실무자회의	1. 시행 횟수 및 시간: 3회/6H 2. 참여인원(대상/수): 18명	1. 시행 횟수 및 시간: 6회/11H 2. 참여인원(대상/수): 29명
자문 수퍼비전	1. 시행 횟수 및 시간: 4회/8H 2. 참여인원(대상/수): 3~4명	1. 시행 횟수 및 시간: 5회/5.5H 2. 참여인원(대상/수): 7명

출처: 2012 학교부적응 아동 · 청소년 문제해결을 위한 지역사회 네트워크 구축사업 "해피즈" 사업 결과보고서에서 발췌.

프로그램 모니터링에 필요한 대부분의 정보들은 이러한 노력기준의 평가에서 도출될 수 있으며 효과성과 효율성 평가를 위해서도 노력 기준의 평가정보가 기초자료로 필요하다.

2) 효과성

효과성 기준이란 제공된 서비스와 성취된 결과 간의 관계를 평가하는 것이다. 효과성 기준의 정보들은 목표들이 성취되었는지 그것이 프로그램 활동으로 인한 결과인지를 알려 준다. 이를 위해서는 노력기준의 정보에다 성과측정에 관한 정보가 가미되어야 한다. 프로그램의 성과정보는 직·간접 자료 측정을 통해 도출될 수 있다. 효과성을 목표달성 정도라고 규정할 수 있으며 목표의 성취 정도를 확인하는 자료 측정이 기본적으로 필요하다. 그러나 휴먼서비스 프로그램들에서는 무형의 장기적인 목표를 성과로 두는 경우가 많아 측정이 쉽지 않을 수 있다. 한동우(2001: 131)는 효과성을 평가하기 위해서는 다음과 같은 지표 및 자료원을 제시하였다.

- 클라이언트의 인지적·감정적 변화
- 클라이언트의 행동상의 변화
- 클라이언트군의 사회적 변화: 만족도, 취업률, 이용률, 참여도 등

다음의 사례에서 클라이언트(조부모)가 프로그램에 참여하며 얼마나 변화하였는지, 어느 정도의 성과를 얻었는지를 프로그램 실행 이전에 설정한 목표에 따라 평가결과를 제시하고 있다.

사례

조부모의 황혼육아 스트레스 완화를 통한 가족관계 증진 프로그램
"멋진 할맘의 똑똑 케어(CARE)"

성과목표	목표에 대한 평가방법 (성과지표 및 평가도구)	평가결과
육아정보 제공으로 황혼육아 스트레스 감소	• 성과지표: 황혼육아로 인한 스트레스 감소 • 평가도구: 양육스트레스 설문지 • 평가방법: 프로그램에 참여한 조부모들을 대상으로 설문지를 작성하여 사전-사후 변화정도 확인	• 조부모의 양육스트레스 평균 7.9점 감소 – 사전: 평균 38.9점 – 사후: 평균 31.0점

생활만족도 향상	• 성과지표: 노인 생활만족도 향상 • 평가도구: 생활만족도 설문지 • 평가방법: 참가 조부모를 대상으로 생활만족도 향상 정도에 대한 사전-사후 검사 변화율 확인	• 조부모의 생활만족도 평균 2.8점 향상 - 사전: 평균 18.1점 - 사후: 평균 20.9점

출처: 보건복지부, 중앙사회서비스원(2022). 2022년도 우수운영사례집(프로그램-혁신상) 북구노인복지관 사례 중 발췌 및 수정.

3) 효율성

효율성 기준은 프로그램의 자원 활용에 따른 정당성 여부에 주로 관심을 두고 자원을 최소한 투입하여 효과를 최대한 이끌어 냈는지를 의미한다. 프로그램이 주어진 자원들을 경제적 · 효율적인 방법으로 적절히 활용했는지, 서비스의 편익은 과연 비용에 견주어 합당한지, 동일한 목적을 더 경제적으로 수행할 수 있는 방법들은 없었는지 등을 확인하는 데 효율성 기준의 평가 정보가 활용된다. 사회복지 프로그램의 성과를 화폐 가치로 추정하거나 객관성을 확보하기가 현실적으로 불가능하다고 볼 수 있으며, 서비스 질을 고려하지 않고 산출만을 높이는 경우에도 효율성이 달성된다고 인식하는 경우가 있어 효율성은 엄밀하게 서비스 질을 일정 수준 이상으로 유지하는 것을 전제한다(황성철 외, 2003: 356). 황성철은 효율성의 측정을 위해 필요한 자료와 방법을 다음과 같이 제시하였다.

- 프로그램에 투입된 자원의 총비용: 인건비, 사업비, 재료비, 장비비 등
- 프로그램의 단위 산출물당 비용: 1인당 서비스 비용 등
- 프로그램의 효과성을 화폐 가치로 환원

4) 영향

영향 기준은 프로그램의 개별적 목표 성과의 기준들과는 다르다. 주로 거시적

기획 차원에서 검토되는 것으로, 어떤 프로그램이 주어진 목표에 대해 특정한 성과를 나타내고 있는지에 더해서 그로 인해 원래 의도했던 사회문제의 해결에는 어느 정도의 영향을 미쳤는지를 파악하는 것이다. 즉, 사회적 파급효과에 초점을 둔다. 영향평가에는 보통 복잡한 추론 과정이 필요하다. 하나의 프로그램 성과에 의해 판단할 수 있는 영역을 벗어나 있기 때문이다. 한동우(2001: 131)는 영향을 프로그램 노력과 사회적 지표 간의 관계로 위험집단과 표적집단 내에서의 변화 정도와 사회 지표상의 변화에 대한 실증적 기대 정도 등으로 측정할 수 있다고 하였다.

- 위험집단과 표적집단 내에서의 변화 정도: 장애인 취업률 상승 여부 등
- 사회지표상의 변화에 대한 실증적 기대 정도: 장애인에 대한 인식개선 정도 등

사례

시소와 그네: 영유아통합지원사업의 영향

사회복지공동모금회 테마기획사업인 '시소와 그네 영유아통합지원사업'은 조기개입을 통해 저소득 · 빈곤가정 영유아의 인적자본 개발을 지원하는 것이 목적이다.

〈단기성과〉

- 영유아 연령에 적합한 신체발달, 인지(언어)발달, 정서(사회성)발달, 행동발달이 파악 · 개선되기 시작한다.
- 양육자 정신건강(우울 정도, 생활만족도, 자아존중감, 자기효능감)의 중요성/가족관계(부모-자녀관계) 중요성 인식/안정된 가정환경(결혼만족도, 가족자원 등)의 필요성 인식
- 통합사례관리 구축 · 활동/서비스네트워크 구축과 활동/네트워크 참여기관의 담당자 역량강화/지역사회 빈곤아동의 건강한 성장에 대한 주민인식 변화

〈중기성과〉

- 영유아 연령에 적합한 신체발달, 인지(언어)발달, 정서(사회성)발달, 행동발달이 일정 수준까지 지속적으로 촉진된다.
- 지지적인 양육실천/가족의 생활안정/긍정적 가족관계 구축/긍정적이고 건강한 가정환경 구성
- 빈곤가족과 아이의 지역사회 가용 서비스 접근성 향상/질 높은 서비스 전달/지역사회 빈곤아동의 담당자 전문성 강화/지역사회 공동체 의식 증가

〈장기성과〉
영유아의 발달연령에 맞는 신체, 인지(언어), 정서(사회성), 행동발달을 성취한다.

〈영향〉
- 정책입안자들의 긍정적 노력을 이끌어 내는 주체로 부모들이 움직이기 시작
- 지역사회 내 제도화-영유아를 복지대상으로 보아야 한다는 새롭고 혁신적인 시각을 정착시키는 성과로 '시소와 그네' 사업을 통해 지역사회 내에 만들어진 제도는 영유아복지 네트워크 구축
- '시소와 그네'센터와 제휴한 대형병원들의 영유아지원서비스가 확대되기도 하였고, 지역에 영유아를 위한 시설과 서비스 공간 확대
- 양육품앗이 공동체가 생성됨.

출처: 사회복지공동모금회(2013). 시소와 그네 영유아통합지원사업 성과보고서.

5) 서비스 질

일반적으로 서비스 질이라는 용어는 효과성을 나타내는 기준으로 폭넓게 사용된다. 보다 좁은 의미로 사용하자면 서비스 질이란 그 프로그램 목적을 달성하는 데 필요한 방법과 기술 사용의 적절성으로 전문적인 기준이 채용되는 정도를 가리킨다. 이 경우에 서비스 질의 전형적인 지표는 프로그램 수행 인력이 어느 정도 전문적인 교육 수준과 경험 정도를 갖추었는지를 보는 것이다. 사회복지 프로그램을 위한 서비스 질 관리에 대한 이론적 접근 모형으로 조직적 접근방법, 분석적 접근방법, 인적자원 접근방법, 시스템적 접근 등이 있다(박경일, 2000: 97-130). 프로그램 평가기준으로 자주 활용되는 서비스 질 측정지표는 다음과 같다(황성철, 2005; 한동우, 2001: 131).

- 서비스 인력의 전문자격 소유 여부와 정도
- 전문교육을 받은 횟수
- 외부전문가의 자문 정도
- 프로그램에서 활용하고 있는 전문 지식과 기술의 발전 상태

• 클라이언트의 만족도

또한 서비스의 질 평가는 서비스를 통해 클라이언트(개인, 가족, 집단, 지역사회 등)의 변화 등을 평가하는 것이다. 서비스의 질을 측정하는 방법으로는 동료 리뷰(Peer Review)나 클라이언트의 서비스 만족도 조사, 단일사례분석(Single Subject Design), 서비스 질을 보증하는 대외적 전문 자격증이나 수료증, 품질인증(ISO 9000) 등이 있다. 서비스 품질의 측정방법으로 가장 일반화된 모형으로 SERVQUAL[2) 있다. 미국의 파라수라만, 자이사믈과 베리(Parasuraman, Zeithaml, Berry, 1988) 등 세 사람의 학자에 의해 개발된 서비스품질 측정도구로서 서비스 기업이 고객의 기대와 평가를 이해하는 데 사용할 수 있는 다문항 척도(multiple-item scale)이다.

파라수라만, 자이사믈과 베리(1988)는 처음 면접에 기초한 탐색적 연구를 통해 10가지 서비스 질 구성 차원(신뢰성, 대응성, 능력, 접근성, 정중성, 의사전달, 정직성, 안전성, 고객이해, 유형성)을 확인하였다. 그 후 그들은 이를 토대로 다양한 서비스 조직의 고객들을 대상으로 설문조사를 실시함으로써 5가지 차원(유형성, 신뢰성, 응답성, 확신성, 공감성)을 나타내는 22개의 항목 척도들을 개발하였다. 그리고 그들은 이것들이 서비스 질의 기초를 이루는 '기본골격(basic skeleton)'이기 때문에 다양한 서비스 환경에 두루 적용하여 사용될 수 있다고 주장하였다(박경일 · 권진아, 2009). SERVQUAL 설문지 중 1~4번은 유형성(tangible), 5~9번은 신뢰성(reliability), 10~13번은 응답성(responsiveness), 14~17번은 확신성(assurance), 18~22번은 공감성(empathy)의 다섯 가지 차원으로 재구성하고 통합하여 22개의 항목 척도를 개발하였다.

2) 서비스 질이란 서비스 제공자와 이용자 간의 상호작용의 결과로 서비스 이용자가 기관의 서비스 그 자체 혹은 기관에 대한 이미지의 형성 결과로 나타나는 일종의 지각반응에 의한 것이라고 말할 수 있다(Swan & Combs, 1976; Grönroos, 1984). 파라수라만, 자이사믈과 베리(이하 PZB, 1988)는 서비스 질이란 '서비스의 우수성과 관련한 전반적인 판단이나 태도'로 정의하고 있다. 즉, 서비스 질을 소비자와 서비스 기업이 제공해야만 한다고 느끼는 서비스와 소비자가 기업이 제공해야만 한다고 느끼는 서비스와 소비자가 서비스 기업의 서비스 공정 및 결과에 지각한 성과의 차이라고 하였다. PZB는 서비스 질을 '소비자의 지각과 기대 사이의 불일치의 정도와 방향'으로 정의하고, 서비스 질을 기대와 성과와의 함수관계로 개념화하여 SERVQUAL이라 명명하였다.

SERVQUAL 설문지

※ 기대평가 항목

전혀 그렇지 않다 보통이다 정말 그렇다

〈 ① ………… ② ………… ③ ………… ④ ………… ⑤ ………… ⑥ ………… ⑦ 〉

1. 우수한 ______ 복지관은 최신장비를 갖추고 있을 것이다.
2. 우수한 ______ 복지관의 시설은 시각적으로 보기에 좋을 것이다.
3. 우수한 ______ 복지관의 직원은 옷차림과 용모가 단정할 것이다.
4. 우수한 ______ 복지관은 업무에 적합한 시설과 분위기를 갖출 것이다.
5. 우수한 ______ 복지관은 정해진 시간 안에 업무처리를 약속하였다면 반드시 지킬 것이다.
6. 고객에게 문제가 생겼을 경우 우수한 ______ 복지관은 관심을 보이고 해결해 줄 것이다.
7. 우수한 ______ 복지관은 믿고 의지할 수 있을 것이다.
8. 우수한 ______ 복지관은 약속한 시간에 서비스를 제공할 것이다.
9. 우수한 ______ 복지관은 업무기록을 정확하게 유지할 것이다.
10. 우수한 ______ 복지관은 고객들에게 언제 업무를 처리해 줄 것인지 말해 줄 것이다.
11. 우수한 ______ 복지관의 직원들은 고객에게 즉각적인 서비스를 제공할 것이다.
12. 우수한 ______ 복지관의 직원들은 항상 자발적으로 고객을 도울 것이다.
13. 우수한 ______ 복지관의 직원들은 아주 바쁠 때에도, 고객의 요구에 신속하게 대응해야 할 것이다.
14. 고객은 우수한 ______ 복지관의 직원을 신뢰할 수 있을 것이다.
15. 우수한 ______ 복지관은 고객이 안심하고 거래하기 위한 안전을 확보할 것이다.
16. 우수한 ______ 복지관의 직원들은 예의가 바르고 공손할 것이다.
17. 우수한 ______ 복지관의 직원들은 고객의 질문에 답변할 충분한 지식을 가지고 있을 것이다.
18. 우수한 ______ 복지관은 고객에게 개별적인 관심을 기울일 것이다.
19. 우수한 ______ 복지관은 고객이 편리하게 이용할 수 있게 영업시간을 맞출 것이다.
20. 우수한 ______ 복지관의 직원들은 고객에게 개인적인 관심을 가질 것이다.
21. 우수한 ______ 복지관은 고객의 이익을 진심으로 생각해 줄 것이다.
22. 우수한 ______ 복지관의 직원은 고객의 필요를 이해할 것이다.

6) 과정

과정기준의 평가는 프로그램의 실행 과정에 관한 정보를 도출하는 데 쓰인다. 프로그램 평가기준으로 과정은 프로그램 결과의 경로를 따져 보는 것이다. 일반적으로 과정은 두 가지 측면에 초점을 두고 접근할 수 있는데, '첫째, 산출물이 만들어지기 위한 이전의 단계로서의 중간 과정이 체계적이고 합리적으로 구조화되어 있는가? 둘째, 미리 정해진 절차나 규정에 따라 서비스가 제공되었는가?'이다.

구체적인 프로그램 운영상의 매개체라 할 수 있는 과정평가는 다음과 같다(한동우, 2001: 131).

- 계획한 활동의 수행 정도
- 하위목표들의 달성 정도와 연계성
- 하위목표와 프로그램 결과 사이의 영향 정도의 차이 등

과정 기준의 평가 정보들은 프로그램의 개선 방향을 결정하거나 다른 환경에 프로그램을 적용할 수 있는지를 확인하는 데 필수적으로 쓰인다. 그리하여 로즈 등(2001: 116)은 구체적으로 과정평가는, 첫째, 프로그램을 설명하고, 둘째, 프로그램을 모니터링하고, 셋째, 프로그램의 질을 보증한다는 중요한 목적과 목표를 가지고 있다고 하였다.

7) 형평성

서비스나 그로 인한 편익이 인구 집단에 공평하게 배분되었는지를 평가하는 기준이다. 이 기준은 정부정책이나 기획 차원의 평가에서 주로 검토되는데 합리적 이유보다는 정치적 고려에 의해 채택되는 경우가 많다. 프로그램이 자원배분이나 절차에서 공평했는지에 대한 판단기준은 대개 일관성을 근거로 한다. 일반적으로 다음의 자료들이 형평성 평가에서 중요시된다.

- 대상집단에 동일한 접근기회를 주는지의 여부와 그 정도
- 프로그램 활동이 지역 내에 균등하게 배분되는 정도 등

비록 형평성 기준이 정치인이나 행정조직의 입장에서는 쉽게 선호될 수 있지만 전문 인력에게는 비합리적인 것으로 받아들여지기 쉽다.

02 평가도구

사회복지 프로그램 평가는 평가를 하는 시점과 목적에 따라 형성(과정)평가와 총괄평가로, 평가주체에 따라 자체평가, 내부평가, 외부평가로, 평가대상에 따라 사회복지기관 평가와 사회복지 프로그램 평가로 나누어진다.

실천현장에서 프로그램 평가작업을 일상화하고 이를 통해 현재적 의미에서의 프로그램의 개선과 향상에 기여할 수 있도록 하는 것은 원론적 의미에서 궁극적으로 클라이언트의 복지를 증진하는 데 기여할 수 있을 것이다(김진석, 2014: 539).

사회복지 프로그램을 성과목표에 따라 다양한 성과지표와 자료원을 통해 그 목표달성 정도를 평가할 수 있다. 본서에서는 프로그램 평가에서 자주 활용되고 있는 성취목표를 확인하기 위한 목표달성척도(GAS), 클라이언트만족도, 질적평가, 자체평가 등의 평가도구를 소개하고자 한다.

1) 목표달성척도

목표달성척도(Goal Attainment Scale: GAS)는 직접적이거나 간접적인 서비스나 프로그램 제공에서 클라이언트의 변화 또는 표적체계의 변화를 측정하는 유용한 도구로 사회복지개입의 목표가 어느 정도 달성되었는지를 확인하기 위한 도구이다.

목표달성척도는 사정과 조치과정을 5점 표준 척도를 사용하여 개별화된 목표를 정량화하는 것을 포함한다. 그리하여 클라이언트의 결과 수준은 표준점수로 전환된다. 목표달성척도 방식은 유사한 문제를 가진 클라이언트를 목표로 한 단일개입이 아닐 때라도 프로그램 또는 기관에 걸쳐 성공수준의 비교가 가능하다(Royse et al., 2001: 182). 목표달성척도를 활용하기 위해서는 먼저 문제 영역과 규정한 목표의 확인, 그리고 0점에서 1점까지(혹은 −2에서부터 0, 1, 2까지) 각각의 목표척도를 필요로 한다.

작성방법은 개입 과정에서 클라이언트에 대한 일반적 개입목표가 사회복지사와 클라이언트 간의 합의에 의해서 설정되면, 그 목표는 몇 가지의 하위목표로 나누어지고 그것들은 목표달성 추적표에 기록되어 개입과정에서 점검되고 종결단계에서 종합적으로 평가된다. 목표달성 추적표를 만드는 방법은 프로그램 개입이 영향을 주는 클라이언트의 주된 기능수행 영역을 파악하고, 여러 가지 하위목표의 영역을 비교해 상대적 중요도를 표시하는 성과에 가중치를 부여하는데 이때 총점은 1점이 되도록 한다. 성과의 5점 척도는 누진적으로 성과 없음, 기대 이하의 성과, 기대수준의 성과, 기대 이상의 성과, 최고의 성과 순으로 정하고 성과에 관한 진술은 구체적이고 관찰 가능하며 클라이언트의 문제와 밀접히 관련된 것으로 실제적이어야 한다.

목표달성척도는 일반적 목표가 여러 가지의 하위 목표로 분화되어 각 하위목표의 성공과 실패의 정도를 측정하여 전반적 목표달성의 여부를 계량적으로 파악이 가능한 장점이 있다. 반면 하위목표의 설정이 주관적이어서 사회복지사가 쉽게 달성할 수 있는 목표를 설정하고 추진할 우려가 있다.

목표달성척도의 활용 분야는 정신건강, 약물남용, 보호관찰 등과 같은 치료나 교정 중심의 서비스제공 분야에서 활용되어 왔지만 반드시 이 영역에 국한되는 것은 아니며, 집단과 지역사회에 대한 개입, 재가복지 및 사회복지행정 분야에서도 활용된다.

사례

일반목표: Ct의 사회적응력 (가정, 학교, 사회) 향상			
성과의 수준 (척도의 점수)	목표 1. 교육생 수료율 (0.3)	목표 2. 프로그램 만족도 (0.3)	목표 3. 개인능력 향상 (0.4)
최적의 향상 (1.0)	교육생 전원 수료	만족도 설문조사 결과 교육생 전원 교육에 대한 만족도 점수 평균 9~10점	수료생의 성장도 조사에서 교육생 전원의 점수 향상과 135점 이상 득점자 30% 이상
기대 이상의 향상(0.75)	✓교육생의 8명 수료	✓만족도 설문조사 결과 교육생 전원 교육에 대한 만족도 점수 평균 8점	수료생의 성장도 조사에서 교육생 전원의 점수 향상
기대한 정도의 향상(0.5)	교육생의 7명 수료	만족도 설문조사 결과 교육생 전원 교육에 대한 만족도 점수 평균 7점	✓수료생의 성장도 조사에서 점수 하락된 교육생 없음
기대 이하의 성과(0.25)	교육생의 6명 수료	만족도 설문조사 결과 교육생 전원 교육에 대한 만족도 점수 평균 5~6점	수료생의 성장도 조사에서 점수 하락된 교육생 1~2명
전혀 성과가 없음(0.00)	교육생의 5명 미만 수료	만족도 설문조사 결과 교육생 전원 교육에 대한 만족도 점수 평균 4점 이하	수료생의 성장도 조사에서 점수 하락된 교육생이 3명 이상

목표 1: 교육생의 8명 수료(0.75)로 체크되었고
목표 2: 만족도 설문조사 결과 만족도 평균 점수 8점(0.75)으로 체크되었고
목표 3: 성장도 설문조사 결과 점수가 하락된 교육생이 없음(0.5)으로 체크되었다면

- 전반적인 목표달성 수준(GGAL)
  =(목표 1의 가중치×성과 수준)+(목표 2의 가중치×성과 수준)+(목표 3의 가중치×성과 수준)
  ∴ GGAL=(0.3×0.75)+(0.3×0.75)+(0.4×0.5)=0.225+0.225+0.2=0.65
- 결과: 전반적인 목표달성 수준(GGAL)이 0.65로서 기대한 정도의 향상(0.5)보다 0.15(약 30%) 초과 달성한 것으로 나타남.

출처: 신복기, 박경일, 이명현(2013). 사회복지행정론. 공동체. p.341에서 발췌 및 일부 수정.

2) 클라이언트 만족도

만족도 조사는 프로그램에 참여한 이용자들의 프로그램에 대한 만족 정도를 측정하는 것이다. 프로그램 평가와 질 검증에서 결과 측정으로써 서비스 만족도 사용은 새로운 공공관리와 증거기반실천과 같은 일반적 움직임과 일치한다. 또한 이용자 만족도의 의견은 이용자 중심 실천에 있어 중요하게 인식되고 있다. 더불어 권한이 있고 인기 있는 이용자의 의견에 의한 사회복지 프로그램의 기획과 평가에서 서비스 이용자의 개입은 현명하고 윤리적인 전문적 실천으로 간주된다.

만족도 조사에는 적어도 3가지의 질문을 포함하여야 한다. 첫째, 서비스 요소에 대한 만족도, 둘째, 계속 서비스 경험을 하고 싶은 촉구(당신은 이 프로그램을 친구에게 추천하시겠습니까?), 셋째, 인식 변화(프로그램에 참여하여 당신의 욕구충족 또는 문제해결 수준은 어떠한가?)이다(Socialstyrelsen, 2013: 5–6). 클라이언트의 만족도 측정은 프로그램 과정이나 서비스 질 개선 등의 목적으로 활용된다. 일반적으로 정형화된 질문지를 활용한 양적 조사를 많이 사용하는데, 프로그램 개선에 필요한 내용은 질적 자료를 보완 활용하는 것 또한 필요하다.

만족도 측정 시에는 서비스 내용과 적합성, 서비스 제공자에 대한 타당성, 서비스를 통한 문제해결 정도, 서비스 접근성, 재이용의사, 이용편의성, 사회복지사나 직원의 직무수행능력, 사회복지사나 직원의 도움 정도 등을 포함하여 구성한다.

만족도 조사는 사회복지 프로그램이 시행되고 서비스가 제공되는 과정에서 클라이언트의 다양한 기대가 어느 정도 충족되고 있는지에 관해서 소비자의 관점에서 서비스의 질을 평가할 수 있는 방법이다. 단, 참여한 클라이언트들의 심리사회적 요인에 의해 대체로 만족한다는 긍정적 평가를 하게 될 우려가 있으며, 응답자의 기억력, 사회적으로 바람직한 형태로 응답되는 경향성, 평가의 내용과 차원에서 선별성 등 객관적이고 과학적인 조사설계를 위한 신뢰도와 타당도 확보에 어려움이 있을 수 있다.

만족도 조사는 사회복지시설이나 기관의 경쟁적 분위기와 재원 확보를 위한 마케팅이 중요한 시점에서 조직관리나 프로그램관리 차원에서 중요성이 강조된다.

3) 질적 평가

질적 연구방법의 유용성에 대한 관심과 활용이 증가하는 것과 더불어 공모사업 기관 등에서도 질적 평가가 강조되고 있다. 이는 프로그램 평가 시, 양적 결과를 제시하는 것에 대해 해석의 가능성을 제한하고 복잡한 상황과 다면적인 문제를 단순화시키는 것에 대한 회의적인 입장과 주관적인 경험 이해, 참여자 목소리 반영, 구체적인 변화에 주목, 개별화된 평가 등의 이유로 질적 평가를 사용하는 것이다. 프로그램의 성과라는 것은 당사자가 프로그램 시행기관이 의도한 바에 대해 자신이 어떻게 인식하고 있으며 어떤 변화가 있다고 인지하는가가 중요하다. 객관적인 성과라기보다는 주관적인 의미에 비중을 두는 것이다. 아울러 양적인 성과가 실제 무엇을 의미하는지는 당사자의 이야기를 들어 보아야 한다. 즉, 성과가 나타나게 된 동기, 과정, 실제적인 변화의 양상 등을 질적 평가를 통해 이해하는 것이다. 질적 연구가 다양한 학문적 배경을 끌고 들어오기 때문에 질적 평가 또한 어떤 관점에서 접근하느냐에 따라 자료수집 및 내용구성 방식이 달라진다. 이를 질적 평가의 패러다임이라고 한다. 질적 평가의 패러다임에는 프로그램을 통해 경험한 내용이 어떤 의미를 갖는지, 경험의 본질이 무엇인지를 살펴보는 것(현상학적 접근), 프로그램의 과정을 통해 자신이 참여한 내용에 대한 이야기식 서술 내용을 살펴보는 것(내러티브 접근), 사람·집단·특정한 세팅(setting)을 단위로 하는 사례를 살펴보는 것(사례연구) 등으로 나눌 수 있다. 어느 종류를 선택하는가는 프로그램 시행자가 그 프로그램을 통해 얻은 성과를 어떤 방식으로 살펴볼 것인지와 연결되어 있다. 어떤 패러다임에 기초하느냐에 따라 사용되는 질적 평가방법이 달라지고 또 질적 평가방법의 구체적인 내용이 달라진다. 현상학적 평가를 채택하면 심층면접이 매우 중요한 질적 평가방법이 되고, 내러티브 방식을 채택하면 심층적이면서도 참여자가 자신의 이야기를 편안하게 털어놓도록 주도권이 참여자에게 훨씬 더 주어지는 면접이 되어야 한다. 사례 연구는 프로그램을 진행하면서 작성한 각종 기록지, 참여관찰 그리고 면접이 모두 필요에 따라 사용된다. 질적 자료 분석방법은 매우 독창적일 수 있다. 그렇기 때문에 이러한 자료 분석 과정을 애벌레가 성숙하고 아름다운 나비가

되는 것으로 비유되기도 하고 연구자를 연금술사, 그 연구 결과를 콜라주(collage)로 비유하기도 한다. 그러므로 분석 목적에 따라 자료 분석의 방향과 내용이 달라질 수밖에 없다(삼성복지재단, 2015).

따라서 질적 평가 분석결과 작성 시 활용되는 방법론적 글쓰기는 많은 부분 수련 과정, 경험, 실험, 오류를 통해 업무적으로 배워지는 기술적 업무를 수행하는 사회 조사자들이 사용하기에 한계가 있다. 연구의 질에 대한 방법론적 논의는 프로젝트 과정 동안 구체적인 결정으로 방법론적 의미에 대한 인식을 장려함에 따라 연구의 질에 도움이 된다(Seale, 1999: 475). 사회복지실천에서 기본이 되는 면접, 관찰, 기록(과정기록, 사례보고 등)은 질적 연구의 주요 자료수집방법이자 실천가들의 일상적인 활동이다.

질적 평가 시에는 연구 진행 과정 및 절차에 대해 미리 서술하는 평가 설계가 전제되어야 하며, 질적 평가의 신뢰도와 타당도 확보가 필수적이다. 평가자의 위치와 관련하여 평가자는 누구인지, 참여수준은 어떠한지, 평가자의 역할(주어진 자료만을 분석하는 역할인지, 전체 프로그램 개발과 평가 과정을 총괄하는 역할인지 등)은 무엇인지가 제시되어야 한다. 질적 자료 수집방법은 인터뷰(개별 심층인터뷰, 포커스그룹 인터뷰), 관찰, 기타 각종 검사일지, 주관식 질문이 있는 만족도 평가지 등이 있으며, 분석방법은 귀납적, 연역적, 시계열적 변화, 사례별, 기타 분석방법이 있다. 시계열적 변화분석방법은 한 개인의 변화 양상을 보거나 회기별 진행 과정을 서술하는 방식이다. 사례분석은 집단 프로그램의 일부 사례나 단일사례에서 사례에 대한 개별적인 서술과 평가가 이루어지며, 기타 분석방법에는 연속적 비교방법, 참여자 본인평가, 그림 검사 분석 등의 분석방법이 포함된다. 질적 평가의 엄격성을 확보하기 위해서는 자료 다원화, 관찰자 다원화, 참여자 확인, 관찰자 간 신뢰도, 동료 검토, 전문가 검토 등을 고려하여야 한다. 또한 실천가의 사전 준비와 관련하여 평가대상자에게 사전 양해를 구하는 등의 윤리적 문제는 매우 중요하며 사전 고지 및 고지된 동의를 통해 윤리적으로 고려하여 분석하여야 한다(장연진 · 정선욱, 2014: 325-356).

프로그램 평가는 시설에 대한 평가에 비해 그 기준이 더욱 모호하고 계량화하기가 힘들다. 특히 프로그램 평가에 있어서 가장 중요한 개념이라고 할 수 있는 효과성에 대한 연구가 절실히 요구된다고 하겠다. 우리나라의 경우 프로그램 평가기준이나 방법, 그리고 이를 뒷받침할 수 있는 이론이 극히 미미한 수준에서 진행된다고 볼 수 있다. 따라서 이 부분에 대한 활발한 연구와 실험이 학계와 현장을 배경으로 활성화되어야 하고 이러한 연구결과들은 구체적인 기준과 지표 및 척도로 표현되어야 하며, 실천현장에서의 적용 가능성과 평가결과의 활용도 등이 적극적으로 고려되어야 한다(한동우, 2001: 140).

다음은 20대 정신장애인들의 사회 복귀 지원을 위한 프로그램(태화샘솟는집)에 대한 질적 평가 사례이다.

사례

20대 정신 장애인들의 사회 복귀 지원을 위한 프로그램
"Sam Collage"(태화샘솟는집)

연구질문1.	패러다임	자료 수집 방법	자료원	자료 수집 시기
샘대 참여자에게 샘대 활동은 어떤 의미인가?	내러티브 접근	• 심층 면접 • 포토 보이스	"Sam Collage" 참여회원	12월
평가결과				

- **2016학년도 1, 2학기 참여 회원 A: 인생의 터닝 포인트**
  "아무 의미 없이 샘집에 나오고 있었는데, 샘집에 나오는 이유가 생긴 것 같아요. 그냥 와서 업무만 하다가 갔었는데, 이제는 공부도 하고 피아노도 하고 있잖아요. 시험을 보니까 목표를 세우고 할 일도 있고. 그러고 나니까 다음 해에 하고 싶은 목표가 생기더라고요."
- **2016학년도 1, 2학기 참여 회원 B: 자아 실현 계기**
  "영어도 배우고 드럼, 제과 제빵을 배웠는데 예전에 배웠던 것들이거든요. 근데 여기서 몇 명만 모여서 배우니까 왠지 더 잘 이해가 되는 것 같고, 잘 배웠다는 생각도 들어요. 해 본 걸 다시 배워보니까 더 자신감도 생기더라고요. 그리고 그동안 안 배워 본 컴퓨터 활용 능력도 배워 봤거든요. 내년에는 컴퓨터 활용 능력 자격증도 따 보려고요."
- **2016학년도 2학기 참여 회원 C: 스트레스 해소**
  "처음엔 별로 안 하고 싶었어요. 근데 하다 보니까 괜찮았어요. 특히 드럼 칠 때 스트레스가

다 풀려서 너무 좋았어요. 그동안 책을 읽으면서 시간을 보냈는데 드럼을 배우기 시작하니까 스트레스가 많이 풀렸어요. 내년에 샘대 하면 또 하려고요."

연구질문1.	패러다임	자료 수집 방법	자료원	자료 수집 시기
샘대 활동을 통해 본인이 달라진 변화는 무엇인가? 변화 이유는 무엇인가?	내러티브 접근	• 심층 면접 • 포토 보이스	"Sam Collage" 참여회원	12월
평가결과				

- **2016학년도 1, 2학기 참여 회원 D: 시야가 확장됨**
  "나무보다 철이 훨씬 미래에 완성된 물질이잖아요. 튼튼하고. 터닝 포인트가 됐어요. 이번에 샘대 참여하면서 배우고 놀러 다니고 하면서 개인적으로 도움도 많이 됐고. 스스로에 대해서 책임감도 많이 가지게 됐고. 예전에 고등학교도 다니고 대학교도 다니긴 했는데 샘대만의 색깔이 있어서 더 좋았던 것 같아요. 특히 제주도에서 다른 사람들이랑 치킨 시켜서 나눠 먹으면서 과자 파티도 하고…. MT다운 MT라 너무 재밌었고 기억에도 남아요. 그래서 이번에 일본 워크숍 갔을 때 직업에 '학생'이라고 썼어요. 저 'Sam College' 학생이잖아요."
- **2016학년도 1, 2학기 참여 회원 A: 바이킹 타는 것처럼 재미있었음**
  "샘대 하기 전에는 샘집 나오는 게 그냥 그저 그랬거든요. so so? 근데 샘대 하고 나서는 샘집 나오는 것도 재미있어지고 좋았어요. 특히 베이스 기타 배우면서 공연한 거랑, 체력 검정 했던 건 기억에 많이 남아요. 제가 대학생 같았어요."
- **2016학년도 2학기 참여 회원 E: 함께하는 사람이 생김**
  "샘대 하기 전에는 혼자였어요. 그냥 이야기만 나누고 했었는데 친한 느낌이 드는 사람들은 없었거든요. 근데 같이 공부하고 같이 놀러 가고 맛있는 것도 먹으러 가고 하다 보니까 친해지더라고요. 그래서 요즘은 샘집에서 끝나고 같이 치킨도 먹으러 가고 놀러도 가고 해요. 좋아요 정말."

출처: 삼성복지재단(2017). 2016 작은나눔 큰사랑 우수사례집. pp.178-187.

4) 자체 평가

프로그램을 평가할 때에는 자체 수퍼비전 체계의 도입 등 사후관리방안을 제시하는 것이 바람직하다. 공동모금회의 자체인력으로 많은 지원사업을 사후지도

(follow-up)하는 데 한계가 있을 수밖에 없다. 따라서 프로포절에 자체평가 계획을 담고, 자문교수제 등을 도입하여 결과에 대한 평가뿐 아니라 사업수행 과정에도 자문을 통해 스스로 서비스의 질을 제고하는 방안들을 제시해야 한다.

사회복지공동모금회의 경우 배분사업 시행 시 사업 중간에 신청사업에 대한 중간보고서와 사업 종료 후 30일 이내에 사업결과보고서를 작성하여 제출하도록 하고 있다. 사회복지공동모금회의 신청사업 중간보고서 및 결과보고서의 자체평가 항목은 다음과 같다.

표 12-3 2019년 신청사업 일반형(성과중심) 중간보고서 및 결과보고서 양식 중 자체평가 항목

구 분	내 용	yes	no	해당 없음
지원사업 관련 모금회 교육 참여여부	수행기관 행정 · 회계교육			
	사업 관련 간담회			
사업 관련 문서 구비 현황	(전담인력이 있는 경우) 이력서, 근로계약서			
	사업 관련 내부기안			
	프로그램별 계획서, 결과보고서			
	사업 관련 각종 행사/회의록 및 결과보고(사진 자료 포함)			
	참여자 선정 및 관리 파일 등			
사업관련 기본 절차 준수	사업 및 예산변경 절차 준수			
	담당자/기관정보 등 변경 시 변경사항 통보			
보고서 제출 및 제출기한 준수	중간결과보고서 및 각종 요청자료 제출여부			
	보고서 및 각종 요청자료에 대한 제출기한 준수여부			

출처: 사회복지공동모금회(2019). 일반형(성과중심)결과보고서 양식 및 작성가이드. p.4.

03 사회복지시설의 평가 기준

1절과 2절에서는 사회복지 실천현장에서 시행하는 프로그램의 평가기준과 평가도구에 대해 학습하였다. 일정 기간 진행된 프로그램의 성과를 평가하는 일은 사회복지사에게 주어진 주요한 업무 중 하나이지만, 기관의 책임성 차원에서 프로그램에 참여하는 이용자의 만족도, 서비스의 질, 관리운영의 투명성 등을 확보하기 위한 노력도 요구된다.

이러한 취지에서 3절에서는 사회복지기관에서 시행하고 있는 프로그램의 효과성과 효율성을 판단하여 개선점을 찾고, 관리운영의 효과성을 높이기 위해 시행되고 있는 우리나라 사회복지시설 평가의 기준에 대해서도 살펴보고자 한다.

「사회복지사업법」 제43조의2(시설의 평가) 및 동법 시행규칙 제27조의2(시설의 평가)에 의거하여 보건복지부장관 및 시도지사는 3년마다 시설에 대한 평가를 실시하고 있다. 사회복지시설평가는 사회복지시설의 양적 성장에 따라 한정된 자원의 효율적인 배분과 활용이 사회적 관심사로 대두되면서 사회복지시설의 책무성 차원에서, 그리고 사회복지서비스 질의 향상을 통한 사회복지시설의 전반적인 전문성을 강화하기 위한 배경에서 도입되었다고 할 수 있다(정무성, 2007).

1999년~2001년 1기 사회복지시설 평가를 시작으로 현재 9기(2023년~2025년) 평가를 앞두고 있으며, 평가 수행기관도 사회복지시설 평가의 오랜 역사에 따라 한국보건사회연구원('98~'03), 한국사회복지협의회('04~'16), 한국사회보장정보원('17~'21)을 거쳐 2022년부터 중앙사회서비스원에서 평가업무를 수행하고 있다. 평가대상시설에는 노숙인생활시설, 정신요양시설, 정신재활시설, 아동 · 장애인 · 정신재활공동생활가정, 양로시설, 한부모가족복지시설, 장애인 · 노인 · 사회복지관, 장애인거주시설, 아동생활시설, 장애인직업재활시설, 장애인단기거주시설이 포함된다.

사회복지시설평가제도가 시행된 지 현재까지 25년이 넘었지만 사회복지시설평가제도를 둘러싼 문제는 매년 제기되고 있다. 그럼에도 불구하고 사회복지시설평가는 시설의 투명성을 제고하고, 균형적 발전 및 서비스 품질을 높이는 계기가 되었다는 점에서 그 필요성이 존재한다.

본서에서는 사회복지시설의 평가기준이 되는 평가지표의 변화과정을 파악하기 위해 1기부터 수행된 사회복지시설평가 지표개발의 방향에 대해 살펴보고자 한다. 또한 시설형태 및 사회서비스 특성에 따라 이용시설과 생활시설, 종합적인 목적을 가지는 기관과 단종서비스를 제공하는 기관으로 구분하여 평가지표 구성의 차이를 살펴보고자 한다. 이는 사회복지시설 유형별로 중요하게 살펴보아야 할 지표에 대한 이해를 높이는 데 도움이 될 것이다.

1) 사회복지시설 평가 기수별 지표개발 방향

사회복지시설 평가지표는 매번 평가 때마다 평가지표 개발 실무위원회 및 시설 유형별 평가지표 개발 자문위원을 구성하고, 의견수렴 공청회, 온라인 의견수렴 등의 과정을 거쳐 최종 확정된다(중앙사회서비스원, 2022). 표 12-4 에서 보는 바와 같이, 9차에 걸쳐 사회복지시설평가가 진행되는 동안 평가지표들은 꾸준히 변화를 거듭해 왔다. 1, 2기 평가를 통해 평가지표들이 개발되었고, 이후 4기부터는 사회복지시설 이용자 및 생활인의 인권보호 영역을 새로운 지표로 제시하였다. 5기에는 전체 시설에 적용되는 공동지표와 생활시설 공동지표, 이용시설 공동지표가 구분되어 개발되었다. 또한 사회복지시설평가가 프로그램 등록인원 수나 교육시간 등과 같이 수량 위주의 평가에 치중되어 있어 서비스의 질적인 부분을 간과한다는 지속적인 비판(유동철, 2012)에 따라 정성평가의 비중이 점차 커지고 있다. 더불어 2023년부터는 사회복지 패러다임의 변화(포용적 복지 강조, 서비스 중심이 공급자에서 이용자로 변화, 양적 성장에서 질적 성장으로 변화)에 따라 시설 운영 효율화 및 서비스 질 제고를 위해 영역별 이용자 평가를 시범적으로 도입하기로 하였다(보건복지부 · 한국사회보장정보원, 2021).

이러한 사회복지시설 평가지표의 변화과정을 정리해 보면, 평가 초기에는 기관

운영의 적절성과 투명성 등 시설운영 수준이 중심 평가내용이었다면, 사회복지환경 변화에 따라 점차 서비스의 질, 정성평가 도입, 이용자 중심, 성과지표 중심의 평가로 변화하고 있음을 알 수 있다.

표 12-4 **기수별 지표개발 방향**

구분	연도(년)	지표개발 방향
1기	1999, 2000, 2001	개별시설 평가지표 개발
2기	2002, 2003, 2004	1기 평가 시 개발 못한 일부 평가지표 추가개발
3기	2005, 2006, 2007	사회복지현장을 반영한 평가지표 완성도 제고 및 영역별 지표 확대 개발
4기	2008, 2009, 2010	이용자·생활인의 인권지표 강화 및 사회복지시설 서비스 최소 기준안 반영
5기	2011, 2012, 2013	전체 공동지표, 생활시설 공동지표, 이용시설 공동지표 구분 개발
6기	2014, 2015, 2016	평가지표 간소화, 현장의 평가부담 완화, 평가의 실효성 제고 중심으로 보완 및 개선
7기	2017, 2018, 2019	공동지표 축소, 이용자 중심, 소규모 시설 평가 지표 개발
8기	2020, 2021, 2022	객관적이고 합리적인 평가지표 개발, 평가결과 환류체계 강화
9기	2023, 2024, 2025	성과지표 중심의 지표고도화, 정성평가의 시범적 운영, 서비스 품질관리 강화

출처: 중앙사회서비스원(2023). 2023년 사회복지시설 평가 Q&A 내용 중 발췌.

2) 평가대상의 특성에 따른 평가 기준

사회서비스를 평가하기 전 우선적으로 파악해야 하는 것은 평가 대상의 특성이다. 평가 대상의 특성에 따라 무엇을 평가할 것인지(평가지표), 어떻게 평가할 것인지(평가방식)가 달라지기 때문이다. 사회서비스는 시설형태와 서비스(프로그램)의 특성에 따라 서로 다른 평가기제가 적용될 필요가 있다(양난주, 2014). 이에 본서에서는 시설형태에 따라 이용시설과 생활시설로 구분하고, 서비스 특성에 따라 종합적인 목적을 가지는 기관과 단종서비스를 제공하는 기관으로 구분하여 평가지표 구성을 살펴보고자 한다.

(1) 이용시설과 생활시설의 평가지표 구성

현재 사회복지시설은 이용시설과 생활시설로 나뉜다. 다음 표 12-5와 표 12-6은 대표적인 이용시설인 노인복지관과 생활시설인 아동생활시설의 평가지표로, 평가의 영역은 시설 및 환경, 재정 및 조직운영, 프로그램 및 서비스, 이용자(아동)의 권리, 지역사회 관계, 시설운영전반으로 동일함을 알 수 있다. 특히 시설 및 환경에 대한 평가, 재정 및 조직운영, 이용자의 권리 영역의 세부평가지표는 공통적으로 적용되는 지표가 많다. 한편, 프로그램 및 서비스 영역의 경우 이용시설과 생활시설의 특성을 고려하여 평가지표가 달리 적용되고 있음을 알 수 있다.

이용시설인 노인복지관 평가지표에서는 프로그램 및 서비스 영역을 노인복지관 기본사업(상담, 노인사회화 교육, 사회참여 및 권익증진, 건강생활지원, 사례관리)으로 나누어 세부사업별 사업계획의 전문성, 운영평가, 수행과정에 대해 평가하고 있다. 한편, 아동생활시설에서는 이용아동의 개별서비스 수행의 전문성, 초기적응 · 퇴소지원 프로그램, 가족연고자 연계 서비스 등 13개의 평가지표를 제시하고 있다.

표 12-5 노인복지관 평가지표(8기)

영역	평가지표		배점
A. 시설 및 환경	A1.	편의시설의 적절성	5
	A2.	안전관리	
	A3.	응급상황 및 화재예방 안전체계 구축	
	A4.	복지관 환경	
B. 재정 및 조직운영	B1.	사업비 비율	26
	B2.	후원금 비율	
	B3.	회계의 투명성	
	B4.	사회적가치 실현기업 구매 금액	
	B5.	직원충원율	
	B6.	직원 근속률	
	B7.	직원교육 활동비 및 내 · 외부교육 참여시간	
	B8.	직원채용의 공정성	
	B9.	시설장 및 최고중간관리자(사무국장, 부장)의 전문성	
	B10.	직원교육	
	B11.	직원복지	

영역		평가지표		배점
		B12.	직원의 권리 및 인권보호	
		B13.	기관운영	
		B14.	운영계획서의 실행 정도	
		B15.	직원의 급여(수준) 향상을 위한 노력	
		B16.	노인복지관 서비스 질 향상을 위한 지자체 노력	
C. 프로그램 및 서비스	상담	C1-1.	기본사업 계획의 전문성	48
		C1-2.	기본사업 운영평가	
		C1-3.	프로그램 수행과정	
	노인 사회화교육	C2-1.	기본사업 계획의 전문성	
		C2-2.	기본사업 운영평가	
		C2-3.	프로그램 수행과정	
	사회참여 및 권익증진	C3-1.	기본사업 계획의 전문성	
		C3-2.	기본사업 운영평가	
		C3-3.	프로그램 수행과정	
	건강생활 지원	C4-1.	기본사업 계획의 전문성	
		C4-2.	기본사업 운영평가	
		C4-3.	프로그램 수행과정	
	사례관리	C5-1.	기본사업 계획의 전문성	
		C5-2.	기본사업 운영평가	
		C5-3.	프로그램 수행과정	
D. 이용자의 권리		D1.	비밀보장	8
		D2.	학대예방 및 인권보장	
		D3.	고충처리	
		D4.	서비스 정보제공 및 이용자의 자기 결정권	
E. 지역사회 관계		E1.	외부자원개발	7
		E2.	자원봉사자관리	
		E3.	후원금(품) 사용 및 관리	
		E4.	지역사회 참여실적	
		E5.	지역사회 단체와의 관계	
F. 시설운영전반		F1.	시설운영의 전반적 수준(시설장 인터뷰)	6
		F2.	서비스 질적 수준(직원 인터뷰)	
		F3.	자체평가의 정확성	

출처: 보건복지부, 한국사회보장정보원(2021). 2021년도 사회복지시설평가지표 노인복지관.

표 12-6 아동생활시설 평가지표(8기)

영역	평가지표		배점
A. 시설 및 환경	A1.	편의시설의 적절성	10
	A2.	안전관리	
	A3.	응급상황 및 화재예방 안전체계 구축	
	A4.	기본시설의 적절성 및 충분성	
	A5.	식품보관 위생상태	
B. 재정 및 조직운영	B1.	사업비	25
	B2.	법인전입금 및 후원금	
	B3.	회계의 투명성	
	B4.	사회적가치 실현기업 구매 금액	
	B5.	직원충원율	
	B6.	직원 근속률	
	B7.	직원교육 활동비 및 내 · 외부교육 참여시간	
	B8.	직원채용의 공정성	
	B9.	시설장 및 최고중간관리자(사무국장, 부장)의 전문성	
	B10.	직원교육	
	B11.	직원복지	
	B12.	직원의 권리 및 인권보호	
C. 프로그램 및 서비스	C1.	아동 1인당 프로그램 사업비	35
	C2.	초기적응 프로그램	
	C3.	만기퇴소 및 연장종료(자립) 아동 관리의 적절성	
	C4.	퇴소지원 프로그램	
	C5.	일지 및 입 · 퇴소 관련 기록	
	C6.	개별서비스 사정의 체계성	
	C7.	개별서비스 수행의 전문성	
	C8.	시설운영전반에 대한 욕구 및 만족도 조사	
	C9.	건강한 식사지원	
	C10.	가족 · 연고자 연계 서비스	
	C11.	초등생 이상 아동 멘토-멘티 결연 실적	
	C12.	특성화 사업 I, II	
	C13.	자립지원 및 자립준비의 적절성	
D. 아동의 권리	D1.	비밀보장	15
	D2.	학대예방 및 인권보장	
	D3.	고충처리	
	D4.	서비스 정보제공	
	D5.	서비스과정 참여 및 자기 결정권	
	D6.	인권진정함 설치 · 운영	
	D7.	아동의 인권보호	
	D8.	교우 및 학교생활 관리	

영역	평가지표		배점
E. 지역사회 관계	E1.	외부자원개발	10
	E2.	자원봉사자관리	
	E3.	후원금(품) 사용 및 관리	
	E4.	지역사회연계	
	E5.	지역사회연계	
F. 시설운영전반	F1.	시설운영의 전반적 수준(시설장 인터뷰)	5
	F2.	서비스 질적 수준(직원 인터뷰)	
	F3.	자체평가의 정확성	

출처: 보건복지부, 한국사회보장정보원(2020). 2022년도 사회복지시설평가 아동생활시설 평가지표.

(2) 종합적 목적을 가진 기관과 단종서비스 제공 기관의 평가지표 구성

사회복지시설이 제공하는 사회서비스의 특성에 따라 종합적인 목적을 지닌 기관(사회복지관 등)과 단종서비스 공급 확대를 목적으로 하는 기관(장애인복지관, 노인복지관 등)으로 나뉠 수 있다. 표 12-7 은 사회복지관, 표 12-8 은 장애인복지관 평가지표로, 프로그램 및 서비스 영역의 평가지표 외에는 전반적으로 동일함을 알 수 있다. 사회복지관의 프로그램 및 서비스 영역에서는 복지관 3대 기능(사례관리, 서비스 제공, 지역사회 조직화)에 따라 인력 및 수행의 전문성, 수행과정, 실행체계 등을 평가하고 있고, 장애인복지관에서는 개인별 지원 서비스, 사례관리, 기관별 특성화 사업을 평가하고 있다.

종합적 목적을 가진 기관은 지역사회 또는 지역사회의 특정 인구집단(노인, 장애인, 아동 등)을 대상으로 다양한 서비스를 제공할 뿐 아니라, 지역사회 문제를 해결하기 위한 다양한 활동을 목표로 하는 사회복지시설을 말한다. 이러한 사회복지시설에서 생산하는 사회서비스는 지역이나 대상에 따라 고유성이 다르기 때문에 시설에서 제공하는 사회서비스는 확정되지 않고, 서회서비스를 이용하는 대상의 특성도 지역이나 시설에 따라 다를 수 있다. 따라서 이러한 특성을 가진 사회복지기관에 대한 평가는 서비스 질에 초점을 맞춘 평가기제보다는 조직의 목적 달성이나 지역사회의 특성에서 요구되는 역할 수행 등을 기준으로 평가하는 것이 바람직할 것이다.

한편, 단종서비스를 제공하는 기관은 정부에 의해 서비스의 종류 및 양이 어느 정도 표준화되어 있다. 이에 지역사회 후원이나 자원봉사활동, 지역사회연계활동 등으로 평가하기보다는 규정된 서비스를 이용자들에게 얼마나 좋을 질로 제공하는지에 초점을 두고 서비스의 질을 평가하는 것이 필요하다 하겠다(양난주, 2014).

표 12-7 사회복지관 평가지표(9기)

영역		평가지표		배점
A. 시설 및 환경		A1.	시설이용의 안전성	5
		A2.	시설이용의 편리성	
		A3.	시설이용의 쾌적성	
B. 재정 및 조직운영		B1.	후원금	35
		B2.	사업비	
		B3.	직원충원율	
		B4.	직원근속률	
		B5.	직원교육 활동비 및 내·외부 교육 참여시간	
		B6.	외부자원개발	
		B7.	직원채용의 공정성	
		B8.	시설장 및 최고중간관리자(부장)의 전문성	
		B9.	직원교육	
		B10.	직원복지	
		B11.	직원의 인권 및 안전보장	
		B12.	사회복지관 직원의 급여(보수)수준 향상을 위한 노력	
C. 프로그램 및 서비스	사례관리	C1-1.	사례관리 실행 체계	13
		C1-2.	사례관리 인력의 전문성	
		C1-3.	사례관리 수행의 전문성	
		C1-4.	사례관리 협력 연계	
	서비스 제공	C2-1.	프로그램 기획의 전문성	24
		C2-2.	프로그램 수행과정	
		C2-3.	프로그램 평가	
	조직화 사업	C3-1.	지역조직화 실행체계	8
		C3-2.	지역조직화 수행의 전문성	
		C3-3.	지역사회 네트워크	
D. 이용자의 관리		D1.	비밀보장	9
		D2.	학대예방 및 인권보장	
		D3.	고충처리	
		D4.	이용자의 자기결정권	
E. 시설운영전반		E1.	시설운영의 전반적 수준(시설장 인터뷰)	6
		E2.	서비스 질적 수준(직원 인터뷰)	
		E3.	자체평가의 정확성	
		E4.	시설의 정보화 수준	

출처: 중앙사회서비스원(2022). 2024년도 사회복지시설평가-사회복지관 평가지침-.

표 12-8 장애인복지관 평가지표(9기)

영역	평가지표		배점
A. 시설 및 환경	A1.	시설이용의 안전성	5
	A2.	시설이용의 편리성	
	A3.	시설이용의 쾌적성	
B. 재정 및 조직운영	B1.	사업비	35
	B2.	법인전입금 및 후원금	
	B3.	직원충원율	
	B4.	직원근속률	
	B5.	직원교육 활동비 및 내 · 외부 교육 참여시간	
	B6.	외부자원개발	
	B7.	직원채용의 공정성	
	B8.	시설장 및 최고중간관리자(부장)의 전문성	
	B9.	직원교육	
	B10.	직원복지	
	B11.	직원의 인권 및 안전보장	
	B12.	사업운영 계획 수립 및 실행	
	B13.	장애인 종사자 고용율	
C. 프로그램 및 서비스	C1-1.	서비스 신청 및 상담	45
	C1-2.	사정의 체계성	
	C1-3.	개인별 서비스	
	C1-4.	종결평가 및 사후지도	
	C2-1.	사례관리의 운영체계	
	C2-2.	사례관리의 지원체계	
	C3.	특성화 사업	
	C4.	지역사회네트워크	
D. 이용자의 관리	D1.	비밀보장	10
	D2.	학대예방 및 인권보장	
	D3.	고충처리	
	D4.	이용자의 자기결정권	
	D5.	이용자의 권익 옹호	
E. 시설운영전반	E1.	시설운영의 전반적 수준(시설장 인터뷰)	5
	E2.	서비스 질적 수준(직원 인터뷰)	
	E3.	자체평가의 정확성	

출처: 보건복지부, 한국사회보장정보원(2023). 2023년도 사회복지시설평가-장애인복지관 평가지침-.

참고문헌

김영종(2013). **사회복지 프로그램 개발과 평가**. 서울: 학지사.

김진석(2014). 사회복지 프로그램 평가의 현황: 학술지 게재논문을 중심으로. **한국사회복지행정학**, 16(3), 519-541.

박경일(2000). 사회복지서비스의 질적 향상을 위한 관리기법으로서의 복지 QC 활동에 관한 사례연구. **한국사회복지학**, 40, 97-130.

박경일, 권진아(2009). 지역사회복지관의 서비스 질 구성차원에 관한 인식유형 연구: Q방법론의 적용. **사회복지정책**, 36(2), 333-357.

보건복지부, 중앙사회서비스원(2022). 2022년도 우수운영사례집(프로그램-혁신상).

보건복지부, 한국사회보장정보원(2020). 2022년도 사회복지시설평가 아동생활시설 평가지표.

보건복지부, 한국사회보장정보원(2021). 2022년도 사회복지시설평가지표 노인복지관.

보건복지부, 한국사회보장정보원(2021). 2023년도 사회복지시설평가–장애인복지관 평가지침.

사회복지공동모금회(2013). 시소와 그네 영유아통합지원사업 성과보고서.

사회복지공동모금회(2019). 일반형(성과중심) 결과보고서 양식 및 작성가이드.

삼성복지재단(2015). 사회복지프로그램 개발지원 기획 매뉴얼.

삼성복지재단(2017). 2016 작은나눔 큰사랑 우수사례집.

신복기, 박경일, 이명현(2013). **사회복지행정론**. 경기: 공동체.

신원식, 김민주(2009). **사회복지 프로그램 개발과 평가**. 경기: 공동체.

양난주(2014). 사회복지시설평가제도에 대한 비판적 고찰. **한국사회복지행정학**, 16(3), 493-517.

유동철(2012). 사회복지시설평가, 패러다임의 전환이 필요하다. "사회복지시설 평가제도 개선토론회" 발제문, 공정경쟁과 사회안전망 포럼 주최, 2012. 9. 25. 국회헌정기념관대강당.

이민홍, 정병오(2013). **사회복지 프로그램 개발과 평가**. 서울: 나눔의집.

장연진, 정선욱(2014). 사회복지실천 프로그램 질적평가 연구 논문 경향분석. **사회복지연구**, 45(4), 325-356.

정무성(2007). 2007년 사회복지시설평가 방향과 과제. **월간복지동향**, 105, 21-23.

중앙사회서비스원(2022). 2024년도 사회복지시설평가–사회복지관 평가지침–.

중앙사회서비스원(2023). 2023년 사회복지시설 평가 Q&A.

한동우(2001). 사회복지 프로그램 평가의 방향과 실천. **한국사회복지행정학**, 4, 117-146.
황성철(2005). **사회복지 프로그램 개발과 평가**. 경기: 공동체.
황성철, 정무성, 강철희, 최재성(2003). **사회복지행정론**. 서울: 현학사.
Donaldson, S. I., & Scriven, M. (2003). *Evaluating Social Programs and Problems: Visions for the New Millennium*. Mahwah, NJ: Erlbaum.
Grönroos, C. A. (1984). A Service Quality Model and Its Marketing Implication. *European Journal of Marketing, 18*(4). 36-44.
Parasuraman, A., Zeithaml, V. A., & Berry, L. L. (1988). SERVQUAL: A Multi-item Scale for Measuring Perceptions of Service Quality. *Journal of Marketing*, 12-40.
Royse, D., Thyer, B. A., Padgett, D. K., & Logan, T. K. (2001). *Program Evaluation: An Introduction*. Belmont, CA:Wadsworth.
Seale, C. (1999). Quality in Qualitative Research. *Qualitative inquiry, 5*(4), 465-478.
Socialstyrelsen(2013). Satisfaction with social welfare services–A review.
Swan, J. E. & Combs, L. J. (1976). Product Performance and Consumer Satisfaction: A New Concept. *Journal of Marketing, 40,* 25-31.

삶이 그대를 속일지라도

-푸쉬킨-

삶이 그대를 속일지라도
슬퍼하거나 노하지 말아라.
슬픈 날을 참고 견디면
즐거운 날이 오고야 말리니.
마음은 미래를 바라느니
현재는 한없이 우울한 것.
모든 것 하염없이 사라지나
지나가 버린 것 그리움이 되리니.

Chapter 13

로직모델

키워드

로직모델, 로직모델의 구성요소, 문제상황(Situation), 투입(Inputs), 활동(Activity), 산출(Outputs), 성과(Outcomes)

13 로직모델

01 로직모델 등장배경과 개념

로직모델의 기원은 1970년 미국의 조셉 홀리(Joseph Wholey) 교수 등에 의해 개발되었다. 조셉 홀리 교수팀은 성과측정과 관리모형으로 조직활동 자원과 활동, 최종성과 간의 인과관계를 도해로 표현하였다(이승규 · 라준영, 2009).

미국의 자선단체인 United Way of America(1996)에서 결과 중심의 프로그램 평가 매뉴얼 발표와 어린이들의 복지 증진을 위해 설립된 켈로그 재단(W. K. Kellogg Foundation, 2000)에서는 로직모델 개발에 관한 가이드라인을 제시하는 등 로직모델 대중화에 기여하였다(김동립 · 이삼열, 2011). 우리나라의 경우는 사회복지공동모금회에서 2008년부터 연구를 진행해 왔으며, 2009년부터 배분사업에 로직모델을 기반으로 한 성과관리 방안이 연구되었다(김가율 외, 2009; 김교정 외, 2008: 47). 이즈음에 사회복지실천 현장에서도 프로그램 개발에 로직모델에 기반한 성과측정 시스템을 적용하기 시작하였다.

로직모델의 개념은 평가에 기반을 두고 있다. 즉, 로직모델은 프로그램의 구성요소를 연결하여 논리적으로 평가하는 데 유용하다. 그리고 로직모델은 프로그램 목표달성을 확인하는 것뿐만 아니라 평가이론의 구축과 프로그램의 발전을 연결하는 데 매우 유용한 모델이다(McLauhlin, et al., 1999: Helizer, et al., 2010). 로직모델은 투입에서

설정과 대안선택과 같은 세부적인 단계를 특정 활동 중심으로 논리적으로 연결하여 간략하게 보여 주는 장점이 있다. 서비스 이용자의 변화, 문제해결, 지역사회 변화와 같은 기관의 목표달성을 강조하므로 성과중심의 기획기법으로 응용할 수 있다. 그래서 프로그램 기획, 실천, 평가, 전 과정에서 모두 유용하게 활용되는 로직모델의 필요성이 대두되게 되었으며, 유용성은 다음과 같다.

첫째, 로직모델은 프로그램 기획과 관련해 결정해야 할 내용을 논리적 접근을 통해 쉽고 명확하게 설계하는 데 도움을 준다. 마치 건물을 짓기 위해서 조감도를 그려 내는 것처럼 프로그램의 전체 구성을 하나의 그림으로 보여 줄 수 있다는 장점이 있다. 지역사회 상황, 준비되어 있는 자원이나 역량, 우리의 실천이나 개입방법, 우리가 실행하는 지역사회 변화 등의 내용을 하나의 그림으로 그리도록 하는 과정을 갖게 해 줌으로써 보다 구체적인 프로그램 기획이 가능하다.

둘째, 로직모델은 성과를 매우 강조하기 때문에 프로그램의 마지막 지향점을 클라이언트나 지역사회의 변화로 초점화하여 공급자 중심이 아닌 수요자 중심 또는 클라이언트 중심의 프로그램이 될 수 있도록 도와준다. 로직모델이 전통적인 모델과 구별되는 가장 큰 강점은 성과에 초점을 두고 그래픽을 이용해 프로그램의 체계론적 요소들을 논리적으로 연계하고 있다는 점이다. 이러한 강점 때문에 프로그램의 준비부터 종결까지의 전 과정에서 성과목표에 대한 초점을 유지하기가 용이하다.

셋째, 로직모델은 프로그램의 논리를 그래픽을 활용해 비교적 손쉽게 다양한 내·외부의 이해 당사자들과 지속적으로 협의할 수 있다는 강점이 있다(김가율 외, 2009). 프로그램 참여자, 직원, 자원봉사자, 후원자, 관리자 등 프로그램과 관련된 다양한 이해관계자는 전문 지식이 없더라도 프로그램의 논리를 하나의 그림으로 이해함으로써 쉽게 이해시키고 의사소통할 수 있는 장점이 있다.

넷째, 로직모델은 성과를 강조함으로써 평가에서 결국 성과측정이 중요하다는 것을 강조하며 어떻게 해야 할지에 대한 관심을 자연스럽게 유도한다. 또한 객관적이고 과학적인 측정방법을 통해 성과를 평가하는 것이 무엇보다 중요하다. 로직모델을 활용해 성과를 도출하고 이를 기반으로 평가를 수행한다면 이는 프로그램의 책무성을 향상시킬 수 있을 것이다.

다섯째, 로직모델은 성과를 중심으로 지역사회에 홍보하고 이를 토대로 자원개발의 설득력을 높여 줄 수 있다. 지역사회는 프로그램을 통해서 특정 집단의 문제와 지역사회 문제들이 해결되기를 기대하기 때문에 성과를 중심으로 기관의 사업을 홍보한다면 지역사회의 인정을 받게 될 것이다. 그리고 후원개발이나 자원개발을 위해 핵심적으로 제시되어야 할 내용도 바로 로직모델을 통해 한눈에 보여 줄 수 있다는 장점이 있다(이민홍 외, 2013).

03 로직모델의 구성요소

로직모델의 구성요소를 제시하기 전에 프로그램과 관련해서 확인해야 할 주요한 내용을 질문해 보는 것이 효과적인데 이를 제시하면 다음과 같다.

- 변화가 필요한 현재의 상황은 무엇인가?
- 우리가 원하는 상황 또는 성과는 무엇인가?
- 성취하기 위해서 변화가 필요한 행동은 무엇인가?
- 행동을 변화하기 전에 필요한 지식, 기술은 무엇인가?
- 필요한 학습을 하기 위해서 어떤 활동이 필요한가?
- 바람직한 결과를 성취하기 위해서 필요한 자원은 무엇인가?

미국공동모금회(United Way of America: UWA, 1996)는 투입, 활동, 산출, 성과의 4단계로 로직모델의 구성요소를 제시하고 있으며, 한국사회복지행정학회는(2007) 로직모델의 구성요소로서 문제상황(situation), 투입(Inputs), 활동(Activity), 산출(outputs), 성과(outcomes)의 5가지 요소를 제시하고 있다. 그러나 로직모델의 구성요소에 대해서는 협회나

재단 등에서 명확하게 합의되어 있지 않으며, 서로 조금씩 다르게 제시하는 경우도 있다. 다음 사례는 서울 사랑의 열매 『2020 사회공헌사례집』에 나온 로직(논리)모델로서 그 구성요소를 그림 13-3 과 같이 투입, 활동, 산출, 성과, 영향 5가지로 설명하고 있다.

기획사업 1 **사회복지종사자의 안전과 인권보장을 위한 위기대응능력강화사업**

논리모델

투입	활동	산출	성과	영향
• 사회복지 자문단 • 현장실무자 자문단 • 위기대응교육 자문단 • 위기대응교육 • 심리상담 • 의료비 • 개인활동 지원비	• 위기대응 매뉴얼 제작 및 보급(매뉴얼 제작 회의, 현장실무자 FGI 회의, 위기대응체계 구축 지원)	• 매뉴얼 제작 회의 4회 • 현장실무자 FGI 회의 1회 (매뉴얼 내용 검토, 사례 공유) • 위기 대응 매뉴얼 2,000부 제작	• 위기대응 매뉴얼 보급 (위기대응교육 보수교육 시 지급, 각 직능단체, 자문위원 및 유관기관 배포, 온라인 배포) • 기관 대응조치 향상(기관 관리체계 33%, 위기 대처 능력 31% 향상) • 위기대응체계 지침 제공 (참여기관 4개소 안전관련 내부규정 마련)	• 사회복지현장 위기대응 체계 구축 • 사회복지 종사자 위기대응 능력 강화 • 사회복지 종사자 심리 회복력 향상 및 소진 예방
	• 위기대응교육(위기 개념 정의, 직급별/시설별 개입 및 대처방법)	• 총 8회 교육 진행 • 사회복지사 250명 교육	• 교육만족도 4.37점 (5점 만점) • 안전민감성 13% 향상 (3.4점 → 3.8점) • 안전 인식 변화: 기관장 자기기술 평가서 제출	
	• 찾아가는 위기대응 교육 (사회복지 기관 방문 교육 진행)	• 총 7회 교육 진행 • 사회복지사 239명 교육		
	• 심리지원 사업(자문팀 구성, 심리 상담 지원, 의료비 지원, 마음챙김 지원비 지원)	• 자문회의 4회 진행(심리 지원사업 계획 수립, 진행, 평가 방법 논의) • 심리상담 60명 지원 • 의료비 지원: 사회복지 종사자 1명, 4회 지원 • 마음챙김 지원: 사회복지 종사자 60명, 개인당 200,000원씩 지원	• 회복탄력성 17% 향상 • 직무스트레스 42% 감소 • SCL-90 지수 향상(우울 지수 21% 감소, 불안 지수 19% 감소)	

그림 13-3 로직모델과 평가

표 13-1 로직모델의 구성요소 및 과정

투 입	활 동	산 출	성 과	영 향
• 사회복지 자문단 • 현장실무자 자문단 • 위기대응교육 자문단 • 위기대응교육 • 심리상담 • 의료비 • 개인활동 지원비	• 위기대응 매뉴얼 제작 및 보급(매뉴얼 제작 회의, 현장실무자 FGI 회의, 위기대응체계 구축 지원)	• 매뉴얼 제작 회의 4회 • 현장실무자 FGI 회의 1회 (매뉴얼 내용 검토, 사례 공유) • 위기 대응 매뉴얼 2,000부 제작	• 위기대응 매뉴얼 보급(위기대응교육 보수교육 시 지급, 각 직능단체, 자문위원 및 유관기관 배포, 온라인 배포) • 기관 대응조치 향상(기관관리체계 33%, 위기 대처능력 31% 향상) • 위기대응체계 지침 제공(참여기관 4개소 안전 관련 내부 규정 마련)	• 사회복지현장 위기대응체계 구축 • 사회복지 종사자 위기대응능력 강화 • 사회복지 종사자 심리회복력 향상 및 소진 예방
	• 위기대응교육(위기 개념 정의, 직급별/시설별 개입 및 대처방법)	• 총 8회 교육 진행 • 사회복지사 250명 교육	• 교육만족도 4.37점 (5점 만점) • 안전민감성 13% 향상(3.4점 → 3.8점) • 안전 인식 변화: 기관장 자기기술 평가서 제출	
	• 찾아가는 위기대응 교육(사회복지 기관 방문 교육 진행)	• 총 7회 교육 진행 • 사회복지사 239명 교육		
	• 심리지원 사업(자문팀 구성, 심리 상담 지원, 의료비 지원, 마음챙김 지원비 지원)	• 자문회의 4회 진행 (심리지원사업 계획 수립, 진행, 평가 방법 논의) • 심리상담 60명 지원 • 의료비 지원: 사회복지종사자 1명, 4회 지원 • 마음챙김 지원: 사회복지 종사자 60명, 개인당 200,000원씩 지원	• 회복탄력성 17% 향상 • 직무스트레스 42% 감소 • SCL-90 지수 향상 (우울지수 21% 감소, 불안 지수 19% 감소)	

출처: 서울 사랑의 열매(2020). 2020 사회공헌사례집. p.62.

본서에서는 로직(논리)모델의 그 구성요소로서 투입, 활동, 산출, 성과 4가지로 구분하여 설명하고 성과를 세분화하여 단기, 중기, 장기성과로 나누어 설명하고자 한다.

1) 투입

투입(Inputs)이란 프로그램을 지원하기 위해 제공되고 소비되는 인적 · 재정적 자원을 포함한 투입된 모든 자원들을 의미한다. 예를 들면, 직원, 봉사자, 자금/예산, 시설, 장비, 소모품-프로그램에 사용하는 기제품, 법이나 규정, 규칙, 그리고 재정지원자의 요구물 등의 프로그램이나 서비스를 규제하는 것들도 투입에 포함된다. 즉, 인적자원, 물적자원, 시설장비, 프로그램 수행을 위한 지식, 지역사회 · 지방자치단체 · 정부의 지역협력자원이 필요하기 때문에 지역사회 내에서 관계망을 형성하고 자원을 공유하는 상황으로 발전시켜야 한다.

2) 활동

활동(Activity)이란 프로그램의 목적을 성취하기 위해서 프로그램이 행하는 것으로 투입된 자원들을 가지고 실제적으로 개입 · 실천하는 것을 말한다. 즉, 활동은 프로그램 결과를 만들어 내기 위해 필요한 모든 활동의 단계들을 포함한다. 활동의 구체적인 예를 들면 노숙자에게 식사 및 쉼터 제공, 직업훈련, 상담, 치료, 교육, 멘토링, 캠프 등과 같은 다양한 내용이 있다. 여기서 실천가나 기획자는 가장 효율적이고 효과적인 실천방법을 선택해야 하는 것이다.

3) 산출

산출(Outputs)이란 활동으로부터 얻어져서 프로그램의 직접적인 수혜자나 프로그램 참여자들에게 제공되는 생산물, 상품, 서비스를 말한다. 산출은 사후적으로는 활동의 총량을 나타내는 결과 측면도 있지만 사전적으로는 기획자가 실천이나 개입의 강도를 어느 정도로 할 것인지를 결정하는 것이다. 예를 들면, 상담 수, 서비스에 참여한 참여자 수, 취업인원, 서비스 시간, 분배된 교육적 자료의 수, 지도한 집단 수 등이다.

4) 성과

성과(Outcomes)란 프로그램 참가자들이 프로그램이나 서비스의 행동에 참가 시 혹은 참가 후에 얻게 되는 혜택이나 변화를 의미한다. 성과는 프로그램에 참석한 참가자들이 성취하려는 또는 바꾸려는 행동, 지식, 기술, 태도, 조건, 지위 등과 연관이 있다. 표적집단이 무엇을 알게 되고, 무엇을 생각하게 되고, 무엇을 할 수 있게 되는지, 어떻게 행동하게 되는지, 상황이나 조건이 어떻게 변화되었는지, 즉 프로그램을 통하여 달라진 것이 무엇인지를 파악하는 것이다.

> 성과(outcomes)란 참여자들이 무엇을 알고 있는지, 무엇을 생각하고 있는지, 혹은 무엇을 할 수 있는지, 어떠한 상태에 있는지 등에 대한 궁금증을 확인하는 것과 관련이 있으며 프로그램을 통해 이러한 상태가 어떻게 변화하는지와 관련이 있다.
>
> 성과평가(outcomes evaluation)는 성과가 원래 목적한 바와 같이 얻어졌는지를 객관적으로 확인하는 과정이다.
>
> [미국 공동모금회(United Way)의 정의]

앞에서 이미 설명했던 것과 같이 성과란 프로그램 중간에 또는 종료 후에 프로그램 클라이언트인 참여자들이 프로그램 참여 전보다 감정, 느낌, 사고, 태도, 행동, 지위, 조건 등이 바람직한 방향으로 바뀌는 상태를 말한다. 성과에는 단기성과와 중기성과, 그리고 장기성과가 있으며 그 자세한 내용은 다음과 같다.

(1) 단기성과(short-term outcome)

클라이언트가 프로그램에 참여함으로써 경험하는 첫 번째 이익들이나 변화들 그리고 프로그램 산출에 의해 가장 밀접하게 영향을 받거나 관련되는 것들이다. 주로 프로그램 참여를 통한 지식, 태도, 기술의 변화이다. 이것은 클라이언트 자신에게 있어서 최종적으로 나타난 결과들이 아니라, 그 변화 경험의 시작이라고 할 수 있으며, 자신의 삶의 질을 향상시킬 수 있는 가능성을 제시한다는 것이다. 따라서 프로그램의 종결 직후에 확인될 수 있는 직접적이고, 즉시적인 성과라고 할 수 있는 것이다.

(2) 중기성과(Intermediate outcome)

프로그램의 단기성과를 경험함으로써 얻게 되는 이익, 새로운 지식, 태도 그리고 기술로부터 나오는 행동의 변화이다. 즉, 자신들이 프로그램을 통해 직·간접적으로 습득한 단기성과들을 기반으로 하여 더 나은 이익이나 변화를 시도하고자 하는 추가적인 노력으로 볼 수 있다. 대체로 프로그램 종결 이후로부터 나타나는 변화라고 할 수 있다.

(3) 장기성과(Long-term outcomes)

프로그램이 클라이언트를 위해 달성하고자 하는 궁극적이고 (주로) 이상적인 목표의 것이라고 할 수 있다. 즉, 단기적 성과와 중기적 성과로부터 얻어진 결과물들을 기반으로 해서 클라이언트가 가지고 있는 욕구나 문제의 궁극적 해결이며, 안정성의 회복이라고 할 수 있다. 이를 위해서는 클라이언트의 스스로의 참여와 변화를 위한 시도, 즉 중기적 성과가 뒷받침되어야 가능한 것으로 볼 수 있다. 성과는 본질적으로 단기, 중기, 장기간으로 명확하게 구분되는 것은 아니다. 중기적 성과는 하나의 프로그램에서 다른 이에게 장기적 성과가 될 수 있다. 그러나 지정(지시, 명명)은 특별한 프로그램의 효과들의 연속성 사이에 연결된 논리적 관계에 의하여 측정되어진다. 이러한 관계는 "만약 a라면 b가 될 것이다"는 영향과 이익의 연결고리로 생각될 수 있다. 즉, 논리모델의 각 요소들 사이에는 '인과적이고 가설적인 연결관계'가 가정되어 있다. 따라서 각 요소들은 서로 간에 'if-then(~이 충족된다면 다음에는 ~)의 관계'를 형성하고 있어야 한다.

단기, 중기, 장기성과의 실례

만약 금연집단이 건강이 유해하고 효과적인 금연기술(산출)을 훈련시킨다면,

단기성과: 그렇다면 흡연자들은 지식을 습득하고, 그들의 태도를 변화시키는 것과 흡연을 멈추는 기술을 얻는 것(단기성과)들을 배우게 될 것이다. 만약 흡연자들이 흡연은 유해하고, 금연하기를 원하고, 그리고 금단증상을 최소화할 수 있는 기술을 갖게 된다는 것을 알게 된다면(단기성과),

중기성과: 그렇다면 그들은 프로그램 이후에도 금연을 할 것이거나 시도하게 될 것이다(중기성과).

장기성과: 만약 그들이 금연하게 된다면, 그들 중 더 적은 수만이 흡연과 관련된 질병과 관련되어질 것이다(장기성과).

이처럼 프로그램의 각 요소가 "if–then"의 관계가 되도록 정리한 후에 각각의 요소에서 적절한 성과지표를 도출한다면, 프로그램 성과가 투입과 활동의 직접적인 결과임을 설득력 있게 보여 줄 수 있게 되는 것이다.

04 로직모델과 성과측정

성과측정(outcome measurentnt)이란 프로그램의 수행 과정을 모니터링하거나 혹은 결과를 평가하는 데 필요한 합의된 목적과 목표들을 측정하는 것이다. 성과측정을 위해서는 성과를 경험적으로 제시할 수 있는 지표가 수반되어야 하며 성과와 성과지표는 반드시 일치된 개념이 아닐 수 있다. 성과지표는 보통 특정 수치로 나타나는데, 몇 점, 몇 %, 변화 유무, 빈도로 표현될 수 있다.

미국 공동모금회(UWA)의 경우 프로그램의 성과측정의 이유로 '프로그램을 통한

삶의 변화를 입증'하는 것과 함께 '서비스의 질적 향상'을 들고 있다.[1] 또한, 사회복지 프로그램 기획 및 평가에 관한 많은 저작물들이 프로그램에 관한 이론적 배경 및 클라이언트를 중심으로 한 프로그램 자체의 기획 및 시행 등에 중점을 두고 있는 것에 비해, 프로그램 평가를 위한 과정설계에 중점을 두고 있으며 이를 위한 8단계의 단계별 시행방안을 제시하고 있다.

미국 공동모금회(UWA)는 이를 통해 프로그램의 로직모델을 개발하고, 성과측정을 위한 지표를 개발해 기부자, 지역사회에 사회복지 프로그램을 통한 사회변화, 삶의 변화를 제시함으로써 신뢰성과 투명성을 제고하고 지역문제 해결의 리더로 인정받고 있다.

본장에서는 로직모델에 의한 성과측정 프로그램으로서 미국 공동모금회(UWA)의 생활시설 모자가정의 자립도모를 위한 아동보호 · 양육지원 프로그램의 성과와 성과지표, 그리고 마포장애인복지관(2013)의 장애인 가족구성원의 의사소통 증진을 위한 가족역량강화 프로그램 BIG3 사업계획서에서 제시된 평가질문 2가지 사례를 살펴보고자 한다.

1) Measuring Program Outcome, 2003, UWA, p.4.

성과		성과지표
부모	취업활동	프로그램에 자녀를 등록시킨 부모의 취업만족도
아동	학업증진	프로그램 참여 아동의 학업성적 향상, 학습태도 개선
	건강한 발육	프로그램 참여 아동의 신체발달

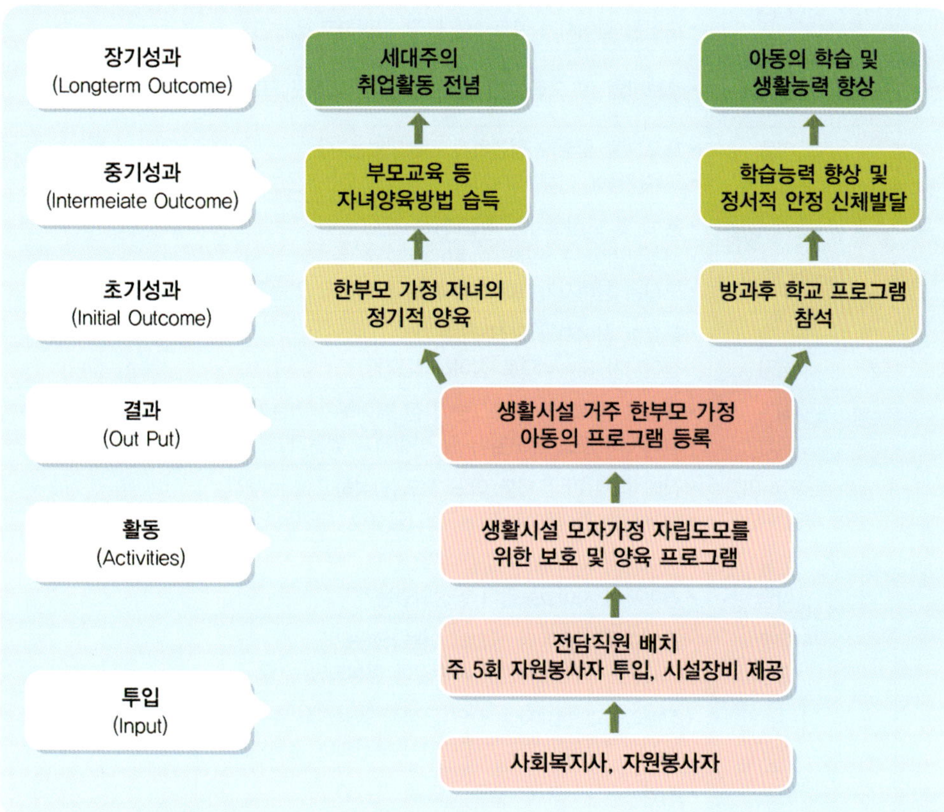

그림 13-4 생활시설 모자가정의 자립도모를 위한 성과목표 사례

출처: 전홍윤(2006). 사회복지프로그램의 논리모델과 성과측청:UWH(United Way of America)의 사례를 중심으로. 성공회대학교 석사학위논문, p.30.

13

표 13-2 장애인 가족구성원의 의사소통 증진을 위한 가족역량강화 프로그램 BIG3 사업계획서에 나타난 논리모델에 따른 평가질문

<table>
<tr><th colspan="3"></th><th>1년차</th></tr>
<tr><td colspan="3">투 입</td><td>1. 투입된 직원과 강사, 자원봉사자가 적절히 수행하였는가?
2. 투입된 예산의 규모 및 배분은 적절하였는가?</td></tr>
<tr><td rowspan="6">산출</td><td rowspan="3">활동</td><td>소통을 위한 날개짓</td><td>• 홍보 및 모집절차는 적절하였는가?/자조모임이 구성되어 활동이 이루어지는가?
• 모집된 참여자가 프로그램에 잘 참여하고 있는가?</td></tr>
<tr><td>한울 마당</td><td>• 홍보방법 및 모집절차에 대한 적절성/예정된 모든 활동이 진행되었는가?</td></tr>
<tr><td>여풍 당당</td><td>• 프로그램 횟수가 적절하게 진행되었는가?
• 교육내용에 대해 참여자가 만족하고 있는가?</td></tr>
<tr><td rowspan="3">참여자</td><td>소통을 위한 날개짓</td><td>• 홍보 및 모집절차는 적절하였는가?
• 자조모임이 구성되어 이루어지는가?
• 모집된 참여자가 프로그램에 잘 참여하고 있는가?</td></tr>
<tr><td>한울 마당</td><td>• 목표한 참여자가 모집되었는가?
• 참여자가 지속적으로 참여하였는가?</td></tr>
<tr><td>여풍 당당</td><td>• 모집된 참여자가 프로그램에 잘 참여하고 있는가?
• 참여자의 자조적 모임이 잘 이뤄지고 있는가?</td></tr>
<tr><td rowspan="9">성과</td><td rowspan="3">단기</td><td>소통을 위한 날개짓</td><td>• 장애 형제 간 문제를 어느 정도 인식하고 있는가?
• 형제자매 간 관계가 어느 정도(긍정적, 부정적)인가?</td></tr>
<tr><td>한울 마당</td><td>• 참여자의 지식 및 기술습득 정도
• 참여자의 자아효능감이 향상되었는가?</td></tr>
<tr><td>여풍 당당</td><td>• 공예교육의 습득이 원활히 이루어졌는가?
• 교육받는 여성장애인의 자존감이 향상되었는가?</td></tr>
<tr><td rowspan="3">중기</td><td>소통을 위한 날개짓</td><td>• 장애아동과 형제자매 간의 긍정적 행동변화 측정
• 비장애 형제들 간의 자조모임이 구성되어 운영되고 있는가?</td></tr>
<tr><td>한울 마당</td><td>• 지역사회 내 도예작품을 전시하였는가?
• 참여자가 전국 장애인 도예공모전에 출품하였는가?</td></tr>
<tr><td>여풍 당당</td><td>–</td></tr>
<tr><td rowspan="3">장기</td><td>소통을 위한 날개짓</td><td>• 비장애 형제 자조집단 참여율 정도
• 장애아동과 비장애 형제의 문화예술활동 기회 확대</td></tr>
<tr><td>한울 마당</td><td>• 지역주민의 장애인 문화예술에 대한 인식 정도
• 참여자가 전국 장애인 공예공모전에 입상하였는가?</td></tr>
<tr><td>여풍 당당</td><td>• 판매를 통한 경제활동에 참여하였는가?
• 폼아트 전문가 조직</td></tr>
</table>

출처: 마포장애인종합복지관(2013). 장애인 가족구성원의 의사소통증진을 위한 가족역량강화 프로그램 'BIG 3', 태화복지재단 핵심사업 사업보고 및 연구보고서 2010년~2012년.

05 로직모델의 장점과 한계

로직모델은 프로그램의 성공을 보장하는 효과적인 방법 중의 하나라고 많은 전문가들은 인정한다. 로직모델을 프로그램상에서 사용하는 것은, ① 프로그램 기획과 관리, 그리고 평가 기능을 구성하고 체계화시키는 데에 도움을 주며 프로그램 설계와 기획에 있어서 ② 로직모델은 프로그램 전략을 발전시키고 프로그램 개념과 자금 지원자를 포함한 중요 이해관계자들을 위한 접근을 명확하게 설명하는 기획의 도구로서 기능을 한다. 또한 ③ 구조와 조직을 정교하게 만들고 자체 평가를 적절하게 설계하는 데 도움이 된다.

프로그램 이행에 있어서 ④ 로직모델은 프로그램을 개선하고 모니터하는 데 필요한 자료를 규정하고 수집할 수 있게 도와주는 집중된 관리계획을 위한 핵심을 구성한다. ⑤ 프로그램의 이행과 관리 중에 로직모델을 사용하는 것은 에너지를 결과물을 완성하고 증명하는 데에 집중하게 한다. ⑥ 로직모델은 성과추적과 보고에 있어서 가장 중요한 프로그램의 일면을 고려하고 우선순위를 매기는 데에 도움을 주고 필요한 정도의 수정을 하는 데에도 도움을 준다(박지영, 2005).

위와 같은 장점에도 불구하고 로직모델은 적용에 있어 한계를 내포하고 있다. 로직모델의 단점으로 지적될 수 있는 것들은 다음과 같다.

첫째, 로직모델은 결과 또는 변화를 강조하는 측정모델로서 다른 요소들보다도 결과변수를 측정하는 것이 더욱 중요하다. 하지만 모든 프로그램의 결과를 측정한다는 것이 현실적으로 제한적이다. 즉, 결과를 측정하는 것이 용이한 프로그램이 있고 결과를 측정하는 것이 현실적으로 매우 어려운 프로그램이 있어 로직모델의 적용이 프로그램에 따라 달라질 수 있다는 한계가 있다. 이는 로직모델에서 성과의 측정은 주로 결과를 측정하는 것으로 한정됨을 의미하며 결과를 측정하는 측정도구는 수량화된 측정도구로 제한된다는 것을 의미한다.

둘째, 프로그램 제공에 따른 직접적 결과 이외에 프로그램에 의해서 영향을 받는 간접적인 변화로서의 결과를 측정하기가 현실적으로 어려울 수 있다.

셋째, 결과물 중심의 성과측정이 강조됨으로써 단기, 중기, 장기결과에 대한 수량화된 자료를 중심으로 하는 양적 측정이 강조되어 프로그램의 실질적인 운영과정(행동)에 대한 측정은 등한시될 수 있다.

넷째, 로직모델을 발전시키기 위해 프로그램 구성요인을 분석하고 프로그램에 영향을 미치는 조건이나 상황을 고려하여야 하므로 시간과 노력이 필요하다.

다섯째, 로직모델을 적용하는 경우 프로그램의 목적과 목표를 정확하게 이해하고 프로그램의 구성요인을 정확하게 분류할 줄 아는 숙련된 지식을 갖춘 프로그램 관리자가 필요하다.

여섯째, 이용자들에게 나타나는 결과가 보다 강조되므로 조직의 성과보다는 프로그램 성과를 측정하기에 보다 적합하다.

결국, 로직모델은 제공된 서비스나 프로그램에 의해서 나타나는 영향력이나 이용자들의 변화를 강조함으로써 조직의 성과 측정보다는 단위 프로그램의 성과를 측정하기에 보다 적합하게 구성된 모델이며, 모든 프로그램의 성과를 측정하는 데는 한계를 가지고 있는 성과측정모델이라고 볼 수 있다. 하지만 로직모델은 해결하려는 문제에 대한 분석과 프로그램이 성취하려는 목적과 목표를 확인하고 성취하려는 성과와 실제 성취한 성과 사이의 차이를 줄이는 성과개선노력을 수행함으로써 단순히 성과의 정도를 측정하는 도구에서 성과측정을 체계적이고 보다 손쉽게 인도하는 측정모델임에는 틀림없다(지은구, 2012).

참고문헌

김가율, 김혜원, 정미화(2009). 사회복지공동모금회 배분사업의 성과관리 방안 연구. **사회복지공동모금회 나눔연구소 연구보고서(N/A), 2009**(6), 1-150.

김교정, 김신열, 권순애(2008). 배분사업에 있어서 논리모델과 성과측정에 관한 연구. 사회복지공동모금회.

마포장애인종합복지관(2013). 장애인 가족구성원의 의사소통증진을 위한 가족역량강화 프로그램 'BIG 3'. 태화복지재단 핵심사업 사업보고 및 연구보고서 2010년~2012년.

박지영(2005). **한-미 국가 R&D 프로그램 평가의 이론적 배경 및 평가철학 비교분석-Logic Model 적용 및 프로그램 기획에서의 평가를 중심으로.** 서울: 한국과학기술기획평가원.

서울 사랑의 열매(2020). 2020 사회공헌사례집.

신복기, 박경일, 이명현, 윤기혁, 권진아(2022). **사회복지행정론.** 경기: 공동체.

윤성호(2021). 사회복지프로그램 개발과 평가. 경기: 양서원.

이민홍, 정병오(2013). **사회복지프로그램 개발과 평가.** 서울: 나눔의집.

이민홍, 정병호(2013). **사회복지행정(2판).** 서울: 학지사.

임중철, 김선웅(2022). **사회복지프로그램 개발과 평가.** 경기: 공동체.

전홍윤(2006). 사회복지프로그램의 논리모델과 성과측정: UWH(United Way of America)의 사례를 중심으로, 성공회대학교 시민사회복지대학원 석사학위논문.

지은구(2012). 비영리조직 성과측정에 있어 로직모델과 BSC모델의 활용가능성과 한계. **사회과학논총, 31**(1), 391-392.

태화복지재단(2012). 2012 태화복지재단 핵심사업 평가연구보고서.

Bickman, L. (1987). "Using program theory in evaluation", *New Directions for Evaluaטtion*, 33, San Francisco: Jossey-Bass.

Hatry, J. D. et al. (1996). *Measuring program Outcomes: A Practical Approach.* Alexandria, VA: United Way of America.

Savaya, R., & Waysman, M. (2005). The logic model: A tool for incorporating theory in development and evaluation of programs. *Administration in Social Work, 29*(2), 85-103.

United Way of America(1996). Measuring Program Outcomes: A Practical Approach(ItemNo.0989), Author.

United Way of America(2003). Program Outcomes Measuring in National Health & Human Service and Accrediting Organizations.

W. K. Kellogg Foundation (2004). *Using logic models to bring together planning, evaluation, and action.* Battle Creek, MI: W. K. Kellogg.

시간이 우리에게 선물하는 건
이런저런 일을 겪으며
똑같은 상황을 바라보는 관점을 바꾸게 하는 힘 아닐까.
시간은 느리지만 결국
잎을 키우고, 꽃을 피우고, 나무를 자라게 한다.
나는 그것이 시간이 하는 일이라 믿는다.

– 백영옥의 〈빨강머리 앤이 하는 말〉 중에서

Chapter 14

사회복지 프로그램 실제

14 사회복지 프로그램 실제[1)]

01 사회복지공동모금회 프로포절 신청 및 선정기준[2)]

1) 배분대상

(1) 배분대상자

① 사회복지사업, 기타 사회복지 활동을 행하는 법인 · 기관 · 단체 및 시설

② 사회복지서비스를 필요로 하는 개인

※ 개인신고시설 포함

※ 사업별 신청자격은 “사업별 세부사항” 참조

(2) 배분제외대상

- 동일한 사업으로 국가 · 지방자치단체 또는 다른 기관으로부터 지원을 받았거나 받기로 확정된 사업(다만, 모금회 배분분과실행위원회의 심의결과 지원이 필요하다고 인정되는 경우에는 예외로 함)

1) 본 장은 이전 판(1판, 2판) 저자(조수경)의 내용을 중심으로 일부 수정 보완함

2) 출처: 사회복지공동모금회(2023). 2023 배분사업안내.

- 법령상 금지된 행위에 사용되는 비용
- 정치 · 종교적 목적에 이용될 수 있는 경우
- 수익을 주된 목적으로 하는 사업
- 「공직선거법」에 위반되는 경우
- 모금회의 제재조치에 따른 배분대상 제외기간에 배분신청한 경우
- 모금회 배분분과실행위원회의 심의결과 배분대상 제외 필요성이 인정되는 사업 또는 비용

2) 배분사업의 종류

구 분	사업 내용		배분규모	신청 시기	배분신청서 제출처
신청사업	사회복지 증진을 위하여 자유주제 공모 형태로 복지사업을 신청받아 배분하는 사업	신청사업	3,000만 원 이하 (지회별로 배분한도 내에서 조정가능)	매년 7월~8월	지회
		복지현안지원사업 및 소규모복지기관지원사업 등 자유주제 공모사업	별도공고	별도공고	중앙회/지회
기획사업	모금회가 그 주제를 정하여 배분하는 사업 또는 배분대상자로부터 제안받은 내용 중에서 선정하여 배분하는 시범적이고 전문적인 사업		별도지정	별도공고	중앙회/지회
긴급지원 사업	개인긴급지원, 재난재해지원 등 긴급히 지원해야 할 필요가 있는 경우에 배분하는 사업		별도지정	별도공고	중앙회/지회
지정기탁 사업	사회복지 증진을 위하여 기부자가 기부금품의 배분지역 · 배분대상자 또는 사용용도를 지정한 경우 그 지정 취지에 따라 배분하는 사업		별도지정	수시	

※ "신청사업 중 기능보강사업"과 "신청사업 및 기획사업 중 연속사업"의 경우, 지역별로 분리 시행 및 별도 공지할 수 있음.

※ 기획사업과 긴급지원사업의 경우 세부 사업 시행 공지는 사업의 성격과 내용에 따라 생략할 수 있음.

※ 긴급지원사업의 경우, 개인 대상 배분사업이라도 사회복지사업 기타 사회복지활동을 행하는 법인 · 기관 · 단체 · 시설 및 공공기관을 통해 신청할 수 있음.

3) 배분신청

(1) 모금회에 배분신청을 하고자 하는 경우에는 배분사업별로 공고된 기일 내에 모금회가 정한 배분신청서류를 제출하여야 함.

(2) 기관, 단체별로 동일연도에 시행되는 여러 사업을 각각 신청할 수 있으나 동일사업[3]에 2개 이상의 사업계획을 제출할 수 없음(단, 시기를 달리하여 진행하는 동일 주체 사업을 신청하는 경우에는 사업신청이 가능).

(3) 동일 법인에서 운영하는 기관의 경우, 사업장의 위치가 다르고 독립회계를 하는 기관·시설은 개별적으로 배분신청이 가능함.

(4) 배분신청 시 배분사업별로 정한 배분한도액을 초과하여 신청할 수 없으며, 배분사업별로 자부담 원칙을 별도로 정하는 경우 이를 준수하여야 함.

(5) 모금회는 제출된 사업계획 및 예산의 조정을 요청할 수 있으며, 이 경우 배분신청한 기관·단체는 조정된 사업계획과 예산을 반영한 조정사업계획서를 제출하여야 함.

4) 심사기준 및 과정

(1) 심사기준

- 기관평가: 신뢰성, 사업수행능력 등
- 사업평가: 사업내용 및 추진전략의 적절성, 예산편성의 합리성, 사업 필요성, 목표 및 평가의 타당성, 사업종료 후 지향점의 적정성, 사업계획의 일관성 및 체계성

※ 제시된 표준 심사기준은 사업의 특성에 따라 일부 항목이 가감될 수 있음.

14

3) 동일사업이란 모금회에서 제시하는 사업 주체를 의미함.
예시1: 2023년 신청사업에 프로그램사업, 기능보강사업을 각각 신청하는 경우 신청불가
예시2: '학대피해아동 지원' 주제 사업에 아동 피해자 지원사업과 가족상담사업을 각각 신청하는 경우 신청불가

(2) 심사과정: 예비심사, 서류심사, 면접심사, 현장심사

※ 사업의 특성에 따라 일부 과정을 추가 또는 생략할 수 있음.

- 예비심사: 본 심사의 효과성 제고를 위한 기초 심사(신청 자격 등)
- 서류심사: 배분신청서를 근거로 기관의 사업수행 능력 및 사업 실현가능성 등 심사
- 면접 · 현장심사: 사업 특성에 따라 면접 혹은 현장방문을 실시하여 해당 기관의 사업내용 및 수행능력을 심사

5) 기타사항

① 배분사업계약 및 배분금 지급

- 세부사업기준은 "사업별 세부사항"에 따름.
- 기타 지원 관련 제반사항은 「사회복지공동모금회법」과 모금회 회규에 정한 바를 따름.
- 모금회는 사업결과보고서에 대한 평가 결과가 부정적인 경우, 관련 회규에 정한 바에 따라 기 지급한 배분금 환수, 일정 기간 배분대상 제외 등의 제재조치를 할 수 있음.
- 배분결정통지 후에 다음에 해당하는 사유가 발생한 경우, 모금회는 배분을 취소하고 지급된 배분금을 환수할 수 있음.
  - 배분제외대상에 해당하는 사업 또는 비용임이 발견된 경우
  - 배분금을 목적 외의 경비로 사용한 경우
  - 배분대상 사업이 중지되거나 목적달성이 불가능한 경우
  - 「사회복지공동모금회법」 제23조에 따른 모금회의 서류제출 요구 또는 조사에 불응한 경우
  - 당해 배분과 관련하여 모금회에 제출하거나 보고한 내용이 허위로 판명된 경우

– 모금회 배분분과실행위원회가 배분 취소 및 환수를 해야 할 사유가 있다고 판정한 경우

02 사회복지공동모금회 프로포절 작성 사례[4)]

배분신청서

<table>
<tr><td>기 관 명</td><td colspan="2">금정구노인복지관</td><td>고유번호
(사업자등록번호)</td><td colspan="2"></td></tr>
<tr><td>사 업 명</td><td colspan="5">신노년의 학습형 일자리 확대를 위한 환경실천운동가 양성 프로그램『환경으로 신중년 경제활동을 이음』</td></tr>
<tr><td rowspan="3">사업
기본 정보</td><td>연차</td><td colspan="4">_V_① 1년차 ___② 2년차 ___③ 3년차 ___④ 기타(　　)</td></tr>
<tr><td>대상 지역</td><td>부산광역시 금정구</td><td>사업수행 인력</td><td colspan="2">1 명</td></tr>
<tr><td>사업 기간</td><td colspan="4">2000년 0월 0일 ~ 2000년 0월 0일 (총 00개월)</td></tr>
<tr><td rowspan="2">사업
참여자</td><td>참여자 구분</td><td colspan="4">___① 아동/청소년 _V_② 노인 ___③ 장애인 ___④ 여성/다문화
___⑤ 위기가정 ___⑥ 지역사회 ___⑦ 북한/해외/기타</td></tr>
<tr><td>핵심 참여자</td><td colspan="2">환경에 대한 관심을 가지고 환경 실천운동을 통한 일자리 프로그램에 참여의사가 있는 만 50~64세 신노년</td><td>인원수</td><td>20명</td></tr>
</table>

<table>
<tr><th colspan="2">사업구분</th><th>모금회 지속가능발전목표(C-SDGs)</th></tr>
<tr><td>□</td><td>기초생계 지원</td><td>□ 경제적 빈곤 퇴치 □ 영양 및 급식지원/기아종식</td></tr>
<tr><td>■</td><td>교육/자립 지원</td><td>□ 교육 및 자립역량 강화 ☑ 양질의 일자리 만들기
□ 적정기술과 정보기술 격차 해소 지원</td></tr>
<tr><td>□</td><td>주거/환경 개선</td><td>□ 모두를 위한 깨끗한 에너지 □ 지속가능한 지역사회 인프라 구축
□ 지속가능한 생산과 소비 □ 기후변화와 대응 □ 해양생태계 보존
□ 육상생태계 보호</td></tr>
<tr><td>□</td><td>보건/의료 지원</td><td>□ 신체 · 정서적 건강과 회복 □ 깨끗한 물과 위생</td></tr>
<tr><td>□</td><td>심리/정서 지원</td><td>□ 신체 · 정서적 건강과 회복</td></tr>
<tr><td>□</td><td>사회적 돌봄 강화</td><td>□ 사회적 배제 감소와 불평등 완화</td></tr>
<tr><td>□</td><td>소통과 참여 확대</td><td>□ 성평등 □ 지속가능한 지역사회 인프라 구축 □ 사회적 약자의 권리증진</td></tr>
<tr><td>□</td><td>문화 격차 해소</td><td>□ 사회적 배제 감소와 불평등 완화</td></tr>
</table>

4) 본 사례는 '금정구노인복지관'(부산광역시 금정구 소재)의 2023년 부산사회복지공동모금회 신청사업계획서를 일부 수정한 것임

<table>
<tr><td>성과목표</td><td colspan="6">• 환경실천운동 학습을 통해 환경실천에 대한 역량(환경 관련 지식 및 기후변화 감수성)이 사전 대비 사후 증가한다.
• 환경실천운동을 통해 환경에 대한 참여자 의식 변화(성찰 및 실천의지)가 사전 대비 사후 증가한다.
• 환경실천활동을 통해 지역주민들의 환경에 대한 인식이 변화한다.</td></tr>
<tr><td rowspan="9">주요
사업 내용</td><td>세부 사업명</td><td colspan="5">주요 내용</td></tr>
<tr><td>오리엔테이션</td><td colspan="5">• 사업소개 및 안내
• 활동 계획 공유 및 사전설문</td></tr>
<tr><td>환경실천가
양성과정</td><td colspan="5">• 기후위기의 이해 및 극복방법, 환경 실천활동 역량강화교육 실시</td></tr>
<tr><td>환경실천활동</td><td colspan="5">• 개인 및 단체의 환경실천활동 전개</td></tr>
<tr><td>환경캠페인</td><td colspan="5">• 환경문제의 심각성, 환경보호를 위한 활동 정보제공을 위한 캠페인 실시</td></tr>
<tr><td>강사활동
역량강화교육</td><td colspan="5">• 교수법, 스피치 교육 등 강사활동 역량강화교육 실시</td></tr>
<tr><td>환경전시회</td><td colspan="5">• 참여자 환경실천활동 공유
• 친환경 제품 전시 및 체험부스 운영</td></tr>
<tr><td>자조모임</td><td colspan="5">• 환경실천활동, 캠페인 및 전시회 계획 수립 등 조직운영에 필요한 활동 실시</td></tr>
<tr><td>평가회</td><td colspan="5">• 학습활동 및 실천활동 성과 및 소감 공유</td></tr>
<tr><td>사 업 비</td><td>총 사업비</td><td colspan="2">14,175,000원</td><td>신청금액</td><td colspan="2">14,175,000원</td></tr>
<tr><td rowspan="2">신청금액
세부내역</td><td rowspan="2">사업비</td><td>14,175,000원</td><td rowspan="2">인건비</td><td>0원</td><td rowspan="2">관리
운영비</td><td>0원</td></tr>
<tr><td>100.0%</td><td>0%</td><td>0%</td></tr>
<tr><td rowspan="2">담 당 자</td><td>성명</td><td></td><td>직통전화</td><td></td><td>E-mail</td><td></td></tr>
<tr><td>직위</td><td></td><td>휴대폰</td><td></td><td>FAX</td><td></td></tr>
</table>

위와 같이 20○○년도 사업을 신청합니다

년 월 일

기관대표자: (인)

사회복지공동모금회장 귀하

신청기관 현황

<table>
<tr><td colspan="2">기 관 명</td><td colspan="2">금정구노인복지관</td><td>대 표 자</td><td></td></tr>
<tr><td colspan="2">고유번호
(사업자등록번호)</td><td colspan="2"></td><td>전화번호</td><td></td></tr>
<tr><td colspan="2">E-mail</td><td colspan="2"></td><td>FAX</td><td></td></tr>
<tr><td colspan="2">홈페이지</td><td colspan="2"></td><td>설립연월일</td><td></td></tr>
<tr><td colspan="2">주 소</td><td colspan="4"></td></tr>
<tr><td colspan="2" rowspan="2">직원 현황</td><td rowspan="2">총 명
(①+②)</td><td colspan="2">상근 (①)</td><td>비상근 (②)</td></tr>
<tr><td colspan="2"></td><td></td></tr>
<tr><td rowspan="2">기관
주요
사업</td><td>구분</td><td colspan="4">_V_① 노인복지 ___② 영유아/아동복지 ___③ 장애인복지 ___④ 노숙인복지
___⑤ 지역복지 ___⑥ 정신보건 ___⑦ 여성복지 ___⑧ 가족복지
___⑨ 청소년복지 ___⑩ 다문화지원 ___⑪ 북한/해외지원 ___⑫ 기타(　　　)</td></tr>
<tr><td>내용</td><td colspan="4">1. 상담사업
가. 노인의 일상생활 지원 및 정보제공을 위한 이용 · 전문상담
2. 사례관리
가. 수요자 중심의 통합적 서비스제공을 통한 에이징인플레이스 실현 '노인맞춤돌봄서비스'
나. 독거노인 · 장애인 응급안전안심서비스
다. 사례관리 사업
3. 건강생활지원
가. 급식지원서비스-경로식당
나. 기능회복지원-코어운동교실, 물리치료
다. 지역노인의 치매예방 및 안전망 구축을 위한 치매예방프로그램 '리본: re-born'교실
라. 스마트워치를 활용한 노인 만성질환 맞춤형 건강증진 프로그램 '손목위의 주치의'
4. 노년사회화교육
가. 노년사회화교육 프로그램
나. 생애전환기 세대의 주도적 학습을 통한 성공적 노화 프로그램 노인학습동아리 '뉴스타트(New Start)'
다. 문화예술교육지원사업 연극반
5. 지역조직 및 세대통합
가. 치매 친화적인 지역만들기 기억채움동행프로젝트 '다원네트워크'-금정구 남산동 지역을 중심으로-
나. 치매친화적 마을을 위한 기억채움동행인양성프로그램 '온정(溫停)금사'
다. 노인의 사회참여 활성화를 위한 1~3세대 통합 제과 · 제빵 프로그램 '두근두근! 베이커리'
라. 후원자 개발 및 관리
마. 자원봉사자 개발 및 관리
바. 지역복지연계사업
6. 사회참여 및 권익사업
가. 선배시민 자원봉사 활성화 지원사업 '모이자 범상치 않은 시민들의 모임'
나. 노년기 여가활동 지원을 통한 문화적 권리보장 프로그램 찾아가는 여가활동 봉사</td></tr>
</table>

<table>
<tr><td></td><td></td><td colspan="6">단 '블링블링'
다. 노인일자리 및 사회활동 지원사업
라. 노인의 정보격차 해소를 위한 디지털 리터러시 프로그램 'GO!GO!똑띠'
마. 노년기 SNS 활용을 통한 정보화 역량강화 프로그램 'ON(溫)누리:우리들의이야기'</td></tr>
<tr><td rowspan="4">결산</td><td rowspan="2">세입</td><td>총 계</td><td>보조금수입</td><td>전입금</td><td>후원금수입</td><td>사업수입</td><td>기타수입</td></tr>
<tr><td></td><td></td><td></td><td></td><td></td><td></td></tr>
<tr><td rowspan="2">세출</td><td>총 계</td><td>인건비</td><td>관리운영비</td><td>사업비</td><td>재산조성비</td><td>기타지출</td></tr>
<tr><td></td><td></td><td></td><td></td><td></td><td></td></tr>
<tr><td rowspan="4">예산</td><td rowspan="2">세입</td><td>총 계</td><td>보조금수입</td><td>전입금</td><td>후원금수입</td><td>사업수입</td><td>기타수입</td></tr>
<tr><td></td><td></td><td></td><td></td><td></td><td></td></tr>
<tr><td rowspan="2">세출</td><td>총 계</td><td>인건비</td><td>관리운영비</td><td>사업비</td><td>재산조성비</td><td>기타지출</td></tr>
<tr><td></td><td></td><td></td><td></td><td></td><td></td></tr>
<tr><td rowspan="5">운영 법인 또는 단체</td><td>운영주체 성격</td><td colspan="6">_V_ ① 사회복지법인 ___② 사단법인 ___③ 종교법인 ___④ 학교법인
___⑤ 재단법인 ___⑥ 국가지방자치단체 ___⑦ 임의단체 ___⑧ 개인(신고)
___⑨ 법인(기타) ___⑩ 단체(기타)( ) ___⑪ 개인(기타) ( )</td></tr>
<tr><td>법인 (단체)명</td><td colspan="3"></td><td>대 표 명</td><td colspan="2"></td></tr>
<tr><td>고유번호 (사업자번호)</td><td colspan="3"></td><td>전화번호</td><td colspan="2"></td></tr>
<tr><td>홈페이지</td><td colspan="3"></td><td>설립연월일</td><td colspan="2"></td></tr>
<tr><td>주소</td><td colspan="6"></td></tr>
</table>

〈성과중심형〉 사업계획서

1. 사업명: 신노년의 학습형 일자리 확대를 위한 환경실천운동가 양성 프로그램 『환경으로 신중년 경제활동을 이음』

2. 사업 내용 및 추진전략

1) 사업 참여자 모집전략

(1) 참여 대상 및 인원

핵심 참여자	• 환경에 대한 관심을 가지고 환경실천운동을 통한 일자리 프로그램에 참여 의사가 있는 만 50~63세 신노년 20명
주변 참여자	• 환경전시회 참여 지역주민 100명 • 환경보호 실천 챌린지 공모전 참여자 50명

(2) 참여자 선정 기준

금정구 지역주민 중 환경에 대한 관심이 있으며, 교육을 통한 역량강화로 실제 환경실천운동활동가로 활동에 참여하고자 하는 의사가 있는 50~63세 지역주민을 선정

(3) 참여자 모집 방안

홍보대상	홍보방법 및 횟수	활용매체
기관 이용자	• 복지관 프로그램 안내지 참여자 모집 안내 기재(연 1회) • 복지관 홈페이지 및 기관 내 게시판 홍보(연 1회)	프로그램 안내지, 홈페이지, 복지관 게시판
지역유관기관	• 금정구 내 관공서(구청 평생교육과, 신중년더채움학습관, 행정복지센터 17개소, 도서관 등)를 통한 참여자 모집 홍보(연 1회)	공문, 홍보안내지
지역홍보	• 지역신문 내 참여자 모집 안내 게재 홍보 요청(연 1회) • 복지관 소식지 활동내용 기재(연 1회)	금정소식, 복지관 소식지

2) 사업내용 및 사업집행전략

<table>
<tr><th colspan="2">세부 사업명</th><th>활동 내용(수행방법)</th><th>시행 시기</th><th>목표량</th><th>수행 인력</th></tr>
<tr><td colspan="2">오리엔테이션</td><td>• 사업소개 및 안내
– 사업 목적 · 목표 안내
– 활동 계획 공유
• 기초교육 및 사전설문 실시
– 권리형 사회참여활동(선배시민론) 기초교육
– 사전설문 조사 실시</td><td>3월</td><td>1회/
20명</td><td>담당자</td></tr>
<tr><td rowspan="3">환경 역량 강화 활동</td><td>환경 실천가 양성과정</td><td>• 환경교육
<table>
<tr><th>회기</th><th>교육 내용</th></tr>
<tr><td>1회기</td><td>문명의 전환</td></tr>
<tr><td>2회기</td><td>기후위기와 탄소중립</td></tr>
<tr><td>3회기</td><td>탄소를 흡수하는 숲의 역할/탐방</td></tr>
<tr><td>4회기</td><td>기후위기대응
– 도시에서 어떻게 할 것인가</td></tr>
<tr><td>5회기</td><td>기후위기시대의 자립적인 삶</td></tr>
<tr><td>6회기</td><td>기후위기와 먹거리</td></tr>
<tr><td>7회기</td><td>지구를 위한 녹색소비활동</td></tr>
<tr><td>8회기</td><td>재활용과 새사용</td></tr>
<tr><td>9회기</td><td>마을에서 시작하는 기후위기대응활동</td></tr>
<tr><td>10회기</td><td>마을이 답이다</td></tr>
<tr><td>11회기</td><td>저탄소마을 활동 소개</td></tr>
<tr><td>12회기</td><td>환경 공동체 선진 사례 공유</td></tr>
</table>
※교육 주제는 환경 관련 전문가와 논의 후 변경 가능</td><td>3월
~
6월</td><td>12회/
240명</td><td>강사,
담당자</td></tr>
<tr><td>강사활동 역량강화 교육</td><td>• 강사 역량 강화 교육
– 교수법, 스피치 등 강사 활동 역량 강화 교육 진행</td><td>9월</td><td>3회/
60명</td><td>강사,
담당자</td></tr>
<tr><td>자조모임</td><td>• 자조모임
– 환경실천활동 계획 수립 및 공유
– 캠페인 및 전시회 활동 계획 수립 및 평가
– 강사활동 역량강화 학습 등 조직운영에 필요한 활동 실시</td><td>4월
~
11월</td><td>10회/
200명</td><td>담당자</td></tr>
</table>

세부 사업명		활동 내용(수행방법)	시행 시기	목표량	수행 인력
기후 위기 대응 활동	환경실천 활동	• 환경실천활동(개인) – 환경부의 탄소중립 생활 실천 안내서의 영역별(에너지, 소비, 수송, 자원순환, 흡수원) 실천활동 실시(※교육을 통해 습득한 별도의 환경 실천활동 전개 가능) – 개인별 실천활동을 진행하고 결과물은 월별로 담당자에게 전달. 결과물(사진, 영상, 기록물 등)은 환경 실천 활동 홍보 영상으로 제작	4월 ~ 11월	8회/ 160명	참여자
	환경실천 활동	• 환경실천활동(단체) – 자조모임을 통해 실천활동 주제 및 활동 계획 수립 – 주제별 실천활동 전개 – 유관기관 및 지역주민과 함께하는 환경보호 실천 챌린지 실시	8월 ~ 10월	3회/ 60명	담당자
	환경캠페인	• 환경의 날 환경인식 캠페인 – 환경문제의 심각성, 올바른 환경 실천활동 정보 제공을 목적으로 환경캠페인 실시 – 환경실천활동 결과물을 활용한 사업 홍보활동 실시	6월	1회/ 20명	담당자
	환경전시회	• 환경전시회 – 참여자 환경실천활동 영상 및 사진 공유, 리플렛형 사례집 제작 및 배포 – 친환경실천활동 관련 정보제공 – 친환경 기업 안내 및 친환경 제품 전시활동 실시 – 친환경 체험활동 부스 운영 ※ 자조모임을 통한 참여자 역량강화 후 전시회 도슨트 역할 수행	11월	1회/ 20명	담당자
평가회		• 활동평가회 – 학습활동 및 실천활동 성과 및 소감 공유 – 2024년 활동 계획 수립 등	11월	1회/ 20명	담당자
시니어클럽 신중년일자리 사업 등록		• 시니어클럽 연계 신중년 일자리 사업 등록 – 금정시니어클럽과 연계하여 2024년 신중년 일자리 사업단 등록. 일자리 참여 활동 사전 준비 등	11월	–	–

14

기간 주요내용		1월	2월	3월	4월	5월	6월	7월	8월	9월	10월	11월	12월
오리엔테이션				▶									
환경 역량 강화 활동	환경실천가 양성과정			▶	▶	▶	▶						
	강사활동 역량강화교육									▶			
	자조모임				▶	▶	▶	▶	▶	▶	▶	▶	
기후 위기 대응 활동	환경실천활동				▶	▶	▶	▶	▶	▶	▶	▶	
	환경캠페인						▶						
	환경전시회											▶	
시니어클럽 신중년 일자리 사업 등록													
평가회												▶	

3) 기관 연계협력 전략

협력 기관	활용계획
신중년더채움학습관, 금정구평생학습관	참여자 모집 협조, 프로그램 진행 공간 협조
금정구 내 관공서 (구청, 행정복지센터 17개소, 도서관 등)	참여자 모집 협조, 캠페인 및 환경보호 실천활동 챌린지 공모전 참여 등 사업홍보
금정소식	참여자 모집 홍보, 프로그램 운영내용 홍보
○○녹색소비자연대, ○○녹색구매지원센터, ○○언니야	환경실천가 양성과정 커리큘럼 수립, 교육 강사 섭외
금정시니어클럽	일자리 사업단 신중년일자리 연계 참여자 경제활동 지원

3. 예산 편성

(단위: 원)

목	세목	세세목	계	산출근거	예산조달 계획 신청금액	비율 (%)	자부담	비율 (%)	자부담 재원
총 계			14,175,000	-	14,175,000	100	0	0	-
사업비	오리엔테이션	진행비	30,000	현수막30,000×1개	30,000	0.2	0	0	-
	환경역량 강화활동	환경 실천가 양성과정	3,240,000	강사비(3급 2시간) 270,000×12회	3,240,000	22.9	0	0	-
			800,000	재료비 10,000원×20명×4회	800,000	5.6	0	0	-
		강사활동 역량강화교육	1,050,000	강사비(2급 2시간) 350,000×3회	1,050,000	7.4	0	0	-
		자조모임	1,700,000	다과비 7,500×20명×10회	1,500,000	12.0	0	0	-
				진행물품 구입 (포스트잇, 볼펜 등) 200,000×1회	200,000		0	0	-
	기후위기 대응활동	환경실천활동	1,450,000	실천활동 물품구입 20,000원×20명×3회	1,200,000	10.2	0	0	-
				환경보호실천 챌린지 상품권 5,000×50명	250,000		0	0	-
		환경 캠페인	2,890,000	판넬제작(100*165cm) 140,000원×10개	1,400,000	20.4	0	0	-
				기념품 5,000×200개	1,000,000				
				접이식 테이블 85,000×4개	340,000				
				다과비 7,500×20명	150,000				
		환경 전시회	2,700,000	활동사례집(카탈로그형) 700,000×1회(500매)	700,000	19.1	0	0	-
				친환경제품 구입(전시용) 1,000,000×1회	1,000,000				
				체험활동 재료구입 10,000×100명	1,000,000				
	평가회	식비	315,000	15,000×21명	315,000	2.2	0	0	-
	소 계		14,175,000		14,175,000	100	0	0	-

4. 문제의식(사업 필요성)

1) 사업 계획 배경

(1) 신노년세대의 지속적인 증가와 특성

① 신노년세대의 증가

2022년 행정안전부 통계에 의하면 전국 신노년 인구(50~69세)는 2024년 전체 인구의 33.0%로 증가할 예정이며, 2025년에는 우리나라 전체 인구의 31.5%에 이를 예정이다. 부산시의 경우 전국 7대 특·광역시 중 초고령사회에 가장 먼저 진입한 지역으로 신노년 인구는 33.0%(2022년 7월 기준)로 높은 비율을 차지하고 있다. 아래의 표 14-1 과 같이 신노년의 인구분포를 7개 특·광역시별로 보면, 부산시가 가장 높은 비율을 차지하고 있어 이들에 대한 지원 체계마련이 시급한 실정이다.

표 14-1 특·광역시별 신노년 세대 인구수(행정안전부 주민등록 인구통계, 2022년 7월말 기준)

구분	전체 인구수(명)	신노년 세대		연령 구간별 인구수(명)	
		총인구수(명)	%	50~59세	60~69세
전국	51,574,446	15,931,513	30.8	8,651,892	7,279,621
서울특별시	9,493,211	2,799,205	29.4	1,507,446	1,291,759
부산광역시	3,334,595	1,101,615	33.0	549,731	551,884
대구광역시	2,374,120	763,859	32.1	417,484	346,375
인천광역시	2,960,580	921,822	31.1	512,005	409,817
광주광역시	1,434,703	411,495	28.7	237,542	173,953
대전광역시	1,448,182	433,681	29.9	239,834	193,847
울산광역시	1,114,753	365,567	32.7	206,005	159,562

표 14-2 부산시 구 · 군별 신노년 세대 인구수(행정안전부 주민등록 인구통계, 2022년 7월 말 기준)

구분	전체 인구수(명)	신노년 세대		연령 구간별 인구수(명)	
		총인구수(명)	%	50~59세	60~69세
부산광역시	3,334,595	1,101,615	33.0	549,731	551,884
중구	40,342	14,523	35.9	6,645	7,878
서구	104,755	36,309	34.6	17,050	19,259
동구	87,851	30,357	34.5	14,238	16,119
영도구	109,327	40,438	36.9	18,232	22,206
부산진구	351,436	113,381	32.2	55,942	57,439
동래구	274,769	86,864	31.6	44,094	42,770
남구	259,135	83,167	32.0	41,855	41,312
북구	280,268	100,695	35.9	51,260	49,435
해운대구	390,782	129,239	33.0	68,860	60,379
사하구	304,583	106,668	35.0	52,630	54,038
금정구	223,713	77,572	34.6	38,065	39,504
강서구	144,071	34,549	23.9	17,198	17,351
연제구	205,895	66,971	32.5	33,347	33,624
수영구	174,709	55,696	31.8	26,849	28,847
사상구	205,287	76,716	37.3	37,801	38,915
기장군	177,672	48,470	27.2	25,665	22,805

② 신노년세대의 특성

신노년세대의 특성은 크게 두 가지로 구분되며, 첫 번째 특성은 교육수준의 향상이다. 신노년세대는 1960년 후반부터 1970년대에 초 · 중 · 고등학교를 다녔고, 1970년대 후반부터 사회진출이나 대학진학을 하였다. 이 세대의 초등학교 취학률은 100%에 가깝고, 대부분(1956년생부터) 중학교 무시험 제도의 혜택을 보았고, 1958년 이후로는 고교평준화(1974년)가 이루어진 후 고등학교에 진학하였다. 신노년세대는 1970년 중반에서 1980년대 초반에 대학진학을 하였으며 대학진학률은 30%를 넘지 못했다. 신노년세대 중 1960년대에 출생한 집단은 졸업정원제(1981년)의 실시로 대학진학 기회의 확대를 경험하였다. 이로써 신노년세대의 교육수준은 현 시대의 노인

세대보다 비교적 높은 수준임을 확인할 수 있다.

두 번째 특성은 경제활동 및 노후준비이다. 신노년세대는 가계경제의 주된 수입원으로 부모와 자식을 모두 부양하였으나 정작 본인을 위한 노후 준비는 소홀한 세대이다. 이들은 지난 반세기 동안 한국의 사회·경제적 발전의 큰 역할을 담당하여 왔다. 최근에도 은퇴를 하거나 은퇴를 준비하는 신노년세대의 경제적 욕구는 매우 큰 것으로 나타나고 있다. 신노년세대의 대부분이 노후생계수단으로 연금에 의존할 것이라는 지적에 따라 연금의 내실화는 신노년세대의 안정된 노후생활과 직결될 것으로 보인다. 따라서 연금을 포함하여 안정적인 노후를 위한 적절한 사회적 방안이 무엇보다도 중요한 사회적 과제라고 볼 수 있다(김수린, 2019).

과거의 중년기에 비해 오늘날의 신노년세대는 전 세대에 비해 비교적 교육수준이 높고 각 분야의 전문성을 가지고 있는 세대로서, 은퇴 후 삶에 대한 불안감이 높은 만큼 은퇴 후 '지속적 경제활동'에 대한 의지도 높다. 따라서 이들이 인생 후반부인 노년의 생애를 설계하고 적응적인 노화로 삶의 질을 향상시킬 수 있도록 전 생애적인 관점에서의 지원이 필요한 실정이다.

③ 신노년세대의 경제활동에 대한 욕구

신노년의 일자리 욕구조사 연구 결과에 따르면, 신노년이 희망하는 근로활동 참여 연령은 69.2세이며, 70세 이상까지 근로활동을 희망하는 비율(59.9%)이 절반을 넘었다(임정미, 2020). 따라서 정부의 신노년 대상 정책은 은퇴 이전 체계적인 지원 시스템을 구축하여, 신노년이 근로활동을 보다 오래 지속하며 점진적인 은퇴를 통해 안정적으로 노년기에 진입하는 데 도움이 될 수 있도록 해야 한다. 신노년의 취약성은 50세 전후 생애 주된 일자리에서 퇴직한 이후 낮은 일자리의 이행, 부족한 노후 준비 등에서 찾을 수 있다.

신노년세대의 고용상 지위는 시간의 흐름에 따라 점점 자영업으로, 정규직에서 비정규직으로의 고용상 지위에 변동이 있는 것으로 나타났다. 이러한 고용 불안정화는 부분적으로 산업구조와 노동시장 변화의 결과이기도 하지만 우리나라 기업들에서 50대 중반 관행적인 조기정년퇴직제도의 영향이 크다고 보아야 할 것이다.

이러한 시장·제도적 환경으로 인해 신노년세대는 오히려 과거 어떤 세대보다 직장과 시장에서 일찍 은퇴한 후 늘어난 평균 수명으로 인해 오랜 노후생활을 영위해야 할 세대가 될 것으로 예상된다. 또한 신노년세대의 반 이상이 노후에 일자리를 희망하는 것으로 나타났으며, 남성의 경우 노후 일자리를 희망하는 비율이 높았으며, 교육수준이 낮고 소득수준이 낮을수록 노후 일자리 희망비율이 높아, 일자리 욕구가 경제적 측면에서 기인할 가능성을 시사해 준다. 노후 일자리를 희망하는 사유를 조사한 결과, 경제적 측면에 대한 욕구가 크게 나타났으나, 그 외에도 건강, 자기발전, 여가활용, 사회공헌 등의 이유로 일자리를 희망하는 비율도 높았다. 이는 향후 노인 일자리 정책의 개발에 있어 소득 보전뿐만 아니라 다양한 욕구에 부응할 수 있는 노인 인력 활용 방안이 모색되어야 함을 보여 준다.

경제적인 이유뿐만 아니라 일자리에 참여하는 것 자체를 높은 가치로 평가하는 경향이 있었다. 같은 맥락에서, 노인 역시 직접 금전적인 지원을 받는 것이 아닌 작은 일이라도 참여함으로써 그에 대한 수당을 지원받는 방식이 자존감 향상에 도움이 되는 등 더 적절하다고 판단하였다. 신노년세대 자신도 신체적으로 여력이 있는 한 근로나 활동을 통해 수당을 지원받는 것을 선호하였다. 노후에도 자신의 전문성을 활용할 수 있는 분야에서 근로나 활동을 지속하길 원하는 신노년세대의 욕구가 그대로 반영된 것이라 할 수 있다(김수린, 2019).

이러한 측면에서 현재 신노년세대 대상 정책은 「노후준비지원법」에서 규정하는 재무, 건강, 여가, 대인관계의 제반 사항에 대한 지원이 전반적으로 부족한 수준이다. 신노년이 노동시장에서 벗어나 노년기에 안정적으로 정착하는 과정에서 삶의 다양한 영역에 대한 정책적 관심이 필요하다. 따라서 현재 신노년세대에 대한 정책은 일자리 중심에서 삶의 다양한 영역으로 확대될 필요가 있다.

이러한 여러 결과를 바탕으로 신노년세대의 욕구를 반영하여 신노년세대 특화사업의 필요성이 절실하게 요구되고 있으며, 이들의 특성에 기반한 인생 후반부인 노년의 생애를 설계하고 적응적인 노화로 삶의 질을 향상시킬 수 있도록 전 생애적인 관점에서, 전문가에 의해 체계적으로 구성된 교육 프로그램을 개발하여 시행할 필요가 있다.

(2) 신노년을 위한 노인일자리 사업

신노년세대는 일반적으로 현 노인세대와 비교해 경제적 수준, 교육수준, 건강 등이 더 나은 것으로 알려져 있다. 그러나 계층의 고착화가 가시화되기 시작한 세대로 노년기 이전의 격차가 노후에도 이어질 것으로 전망된다. 이는 신노년세대와 기존 노인세대를 하나의 동질 집단으로 간주하는 것은 부적절함을 의미하며, 노년기 복지욕구도 보다 다양할 가능성을 시사한다. 고령자통계(2019)에 의하면 55~79세 고령자 중 장래에 일하기를 원하는 비율은 64.9%로 나타났으며, 주된 근로 희망 사유는 '생활비 보탬'(60.2%)이었으며, '일하는 즐거움'(32.8%)이 다음 순으로 나타났다. 이를 통해 실제 신노년세대 가운데 경제적 이유로 노후에도 근로를 희망하는 비율이 높음에도 불구하고 이들을 위한 노동시장 전망은 밝지 않은 것을 알 수 있다.

현 노인일자리사업은 기존 노인세대를 중심으로 기획되어 신노년세대의 향상된 역량 또는 다양한 욕구에 적절히 대응하는 데 한계가 있다. 미스매칭 문제가 대표적이며, 이는 노인일자리사업에 참여하는 신노년세대의 규모가 증가함에 따라 더욱 심화될 것으로 예측된다.

기존 정책은 신노년세대의 내적 격차로 인한 다양성을 간과함에 따라 사각지대를 다룰 필요성이 존재한다. 또한 신노년세대의 특성을 고려한 별도의 교육 · 훈련 체계가 부재하며, 실전에 유용한 직무 심화 교육 시스템 또한 부족한 실정이다. 현 노인일자리는 신노년세대의 역량 및 욕구를 적절히 반영하는 데 한계가 존재함에 따라 개선이 시급하다. 이에 신노년세대의 다양한 역량에 맞는 적합직종의 개발 및 발굴과 근로조건의 유연화, 신노년세대 직무능력 등의 향상을 위한 교육 훈련 강화가 필요하다. 즉, 신노년세대의 내적격차를 고려하여 다양한 노년기 활동(근로) 욕구를 다룰 수 있는 정책적 지원이 요구되고 있는 것이다.

신노년세대를 위한 일자리는 소득보전의 목적보다 사회참여를 강조하여 Active aging 구현을 위한 수단으로 활용되어져야 한다. 또한 저소득층 대상 참여에서 보다 다양한 계층의 참여가 가능하고, 공익활동 중심의 경로의존성 심화를 개선하기 위한 탈피의 노력과 새로운 사업유형을 개발하여 인적자본 활용을 극대화하는 방향을 검토하여야 할 것이다. 무엇보다 기초교육 위주의 교육훈련에서 벗어나 일자리의 질을 제고하고 고용가능성을 증진하기 위한 교육 심화 및 훈련의 도입으로 사회적 가치를 창출할 수 있는 일자리의 확대가 요구된다. 김수린 등(2020)의 연구에 의하면 신노년세대는 지금과 같은 형태의 노인일자리사업에 참여하는 것에 대체로 부정적인 의견을 가지고 있으며, 그 이유 중 하나로 자신들이 가진 역량과 경력을 활용할 적절한 일자리가 부재하다는 점을 꼽았다. 2019년 노인일자리실태조사에서 역시 노인일자리사업에 필요한 개선점으로 '참여자 적성을 고려한 활동배치'를 지적한 신노년세대가 기존 노인 참여자와 비교해 더 많은 것으로 드러났으며, 노인의 차이와 다양성을 고려한 맞춤형 교육과 직무에 직접적으로 활용할 수 있는 교육 강화의 필요성 요구도 더 크게 나타났다.

해당 사업에서는 이와 같은 문제점을 해결하기 위해 일자리사업으로 연계 전 역량강화교육 및 실천활동을 통해 환경주제의 학습형 일자리 참여역량을 강화하고자 하며, 일자리 참여에 따라 해당 역량을 적극 활용할 수 있도록 사업을 운영하고자 한다.

(3) 평생학습형 일자리의 필요성

평생학습형 일자리의 개념은 다음과 같이 정의할 수 있다. 먼저 국가적 차원에서 평생학습형 일자리는 모든 국민이 평생학습을 통해 지식의 생산적 · 소비적 가치를 창출하고 이와 관련된 재능과 역량을 사회 · 문화 · 경제적 가치로 활용하는 창조적 일자리이다. 다음으로 지자체 차원에서 평생학습형 일자리는 지역주민이 평생학습을 통해 지식 · 재능 · 역량을 개발하여 사회 · 문화 · 경제적 가치를 창출하는 지역사회기반의 사회적 일자리를 뜻한다.

평생학습형 일자리는 시대적 변화 속에서 자연스럽게 이루어지는 과정이라 할 수 있다. 현대사회의 경제체제는 지식사회의 속성이 반영되어 있어 과거와 다르게 지식의 폭발과 지식스펙트럼의 다원화로 다양한 지식들이 갖는 유용성이 현대인의 삶 그리고 생활과 접목되면서 새로운 가치가 창출된다. 이와 관련하여 그림 14-1 은 전통적으로 중요시되었던 과학적 지식과 학술적 지식이 국가적 전달체제로 역할을 수행했던 학교와 대학이 기능상 많은 제약을 받고 있는 상황 속에서 보통의 시민이라면 누구나 자유롭게 접할 수 있는 교육체제가 형성되어 그 속에서 경제주체들이 실용지식, 생활지식, 문화지식, 활동지식을 배우고 익히며 가치를 창출하는 동력을 얻게 된 것이다.

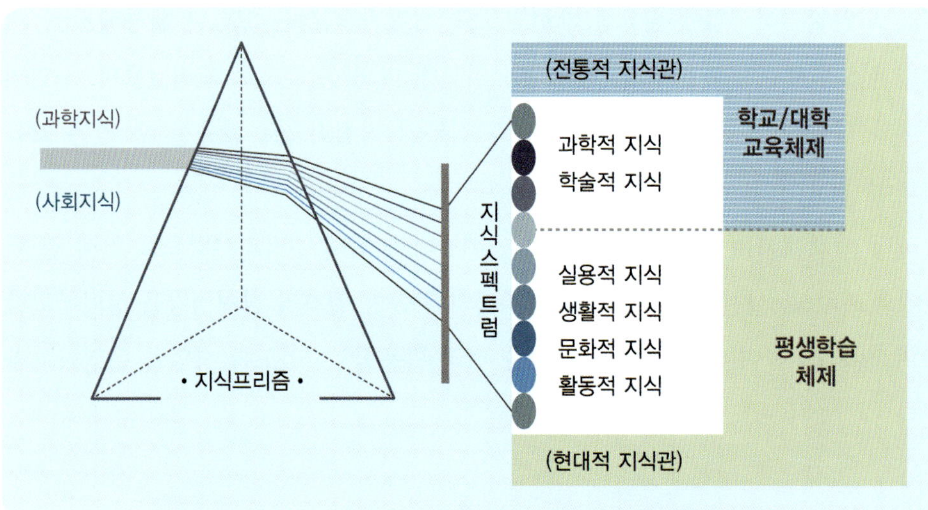

그림 14-1 일자리 창출과 관련된 지식프리즘 및 평생교육체제

평생학습형 일자리의 유형들은 21세기 인생백세시대의 지식사회의 맥락 속에서 지역사회에서 그 실체가 점차적으로 가시화될 것이다. 평생학습형 일자리는 단순히 특정 분야 혹은 영역에 한정되어 발생하는 것이 아니라 지식사회라는 거시적 시대적 맥락 속 지식경제, 학습경제, 사회적경제, 창조경제와 연계되어 지식서비스, 학습서비스, 사회적서비스, 지역서비스로 공공영역과 시장영역에 융합되어 작동될 것이다(김진화, 2018).

신노년에 대한 지원은 단순히 취업과 소득의 증가라는 경제적인 관점에서만 접근하는 것이 아니라, 의학 발달로 인해 수명연장과 건강 상태가 향상됨과 동시에 발생하는 다양한 사회적 문제와 욕구를 고려하여야 한다. 그러므로 경제활동뿐만 아니라 여가와 문화생활의 지원 및 삶의 질을 향상하고 국민의 행복권을 추구하도록 지원해야 할 필요가 있다(김정옥, 2022). 이는 평생학습형 일자리에서 추구하는 목적과 신노년에게 지원해야 할 경제 관점과 일치하는 것을 알 수 있다. 그림 14-2 의 학습형 일자리 관련 기사를 통해 학습형 일자리가 점차 확대되고 있음을 확인할 수 있다.

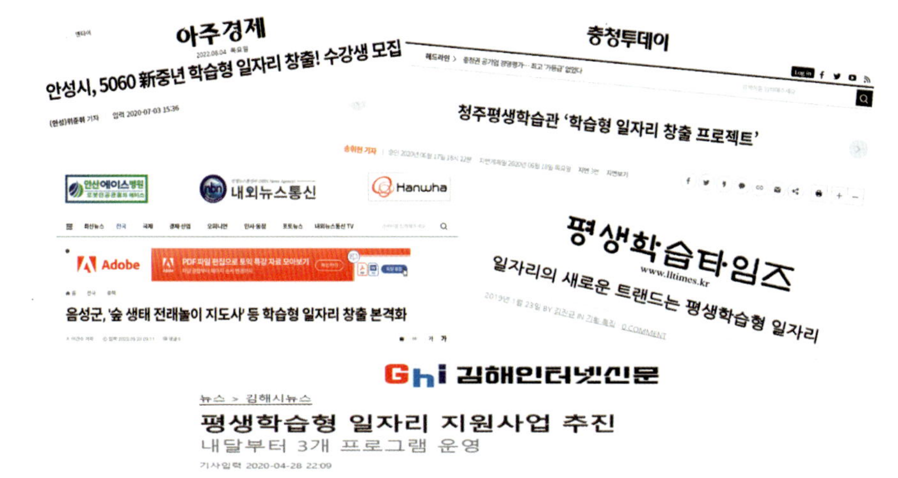

그림 14-2 학습형 일자리 관련 신문 기사

(4) ESG경영과 환경실천운동의 필요성

① ESG경영의 개념

ESG[5]란 환경(Environment), 사회(Social), 지배구조(Governance)의 축약어로 이는 기업이 환경과 사회에 초래할 수 있는 불이익을 최소화하고 지배구조의 효용성을 극대화함으로써 지속가능한 성장을 도모하는 경영방식이다. 즉, 'Environment', 'Social', 'Governance'의 머리글자를 딴 단어로 기업 활동에 친환경, 사회적 책임 경영, 지배구조 개선 등 투명 경영을 고려해야 지속 가능한 발전을 할 수 있다는 철학을 담고

5) UN이 2006년 제정했던 '유엔 책임투자원칙'을 통해 처음 등장함.

있다. ESG관점에서 환경은 자원보존, 환경보호, 친화경활동, 에너지 효율화 등을 포함하며, 사회영역은 고용인 근로환경(인권, 임금, 복리후생, 안전, 고용평등), 지역사회 공헌 활동, 소비자 권리보호(서비스 품질, 정보보호, 안전) 등 이해관계자 집단에 대한 기업의 사회적 책무 및 역할과 관련 있다. 지배구조는 기업의 건전성, 공정성, 투평성을 위한 법과 윤리준수에 대한 노력으로, 이사회 구조(여성비율 사회이사 비율), 주주권리, 투자지출(소비성, 연구개발, 설비투자), 협력사 관계에서의 공정성, 사업보고서 투명성 등을 포함한다(성희원 · 김혜린, 2022).

ESG의 세부내용은 아래와 같이 정리될 수 있다.

구분	의미	세부내용
E	Environment 환경	• 기후변화와 탄소배출 • 환경오염 · 환경규제 • 자원 및 폐기물 관리 • 에너지효율 • 책임 있는 구매 · 조달 등
S	Social 사회	• 고객만족 • 지역사회 관계 • 데이터보호 · 프라이버시
G	Govermance 지배구조	• 이사회 및 감시위원회 구성 • 기업윤리 · 공정경쟁 등

② ESG와 사회복지

최근 들어 기후변화에 따라 세계 곳곳에서 이상기온 현상이 나타나고 있다. 이러한 현상은 우리나라도 예외는 아니다. 기후변화는 언론매체에서도 발표하였듯이 사회복지의 주 대상인 취약계층에게 큰 피해를 주고 있다. 그림 14-3 과 같이 폭염으로 인한 취약계층의 어려움이 점점 심각해지고 있음을 알 수 있다.

폭염 위기경보 '경계'…독거노인 등 취약계층 비상 / YTN
유사 2건 Youtube 2022.07.02 2,348
YTN >

'선풍기도 더운 바람'…폭염에 대책 없는 '무더위 취약계층'
Youtube 2022.07.04 4,320
뉴스TVCHOSUN >

식재료값에 전기료 공포까지…취약계층 '물가 폭염 이중고' (2022.07.05/뉴스데스크/MBC)
Youtube 2022.07.05 20,588
MBCNEWS >

[정용실의 뉴스브런치] 폭염 속 취약계층의 노동과 일상 (주간톡톡톡: 이진송 편집장, 양지혜 활동가) | KBS 210730 방송
Youtube 2021.07.30 1,323
KBS 1라디오 >

美 공포의 폭염…취약계층 '직격탄' / YTN
Youtube 2022.07.03 9,306
YTN >

['차별적 재난' 폭염] ① 미래를 위협하는 폭염, 대처 잘못하면 재앙 된다

문다영 기자 승인 2019.07.12 16:04 | 최종 수정 2139.01.20 00:00 의견 0

폭염은 재난이 됐다. 그 재난의 규모와 심각성은 해가 갈수록 몸집을 불려가고 있다. 수많은 기후 기상 전문가들이 올 여름, 폭염이 가장 길고 오래 지속될 것이라 내다보고 있다. 비단 국내 뿐 아니다. 프랑스, 독일, 폴란드, 스페인 세계 각지의 6월 기온이 역대 최고치를 갈아치웠다. 지구촌 곳곳에서 폭염에 대한 공포가 자리잡은 상황이다. 비단 일반인 뿐 아니라 빈곤층에 더욱 가혹하기에 폭염은 '차별적 재난'으로도 분류된다. 앞으로 어떻게 여름을 나야 할지, 무사히 폭염의 공포에서 벗어날 수 있을지 우려와 대책 논의가 이어지고 있다. 피할 수 없는 폭염의 습격 속에 정부와 민간은 어떻게 대처해야 할지 알아본다.-편집자주

---(중략)

지난해 국내에서는 폭염으로 인해 48명이 목숨을 잃었다. 이는 질병관리본부가 집계한 결과로 2011년 감시체계 운영을 시작한 이래 최고치다. 지난 한 해 기록적인 폭염으로 온열질환 응급실감시체계로 접수된 온열질환자수도 4526명에 이른다.

그림 14-3 폭염으로 인한 취약계층의 생활실태 뉴스 기사

이처럼 재난으로 표기되고 있는 폭염은 더 이상 방치할 수 없는 상황이다. ESG의 추구가치는 사회복지에서 중요시하는 가치와 일치하는 면이 상당하다. 특히, 지역사회를 기반으로 사회복지사업을 실시하고 있는 사회복지기관의 사회공헌활동은 지역주민 일상 속에 깊숙이 연관되어 있다. 그러므로 사회복지 영역에서도 기후위기에 대응하는 활동에 적극 동참해야 한다. ESG경영 활동으로 사회복지 영역 또한 지속가능한 발전을 이루어 나가야 할 것이며, 이것이 곧 취약계층의 복지체감도에 직접적인 영향을 미치는 요소일 것이다.

사회복지영역의 ESG는 지역사회와 관계하며 실천한다는 특성을 가진다. 이는 사

회복지기관의 경영 방침 변화가 지역사회 구성원들에게 직접적인 변화로 이어질 수 있다는 것이다. 기후위기 극복을 위해서 참여주체의 적극적인 참여가 중요한 만큼 사회복지영역에서의 ESG경영의 효과는 파급력이 더 크게 나타날 것이다.

③ 신노년에서의 ESG 활동의미

신노년세대란 제2차 세계대전 이후에 태어난 베이비붐세대가 고령화가 되면서 예전 노인과 차별되는 특성을 지닌 예비노인 또는 젊은 노인세대를 말한다. 이들은 정서, 가치관, 행위양식, 생활양식 등에서 예전 노인과 차별되며, 활력 있고 생산적인 패러다임을 가진 새로운 노인세대이다. 이들은 기존의 노년세대에 비해서 교육수준과 건강수준이 높고, 도시지역에 거주하는 비중이 높으며, 경제적으로 자립할 수 있는 능력도 상대적으로 높은 특성을 보인다. 즉, 경제적 측면에 대한 욕구가 가장 높게 나타났고 있으나, 그 외에도 건강, 자기발전, 여가활용, 사회공헌 등의 이유로 일자리를 희망하는 비율도 높게 나타났다(김수린 외, 2019).

최근에는 기후변화가 경제와 사회에 미치는 악영향으로 인해 세계적인 사회문제로 대두되면서 사회적으로 환경보호에 대한 관심이 그 어느 때보다 높다. 정부, 기업, 시민단체 등 다양한 사회구성원이 환경문제의 해결을 위해 노력하고 있으나, 일상생활에서의 실천은 아직 미흡한 수준이다. 이의 해결을 위해서는 사회적 공감대 형성이 필요한데, 그러기 위해서는 개인의 인지적 공감이 우선되어야 하고, 공감되고 나면 실천해 볼 수 있어야 한다. 그러기 위해서는 지역주민이 생활하는 일상 곳곳에서 친환경 활동에 대한 정보를 제공받으며 참여하고, 실천해 볼 수 있는 시스템이 필요하다.

따라서 높은 교육수준과 건강수준을 바탕으로 한 신노년세대들이 곧 노년세대의 중심으로 유입하게 됨으로 이들의 역량을 활용한 프로그램 개발이 필요하다.

④ 환경운동실천

18세기 산업혁명을 거쳐 현재에 이르기까지 도시의 성장 동력이자 주 에너지원으로 자리매김해 온 석유, 석탄 등의 화석연료는 도시에서 꾸준히 소비되어 왔다. 전 세계적으로 도시는 에너지 관련 온실가스의 총배출량 중 70% 이상이 직간접적으로 배출되고 있는 공간으로, 도시화에 따른 온실가스 배출량의 증가는 기후변화를 촉진시켜 폭염, 폭우, 미세먼지 등 도시환경 문제를 야기하며 인류가 감당해야 할 사회적 · 경제적 피해의 규모와 부담을 가중시키고 있다(민병학, 2022).

슈테펜 등(Steffen et al., 2018)은 미국국립과학원회보(PNAS)에서 인류는 현재 두 갈래 길 앞에 서 있는데, 그 하나가 온실가스를 계속해서 배출하기로 결정해 '핫하우스 지구(Hothouse Earth)' 영역으로 접어드는 길이고 다른 하나는 통제 가능한 수준으로 지구의 기후를 안정화시킬 수 있는 길이라고 했다. 이 중에 기후변화로 인해 지구가 이전에 가 보지 않은 전혀 다른 길인 '핫하우스'로 진입하게 된다면 인류가 온실가스 발생을 줄이기 위해 아무리 노력을 해도 다시 균형 상태로 되돌릴 수 없다고 경고했다. 또한 지구의 기후상태가 핫하우스로 진입하지 않기 위해서는 온실가스 배출량을 대폭 축소하거나 온실가스를 흡수할 수 있는 식물을 재생하고 보호하는 등 지구에너지의 균형상태 유지를 위한 실행이 필요하다고 했다.

우리나라는 2016년 파리협정을 준비하면서, 2030년 국가 온실가스 감축목표를 수립, UN에 제출하였다. 이 로드맵에서 온실가스 배출을 2030년 BAU(851백만톤) 대비 37%(315백만톤) 감축하는 목표를 제시하였다. 이러한 노력은 국회에서 '기후위기 비상대응 촉구 결의안'이 2020년 9월 24일에 채택되는 것으로 이어졌다. 이는 전 세계에서 16번째로 국가 차원에서 기후위기 비상 선언이다(노재용, 2021).

또한 정부는 탄소중립을 위한 중장기전 전략 및 계획을 수립하여 기반을 마련하고 있다. 탄소중립형 마을 계획요소에 의하면 태양광 시설 등을 설치하는 재생에너지 활용, 마을 내 초지, 유휴지를 활용한 탄소숲 조성, 댐 홍수터를 연계한 습지 조성, 마을 주민의 생활방식 전환을 유도하는 탄소중립형 생활실천 등 16개 요소를 도출하였고, 이를 활용한 시나리오 분석을 통하여 도전적 수준 및 중간적 수준의 계획요소 적용 시 2030년과 2050년에 탄소중립이 가능함을 확인하였으며, 대조군 3개 마을에 대한 추가적 시나리오 분석 결과 모든 시나리오에서 탄소중립을 넘어 'Net Negative Emissions'이 가능한 것으로 나타났다(이동규, 2011).

그림 14-4 환경 관련 실천 뉴스 기사

최근 그림 14-4 와 같이 시민들의 환경의식을 강화하고 탄소 중립을 위한 실천활동을 독려하는 활동을 정부나 기업에서 추진해 나가고 있다. 석유 · 석탄 등 화석연료는 인류의 발전이나 편리성에 크게 증진하였지만 탄소배출로 인한 지구온난화 문제로 미래에 가져올 영향은 무시하지 못할 수준인 것이다. 탄소중립을 통한 환경의 변화는 개인의 노력만으로는 쉽지 않은 것이 사실이다. 하지만 세계적인 환경문제에 대해 시민들이 정부와 기업의 변화만을 기다리기만 해야 하는 것은 아니다. 시민들도 적극적으로 탄소저감운동에 참여하고 정부와 기업을 모니터링해 나가는 등의 관심을 나타내야 한다.

이에 본 복지관에서는 신노년의 특성을 반영하여 학습형 일자리의 일환으로 환경실천운동가를 양성하는 해당 사업 운영을 통해 지역 내 환경 관련 실천활동을 적극적으로 전개하고 나아가 지역 주민들이 환경 문제에 대한 관심을 확대해 나갈 수 있도록 사업을 운영하고자 한다.

2) 기존 유사사업과의 차별성

(1) 평생교육 학습을 통한 사회참여활동으로의 확장성

매년 수십만 명씩 쏟아져 나오는 정년은퇴자의 은퇴 이후 삶은 인구고령화와 맞물려 노인복지, 노인건강, 은퇴 후 소득 문제등과 함께 많은 사회문제가 되고 있다. 특히 우리나라 베이비부머 세대의 정년은퇴는 퇴직 이후에도 경제적 활동을 하길 원하는 응답이 74.2%이고 이는 주된 수입원으로부터 부모와 자식을 모두 부양해야 하는 부담을 안고 살았기 때문에 정작 본인을 위한 노후 준비에는 소홀히 하였고 미래의 불안한 노후를 극복하기 위하여 정년 이후에도 활발한 경제활동을 하여야 하는 심적 부담을 갖고 있다고 한다. 이러한 사회문제는 은퇴자들의 정년은퇴 이후 어떻게 유익한 시간을 보내고 행복한 노후를 맞이할 것이냐에 대하여 많은 새로운 과제를 던져 주고 있고 이러한 문제의 해결 과제로 은퇴자들에게 평생교육을 통한 새로운 학습의 기회를 마련하여 삶에 활력을 불어넣는 것이 하나의 방안이며 또 필요하다 할 것이다(천갑원, 2020).

평생학습이 대두되면서 개인이 가지고 있는 재능, 전문적 지식, 경험을 교육적 활동에 제공하는 평생교육 기부활동은 지역사회에 지식을 공유하게 되었다. 지식의 공유는 학습이 확장되는 한 과정으로 이해할 수 있다. 지식을 공유하는 것은 집단 내에 흩어져 있는 개인의 지식을 함께 나누고, 널리 퍼뜨려 집단의 지식과 효과성을 향상시킨다(김지현, 2018).

하지만 박선희(2019) 연구에 의하면 평생교육 프로그램 만족도 조사결과 특정한 분야에 대한 프로그램 다양성이 부족해 학습자의 선택의 폭이 한정되어 있고, 학습자 수준별 프로그램도 미비하여 학습자 여건을 감안한 맞춤형 교육이 필요한 것으로 나타났다. 또한 대부분의 프로그램이 인문교양과 문화 · 예술 · 스포츠로 여전히 획일화에서 벗어나지 못하고 있을 뿐만 아니라, 단기간 프로그램으로 이루어져 장기적 관점에서의 프로그램 개발 및 운영 문제를 고려해 볼 필요가 있는 것으로 나타났다(박선희, 2019).

또한 대부분의 평생학습 프로그램 운영 기관에서는 단순히 강의를 진행하여 평생교육 프로그램 참여자들의 취미 · 여가 · 학습의 기회 증진 수준에서 머무르고 있다. 해당 역량을 통해 지역사회에 환원하거나 활동으로 연계하여 전문성을 강화해 나가지 못하고 있는 실정이다. 특히 노인 연령층은 노인복지관에서 평생학습 프로그램에 참여하고 있으나, 단순 여가활동으로만 인식하고 있는 것이 현실이다.

이에 본 복지관에서는 일방적인 교육에 그치지 않고 교육으로 강화된 역량을 바탕으로 지역주민들과 함께 실천할 수 있는 활동을 전개하고 나아가 전문역량을 강화하여 일자리연계를 통해 지역사회 발전에 이바지하고자 한다.

(2) 단순형 일자리와는 차별화된 학습형 일자리 개발

정부 주체로 시행 중인 노인일자리사업과는 다르게 신노년을 위한 일자리는 매우 미비한 실정이다. 50+부산포털에서도 장노년일자리는 아파트 미화 업무, 아파트 경비 업무 등 단기간 활동하는 일자리이며, 관내에 있는 금정시니어클럽에서도 신노년을 위한 일자리는 공원관리, 영유아시설 출장체험프로그램, 방역 모니터링 사업단으로 총 3가지의 활동 유형만 존재한다.

이승주(2020)의 연구에 의하면 고학력고령자에게 가능한 일자리에 대한 부분에서 일자리의 질이 낮은 것이 가장 큰 문제점으로 나타났다. 일자리 질이 낮은 것은 역량이나 학력 면에서 높아진 지금의 고학력고령자 수준에 비하여 단순노무직이 고령자 적합 직종이던 시대의 일자리에 머물고 있기 때문인 것으로 분석되었다. 고학력고령자에게 가능한 일자리 직무를 살펴보면 단순노무직, 기술·기능보유직무, 교육서비스직무, 사회공헌일자리 등 네 가지 중, 단순노무직은 고령자가 종사하고 있는 직종 1위로 나타났다. 이러한 이유로 고학력고령자 일자리 재진입 시 역량과 일자리 간의 미스매치가 발생하고 있었다. 일자리 미스매치가 발생하는 문제를 해결하기 위하여 고령자일자리 재진입에 도움이 되는 실질적인 직무 개발과 노인일자리는 고령자일자리라는 오래된 연관공식에서의 탈피가 요구되며, 양질의 일자리 창출로 고학력고령자에게 적합한 일자리 확장이 시급하게 요구된다(이승주, 2020).

본 복지관에서는 기존의 노년세대에 비해 신체적으로 건강하고 학력과 전문성을 보유한 신노년이 학습을 통해 역량을 활용할 수 있는 학습형 일자리의 확대를 도모하고자 한다.

(3) 시니어클럽 연계를 통한 신중년일자리 사업단 구성

신노년은 생산가능연령대임에도 기업문화, 정년제도 등 노동시장의 구조적인 상황으로 인해 생산적 활동 참여에 어려움을 겪고 있는 신노년을 주요한 인적자원으로 보고 지속적인 사회참여활동을 할 수 있도록 관심을 가질 필요가 있다. 신노년은 고령화 시대의 주요한 인적자원으로 여겨지고 있으나 주된 일자리에서의 퇴직 후 심리적 건강문제 발생, 새로운 일자리를 구하는 과정에서 불안정감을 겪는 상황에 놓인다. 우리나라 인구 중 신노년이 차지하는 인구 비율은 증가하고 있으며, 신중년의 심리적 건강문제 해결, 은퇴 이후 높은 질의 삶을 살아갈 수 있는 방안 모색이 필요하다(조진빈, 2022).

다음 표 14-3 은 본 기관이 소재한 금정구 내 위치한 금정시니어클럽 기관장의 인터뷰 내용이며, 그림 14-5 는 금정시니어클럽과 본 기관의 신중년 및 노인의 지역사회일자리 창출 활성화를 위한 업무협약서이다.

표 14-3 금정시니어클럽 기관장의 신중년 사업 관련 인터뷰 내용

부산시의 신중년 사업에 대한 시니어클럽과 노인복지관의 콜라보(Collaboration)

부산광역시의 신중년(50세~64세)지원 정책에서 생애재설계와 일자리지원사업은 매우 중요하다. 특히 의료기술과 보건환경의 발달로 과거에 비해 노년의 삶이 늘어나 신중년의 사회공헌과 사회참여활동에 대한 새로운 접근이 이루어지고 있다.

부산광역시는 행복한 노년기를 맞이하기 위해 장년층 생애재설계지원 계획 수립을 위한 50+복합지원센터 건립, 50+생애재설계대학 및 장노년일자리지원센터 운영지원을 바탕으로 신중년 일자리 사업(사회공헌 경력형 일자리 사업, 일자리창출 우수기업 인증) 및 사회활동 지원(사회공헌사업, 운영, 인생3모작 특화사업, 액티브에이징 지원사업 등)을 펼치고 있으며, 최근에는 행정복지센터를 중심으로 통합돌봄창구 대민서비스에 참여하고 있다.

〈문제점〉

노년기를 준비하는 신중년에 대한 지원이 필요하다는 점에는 공감하지만 신중년사업 실현 과정에서 시와 구의 체계적인 서비스지원체계 연결이 아직 미숙한 상태이며, 최근 신중년지원서비스 제공이 노인일자리지원기관인 시니어클럽과 노인복지관을 중심으로 이루어지고 있다. 중앙정부의 지침에 의거한 사업이 아닌 추가되는 사업으로 진행되어 진행인력에 대한 지원도 필요하다.

〈협업〉

시니어클럽과 노인복지관의 강점을 살린 협업이 필요하다. 시니어클럽은 다양한 일자리지원사업의 경험을 가지고 있지만 사업 개시 전 부족한 시간으로 인해 참여자에 대한 체계적인 일자리 및 사회참여 교육계획 수립과 진행을 할 수 있는 여건이 충분하지 않은 실정이다. 이에 다양한 노년준비 및 사회화 교육 노하우와 경험을 보유하고 있는 노인복지관에 일자리사업에 필요한 체계적인 교육을 사전주문방식으로 의뢰하여 좀더 전문적인 소양을 쌓은 신중년을 준비하고 이들에게 일자리와 사회참여를 할 수 있는 선택의 기회를 넓히도록 시너지효과를 낼 수 있다. 특히 시니어클럽의 운영에 있어 ESG경영의 적용이 요구되는 시대적 변화의 시점에 환경 관련 테마는 중요한 의미를 가진다고 할 것이다.

신중년 및 노인의 지역사회일자리 창출과 활성화를 위한

업무협약서

금정구노인복지관과 부산금정시니어클럽은 다음과 같이 업무 협력에 관한 협약을 체결한다.

제1조(목적) 본 협약서는 "금정구노인복지관" (이하 '갑')과 "부산금정시니어클럽" (이하 '을') 상호간에 신중년 및 노인의 지역사회일자리 창출과 활성화를 위한 상호 협력 관계를 공고히 하는데 그 목적이 있다.

제2조(업무협약의 원칙) "갑" 과 "을" 은 본 협약에 따라 상호 발전을 위해 최선의 노력을 경주한다.

제3조(업무협약의 범위 및 내용) "갑" 과 "을" 은 다음 각 호의 사항에 대하여 상호 협력한다.

① 신중년과 노인의 지역사회 일자리 창출과 활성화를 위한 협력
② 안전하고 위생적인 이용 환경 조성을 위한 협력(방역, 이용자 모니터링 등)
③ 기타 필요하다고 인정하는 상호협력에 관한 사항

제4조(유효기간 및 해지)

① 본 협약의 기간은 1년으로 하되, 특별한 사유가 없는 한 지역사회 일자리 창출을 위해 1년간 자동 연장한다.

제5조(신의성실 및 협의 조정)

① 각 협약기관은 각 조항을 신의성실의 원칙에 따라 이행해야 한다.
② 이 협약서의 해석상 이의가 있거나 협약내용을 변경하고자 하는 경우 협약의 기본적인 원칙을 바탕으로 상호협의하여 조정 또는 결정한다.

제6조(협약의 변경) 본 협약의 변경 또는 수정은 양 기관의 합의하에 서면으로 결정한다.

제7조(협약서의 보관) 상기 내용을 증명하기 위하여 협약서 2부를 작성하여 "갑" 과 "을" 이 서명한 후 각각 1부씩 보관한다.

2021년 8 월 17 일

금정구노인복지관 관장	부산금정시니어클럽 관장

그림 14-5 금정시니어클럽 및 금정구노인복지관 협약서

본 사업은 참여자들의 역량강화 교육을 통해 사회문제가 되고 있는 환경분야에 대한 전문적 지식과 강사활동에 대한 역량을 강화하고 환경실천가로서 기후위기 극복 및 탄소중립을 위한 다양한 활동을 전개하여 전문성을 확립해 나가는 사업이다. 사업 참여를 통해 같은 연령대의 참여자들이 활동에 대한 역량강화 및 상호교류를 통해 심리적 건강을 회복하고, 불안정감을 극복해 나갈 수 있다. 또한 본기관이 소재한 금정구 내 금정구시니어클럽과 연계를 통해 신중년일자리사업단을 구성하여 환경실천 강사활동, 친환경 체험부스 운영, 환경캠페인 등의 활동으로 사업에 참여할 수 있도록 지원함으로써 경제적 활동이 가능하도록 하고자 한다. 또한 전문환경 실천운동가를 지속적으로 양성하고 시니어클럽과 연계함으로써 지역 내 신중년에 대한 안정적인 학습형일자리 확대를 도모할 수 있다.

3) 신청기관의 강점

(1) 신노년 대상 사업 운영 경험

본 기관은 2022년부터 한국노인종합복지관협회에서 지원하는 노인자원봉사 활성화 지원사업에 선정되어 「생애전환기 세대의 주도적 학습을 통한 성공적 노화 프로그램 "뉴스타트-New Senior Start up"」 사업을 운영하고 있다. 해당 사업은 50~60대의 신노년을 대상으로 환경 주제의 교육으로 역량을 강화하고, 동아리 운영 방식을 적용하여 참여자들이 스스로 환경에 대해 관심을 가지고 실천활동을 전개하는 사업이다. 본 기관은 해당 사업 운영을 통해 신노년(50~60대)세대가 환경이라는 사회적 문제에 대한 많은 관심을 가지고 있음을 알 수 있었으며, 교육을 통한 역량강화에도 적극 참여하고자 하는 의지를 확인할 수 있었다. 역량강화 교육 이후에는 동아리 활동으로 주체적인 회의를 통한 활동 주제 및 계획 수립을 통해 실천활동을 전개하여 탄소 저감을 위해 노력하고 해당 결과 홍보활동을 통해 지역주민의 환경 민감성을 확대해 나가기 위한 사업을 운영 중에 있다.

또한 2019년부터 문학활동을 통한 중년여성의 건강한 노년기 입성 프로그램 "인생2막-멋진신세계" 사업을 현재까지 운영 중에 있다. 해당 사업은 중년여성 지역주민들이 참여하여 인문학 강좌와 문학치료를 통해 스스로의 삶을 돌아보고, 나다움을 탐구하여 건강한 노년기를 준비할 수 있도록 지원하여 중·장년기에 자신감과 희망을 찾아가는 사업이다. 실제 해당 사업 운영을 통해 참여자들은 자아정체감과 삶의 질, 성공적 노화 척도 점수가 향상되는 성과를 얻을 수 있었으며, 자신감을 통해 노년기 사회구성원으로서 역할 수행에 대한 준비를 해 나갈 수 있도록 지원하고 있다.

노인인구가 빠른 속도로 증가할 것으로 예상되는 사회적 상황 속에서 신노년을 대상으로 하는 서비스의 중요성과 필요성은 더욱 확대될 것이다. 이러한 측면에서 본 복지관의 해당 사업운영 경험은 신노년의 노후 준비 및 사회적 역할 제공 측면에서 중요성을 가지며, 신노년의 성공적인 노후 도모를 위한 사업을 운영·확대해 나가고자 한다.

(2) 신노년의 적극적 참여를 위한 이종기관과의 협력체계 구축

2021년 금정구노인복지관 지역사회조사 보고서에 의하면 노인복지관 이용 연령이 되어도 노인이라는 단어에 대한 부정적인 이미지와 인식으로 인해 노인복지관을 이용하기를 거부하는 지역주민이 많은 것으로 나타났다. 이는 노인복지관 이용이 가능한 신노년층에게도 동일하게 나타났다. 부정적으로 인식하고 있던 노인의 이미지와는 달리 스스로는 신체적으로 건강하고, 전문적 경험이나 높은 학력 등 사회적 활동에서도 많은 차이가 있는 것으로 인식되어 스스로를 노인이라는 단어로 불리거나 노인복지관 이용을 꺼려 하는 것으로 나타났다. 이처럼 노인에 대한 부정적인 이미지와 인식은 노인복지관에서 예비 노인들을 대상으로 사업을 진행하고 서비스를 제공하는 것에 큰 걸림돌로 작용하고 있는 것이 현실이다.

이에 본 복지관에서는 지역주민들의 노인복지관의 접근성을 향상시키기 위해서 복지관이 아닌 외부 공간에서 사업을 운영하고자 하는 노력을 지속해 왔다. 지역 내 도서관 및 작은 도서관이나 행정복지센터, 대학교 등과 연계하여 사업을 운영하기 위해 사업제안 및 공간 협조 등 다양한 노력을 시도하고 있다.

또한 본 기관이 소재한 금정구에는 금정구청 평생교육과에서 운영하는 신중년더채움학습관이 2021년 8월에 개관하여 50+세대에게 다양한 서비스를 제공하고 있다. 앞에서 언급한 "뉴스타트-New Senior Start Up" 사업도 금정구청 평생학습과와 협약을 통해 신중년더채움학습관에서 참여자 모집 및 공간 확보로 사업을 운영 중에 있다. 신노년층의 노인복지관 서비스 접근성 문제를 이종기관과의 협력을 통해 극복해 나가고 있는 것이다. 이에 본 복지관은 금정구 내 신노년더채움학습관이라는 자원을 활용하여 네트워크 사업을 운영한 경험을 바탕으로 해당 연령대의 참여자 모집 및 접근성 문제를 해결할 수 있으며, 상호 정보교류를 통해 보다 더 전문적인 서비스를 제공할 수 있다는 강점을 가지고 있다.

(3) ESG 실천경험

본 복지관은 2022년 2월, 금정구청, 금정구종합사회복지관, 남광종합사회복지관, 금정시니어클럽, 금정자활센터 5곳과 협약을 체결하고 ESG추진활동을 이어 가고 있다.

급증하는 사회문제와 복잡 다양한 복지수요 증가, 경제성장에서 돌봄과 사회투자로 패러다임 전환, 정부 민·관 협력 복지경영 정책가속화, 지역사회 전체를 아우르는 공동체의식의 필요에 따라 전략목표 및 과제를 수립하여 실천하고 있다.

금정구의 ESG 실천전략은 표 14-4 와 같다.

표 14-4 금정구 ESG 실천 전략

구분	전략목표	실천방안
E	'2050'탄소중립 환경보호와 함께 취약계층 지원	• 돌봄 및 서비스 제공 소모품 사용 자제 (다회용 도시락 가방사용, 아이스팩 재사용 쿨키트, 텀블러 지참 시 음료값 할인)
S	함께하는 친환경 사회공헌 '같이의 가치' 실현	• 일상 속 환경보호 실천을 위한 기부추진 • 환경보호 실천과 함께 취약계층 일자리 창출
G	의사결정 과정 공유로 공정과 신뢰에 기반한 윤리경영	• 지역사회보장협의체 운영내실화 • 사회복지종사자 처우개선 노력 • 사회복지시설과 공공기관이 주민의 복지증진을 함께 모색하고 실천하기 위한 책임성 있는 운영진 구성 추진

14

5. 목표 및 평가

1) 산출목표

세부 사업명		산출목표	모니터링 방법
오리엔테이션		1회 / 20명	결과보고서 및 출석부
환경 역량 강화 활동	환경실천가 양성과정	12회 / 240명	결과보고서 및 출석부
	강사활동 역량강화 교육	3회 / 60명	결과보고서 및 출석부
	자조모임	10회 / 200명	과정기록지 및 출석부
기후위기 대응활동	환경실천활동(개인)	8회 / 160명	활동사진 및 활동일지
	환경캠페인	3회 / 60명	결과보고서 및 출석부
	환경전시회	1회 / 20명	결과보고서 및 출석부
평가회		1회 / 20명	결과보고서 및 출석부

2) 성과목표 및 평가 방법

성과목표	평가 도구 및 방법	측정 시기
환경이음 참여자의 경제활동참가율 상승	• 성과지표: 신중년 일자리 연계율 상승 (참여자 75% 이상 경제활동 참여) • 평가도구: 신중년 일자리 합격자 명단 • 평가방법: 신중년 일자리 합격자 명단 확인	2024년 신중년 일자리 선정결과 발표 후
환경이음 참여자의 환경실천역량(환경 관련 지식 및 기후변화 감수성) 향상	• 성과지표: 기후변화 관련 지식 및 감수성 향상 • 평가도구: 기후변화 관련 지식 및 감수성 설문지 * 백성희(2022), "고등학생의 기후변화 대응 실천역량 검사도구 개발과 관련 변인" 서울대학교 박사학위논문에서 활용한 설문지 사용 • 평가방법: 환경이음 참여자를 대상 사전-사후 설문지 결과 변화율 확인	프로그램 전/후
환경이음 참여자의 환경에 대한 의식(성찰 및 실천의지) 향상	• 성과지표: 기후변화 대응 실천역량(성찰, 실천의지) 향상 • 평가도구: 기후변화 대응 실천역량(성찰, 실천의지) 설문지 * 백성희(2022), "고등학생의 기후변화 대응 실천역량 검사도구 개발과 관련 변인" 서울대학교 박사학위논문에서 활용한 설문지 사용 • 평가방법: 환경이음 참여자를 대상 사전-사후 설문지 결과 변화율 확인	프로그램 전/후
환경실천활동을 통해 지역주민들의 환경에 대한 인식 개선	• 성과지표: 환경 인식 개선 • 평가도구: 환경인식 질문지 • 평가방법: 환경전시회에 참여한 지역주민을 대상으로 질문지 작성 후 분석	환경전시회 후

6. 사업종료 후 지향점

1) 사업 수행으로 인한 기대 효과

- 참여자들이 환경 관련 학습 및 실천활동으로 역량을 강화를 통해 환경운동 실천가로 성장하여 사회구성원으로서 역할을 수행하여 성공적인 노후를 도모한다.
- 환경실천운동가로서의 학습형 일자리 확대를 통해 신노년세대에게 경제활동 참여의 기회를 확대한다.
- 지역주민에게 기후위기 대응활동 및 환경실천활동에 대한 정보를 제공하고 활동을 홍보함으로써 기후위기에 대한 경각심을 일으키고 환경보호에 동참할 수 있도록 한다.
- 일자리 참여 연계와 더불어 학습동아리 참여 제안을 통해 지속적 학습 참여기회를 제공하여 환경실천 역량을 강화한다.

2) 사업 결과의 활용 계획

- 환경실천운동가로서의 역량강화를 통해 전문 일자리 기관(시니어클럽)과 연계하여 참여자들에게 안정적인 경제활동과 사회참여활동 기회를 제공한다.
- 전문 일자리 기관(시니어클럽)의 신노년층에 대한 일자리 수를 확대하여 환경실천운동가를 지속적으로 양성한다.
- 다수의 환경실천운동가 활동을 통해 지역사회 내 기후위기 대응 역량을 강화한다.
- 프로그램 수료자에게 환경 실천 · 학습 동아리 참여를 제안하여 지역사회 내 환경실천운동을 지속한다.

03 아산사회복지재단 지원사업 양식[6)]

세부사업계획

□ 대표명:

□ 단체의 주요사업:

□ 신청부문:

□ 사 업 명: (사업지역:)

□ 사업연차: ▫ 1년차 ▫ 2년차 ▫ 3년차

□ 사업기간:

□ 사업참여자

– 핵심참여자: (명)

– 주변참여자:

□ 사업요약

□ 사업예산(총사업비: A+B) =

– 아산재단 신청(A):

– 단체 자부담(B):

위와 같이 20OO년 아산재단 지원사업에 신청합니다.

20OO년 월 일

대표: (인)

아산사회복지재단 귀중

6) 출처: 아산사회복지재단(2022). 2023년도 사회복지사업 세부사업계획서 양식과 참고용 샘플–정신장애인 및 사회적 고립계층 지원 부문_1년차(신규). 아산사회복지재단 홈페이지.

□ 신청단체 현황

■ 기본정보

<table>
<tr><td>단체명</td><td colspan="3"></td><td>대표명</td><td colspan="2"></td></tr>
<tr><td>고유번호
(사업자등록
번호)</td><td colspan="3"></td><td>설립연월</td><td colspan="2"></td></tr>
<tr><td>홈페이지</td><td colspan="6"></td></tr>
<tr><td>주 소</td><td colspan="6"></td></tr>
<tr><td>기관유형</td><td colspan="6"></td></tr>
<tr><td>직원현황</td><td colspan="2">총 명</td><td>상근</td><td>명</td><td>비상근</td><td>명</td></tr>
<tr><td>주요연혁</td><td colspan="6"></td></tr>
<tr><td>주요사업</td><td colspan="6"></td></tr>
<tr><td rowspan="2">담당자명</td><td rowspan="2"></td><td rowspan="2">직위</td><td rowspan="2"></td><td>사무실 전화</td><td colspan="2"></td></tr>
<tr><td>휴대폰</td><td colspan="2"></td></tr>
<tr><td>경력</td><td colspan="3">년 개월</td><td>E-mail</td><td colspan="2"></td></tr>
</table>

■ 재정현황

수 입					지 출				
항 목	전년도 결산		금년도 계획		항 목	전년도 결산		금년도 계획	
	금액	비율	금액	비율		금액	비율	금액	비율
정부보조금					인건비				
민간기관지원					사업비				
후원금					관리운영비				
사업수익금					재산조성비				
기 타					기 타				
계		100		100	계		100		100

■ 수행경험(최근 2년간 주요 사업수행 현황)

연 도	지원단체명	사 업 명	지원금액

사업계획 내용

□ 사 업 명:

□ 사업참여자

- 핵심참여자: /명
- 주변참여자:

- 사업참여자 선정기준
- 사업참여자 모집방안

□ 사업수행 내용

□ 사업의 필요성

- 본 사업을 기획하게 된 이유
- 기존 유사사업과의 차별점
- 본 신청단체가 이 사업을 수행해야 하는 이유, 지역사회 연계 계획

□ 최종 사업성과물

- 무엇을 사업성과물로 정할 것인지

□ 출구전략 및 향후 계획

- 본 사업이 성공적으로 수행된다면 기대효과는 무엇인지
- 사업결과물의 활용계획과 사업종료 후 계획

□ 홍보계획

□ 사업수행 인력

구분	성 명	직위	역 할	전문경력
주 담당				
부 담당				

□ 사업예산

항 목		사업예산			신청금액 산출근거
		총사업비	신청금액	자부담	
	소계				
	소계				
	소계				
합 계					

전담직원 직무기술서

- 사업을 위한 전담직원 신규채용 시 필요성, 주요업무 등에 대해 자세히 기술/2인 이상인 경우 각각 작성
- 내부직원에게 강의료, 연구비, 원고료, 회의비 등의 인건비 지급 불가
- 해당 페이지는 필요시에만 작성하시기 바랍니다.

<table>
<tr><td>기간</td><td colspan="2">____월부터 ~ ____월까지 /____개월</td><td>근무일정</td><td>주당 ______시간</td></tr>
<tr><td rowspan="3">예산</td><td colspan="2">총 비용(A+B)</td><td>재단 신청(A)</td><td>기관 자부담(B)</td></tr>
<tr><td colspan="2"></td><td></td><td></td></tr>
<tr><td>산출근거</td><td colspan="3"></td></tr>
<tr><td>필요성</td><td colspan="4"></td></tr>
<tr><td>핵심책무</td><td colspan="4"></td></tr>
<tr><td>주요업무</td><td colspan="4"></td></tr>
<tr><td>종료 후
전담직원
활용계획</td><td colspan="4"></td></tr>
</table>

14

〈공모기관 현황〉

- 삼성복지재단 http://welfare.samsungfoundation.org/ 서울시 용산구 작은 나 눔큰 사랑 프로그램지원
- 아산복지재단 http://www.asanfoundation.or.kr/ 서울시 송파구
재가장애인 직업재활 장비, 여성결혼이민자 취업교육, 다문화가정 가족캠프, 다문화가정 가족캠프, 학교사회복지, 다문화가정 가족캠프, 생활시설 주거환경 개선, 저소득 여성가장, 미혼모, 폭력피해여성 등 자립지원, 노숙인, 쪽방거주자 등 자립지원, 독거노인 공동생활가정 개보수
- sk복지재단 http://www.skhappiness.org/ 서울시 용산구/사회적기업
- 아름다운재단 http://www.beautifulfund.org/ 사회적 돌봄 '사회적 약자 지원, 꿈꾸는 다음세대' 아동 · 청소년을 지원
- 태평양복지재단 http://awf.amorepacific.co.kr/ 서울시 용산구/시설개선사업, 물품나눔
- 아이들과미래 http://www.kidsfuture.or.kr/ 서울시 서대문구/교육, 예술스포츠, 보건, 아동시설지원
- 이랜드복지재단 http://www.elandwelfare.or.kr/ 서울시 마포구/자립지원(위기가정지원, 미자립시설지원, 리프레시투어) 북한주민지원
- 한국에너지재단 http://www.energylove.or.kr/ 서울시 서초구/에너지효율개선사업, 에너지긴급지원사업
- lg공익재단 http://foundation.lg.or.kr/ 어린이집건립지원, 성장호르몬제지원, 독거노인생필품지원, 주거개선사업, 시각장애인정보화사업지원
- 한국마사회 http://www.kra.co.kr/ 경기도 과천시/일자리창출(청년, 발달장애인), 취약계층 복지증진
- 사회복지공동모금회 http://www.chest.or.kr/ 신청사업, 기획사업, 차량지원
- KT&G 복지재단 http://www.ktngwelfare.org/ 서울시 강남구/행복네트워크운영사업, 사회복지지원사업, 차량지원사업

참고문헌

금정구노인복지관(2023). 2023년 부산사회복지공동모금회 신청사업계획서–신노년의 학습형일자리 확대를 위한 환경실천운동가 양성 프로그램. "환경으로 신중년 경제활동을 이음".

사회복지공동모금회(2023). 2023 배분사업 안내.

아산사회복지재단(2022). 2023년도 사회복지사업 세부사업계획서 양식과 참고용 샘플-정신장애인 및 사회적 고립계층 지원 부문_1년차(신규). 아산사회복지재단 홈페이지.

14

찾아보기

저자 소개

박경일

부산대학교 대학원 행정학박사(사회복지정책 및 행정 전공)
전, 동국대학교 사회과학대학원 원장, 사회대학 학장 역임
현, 동국대학교 사회복지학과 명예교수

〈저서〉
사회복지정책론, 사회복지행정론, 사회복지학 강의, 가족수당정책론,
사회복지 프로그램 개발과 평가, 자원봉사론, 휴먼서비스조직의 위험관리론 외

윤기혁

부산대학교 행정대학원 행정학과 석사(사회복지학 전공)
부산대학교 사회복지학과 박사
현, 동명대학교 사회복지학과 조교수

〈저서〉
사회복지학 강의, 사회복지정책론, 사회복지행정론 외

박승기

동국대학교 대학원 사회복지학박사
전, 부산복지개발원 이사
  부산장애인활동지원사교육원 원장
  부산평생교육원 원장
  부산인구보건복지협회 대학생 자원봉사단 단장
현, 대동대학교 사회복지과 겸임교수
  사회복지법인 천혜복지재단 이사장
  국제구호개발 NGO "월드에이드" 이사장
  부산사회복지법인협의회 이사

권진아

동국대학교 사회복지학석사
동국대학교 사회복지학박사
전, 울산광역시 여성가족개발원 연구원
동국대학교 경주캠퍼스 사회복지학과, 춘해대학교 사회복지학과 외래교수
현, 국립재난안전연구원 사회재난연구센터 책임연구원

〈저서〉

사회복지행정론, 휴먼서비스조직의 위험관리론 외

임혜수

동국대학교 사회복지학석사
동국대학교 사회복지학박사
전, 동국대학교 경주캠퍼스 사회복지학과, 창신대학교 사회복지학과 외래교수
현, 울산과학대학교 사회복지학과 겸임교수
행복나무연구소장

〈논문〉

전통놀이 프로그램이 지역아동센터 아동의 정서지능, 사회적 능력과 자아존중감에 미치는 효과(2022), 전래놀이를 통한 유아와 아동의 정서, 사회성, 자아존중감에 관한 연구동향(2022), 전통놀이 연구의 동향분석(2022), The effect of traditional play on the emotional intelligence, social ability, and self-esteem of children in Korean child welfare centers: A mixed-methods study(2023) 외

김새봄

부산대학교 행정대학원 행정학과 석사(사회복지학 전공)
부산대학교 사회복지학과 박사
현, 거제대학교 사회복지과 조교수

〈논문〉

코로나19 상황에서 특수형태근로종사자의 일과 삶: 고용형태별 차이를 중심으로(2023) 외

[제3판]
사회복지 프로그램 개발과 평가

1판 1쇄 발행 — 2016년 3월 7일
2판 1쇄 발행 — 2019년 8월 9일
3판 1쇄 발행 — 2023년 8월 18일
3판 2쇄 발행 — 2025년 8월 10일

저 자 – 박경일 윤기혁 박승기 권진아 임혜수 김새봄
발 행 인 – 강철원
발 행 처 – 양성원
주 소 – 경기도 파주시 검산로 173번길 29-12
전 화 – 031-946-3861(代)
팩 스 – 031-946-3864
이 메 일 – tnwpub@naver.com
홈페이지 – tnwpub.co.kr
출판등록 – 2015년 8월 31일 제2015-000211호

ISBN 979-11-6126-537-7

정가 23,000원